U0907054

2020

中国农村统计年鉴

CHINA RURAL STATISTICAL YEARBOOK

国家统计局农村社会经济调查司　编

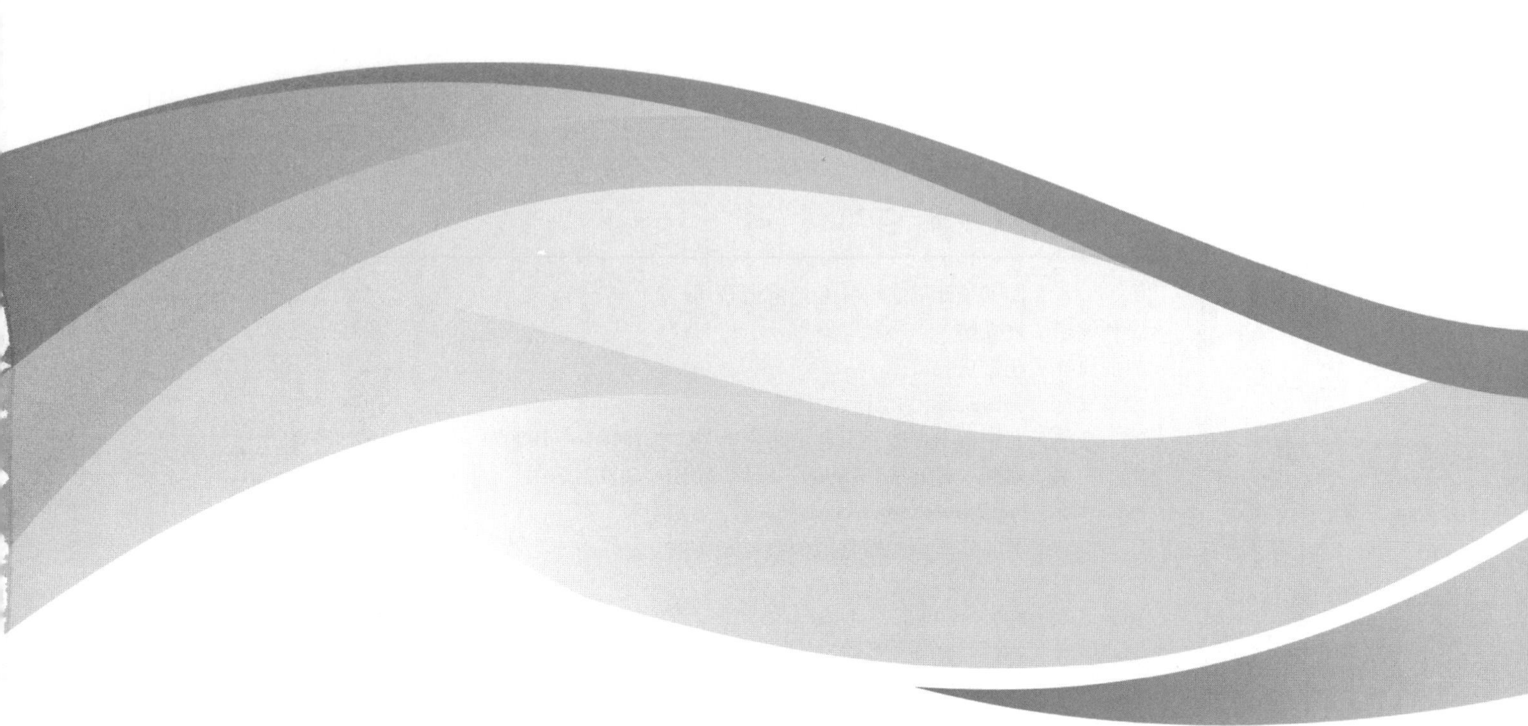

中国统计出版社
China Statistics Press

图书在版编目（CIP）数据

中国农村统计年鉴．2020＝2020 CHINA RURAL STATISTICAL YEARBOOK / 国家统计局农村社会经济调查司编．-- 北京：中国统计出版社，2020.11
ISBN 978-7-5037-9353-0

Ⅰ．①中… Ⅱ．①国… Ⅲ．①农村经济－统计资料－中国－2020－年鉴 Ⅳ．①C832-54

中国版本图书馆 CIP 数据核字 (2020) 第 211631 号

中国农村统计年鉴—2020

编　　者 / 国家统计局农村社会经济调查司
责任编辑 / 许立舫
封面设计 / 李雪燕
出版发行 / 中国统计出版社
通信地址 / 北京市丰台区西三环南路甲 6 号　邮政编码 /100073
电　　话 / 邮购（010）63376909　书店（010）68783171
网　　址 / http://www.zgtjcbs.com/
印　　刷 / 河北鑫兆源印刷有限公司
经　　销 / 新华书店
开　　本 / 880×1230mm　1/16
字　　数 / 754 千字
印　　张 / 24.5
版　　别 / 2020 年 11 月第 1 版
版　　次 / 2020 年 11 月第 1 次印刷
定　　价 / 268.00 元

如有印装差错，由本社发行部调换。

《中国农村统计年鉴—2020》编辑委员会

编 者 说 明

一、《中国农村统计年鉴—2020》系统收录了全国和各省(自治区、直辖市)2019年农村社会经济统计数据，以及建国以后各关键历史年份和近年全国农村主要统计数据，是一部全面反映中华人民共和国农村社会经济情况的资料性年刊。

二、本年鉴正文内容分为17部分，即：1. 发展综述；2. 综合与概要；3. 农村基本情况与农业生产条件；4. 农业生态与环境；5. 农村投资；6. 农林牧渔业总产值及增加值；7. 主要农产品种植（养殖）面积与产量；8. 农村市场与物价；9. 农产品进出口；10. 农产品成本与收益；11. 收入与消费；12. 农村文化、教育、卫生及社会服务；13. 国有农场；14. 西部大开发12省(区、市)农村经济情况；15. 各地区主要农村经济指标排序；16. 国外主要农业指标；17. 如何使用《中国农村统计年鉴》。

三、本年鉴所涉及的全国性数据均未包括香港、澳门特别行政区和台湾省数据。

四、本年鉴执行新国民经济行业分类标准，自2003年起，农林牧渔业包括农林牧渔专业及辅助性活动。

五、本年鉴中涉及到的历史数据，均以最新出版的本年鉴数据为准；本年鉴中部分数据合计数或相对数由于单位取舍不同而产生的计算误差，均未做机械调整。

六、本年鉴第十六部分的资料，因国际组织数据库进行了调整，所以往年部分数据也随之做了修正，指标设置也有相应调整。

七、本年鉴中的符号：“…”表示数据不足本表最小单位；“空格”表示缺或无该项数据；“#”表示其中项，未标年份的数据均为当年数据。

在本书编辑过程中，得到了国务院有关部门、国家统计局相关司、各省(自治区、直辖市)统计局和国家统计局各调查总队的大力支持，在此谨致谢意。

目录

第一部分　发展综述

第二部分　综合与概要

第三部分　农村基本情况与农业生产条件

第四部分　农业生态与环境

第五部分 农村投资

第六部分 农林牧渔业总产值及增加值

第七部分 主要农产品种植（养殖）面积与产量

第八部分　农村市场与物价

第九部分　农产品进出口

第十部分　农产品成本与收益

第十一部分　收入与消费

第十二部分　农村文化、教育、卫生及社会服务

第十三部分　国有农场

第十四部分　西部大开发 12 省（区、市）农村经济情况

第十五部分　各地区主要农村经济指标排序

第十六部分　国外主要农业指标

第十七部分　如何使用《中国农村统计年鉴》

1 发展综述

农业生产总体稳定　生产结构进一步优化

——2019年农业生产发展情况综述

2019年是新中国成立70周年，是决胜全面建成小康社会、实现第一个百年奋斗目标的关键之年，党中央、国务院坚持把解决好“三农”问题作为全党工作的重中之重，坚持农业农村优先发展，深入实施乡村振兴战略，毫不放松抓好粮食生产，积极推进农业供给侧结构性改革，全年粮食产量创历史新高，农业生产结构进一步优化，农业基础地位巩固，为国民经济持续健康发展和社会大局稳定发挥了“压舱石”作用。

一、2019年粮食生产与市场发展情况

（一）粮食产量创历史新高，价格总体稳定

1.粮食产量变化情况及其突出特点

2019年全国粮食总产量13277亿斤，比2018年增加119亿斤，增长0.9%，创历史最高水平，连续5年保持在1.3万亿斤以上。

分季节看，夏粮和秋粮增产，早稻减产。2019年，全国夏粮产量2832亿斤，比上年增加56亿斤，增长2.0%；秋粮产量9919亿斤，比上年增加110亿斤，增长1.1%；早稻产量525亿斤，比上年减少46亿斤，下降8.1%。

分品种看，除稻谷产量有所减少外，其他主要粮食作物产量均有所增加。2019年，全国谷物产量12274亿斤，比上年增加73亿斤，增长0.6%。其中，稻谷产量4192亿斤，比上年减少50亿斤，下降1.2%；小麦和玉米产量分别为2672亿斤和5215亿斤，比上年分别增加43亿斤和72亿斤，分别增长1.6%和1.4%。豆类产量426亿斤，比上年增加42亿斤，增长11.0%；其中大豆产量362亿斤，比上年增加43亿斤，增长13.3%。薯类产量577亿斤，比上年增加3.6亿斤，增长0.6%。

分地区看，内蒙古和东北地区粮食增产较多。2019年全国有17个省（区、市）粮食增产，14个省（区、市）粮食减产。内蒙古和东北地区共计增加116亿斤，占全国粮食增加量的97.2%。增产较多的省（区）有吉林、辽宁、内蒙古，粮食产量分别增加49亿斤、48亿斤和20亿斤。其中吉林、辽宁2018年因灾减产较多，2019年恢复性增产。

2.粮食增产因素分析

粮食单产提高是粮食增产的决定性因素，2019年全国粮食作物单产381公斤/亩，每亩产量比上年增加6.6公斤，增长1.8%。2019年全国粮食播种面积17.41亿亩，比上年减少1462万亩，下降0.8%。粮食单产提高的主要原因为：

一是农业气候对粮食生产总体有利。夏粮作物生长期间，小麦主产区光、温、水等条件匹配较好，麦田墒情适宜，有利于夏粮作物生长。秋收粮食作物生长期间，全国大部农区热量适宜，降水充沛，光照正常，有利于秋收粮食作物形成丰产群体。整体来看，全年气候条件较为适宜，有利于粮食作物生长发育，占全年粮食产量96%的夏粮和秋粮单产均较上年有所提高。2019年全国夏粮单产358公斤/亩，比上年增加11.7公斤/亩；秋粮单产388公斤/亩，比上年增加5.6公斤/亩。

二是抗灾救灾措施得力，农业灾情影响有限。从全国看，2019年大部分地区没有出现大范围灾情，尤其是东北地区的西部等传统旱区降雨充沛，旱情是近几年来最轻的一年。尽管以“利奇马”为代表的几次台风给局部地区造成影响，但也给旱情较重的地区带来了降水。7月下旬以后，长江中下游地区湖北、湖南、安徽、江西等地旱情持续发展，出现较为严重的伏秋连旱，给局部地区双季晚稻等秋粮作物生产带来一定的影响。各地区按照党中央、国务院的决策部署，积极开展抗灾救灾，加之10月份湖北、湖南等地出现有效降水，旱情对全国秋粮生产影响较有限。

3.农业生产结构优化

2019 年，各地在保障粮食生产能力不降低的同时，稳步推进耕地轮作休耕试点工作，调减低质低效作物种植，扩大优质高效作物种植规模，因地制宜发展经济作物，全国粮、经、饲种植结构进一步优化。

一是农业种植结构不断优化。油菜籽、花生、蔬菜等经济作物播种面积较往年有所增加。稻谷种植结构继续调整优化，品质更好、单产更高的中稻面积增加。大豆播种面积 1.40 亿亩，比上年增长 10.9%，大豆振兴计划实现良好开局。

二是农业区域布局不断优化。江淮赤霉病高发区、华北地下水超采区和西南条锈病菌源区通过休耕和轮作等措施调减冬小麦播种面积；非优势区的稻谷、玉米播种面积持续调减，生产进一步向优势区域集中。

三是粮食品种结构不断优化。全国优质专用小麦种植比例提高，优质稻谷面积扩大。

4.粮食价格变动情况

2019 年中国粮食价格总体稳定，部分产品价格有所波动。从生产者价格来看，2019 年谷物生产者价格比上年上涨 0.3%，其中小麦上涨 0.1%，玉米上涨 2.0%，稻谷下降 3.5%；豆类上涨 0.1%，大豆上涨 0.1%；薯类上涨 4.7%。从 200 个农产品主产县集贸市场价格来看，2019 年小麦集贸市场平均价格为 2.57 元/公斤，比上年下降 0.4%；玉米平均价格为 2.01 元/公斤，上涨 1.0%；籼稻平均价格为 2.76 元/公斤，下降 1.8%，粳稻平均价格为 3.13 元/公斤，下降 2.5%；大豆平均价格 6.02 元/公斤，上涨 0.5%。

5.粮食生产投入费用和收益情况

据对全国种植粮食的农业生产经营单位、规模种植户和普通农户的抽样调查，2019 年全国粮食亩均生产投入费用增加，亩均收益（未扣除人工费用、土地费用和固定资产折旧）因单产提高略有增加。

受化肥、农药等农业生产资料价格上涨影响，粮食生产投入费用不断增加。2019 年全国粮食亩均生产投入费用为 384 元，比上年增长 1.5%。在主要投入项目中，2019 年全国粮食亩均种子投入费用为 62 元，增长 2.1%；亩均化肥投入费用为 139 元，增长 1.2%；亩均农药投入费用为 36 元，增长 7.7%；2019 年全国粮食亩均外雇机械作业费用为 97 元，下降 0.8%。

2019 年全国平均每亩粮食总收入为 1014 元，增长 0.8%。扣除生产投入费用，全国粮食亩均收益（未扣除人工费用、土地费用和固定资产折旧）为 631 元，增长 0.3%。

（二）小麦增产，价格基本平稳

1.小麦产量变动情况及其特点

2019 年全国小麦产量 2672 亿斤，比上年增产 43 亿斤，增长 1.6%。2019 年小麦播种面积略减，但得益于单产增加，小麦产量增加。

播种面积略减。2019 年全国小麦播种面积 3.56 亿亩，比上年减少 809 万亩，下降 2.2%。主要是由于各地积极推进农业供给侧结构性改革，调整优化农业生产结构，江淮赤霉病高发区、华北地下水超采区和西南条锈病菌源区等低产地块通过休耕和轮作等措施调减小麦播种面积。

单产恢复性增长。2019 年全国小麦单产 375 公斤/亩，每亩产量比上年增加 14.3 公斤，增长 3.9%。因农业气候条件整体有利，尤其是冬小麦生长期间，麦区大部时段光温匹配，麦田墒情总体适宜，灾情相对较轻，加上各地区防治措施及时有效，病虫害发生率普遍低于上年，单产较上年呈恢复性增长态势。

小麦品质较好。由于生长期内气候条件较好，加之病虫害较轻，2019 年小麦整体质量较高，品种明显好于上年。优质专用小麦增加。据农业农村部统计，全国优质强筋弱筋小麦占比达到 33%，比上年提高 3 个百分点。

2.小麦价格变动情况

2019 年小麦增产，市场供给充足，价格总体平稳。从生产者价格来看，2019 年小麦生产者价格总水平比上年稳中略涨 0.1%。分季度看，2 季度小麦生产者价格略高于上年同期，上涨 0.1%，1、3 和 4 季度同比分别下降 0.6%、1.9%和 0.2%。从 200 个农产品主产县集贸市场月度价格变动情况来看，2019 年小麦集贸市场价格相对平稳，价格在 2.53 元/公斤至 2.60 元/公斤之间小幅波动。1～5 月份小麦集贸市场价格基本稳定，6 月份新麦上市后，价格有所回落，7 月份后总体保持稳中略涨态势。2019 年 12 月份，全国小麦集贸市场平均价格为 2.58 元/公斤，同比下降 0.8%。

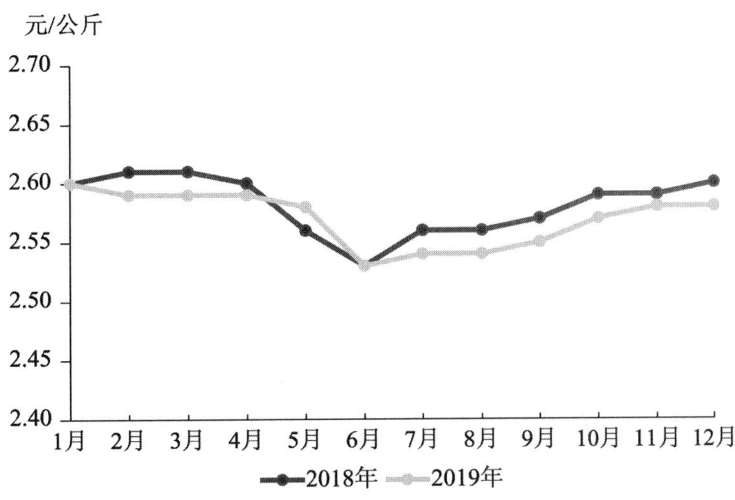

图1　2018～2019年小麦集贸市场价格

3.小麦生产投入费用和收益情况

2019年全国冬小麦亩均生产投入费用略增，但因单产提高带动收益保持较快增长。2019年全国冬小麦亩均生产投入费用为409元，比上年增长1.5%。其中，物质投入费用为281元，增长3.0%；生产服务支出费用为127元，下降1.7%。在主要投入项目中，2019年全国冬小麦亩均种子投入费用为71元，增长2.6%；化肥投入费用为154元，增长0.4%；农药投入费用为28元，增长4.6%；外雇机械作业费用为112元，下降1.3%。2019年全国冬小麦亩均总收入为968元，比上年增长5.7%。扣除生产投入费用，全国冬小麦亩均收益（未扣除人工费用、土地费用和固定资产折旧）为559元，增长9.1%。

（三）稻谷减产，价格下跌

1.稻谷产量变动情况及其特点

2019年全国稻谷产量为4192亿斤，比上年减少50亿斤，下降1.2%。其中，早稻和双季晚稻减产，分别比上年减产46亿斤和27亿斤；中稻和一季晚稻增产，比上年增产23亿斤。

播种面积减少是稻谷减产的主要因素。2019年稻谷播种面积4.45亿亩，比上年减少744万亩，下降1.6%。其中，早稻播种面积6675万亩，比上年减少512万亩，下降7.1%；双季晚稻7461万亩，比上年减少448万亩，下降5.7%；中稻和一季晚稻30404万亩，比上年增加216万亩，增长0.7%。主要是南方地区“双季稻改单季稻”，进一步缩减了品质较差、单产较低的早稻和双季晚稻播种面积，品质更好、单产更高的中稻和一季晚稻面积有所增加。

稻谷单产略增，2019年全国稻谷单产471公斤/亩，每亩产量比上年增加2.2公斤，增长0.5%。其中，早稻生长期间农业气象条件整体偏差，2019年全国早稻单产393公斤/亩，每亩产量比上年减少4.3公斤，下降1.1%；中稻和一季晚稻单产504公斤/亩，与上年持平；双季晚稻单产403公斤/亩，每亩产量比上年增加6.0公斤，增长1.5%。

2.稻谷价格变动情况

2019年稻谷库存充裕，市场供需相对宽松，价格总体低迷。从生产者价格来看，2019年稻谷生产者价格比上年下降3.5%。分季度看，1～4季度生产者价格均低于上年同期，降幅分别为5.0%、6.6%、1.3%和2.0%。从200个农产品主产县集贸市场月度价格变动情况来看，2019年籼稻集贸市场价格在2.75元/公斤至2.78元/公斤之间低位运行，除10月和11月与上年同期持平外，其他各月价格均低于上年同期。2019年1～4月籼稻集贸市场价格同比降幅为3%左右，5月份后降幅逐渐收窄。2019年粳稻集贸市场价格总体呈下跌趋势，由1月份的3.16元/公斤下跌至12月份的3.09元/公斤。与上年同期相比，粳稻集贸市场各月价格均低于上年同期，同比降幅由1月份的1.3%逐渐扩大到7月份的3.7%，2019年12月，粳稻集贸市场价格同比下降2.5%。

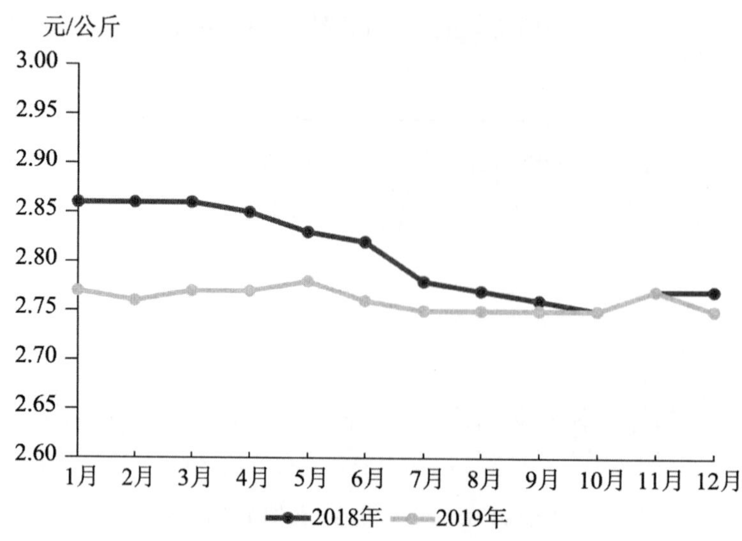

图 2　2018～2019 年籼稻集贸市场价格

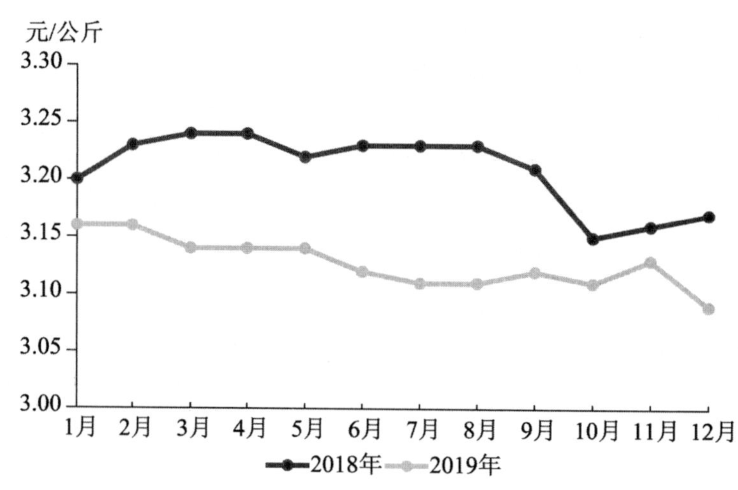

图 3　2018～2019 年粳稻集贸市场价格

3.稻谷生产投入费用和收益情况

2019 年全国稻谷亩均生产投入费用 473 元，比上年增长 2.2%。其中，物质投入费用 319 元，增长 4.7%；生产服务支出费用 154 元，下降 2.5%。在主要投入项目中，2019 年全国稻谷亩均种子投入费用 65 元，增长 5.2%；化肥投入费用为 142 元，增长 1.4%；农药投入费用为 64 元，增长 7.7%；外雇机械作业费用为 130 元，下降 3.1%。

2019 年全国稻谷亩均总收入 1299 元，比上年下降 4.6%。扣除生产投入费用，2019 年全国稻谷亩均收益（未扣除人工费用、土地费用和固定资产折旧）为 826 元，下降 8.2%。稻谷收益下降主要是由稻谷售价下降、农业生产资料价格上涨所致。

（四）玉米增产，价格总体上涨

1.玉米产量变动情况及其特点

2019 年全国玉米产量为 5215 亿斤，比上年增产 72 亿斤，增长 1.4%。玉米单产提高是玉米增产的决定性因素。由于种植结构调整，玉米播种面积进一步调减。

播种面积减少。2019 年全国玉米播种面积 6.19 亿亩，比上年减少 1269 万亩，下降 2.0%。2019 年非优势产区玉米播种面积进一步调减，东北地区尤其是黑龙江积极响应国家号召，调整种植结构，减少了玉米种植，改种大豆。在玉米生产大省中，黑龙江、山东、河南等省玉米播种面积均减少 100 万亩以上，三省玉米播种面积合计减少 974 万亩，占全国玉米调减面积的近 8 成，其中，黑龙江省玉米播种面积减少 665 万亩，占全国玉米调减面积的一半以上。

玉米单产提高。2019 年农业气象条件总体有利于玉米生长，玉米单产 421 公斤/亩，每亩产量比上年增加 14.1 公斤，增长 3.5%。

2.玉米价格变动情况

2019年玉米价格先升后降，总体上涨。从生产者价格来看，2019 年玉米生产者价格比上年上涨2.0%。分季度看，1～4季度生产者价格均高于上年同期，涨幅分别为2.9%、1.9%、1.3%和2.5%。从200 个农产品主产县集贸市场月度价格变动情况来看，受中美经贸摩擦和草地贪夜蛾虫害等影响，玉米市场行情看涨，玉米价格 4 月份后开始持续上涨至 8 月份，9 月份后随着新玉米陆续上市，价格开始下跌。与上年同期相比，除 3 月、4 月、5 月和12 月份外，其他各月均高于上年同期，2019 年 8 月价格同比涨幅达到 3.0%，随后开始下降，2019 年12 月份玉米集贸市场价格比上年同期下降 0.5%。

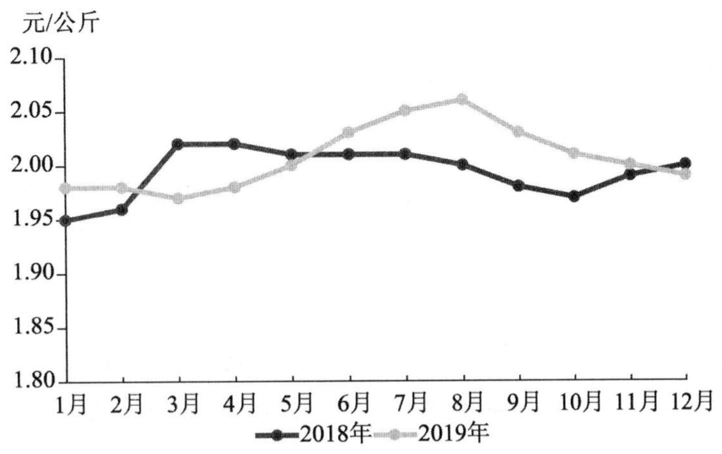

图4 2018～2019 年玉米集贸市场价格

3.玉米生产投入费用和收益情况

2019 年全国玉米亩均生产投入费用 335 元，比上年增长 1.2%。其中，物质投入费用 255 元，增长0.4%；生产服务支出费用 79 元，增长 4.1%。在主要投入项目中，2019 年全国玉米亩均种子投入费用57 元，比上年下降 1.7%；化肥投入费用为 145 元，增长 1.4%；农药投入费用为 21 元，增长 13.2%；外雇机械作业费用为 69 元，增长 4.5%。

2019 年全国平均每亩玉米总收入为 902 元，比上年增长 5.6%。扣除生产投入费用，全国平均每亩玉米收益（未扣除人工费用、土地费用和折旧）为567 元，增长 8.3%。

（五）大豆增产，价格稳中略涨

1.大豆产量变动情况及其特点

2019 年是实施大豆振兴计划的开局之年，各地相继出台了一系列扶持政策，促进大豆生产大幅增长。2019 年全国大豆产量 362 亿斤，比上年增加 43亿斤，增长 13.3%。其中，内蒙古、辽宁、吉林、黑龙江四省（区）大豆增产 38 亿斤，占全国大豆增产的 88.3%，尤其是黑龙江大豆增产 25 亿斤，占全国大豆增产的 57.7%。

2019 年内蒙古和东北三省等地大豆播种面积快速增加，成为大豆产量增加的主导因素。2019 年全国大豆播种面积 1.4 亿亩，比上年增加 1382 万亩，增长 10.9%。内蒙古、辽宁、吉林、黑龙江四省（区）大豆面积增加量占全国增加量的 9 成以上，黑龙江省大豆面积增加 1068 万亩，占全国增加量的 77.3%。2019 年全国大豆单产 129 公斤/亩，每亩产量比上年增加 2.7 公斤，增长 2.2%。

2.大豆价格变动情况

2019 大豆市场价格稳中略涨。从生产者价格来看，2019 年大豆价格总水平比上年略涨 0.1%。分季度看，1 季度大豆生产者价格比上年同期下跌 0.3%，2 季度和 3 季度大豆生产者价格同比分别上涨 3.6%和 0.9%，新豆上市后价格有所下跌，4 季度大豆生产者价格同比下跌 3.2%。从集贸市场月度价格变动来看，3 月份后大豆价格持续上涨，至 7 月份后开始略有回落。与上年同期相比，2～4 月份大豆集贸市场价格低于上年同期，5 月份后大豆价格均高于上年同期。2019 年 12 月，大豆集贸市场价格为 6.04元/公斤，同比上涨 0.7%。

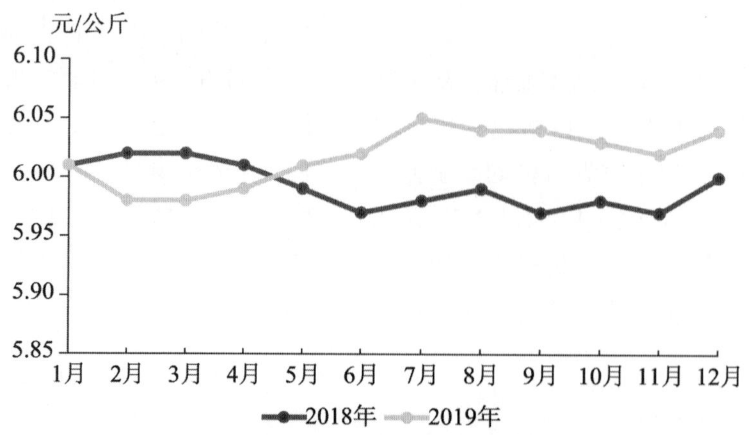

图 5 2018～2019 年大豆集贸市场价格

二、2019 年经济作物生产与市场发展情况

（一）棉花减产，价格先稳后降

1.棉花产量变动情况及其特点

2019 年全国棉花产量 589 万吨，比上年减少 21 万吨，下降 3.5%。其中，新疆棉花产量 500 万吨，比上年减少 10.8 万吨，下降 2.1%；占全国棉花总产量的比重为 84.9%，较上年提高 1.2 个百分点，新疆棉花优势产区地位更加巩固。

棉花种植面积略降。2019 年全国棉花种植面积为 5009 万亩，比上年减少 23 万亩，下降 0.5%。分地区看，棉花种植进一步向优势区域新疆棉区集中，国家对新疆地区实施棉花目标价格补贴政策，调动了棉农的种植积极性，使得新疆棉花种植面积稳定增加。2019 年中国最大产棉区新疆的棉花种植面积比上年增加 74 万亩，增长 2.0%，占全国的比重达 76.1%，较上年提高 1.8 个百分点。其他棉区受种植效益和农业结构调整等因素的影响，棉花种植面积持续减少，2019 年比上年减少 97 万亩，下降 7.5%。

棉花单产下降。在棉花生长关键期，风沙、高温、冰雹、低温冻害等自然灾害在主要产棉区新疆、河北、江西、山东、湖北等地时有发生，对棉花单产造成了一定影响。2019 年全国棉花单产为 117.6 公斤/亩，比上年减少 3.7 公斤/亩，下降 3.1%。其中，棉花主产区新疆棉花单产为 131.3 公斤/亩，比上年减少 5.5 公斤/亩，下降 4.0%。

2.棉花价格变动情况

2019 年棉花市场价格先稳后降。从生产者价格来看，2019 年棉花生产者价格总水平比上年下降 2.2%。分季度看，1 季度上涨 1.4%，2 季度下降 0.7%，4 季度下降 8.0%。从集贸市场月度价格变动来看，1～6 月棉花价格稳中略升，7 月份后受中美经贸摩擦升级影响，棉花消费需求下降，棉花价格开始不断下降，12 月份棉花价格略有回升。2019 年 12 月，棉花（籽棉）集贸市场价格为 6.71 元/公斤，比上年同期下跌 5.1%。

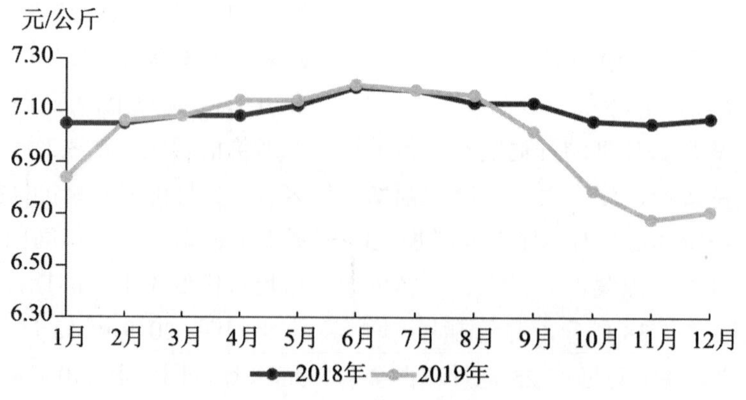

图 6 2018～2019 年棉花集贸市场价格

（二）油料增产，价格总体上涨

1.油料产量变动情况及其特点

2019 年全国油料产量 3493 万吨，比上年增加 60 万吨，增长 1.7%。2019 年油料播种面积为 19388 万亩，比上年增加 79 万亩，增长 0.4%。2019 年油料单产为 180 公斤/亩，比上年增加 2.3 公斤，增长 1.3%。

2.油料价格变动情况。

2019 年油料市场价格总体保持上涨态势。从生产者价格来看，2019 年油料生产者价格比上年增长 5.2%。分季度看，1～4 季度生产者价格均高于上年同期，同比分别上涨 1.0%、2.3%、5.3%和 2.4%。从集贸市场月度价格变动情况看，2019 年主要油料作物中花生仁价格持续走强，4 月份后价格均高于上年同期。2019 年 12 月，花生仁集贸市场价格为 12.98 元/公斤，比上年同期上涨 9.9%，比 1 月份上涨 9.4%。2019 年主要油料作物中油菜籽集贸市场价格总体上涨，除 10 月份价格略低于上年同期外，其他各月价格均高于上年同期。2019 年 12 月，油菜籽集贸市场价格为 5.43 元/公斤，同比上涨 0.6%。

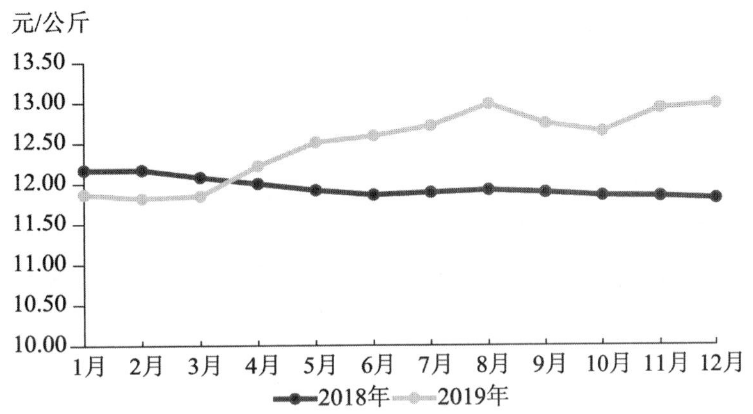

图 7　2018～2019 年花生仁集贸市场价格

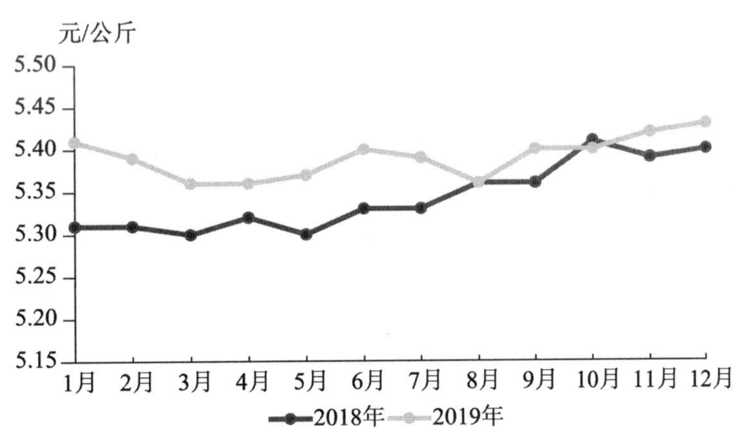

图 8　2018～2019 年油菜籽集贸市场价格

（三）糖料增产，价格下跌

1.糖料产量变动情况及其特点

2019 年全国糖料产量为 12169 万吨，比上年增加 232 万吨，增长 1.9%。2019 年全国糖料播种面积为 2416 万亩，比上年减少 19 万亩，下降 0.8%；糖料单产为 5037 公斤/亩，比上年增加 134 公斤，增长 2.7%。

2.糖料价格变动情况

2019 年糖料价格下跌。2019 年糖料生产者价格比上年下降 2.3%。其中，甘蔗生产者价格比上年下降 2.4%；甜菜同比下降 2.0%。分季看，1 季度、2 季度和 4 季度分别下降 3.0%、1.5%和 3.0%。

三、2019 年畜、禽、水产品生产与市场发展情况

（一）生猪生产下降，价格大幅上涨

1.生猪生产情况及其特点

生猪出栏和猪肉产量下降。受非洲猪瘟疫情

等因素影响，2019年中国生猪产能大幅下滑。2019年全国生猪出栏54419万头，比上年减少14963万头，下降21.6%；猪肉产量4255万吨，减少1148万吨，下降21.3%。

4季度末生猪存栏同比下降，环比止跌回升。党中央、国务院高度重视生猪生产，出台了一系列保供稳价的政策措施，各地狠抓政策落实积极恢复生产。2019年4季度末全国生猪存栏31041万头，同比减少11776万头，下降27.5%；但比3季度末增加366万头，环比增长1.2%。

2.生猪价格变动情况

受生猪生产下降、市场供应减少的影响，2019年生猪价格大幅上涨。从生产者价格来看，2019年生猪生产者价格比上年上涨50.5%。分季度看，1季度比上年同期下降8.8%，2～4季度同比涨幅分别为28.1%、49.3%和109.5%。从集贸市场月度价格变动情况来看，2019年来，生猪价格持续上涨，6月份后生猪价格开始快速攀升至10月份36.62元/公斤的历史高点，11月份生猪价格首次出现明显回落，12月份又小幅上升。2019年12月，生猪集贸市场价格32.63元/公斤，比上年同期上涨141.5%，比1月份上涨161.2%，比10月份最高点回落10.9%。

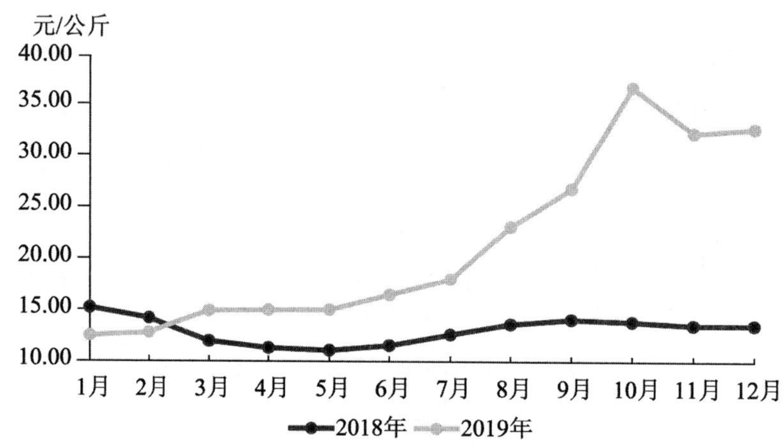

图9　2018～2019年生猪集贸市场价格

（二）牛、羊生产稳定增长，价格高位上涨

1.牛、羊生产情况及其特点

2019年中国牛羊生产稳定增长，产品产量有所增加。2019年全国肉牛出栏4534万头，比上年增加136万头，增长3.1%；牛肉产量667万吨，增加23万吨，增长3.6%；牛奶产量3201万吨，增加127万吨，增长4.1%。2019年末全国牛存栏9138万头，同比增加223万头，增长2.5%。

2019年全国羊出栏31699万只，比上年增加688万只，增长2.2%；羊肉产量488万吨，增加12万吨，增长2.6%。2019年末全国羊存栏30072万只，同比增加359万只，增长1.2%。

2.牛、羊价格变动情况

由于生猪市场供应的减少，拉动了居民对牛羊肉需求的增加，2019年活牛和活羊市场价格高位运行，稳步上涨。从生产者价格来看，2019年活牛生产者价格比上年上涨12.5%。分季度看，1～4季度生产者价格均高于上年同期，同比分别上涨3.8%、2.8%、11.6%和22.7%，涨幅不断扩大。从集贸市场月度价格变动情况来看，2019年活牛集贸市场各月价格均高于上年同期，1～6月份活牛价格相对平稳，7～10月份后活牛价格阶段性快速上涨，11月份后价格涨幅趋缓。2019年12月，活牛集贸市场价格为34.49元/公斤，比上年同期上涨17.2%，比1月份上涨15.5%。

2019年活羊生产者价格比上年上涨14.3%。分季度看，1～4季度比上年同期分别上涨13.0%、8.4%、14.2和15.6%。从集贸市场月度价格变动情况来看，1～6月份活羊集贸市场价格基本稳定，价格在31.88元/公斤至32.67元/公斤之间小幅波动，7月份后活羊价格开始一路上扬。2019年12月，活羊集贸市场价格为37.0元/公斤，比上年同期上涨16.1%，比1月份上涨13.3%。

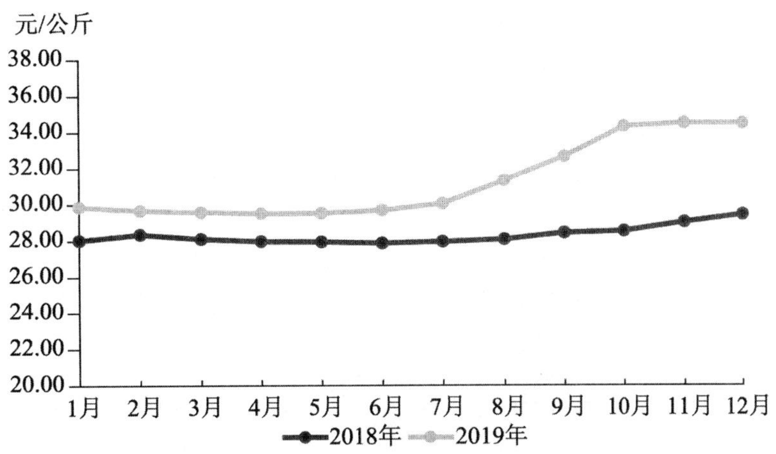

图 10　2018～2019 年活牛集贸市场价格

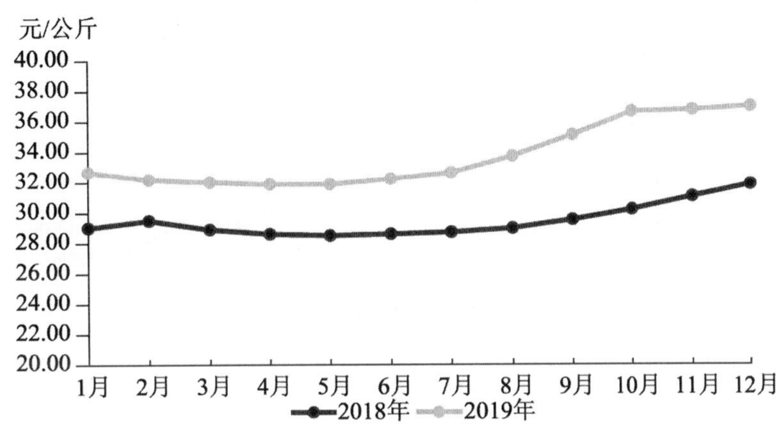

图 11　2018～2019 年活羊集贸市场价格

（三）家禽生产较快增长，价格总体上涨

1.家禽生产情况及其特点

2019 年家禽养殖效益向好，家禽饲养规模持续扩大。2019 年全国家禽出栏 146.41 亿只，比上年增加 15.51 亿只，增长 11.9%；禽肉产量 2239 万吨，增加 245 万吨，增长 12.3%；禽蛋产量 3309 万吨，增加 181 万吨，增长 5.8%。2019 年末全国家禽存栏 65.22 亿只，同比增加 4.85 亿只，增长 8.0%。

2.家禽、禽蛋价格变动情况

2019 年家禽市场价格持续上涨，禽蛋价格呈先抑后扬、总体上涨的态势。从生产者价格来看，2019 年家禽和禽蛋生产者价格比上年同期分别上涨 7.8% 和 2.1%。分季度看，1～4 季度家禽生产者价格均高于上年同期，涨幅分别为 1.6%、5.4%、9.5%和 13.3%。1 季度禽蛋生产者价格同比下跌 7.3%，2～4 季度禽蛋生产者价格分别上涨 1.8%、3.2%和 9.5%。

活鸡和鸡蛋价格总体上涨。从集贸市场月度价格变动情况来看，2019 年 1～6 月份活鸡集贸市场价格稳中略升，7～10 月份开始快速上涨，4 个月累计上涨了 21.5%，11 月后价格有所回落。2019 年 12 月份，活鸡集贸市场价格 23.07 元/公斤，比上年同期上涨 16.6%。2019 年 2 月、3 月和 6 月份，鸡蛋集贸市场价格呈季节性下降趋势，7 月份开始随着需求增加，鸡蛋价格明显上涨，11 月份后价格逐渐回落。2019 年 12 月，鸡蛋集贸市场价格 11.18 元/公斤，同比上涨 8.3%。

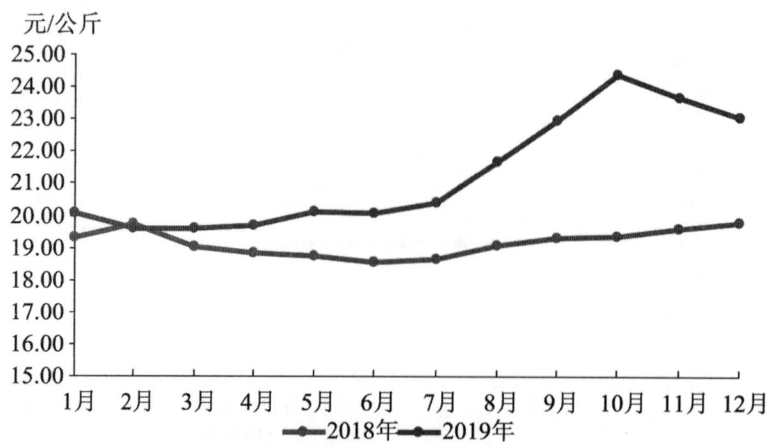

图 12　2018～2019 年活鸡集贸市场价格

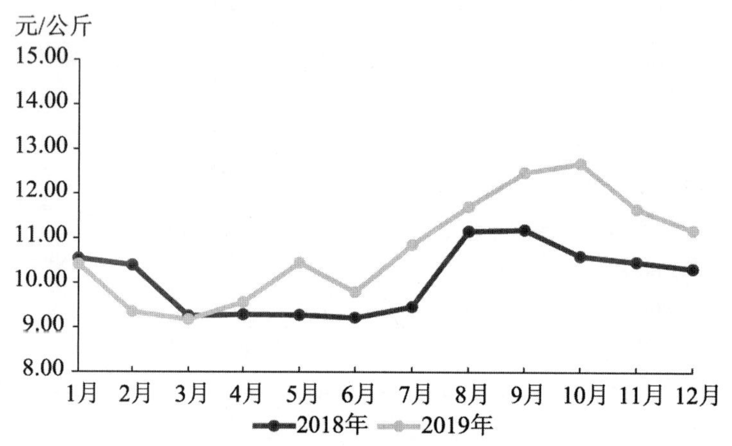

图 13　2018～2019 年鸡蛋集贸市场价格

（四）水产品产量略有增长，价格略降

1.水产品生产情况

2019 年全国水产品总产量 6480 万吨，比上年略增 0.4%。其中，养殖水产品产量 5079 万吨，增长 1.8%；捕捞水产品产量 1401 万吨，下降 4.5%。

2.水产品价格变动情况

2019 年水产品市场价格略有下降。2019 年水产品生产者价格比上年下降 0.6%。其中，海水养殖产品下降 2.8%，海水捕捞产品上涨 0.6%，淡水养殖产品下降 0.2%。分季度看，1 季度和 4 季度分别下降 2.8%和 0.3%，2 季度和 3 季度分别上涨 0.4%和 1.2%。

综合与概要

2-1 农村经济主要指标

指　　标	单位	1990年	1995年	2000年	2015年	2016年	2017年	2018年	2019年
一、农业机械总动力	**亿瓦特**	**2870.8**	**3611.8**	**5257.4**	**11172.8**	**9724.6**	**9878.3**	**10037.2**	**10275.8**
二、农林牧渔业总产值	**亿元**	**7662.1**	**20340.9**	**24915.8**	**101893.5**	**106478.7**	**109331.7**	**113579.5**	**123967.9**
三、农林牧渔业增加值	**亿元**	**5061.8**	**12135.1**	**14943.6**	**59852.6**	**62451.0**	**64660.0**	**67558.7**	**73567.1**
四、主要农产品产量									
粮食	万吨	44624.3	46661.8	46217.5	66060.3	66043.5	66160.7	65789.2	66384.3
棉花	万吨	450.8	476.8	441.7	590.7	534.3	565.3	610.3	588.9
油料	万吨	1613.2	2250.3	2954.8	3390.5	3400.0	3475.2	3433.4	3493.0
糖料	万吨	7214.5	7940.1	7635.3	11215.2	11176.0	11378.8	11937.4	12169.1
黄红麻	万吨	72.6	37.1	12.6	4.8	3.4	2.9	2.9	2.9
烤烟	万吨	225.9	207.2	223.8	249.5	244.5	227.9	211.0	202.1
猪牛羊肉	万吨	2513.5	4265.3	4743.2	6702.2	6502.6	6557.5	6522.9	5410.1
牛奶	万吨	415.7	576.4	827.4	3179.8	3064.0	3038.6	3074.6	3201.2
禽蛋	万吨	794.6	1676.7	2182.0	3046.1	3160.5	3096.3	3128.3	3309.0
水产品	万吨	1237.0	2517.2	3706.2	6211.0	6379.5	6445.3	6457.7	6480.4
水果	万吨	1874.4	4214.6	6225.1	24524.6	24405.2	25241.9	25688.4	27400.8
五、农村物价总指数(上年=100)									
农产品生产价格总指数	%	97.4	119.9	96.4	101.7	103.4	96.5	99.1	114.5
农村商品零售价格指数	%	103.2	116.4	98.5	100.3	100.9	101.3	102.1	
农业生产资料价格指数	%	105.5	127.4	99.1	100.4	100.1	100.6	103.1	104.6
农村居民消费价格指数	%	104.5	117.5	99.9	101.3	101.9	101.3	102.1	103.2
六、农村居民人均可支配收入	**元**				**11421.7**	**12363.4**	**13432.4**	**14617.0**	**16020.7**
农村居民人均消费支出	元				9222.6	10129.8	10954.5	12124.3	13327.7
七、农村教育、卫生									
在校学生数									
#普通中学	万人	2739.0	2773.0	3586.3	779.5	742.7	721.3	730.5	733.3
普通小学	万人	9595.6	9306.2	8503.7	2965.9	2891.7	2775.4	2666.4	2557.5
乡镇卫生院床位数	万张	72.3	73.3	73.5	119.6	122.4	129.2	133.4	137.1
乡镇卫生人员	万人		105.2	117.0	127.8	132.1	136.0	139.1	144.5

注：1.2000年以前农产品生产价格总指数为农副产品收购价格指数。
2.按照新国民经济行业分类标准,农林牧渔业总产值(增加值)包括农、林、牧、渔专业及辅助性活动产值(增加值)。
3.从2003年起，水果产量含果用瓜。
4.从2016年开始，农业机械总动力不包括三轮汽车和低速载货汽车动力。
5.从2013年起,国家统计局开展了住户收支与生活状况抽样调查,本表中的农村居民收入与支出数据来源于此调查，与2012年及以前的农村住户抽样调查的调查范围、调查方法、指标口径有所不同，数据来源于实施城乡一体化调查后的住户收支与生活状况抽样调查。
6.2012年-2016年水产品数据由农业农村部根据全国第三次农业普查结果进行了修订。

2-2 按人口平均的主要农产品产量

单位：千克/人

年 份	粮食	棉花	油料	糖料	猪牛羊肉	水产品
1949	208.9	0.8	4.7	5.2		0.8
1952	288.1	2.3	7.4	13.3		2.9
1957	306.0	2.6	6.6	18.7		4.9
1962	231.9	1.1	3.0	5.7		3.4
1965	272.0	2.9	5.1	21.5		4.2
1970	293.2	2.8	4.6	19.0		3.9
1975	310.5	2.6	4.9	20.9		4.8
1978	318.7	2.3	5.5	24.9		4.9
1980	326.7	2.8	7.8	29.7		4.6
1985	360.7	3.9	15.0	57.5		6.7
1990	393.1	4.0	14.2	63.6		10.9
1991	378.3	4.9	14.2	73.2		11.7
1992	380.0	3.9	14.1	75.6		13.4
1993	387.4	3.2	15.3	64.7		15.5
1994	373.5	3.6	16.7	61.6		17.9
1995	387.3	4.0	18.7	65.9		20.9
1996	414.4	3.5	18.2	68.7	30.3	27.0
1997	401.7	3.7	17.5	76.3	34.6	25.4
1998	412.5	3.6	18.6	78.8	37.0	27.2
1999	405.8	3.1	20.8	66.5	38.0	28.5
2000	366.0	3.5	23.4	60.5	37.6	29.4
2001	355.9	4.2	22.5	68.1	38.0	29.8
2002	357.0	3.8	22.6	80.4	38.5	30.9
2003	334.3	3.8	21.8	74.8	39.5	31.6
2004	362.2	4.9	23.7	73.8	40.4	32.8
2005	371.3	4.4	23.6	72.5	42.0	33.9
2006	379.9	5.7	20.1	79.8	42.8	35.0
2007	382.5	5.8	21.1	91.7	40.4	36.0
2008	403.4	5.5	22.9	98.2	43.0	37.0
2009	405.2	4.7	23.6	88.2	44.8	38.4
2010	418.0	4.3	23.6	84.5	46.2	40.2
2011	437.8	4.8	23.9	86.8	45.7	41.7
2012	453.3	4.9	24.3	92.2	47.8	40.6
2013	464.5	4.6	24.7	92.5	49.1	42.2
2014	468.9	4.6	24.7	88.6	50.3	43.8
2015	481.8	4.3	24.7	81.8	48.9	45.1
2016	479.0	3.9	24.7	81.1	47.2	46.3
2017	477.2	4.1	25.1	82.1	47.3	46.5
2018	472.4	4.4	24.7	85.7	46.8	46.4
2019	474.9	4.2	25.0	87.1	38.7	46.4

注：按年平均人口计算。

2-2 续表 单位：千克/人

年 份	黄红麻	烤烟	水果	牛奶	禽蛋	茶叶
1952	0.5	0.4	4.3			0.14
1957	0.5	0.4	5.1			0.18
1962	0.2	0.2	4.1			0.11
1965	0.4	0.5	4.5			0.14
1970	0.3	0.5	4.6			0.17
1975	0.8	0.8	5.9	1.0		0.23
1978	1.1	1.1	6.9	0.9		0.28
1980	1.1	0.7	6.9	1.2		0.31
1985	3.9	2.0	11.1	2.4	5.1	0.41
1990	0.6	2.0	16.5	3.7	7.0	0.48
1991	0.4	2.3	18.9	4.0	8.0	0.47
1992	0.5	2.7	20.9	4.3	8.8	0.48
1993	0.6	2.6	25.6	4.2	10.0	0.51
1994	0.3	1.6	29.4	4.4	12.4	0.49
1995	0.3	1.7	35.0	4.8	13.9	0.49
1996	0.3	2.4	38.2	5.2	16.1	0.49
1997	0.3	3.2	41.4	4.9	15.4	0.50
1998	0.2	1.7	43.9	5.3	16.3	0.54
1999	0.1	1.7	49.8	5.7	17.0	0.54
2000	0.1	1.8	49.3	6.6	17.3	0.54
2001	0.1	1.6	52.3	8.1	17.4	0.55
2002	0.1	1.7	54.3	10.2	17.7	0.58
2003	0.1	1.6	112.7	13.6	18.1	0.60
2004	0.1	1.7	118.4	17.4	18.3	0.64
2005	0.1	1.9	123.6	21.1	18.7	0.72
2006	0.1	1.7	130.4	22.5	18.5	0.78
2007	0.1	1.7	134.0	22.4	19.3	0.77
2008	0.1	1.9	138.0	22.7	20.4	0.95
2009	0.1	2.1	143.4	22.5	20.7	1.01
2010	0.0	2.0	150.2	22.7	20.8	1.09
2011	0.1	2.1	156.4	23.1	21.1	1.20
2012	0.0	2.2	163.6	23.5	21.4	1.30
2013	0.0	2.2	167.6	22.2	21.5	1.39
2014	0.0	2.0	170.8	23.2	21.5	1.50
2015	0.0	1.8	178.9	23.2	22.2	1.66
2016	0.0	1.8	177.0	22.2	22.9	1.68
2017	0.0	1.6	182.1	21.9	22.3	1.77
2018	0.0	1.5	184.4	22.1	22.5	1.87
2019	0.0	1.4	196.0	22.9	23.7	1.99

注：从2003年起，水果产量含果用瓜。

2-3 农村经济在国民经济中的地位

单位：亿元、%

年 份	国内生产总值	#第一产业	所占比重	社会消费品零售额
1952	679.1	342.9	50.5	276.8
1957	1071.4	430.0	40.1	474.2
1962	1162.2	453.1	39.0	604.0
1965	1734.0	651.1	37.5	670.3
1970	2279.7	793.3	34.8	858.0
1975	3039.5	971.2	32.0	1271.1
1978	3678.7	1018.5	27.7	1558.6
1980	4587.6	1359.5	29.6	2140.0
1981	4935.8	1545.7	31.3	2350.0
1982	5373.4	1761.7	32.8	2570.0
1983	6020.9	1960.9	32.6	2849.4
1984	7278.5	2295.6	31.5	3376.4
1985	9098.9	2541.7	27.9	4305.0
1986	10376.2	2764.1	26.6	4950.0
1987	12174.6	3204.5	26.3	5820.0
1988	15180.4	3831.2	25.2	7440.0
1989	17179.7	4228.2	24.6	8101.4
1990	18872.9	5017.2	26.6	8300.1
1991	22005.6	5288.8	24.0	9415.6
1992	27194.5	5800.3	21.3	10993.7
1993	35673.2	6887.6	19.3	12462.1
1994	48637.5	9471.8	19.5	16264.7
1995	61339.9	12020.5	19.6	20620.0
1996	71813.6	13878.3	19.3	24774.1
1997	79715.0	14265.2	17.9	27298.9
1998	85195.5	14618.7	17.2	29152.5
1999	90564.4	14549.0	16.1	31134.7
2000	100280.1	14717.4	14.7	34152.6
2001	110863.1	15502.5	14.0	37595.2
2002	121717.4	16190.2	13.3	42027.0
2003	137422.0	16970.2	12.3	45842.0
2004	161840.2	20904.3	12.9	59501.0
2005	187318.9	21806.7	11.6	67176.6
2006	219438.5	23317.0	10.6	76410.0
2007	270092.3	27674.1	10.2	89210.0
2008	319244.6	32464.1	10.2	114830.1
2009	348517.7	33583.8	9.6	132678.4
2010	412119.3	38430.8	9.3	156998.4
2011	487940.2	44781.4	9.2	183918.6
2012	538580.0	49084.5	9.1	210307.0
2013	592963.2	53028.1	8.9	237809.9
2014	643563.1	55626.3	8.6	271896.1
2015	688858.2	57774.6	8.4	300930.8
2016	746395.1	60139.2	8.1	332316.3
2017	832035.9	62099.5	7.5	366261.6
2018	919281.1	64745.2	7.0	380986.9
2019	990865.1	70466.7	7.1	411649.0

注：1.社会消费品零售额，1992年及以前为社会商品零售总额数据。
2.根据最新修订的报表制度，2010年以后县及县以下的数据为镇区与乡村之和。

2-3 续表 1 单位：亿元、%

年 份	全国一般公共预算收入			全国一般公共预算支出		
	合 计	#烟叶税	耕地占用税	合 计	#农林水	所占比重
1970	662.9			649.4		
1975	815.6			820.9		
1978	1132.3			1122.1		
1980	1159.9			1228.8		
1981	1175.8			1138.4		
1982	1212.3			1230.0		
1983	1367.0			1409.5		
1984	1642.9			1701.0		
1985	2004.8			2004.3		
1986	2122.0			2204.9		
1987	2199.4		1.4	2262.2		
1988	2357.2		21.2	2491.2		
1989	2664.9		16.9	2823.8		
1990	2937.1		14.6	3083.6		
1991	3149.5		17.9	3386.6		
1992	3483.4		29.2	3742.2		
1993	4349.0		29.4	4642.3		
1994	5218.1		36.5	5792.6		
1995	6242.2		34.5	6823.7		
1996	7408.0		31.2	7937.6		
1997	8651.1		32.5	9233.6		
1998	9876.0		33.4	10798.2		
1999	11444.1		33.0	13187.7		
2000	13395.2		35.3	15886.5		
2001	16386.0		38.3	18902.6		
2002	18903.6		57.3	22053.2		
2003	21715.3		39.9	24650.0		
2004	26396.5		120.1	28486.9		
2005	31649.3		141.9	33930.3		
2006	38760.2	41.6	171.1	40422.7		
2007	51321.8	47.8	185.0	49781.4	3404.7	6.8
2008	61330.4	67.5	314.4	62592.7	4544.0	7.3
2009	68518.3	80.8	633.1	76299.9	6720.4	8.8
2010	83101.5	78.4	888.6	89874.2	8129.6	9.0
2011	103874.4	91.4	1075.5	109247.8	9937.6	9.1
2012	117253.5	131.8	1620.7	125953.0	11973.9	9.5
2013	129209.6	150.3	1808.2	140212.1	13349.6	9.5
2014	140370.0	141.1	2059.1	151785.6	14173.8	9.3
2015	152269.2	142.8	2097.2	175877.8	17380.5	9.9
2016	159605.0	130.5	2028.9	187755.2	18587.4	9.9
2017	172592.8	115.7	1651.9	203085.5	19089.0	9.4
2018	183359.8	111.4	1318.9	220904.1	21085.6	9.5
2019	190390.1	111.0	1389.8	238858.4	22862.8	9.6

注：各年数据为财政决算数。

2-3 续表 2

单位：元/人

年 份	全国居民消费水平	城镇居民	农村居民	指数(1978年=100) 城镇居民	农村居民	城乡消费水平对比(农村居民=1)
1978	183	387	138	100	100	2.8
1979	206	411	159	104	106	2.6
1980	237	482	178	114	115	2.7
1981	263	504	202	116	127	2.5
1982	282	489	227	110	140	2.2
1983	313	537	251	119	153	2.1
1984	354	599	280	129	168	2.1
1985	437	734	345	141	192	2.1
1986	492	827	384	149	200	2.2
1987	553	931	425	156	212	2.2
1988	678	1179	504	165	218	2.3
1989	779	1325	585	167	231	2.3
1990	825	1389	623	170	239	2.2
1991	910	1593	659	187	245	2.4
1992	1051	1978	700	219	249	2.8
1993	1324	2621	820	252	261	3.2
1994	1789	3591	1071	269	274	3.4
1995	2317	4699	1342	295	288	3.5
1996	2749	5224	1664	302	330	3.1
1997	2959	5482	1777	308	343	3.1
1998	3107	5743	1789	325	348	3.2
1999	3327	6180	1805	356	356	3.4
2000	3698	6808	1931	390	380	3.5
2001	3954	7109	2048	404	398	3.5
2002	4256	7498	2175	429	424	3.4
2003	4542	7812	2313	442	444	3.4
2004	5056	8565	2540	466	460	3.4
2005	5671	9472	2805	505	492	3.4
2006	6302	10329	3095	535	529	3.3
2007	7434	11981	3579	594	576	3.3
2008	8483	13527	4012	634	601	3.4
2009	9226	14447	4341	687	664	3.3
2010	10550	16260	4851	726	702	3.4
2011	12646	18968	5996	779	782	3.2
2012	14075	20759	6667	841	841	3.1
2013	15615	22583	7524	892	923	3.0
2014	17271	24508	8508	949	1024	2.9
2015	18929	26413	9365	1023	1128	2.8
2016	20877	28600	10493	1082	1258	2.7
2017	23070	30959	11940	1130	1386	2.6
2018	25378	33308	13689	1187	1554	2.4
2019	27563	35625	15163	1239	1683	2.3

注：1.绝对数按当年价格计算，指数按可比价格计算。
2.本表数据来源于国民经济核算资料，与城乡住户抽样调查数据的指标口径不同。

2-3 续表 3

单位：元/人

年 份	农村居民		城镇居民	
	人均可支配收入	指数(1978=100)	人均可支配收入	指数(1978=100)
1978	133.6	100.0	343.4	100.0
1979	160.2	119.2	405.0	115.7
1980	191.3	139.0	477.6	127.0
1981	223.4	160.4	500.4	129.9
1982	270.1	192.3	535.3	136.3
1983	309.8	219.6	564.6	141.5
1984	355.3	249.5	652.1	158.7
1985	397.6	268.9	739.1	160.4
1986	423.8	277.6	900.9	182.7
1987	462.6	292.0	1002.1	186.8
1988	544.9	310.7	1180.2	182.3
1989	601.5	305.7	1373.9	182.5
1990	686.3	311.2	1510.2	198.1
1991	708.6	317.4	1700.6	212.4
1992	784.0	336.2	2026.6	232.9
1993	921.6	346.9	2577.4	255.1
1994	1221.0	364.3	3496.2	276.8
1995	1577.7	383.6	4283.0	290.3
1996	1926.1	418.1	4838.9	301.6
1997	2090.1	437.3	5160.3	311.9
1998	2171.2	458.1	5418.2	329.4
1999	2229.1	477.5	5838.9	359.7
2000	2282.1	489.6	6255.7	382.3
2001	2406.9	512.3	6824.0	414.1
2002	2528.9	539.2	7652.4	469.1
2003	2690.3	564.9	8405.5	510.6
2004	3026.6	606.1	9334.8	549.0
2005	3370.2	646.6	10382.3	600.9
2006	3731.0	697.6	11619.7	662.5
2007	4327.0	767.7	13602.5	742.2
2008	4998.8	833.1	15549.4	803.5
2009	5435.1	908.3	16900.5	881.0
2010	6272.4	1012.1	18779.1	948.5
2011	7393.9	1127.4	21426.9	1028.1
2012	8389.3	1248.1	24126.7	1126.8
2013	9429.6	1364.5	26467.0	1205.4
2014	10488.9	1490.5	28843.9	1287.1
2015	11421.7	1602.3	31194.8	1371.5
2016	12363.4	1702.1	33616.2	1448.0
2017	13432.4	1825.5	36396.2	1541.6
2018	14617.0	1945.3	39250.8	1627.6
2019	16020.7	2066.0	42358.8	1708.4

注：1.表中2013–2019年人均可支配收入来源于住户收支与生活状况调查，1978–2012年数据根据历史数据按照新口径推算获得。
2.可支配收入绝对数按当年价格计算，指数按可比价计算。

2-4 2019年各地区农村经济在国民经济中的地位

单位：%

地区	第一产业增加值占地区生产总值比重	镇区及乡村消费品零售额占全社会消费品零售额的比重
北京	0.3	17.4
天津	1.3	19.9
河北	10.0	53.2
山西	4.8	43.9
内蒙古	10.8	37.5
辽宁	8.7	27.1
吉林	11.0	30.6
黑龙江	23.4	31.9
上海	0.3	7.7
江苏	4.3	36.5
浙江	3.4	38.2
安徽	7.9	49.7
福建	6.1	38.0
江西	8.3	54.4
山东	7.2	41.6
河南	8.5	48.1
湖北	8.3	37.3
湖南	9.2	38.0
广东	4.0	25.1
广西	16.0	44.5
海南	20.4	34.9
重庆	6.6	36.5
四川	10.3	44.4
贵州	13.6	38.2
云南	13.1	41.5
西藏	8.1	43.0
陕西	7.7	37.0
甘肃	12.0	40.0
青海	10.2	46.8
宁夏	7.5	39.4
新疆	13.1	41.0

2-5 2019年各地区消费品零售额

(按当年价计算) 单位：亿元

地　　区	社会消费品零售总额	#镇区零售额	#乡村零售额
全　　国	**408017.2**	**94886.3**	**55389.0**
北　　京	15063.7	2257.2	365.0
天　　津	4218.2	679.9	158.6
河　　北	12985.5	4104.3	2802.1
山　　西	7030.5	1860.6	1223.2
内 蒙 古	5051.1	1314.4	581.9
辽　　宁	9670.6	1506.5	1115.0
吉　　林	4212.9	847.2	440.1
黑 龙 江	5603.9	1108.2	677.1
上　　海	15847.6	627.9	593.4
江　　苏	37672.5	9940.2	3812.9
浙　　江	27343.8	6066.4	4372.1
安　　徽	17862.1	5668.4	3213.5
福　　建	18896.8	4658.2	2530.0
江　　西	10068.1	4054.7	1426.0
山　　东	29251.2	6670.1	5499.1
河　　南	23476.1	7105.9	4178.2
湖　　北	22722.3	5065.2	3411.3
湖　　南	16683.9	4112.7	2233.7
广　　东	42951.8	5873.4	4923.3
广　　西	8200.9	2699.0	950.3
海　　南	1951.1	369.9	311.2
重　　庆	11631.7	2694.5	1549.6
四　　川	21343.0	5362.4	4117.6
贵　　州	7468.2	1994.1	859.8
云　　南	10158.2	2912.2	1305.2
西　　藏	773.4	214.7	118.1
陕　　西	10213.0	2656.7	1122.9
甘　　肃	3700.3	834.9	645.0
青　　海	948.5	271.7	172.4
宁　　夏	1399.4	361.6	190.3
新　　疆	3617.0	993.1	490.3

2-6　2019年各地区城乡居民收入水平

单位：元/人

地　区	农村居民人均可支配收入	城镇居民人均可支配收入	城乡居民收入水平对比(农村居民=1)
全　国	**16020.7**	**42358.8**	**2.64**
北　京	28928.4	73848.5	2.55
天　津	24804.1	46118.9	1.86
河　北	15373.1	35737.7	2.32
山　西	12902.4	33262.4	2.58
内蒙古	15282.8	40782.5	2.67
辽　宁	16108.3	39777.2	2.47
吉　林	14936.0	32299.2	2.16
黑龙江	14982.1	30944.6	2.07
上　海	33195.2	73615.3	2.22
江　苏	22675.4	51056.1	2.25
浙　江	29875.8	60182.3	2.01
安　徽	15416.0	37540.0	2.44
福　建	19568.4	45620.5	2.33
江　西	15796.3	36545.9	2.31
山　东	17775.5	42329.2	2.38
河　南	15163.7	34201.0	2.26
湖　北	16390.9	37601.4	2.29
湖　南	15394.8	39841.9	2.59
广　东	18818.4	48117.6	2.56
广　西	13675.7	34744.9	2.54
海　南	15113.1	36016.7	2.38
重　庆	15133.3	37938.6	2.51
四　川	14670.1	36153.7	2.46
贵　州	10756.3	34404.2	3.20
云　南	11902.4	36237.7	3.04
西　藏	12951.0	37410.0	2.89
陕　西	12325.7	36098.2	2.93
甘　肃	9628.9	32323.4	3.36
青　海	11499.4	33830.3	2.94
宁　夏	12858.4	34328.5	2.67
新　疆	13121.7	34663.7	2.64

注：本表数据来源于国家统计局开展的全国住户收支与生活状况调查。

2-7 主要农产品供需情况

一、粮食

年 份	生产量（万吨）	进口量（万吨）	出口量（万吨）	城镇居民人均消费（千克/人）	农村居民人均消费（千克/人）
1980	32056	1343	162		257.2
1981	32502	1481	126	145.4	256.1
1982	35450	1612	125	144.6	260.0
1983	38728	1344	196	144.5	259.9
1984	40731	1045	357	142.1	266.5
1985	37911	600	932	134.8	257.5
1986	39151	773	942	137.9	259.3
1987	40473	1628	737	133.9	259.4
1988	39408	1533	717	137.2	259.5
1989	40755	1658	656	133.9	262.3
1990	44624	1372	583	130.7	262.1
1991	43529	1345	1086	127.9	255.6
1992	44266	1175	1364	111.5	250.5
1993	45649	752	1535	97.8	251.8
1994	44510	920	1346	101.7	257.6
1995	46662	2081	214	97.0	256.1
1996	50454	1200	144	94.7	256.2
1997	49417	705	859	88.6	250.7
1998	51230	708	906	86.7	248.9
1999	50839	772	758	84.9	247.5
2000	46218	1357	1400	82.3	250.2
2001	45264	1738	903	79.7	238.6
2002	45706	1417	1514	78.5	236.5
2003	43070	2283	2230	79.5	222.4
2004	46947	2298	514	78.2	218.3
2005	48402	3286	1141	77.0	208.9
2006	49804	3186	723	75.9	205.6
2007	50414	3237	1118	77.6	199.5
2008	53434	4131	379	58.5	199.1
2009	53941	5223	329	81.3	189.3
2010	55911	6695	275	81.5	181.4
2011	58849	6390	288	80.7	170.7
2012	61223	8025	277	78.8	164.3
2013	63048	8645	243	121.3	178.5
2014	63965	10042	211	117.2	167.6
2015	66060	12477	164	112.6	159.5
2016	66044	11468	190	111.9	157.2
2017	66161	13062	280	109.7	154.6
2018	65789	11555	366	110.0	148.5
2019	66384	11144	434	110.6	154.8

注：1.从2013年起，国家统计局开展了住户收支与生活状况抽样调查，本年鉴中的2013年及之后年份的城乡居民消费粮油糖数据来源于此调查，与2012年及以前的农村住户抽样调查的调查范围、调查方法、指标口径有所不同，下表同。
2.城乡居民人均粮食消费量为原粮，但城镇居民1980–2012年人均粮食消费量为加工粮。

2-7 续表 1

二、食用植物油

年份	生产量(万吨)	进口量(万吨)	出口量(万吨)	城镇居民人均消费(千克/人)	农村居民人均消费(千克/人)
1980	222		3.1		1.4
1981	292	4.4	6.3	4.8	1.9
1982	345	5.6	10.2	5.8	2.1
1983	360	3.5	15.6	6.5	2.2
1984	382	1.4	13.1	7.1	2.5
1985	401	3.5	16.2	5.8	2.6
1986	441	19.8	16.6	6.2	2.6
1987	478	51.1	5.6	6.5	3.1
1988	480	21.4	2.6	7.0	3.3
1989	496	105.6	6.2	6.2	3.3
1990	544	112.0	14.0	6.4	3.5
1991	644	61.0	9.9	6.9	3.9
1992	661	42.0	6.8	6.7	4.1
1993	965	24.0	13.6	7.1	4.1
1994	723	163.0	27.0	7.5	4.1
1995	1144	353.0	49.6	7.1	4.3
1996	947	264.0	47.3	7.1	4.5
1997	894	285.8	86.1	7.2	4.7
1998	602	205.5	30.9	7.6	4.6
1999	734	208.0	9.7	7.8	4.6
2000	835	179.0	11.2	8.2	5.5
2001	1383	165.0	13.4	8.1	7.0
2002	1531	319.0	9.8	8.5	7.5
2003	1584	541.0	6.0	9.2	6.3
2004	1235	676.0	6.5	9.3	5.3
2005	1612	621.0	22.5	9.3	6.0
2006	1986	671.0	39.9	9.4	5.8
2007	2319	838.0	16.6	9.6	6.0
2008	2419	817.1	24.9	10.3	6.2
2009	3280	816.0	11.4	9.7	5.4
2010	3916	687.0	9.2	8.8	5.5
2011	4332	657.0	12.2	9.3	6.6
2012	5176	845.0	10.0	9.1	6.9
2013	6219	810.0	11.5	10.5	9.3
2014	6534	650.0	13.4	10.6	9.0
2015	6734	676.0	13.5	10.7	9.2
2016	6908	553.0	11.4	10.6	9.3
2017	6072	577.0	20.0	10.3	9.2
2018		629.0	29.5	8.9	9.0
2019		953.0	26.7	8.7	9.0

注：本表生产量为规模以上企业产量的快报数据。

2-7 续表 2

三、棉花

年 份	生产量 (万吨)	进口量 (万吨)	出口量 (万吨)	全国人均产量 (千克/人)
1980	270.7	88.5	0.9	2.8
1981	296.8	80.1	0.1	3.0
1982	359.8	47.3	0.4	3.6
1983	463.7	23.0	5.8	4.5
1984	625.8	4.0	18.9	6.0
1985	414.7	…	34.7	3.9
1986	354.0	…	55.8	3.3
1987	424.5	0.6	75.5	3.9
1988	414.9	3.5	46.8	3.8
1989	378.8	51.9	27.2	3.4
1990	450.8	42.0	16.7	4.0
1991	567.5	37.0	20.0	4.9
1992	450.8	28.0	14.5	3.9
1993	373.9	1.0	15.0	3.2
1994	434.1	52.6	11.1	3.6
1995	476.8	74.0	2.2	4.0
1996	420.3	6.5	0.4	3.5
1997	460.3	78.3	0.1	3.7
1998	450.1	20.9	4.5	3.6
1999	382.9	5.0	23.6	3.1
2000	441.7	4.7	29.2	3.5
2001	532.4	6.0	5.2	4.2
2002	491.6	18.0	15.0	3.8
2003	486.0	87.0	11.2	3.8
2004	632.4	191.0	0.9	4.9
2005	571.4	257.0	0.5	4.4
2006	753.3	364.0	1.3	5.7
2007	759.7	246.0	2.1	5.8
2008	723.2	211.0	1.6	5.5
2009	623.6	153.0	0.8	4.7
2010	577.0	284.0	0.6	4.3
2011	651.9	336.0	2.6	4.8
2012	660.8	513.0	1.8	4.9
2013	628.2	415.0	0.7	4.6
2014	629.9	244.0	1.3	4.6
2015	590.7	147.0	2.9	4.3
2016	534.3	90.0	0.8	3.9
2017	565.3	116.0	1.7	4.1
2018	610.3	157.0	4.7	4.4
2019	588.9	185.0	5.2	4.2

2-7 续表 3 四、糖料

年 份	糖料生产量(万吨)	食糖进口量(万吨)	食糖出口量(万吨)	城镇居民人均食糖消费(千克/人)	农村居民人均食糖消费(千克/人)
1980	2911.3	91.2	30.1		1.1
1981	3602.8	102.9	12.5	2.9	1.1
1982	4359.4	217.7	6.7	2.8	1.2
1983	4032.3	190.0	6.0	2.8	1.3
1984	4780.4	123.0	5.2	2.9	1.3
1985	6046.8	191.0	18.4	2.5	1.5
1986	5852.5	118.0	26.6	2.6	1.6
1987	5550.4	183.0	45.2	2.5	1.7
1988	6187.5	371.0	24.8	2.6	1.4
1989	5803.8	158.0	43.0	2.4	1.5
1990	7214.5	113.0	57.0	2.1	1.5
1991	8418.7	101.0	34.3	1.8	1.4
1992	8808.0	110.0	167.0	1.9	1.5
1993	7624.2	45.0	185.0	1.8	1.4
1994	7345.2	155.2	94.7	1.9	1.3
1995	7940.1	295.0	48.0	1.7	1.3
1996	8360.2	125.0	66.5	1.7	1.4
1997	9386.5	78.3	37.9	1.6	1.4
1998	9790.4	50.8	43.6	1.8	1.4
1999	8334.1	42.0	36.7	1.8	1.5
2000	7635.3	64.1	41.5	1.7	1.3
2001	8655.1	120.0	19.6	1.7	1.4
2002	10292.7	118.3	32.6	—	1.6
2003	9641.6	78.0	10.3	—	1.2
2004	9570.7	121.0	8.5	—	1.1
2005	9451.9	139.0	35.8	—	1.1
2006	10460.0	137.0	15.4	—	1.1
2007	12082.4	119.0	11.1	—	1.1
2008	13006.0	78.0	6.2	—	1.1
2009	11746.9	106.0	6.4	—	1.1
2010	11303.4	177.0	9.4	—	1.0
2011	11663.1	292.0	5.9	—	1.0
2012	12451.8	375.0	4.7	—	1.2
2013	12555.0	455.0	4.8	1.3	1.2
2014	12088.7	349.0	4.6	1.3	1.3
2015	11215.2	485.0	7.5	1.3	1.3
2016	11176.0	306.0	14.9	1.3	1.4
2017	11378.8	229.0	15.8	1.3	1.4
2018	11937.4	280.0	19.6	1.3	1.3
2019	12169.1	339.0	18.6	1.2	1.4

农村基本情况与农业生产条件

3-1 全国乡村人口和乡村就业人员情况

单位：万人、%

年 份	乡村人口		乡村就业		
	人口数	占总人口比重	人员数(年末)	第一产业	第一产业人员所占比重
1978	79014	82.1	30638	28318	92.4
1980	79565	80.6	31836	29122	91.5
1985	80757	76.3	37065	31130	84.0
1990	84138	73.6	47708	38914	81.6
1991	84620	73.1	48026	39098	81.4
1992	84996	72.5	48291	38699	80.1
1993	85344	72.0	48546	37680	77.6
1994	85681	71.5	48802	36628	75.1
1995	85947	71.0	49025	35530	72.5
1996	85085	69.5	49028	34820	71.0
1997	84177	68.1	49039	34840	71.0
1998	83153	66.7	49021	35177	71.8
1999	82038	65.2	48982	35768	73.0
2000	80837	63.8	48934	36043	73.7
2001	79563	62.3	48674	36399	74.8
2002	78241	60.9	48121	36640	76.1
2003	76851	59.5	47506	36204	76.2
2004	75705	58.2	46971	34830	74.2
2005	74544	57.0	46258	33442	72.3
2006	73160	55.7	45348	31941	70.4
2007	71496	54.1	44368	30731	69.3
2008	70399	53.0	43461	29923	68.9
2009	68938	51.7	42506	28890	68.0
2010	67113	50.1	41418	27931	67.4
2011	65656	48.7	40506	26594	65.7
2012	64222	47.4	39602	25773	65.1
2013	62961	46.3	38737	24171	62.4
2014	61866	45.2	37943	22790	60.1
2015	60346	43.9	37041	21919	59.2
2016	58793	42.5	36175	21496	59.4
2017	57661	41.5	35178	20944	59.5
2018	56401	40.4	34167	20258	59.3
2019	55162	39.4	33224	19445	58.5

注：1.本表人口1981年及以前数据为户籍统计数;1982、1990、2000、2010年人口数据为当年人口普查数据推算数；其余年份人口数据为在年度人口抽样调查基础上，根据人口普查数据修订数(下表同)。
2.本表全国乡村就业人员小计1990年及以后的数据为根据劳动力调查、人口普查的推算数，2001年及以后数据根据第六次人口普查重新修订，因此与相应年份的分地区、分登记注册类型、分行业资料的分项数据之和不一致(下表同)。
3.资料来源:《中国统计年鉴》。

3-2 2019年各地区乡村人口和乡村就业人员

单位：万人、%

地　区	乡村人口		乡村就业	
	人口数	占总人口比重	人员数(年末)	第一产业
全　国	**55162**	**39.4**	**30638**	**28318**
北　京	289	13.4		
天　津	258	16.5		
河　北	3218	42.4		
山　西	1508	40.5		
内蒙古	931	36.6		
辽　宁	1388	31.9		
吉　林	1123	41.7		
黑龙江	1467	39.1		
上　海	284	11.7		
江　苏	2372	29.4		
浙　江	1755	30.0		
安　徽	2813	44.2		
福　建	1331	33.5		
江　西	1987	42.6		
山　东	3876	38.5		
河　南	4511	46.8		
湖　北	2312	39.0		
湖　南	2959	42.8		
广　东	3295	28.6		
广　西	2426	48.9		
海　南	385	40.8		
重　庆	1037	33.2		
四　川	3870	46.2		
贵　州	1847	51.0		
云　南	2482	51.1		
西　藏	240	68.5		
陕　西	1572	40.6		
甘　肃	1363	51.5		
青　海	271	44.5		
宁　夏	279	40.1		
新　疆	1214	48.1		

注：1.本表人口数据根据2018年人口变动情况抽样调查数据推算。
2.分省就业人口数据由各省推算，国家不发布各省分城乡、分产业就业人口数据。

3-3 农村居民家庭户主文化程度

指 标	单位	2013年	2014年	2015年	2016年	2017年	2018年	2019年
未上过学	%	4.7	4.4	3.8	3.3	3.2	3.9	3.6
小学程度	%	32.3	31.8	30.7	29.9	29.8	32.8	32.5
初中程度	%	51.0	51.5	53.1	54.6	54.7	50.3	50.8
高中程度	%	10.7	10.9	11.1	10.7	10.8	11.1	11.2
大学专科程度	%	1.2	1.2	1.2	1.2	1.3	1.6	1.7
大学本科及以上	%	0.2	0.2	0.2	0.2	0.2	0.3	0.3

注：本表数据来源于国家统计局住户收支与生活状况调查。

3-4 主要农业机械年末拥有量

年 份	农业机械总动力(亿瓦)	大中型拖拉机(台)	小 型拖拉机(万台)	大中型拖拉机配套农具(万部)	谷物联合收割机(台)
1957	12.1	14674			1789
1962	75.7	54938	0.1	19.2	5906
1965	109.9	72599	0.4	25.8	6704
1970	216.5	125498	7.8	34.6	8002
1975	747.9	344518	59.9	90.8	12551
1978	1175.0	557358	137.3	119.2	18987
1979	1337.9	666823	167.1	131.3	23026
1980	1474.6	744865	187.4	136.9	27045
1981	1568.0	792032	203.7	139.0	31268
1982	1661.4	812447	228.7	137.4	33904
1983	1802.2	840776	275.0	130.8	35728
1984	1949.7	853914	329.8	117.0	35861
1985	2091.3	852357	382.4	112.8	34573
1986	2295.0	866463	452.6	100.6	30945
1987	2483.6	880952	530.0	103.5	33802
1988	2657.5	870187	595.8	97.1	35004
1989	2806.7	848220	654.3	99.1	36582
1990	2870.8	813521	698.1	97.4	38719
1991	2938.9	784466	730.4	99.1	43996
1992	3030.8	758904	750.7	104.4	51075
1993	3181.7	721216	788.3	100.1	56304
1994	3380.3	693154	823.7	98.0	63918
1995	3611.8	671846	864.6	99.1	75351
1996	3854.7	670848	918.9	105.0	96378
1997	4201.6	689051	1048.5	115.7	141312
1998	4520.8	725215	1122.1	120.4	182629
1999	4899.6	784216	1200.3	132.0	226036
2000	5257.4	974547	1264.4	140.0	262578
2001	5517.2	829900	1305.1	146.9	282871
2002	5793.0	911670	1339.4	157.9	310147
2003	6038.7	980560	1377.7	169.8	365041
2004	6402.8	1118636	1454.9	188.7	410520
2005	6839.8	1395981	1526.9	226.2	480378
2006	7252.2	1718247	1567.9	261.5	565578
2007	7659.0	2062731	1619.1	308.3	633784
2008	8219.0	2995214	1722.4	435.4	743474
2009	8749.6	3515757	1750.9	542.1	858372
2010	9278.0	3921723	1785.8	612.9	992062
2011	9773.5	4406471	1811.3	699.0	1113708
2012	10255.9	4852400	1797.2	763.5	1278821
2013	10390.7	5270200	1752.3	826.6	1421000
2014	10805.7	5679500	1729.8	889.6	1584600
2015	11172.8	6072900	1703.0	962.0	1739000
2016	9724.6	6453546	1671.6	1028.1	1902008
2017	9878.3	6700800	1634.2	1070.0	1985400
2018	10037.2	4219893	1818.3	422.6	2059200
2019	10275.8	4438619	1780.4	436.5	2128399

注：1. 2018年，农业农村部根据工业和信息化部标准对拖拉机的分类重新定义，把大中型拖拉机和小型拖拉机的分类标准由发动机功率14.7千瓦改为22.1千瓦，大中型拖拉机配套农具口径改为“与58.8千瓦及以上拖拉机配套”。同时，取消小型拖拉机配套农具和农用排灌机相关指标。(下表同)

2.自2008年起使用农业农村部统计数字，取消渔用机动船指标(下表同)。

3-5 主要农业机械年末拥有量及增长情况

指　　标	单　位	1990年	1995年	2000年	2016年	2017年	2018年	2019年	2019年为2018年百分比(%)
一、农业机械总动力	**万千瓦**	**28707.7**	**36118.1**	**52573.6**	**97245.6**	**98783.3**	**100371.7**	**102758.3**	**102.4**
柴油发动机动力	万千瓦		24176.3	39140.0	75220.3	76420.4	77893.0	79687.4	102.3
汽油发动机动力	万千瓦		3433.9	3128.9	3640.7	3747.8	4018.2	4313.0	107.3
电动机动力	万千瓦		8443.7	10126.7	18299.7	18527.6	18341.9	18644.7	101.7
其他机械动力	万千瓦		64.2	89.9	84.9	87.5	118.7	113.1	95.3
二、主要农业机械与设备									
大中型拖拉机	万台	81.4	67.2	97.5	645.4	670.1	422.0	443.9	105.2
小型拖拉机	万台	698.1	864.6	1264.4	1671.6	1634.2	1818.3	1780.4	97.9
大中型拖拉机配套农具	万部	97.4	99.1	140.0	1028.1	1070.0	422.6	436.5	103.3
小型拖拉机配套农具	万部	648.8	958.0	1788.8	2994.0	2931.4			
农用排灌电动机	万台	430.8	535.2	741.3	1313.9	1316.3			
农用排灌柴油机	万台	411.1	491.2	688.1	940.8	930.2			
谷物联合收割机	万台	3.9	7.5	26.3	190.2	198.5	205.9	212.8	103.4
机动脱粒机	万台	493.3	605.9	876.2	1063.8	1041.0	1039.5	1050.0	101.0
机电井	万眼			435.8	487.2	496.0	510.1	511.7	100.3
节水灌溉类机械	万套	39.3	58.6	91.9	226.0	228.7	240.2	248.8	103.6
农用水泵	万台	723.9	903.5	1392.5	2241.3	2232.7	2289.2	2304.3	100.7

注：2013年以后机电井包含规模以下机电井，2013年以前不包括。

3-6 各地区主要农业机械年末拥有量

地区	农业机械总动力(万千瓦)		大中型拖拉机(万台)	
	2018年	2019年	2018年	2019年
全国	**100371.7**	**102758.3**	**422.0**	**443.9**
北京	125.7	122.8	0.5	0.4
天津	348.0	359.8	1.4	1.3
河北	7706.2	7830.7	27.3	28.0
山西	1441.1	1517.6	9.9	10.5
内蒙古	3663.7	3866.4	31.6	35.4
辽宁	2243.7	2353.9	17.0	17.7
吉林	3466.0	3653.7	31.6	34.1
黑龙江	6084.7	6359.1	55.2	57.8
上海	94.0	98.0	0.7	0.8
江苏	5017.7	5112.0	16.5	16.8
浙江	2009.3	1908.0	1.3	1.4
安徽	6543.8	6650.5	22.8	24.4
福建	1228.3	1237.7	0.5	0.5
江西	2382.0	2470.7	3.8	4.3
山东	10415.2	10679.8	47.9	48.2
河南	10204.5	10357.0	35.3	37.3
湖北	4424.6	4515.7	16.2	17.2
湖南	6338.6	6471.8	11.3	11.7
广东	2429.9	2455.8	2.4	2.5
广西	3750.8	3840.0	5.1	5.4
海南	565.8	581.2	2.0	2.1
重庆	1428.1	1464.7	0.2	0.2
四川	4603.9	4682.3	7.4	7.4
贵州	2376.7	2484.6	1.8	1.9
云南	2693.5	2714.4	7.9	6.9
西藏	545.8	559.0	6.7	6.8
陕西	2311.8	2331.5	9.8	10.4
甘肃	2102.8	2174.0	8.9	9.7
青海	472.1	484.2	1.2	1.3
宁夏	621.9	632.2	3.9	4.2
新疆	2731.8	2789.0	33.6	37.0

注：2018年，农业农村部根据工业和信息化部标准对拖拉机的分类重新定义，把大中型拖拉机和小型拖拉机的分类标准由发动机功率14.7千瓦改为22.1千瓦，大中型拖拉机配套农具口径改为“与58.8千瓦及以上拖拉机配套”。同时，取消小型拖拉机配套农具和农用排灌机相关指标。

3-6 续表 1

地 区	大中型拖拉机配套农具(万部)		小型拖拉机(万台)	
	2018年	2019年	2018年	2019年
全 国	**422.6**	**436.5**	**1818.3**	**1780.4**
北 京	0.2	0.1	0.2	0.2
天 津	1.9	2.0	0.3	0.4
河 北	40.6	41.9	122.3	122.4
山 西	8.9	9.4	28.1	28.0
内蒙古	17.9	20.1	85.7	83.5
辽 宁	16.0	16.5	40.8	40.2
吉 林	12.4	9.3	90.2	89.0
黑龙江	41.6	42.7	105.7	103.7
上 海	0.4	0.4	0.3	0.2
江 苏	25.8	27.2	67.4	62.6
浙 江	0.6	0.8	10.3	5.6
安 徽	40.2	42.0	207.9	204.5
福 建	0.3	0.3	8.8	8.5
江 西	3.3	3.0	34.1	33.6
山 东	58.4	57.5	201.3	199.1
河 南	63.2	65.4	318.5	314.0
湖 北	18.4	18.3	116.5	114.9
湖 南	4.3	4.2	28.4	24.0
广 东	2.1	2.1	32.0	31.8
广 西	3.0	3.1	51.8	53.0
海 南	1.5	1.4	6.7	6.4
重 庆	0.2	0.2	0.5	0.5
四 川	2.3	2.4	15.3	15.0
贵 州	0.2	0.2	12.4	12.4
云 南	3.5	3.5	30.5	29.5
西 藏	0.1	0.1	20.6	20.8
陕 西	11.5	11.2	22.0	21.7
甘 肃	6.6	7.1	73.5	73.0
青 海	0.9	1.7	25.8	25.7
宁 夏	2.5	2.7	17.3	17.1
新 疆	34.2	39.4	43.2	39.2

注：2018年起大中型拖拉机配套农具统计口径变更为“与58.8千瓦及以上拖拉机配套”，统计口径与往年不可比。

3-6 续表 2

地 区	农用水泵(万台)		谷物联合收割机(万台)	
	2018年	2019年	2018年	2019年
全 国	**2289.2**	**2304.3**	**205.9**	**212.8**
北 京	2.9	2.7	0.1	0.1
天 津	8.3	7.3	0.5	0.5
河 北	155.2	156.7	16.1	16.7
山 西	10.3	10.2	3.1	3.3
内蒙古	43.4	43.4	3.9	4.1
辽 宁	116.3	115.8	3.1	3.3
吉 林	60.5	60.9	9.1	10.1
黑龙江	48.3	48.4	15.1	15.8
上 海			0.2	0.2
江 苏	67.5	67.7	17.7	18.4
浙 江	76.9	74.8	1.8	1.7
安 徽	178.9	184.5	21.5	22.1
福 建	20.9	21.1	1.0	1.0
江 西	47.5	48.3	8.2	8.4
山 东	294.6	296.2	31.5	32.3
河 南	219.5	220.1	28.8	29.5
湖 北	109.0	116.9	10.2	10.6
湖 南	235.1	232.0	13.0	13.1
广 东	77.1	76.8	2.8	2.9
广 西	96.2	97.9	3.6	3.6
海 南	17.3	16.5	0.5	0.5
重 庆	94.2	94.5	1.1	1.1
四 川	132.2	134.0	3.7	3.7
贵 州	61.5	61.8	0.3	0.3
云 南	57.1	57.5	0.9	0.8
西 藏	0.6	0.6	0.5	0.5
陕 西	34.1	33.6	4.2	4.2
甘 肃	12.7	12.8	1.1	1.1
青 海	0.2	0.2	0.3	0.3
宁 夏	3.6	3.6	0.9	1.0
新 疆	7.4	7.3	1.3	1.5

3-6 续表 3

地区	机动脱粒机（万部）		节水灌溉类机械（万套）	
	2018年	2019年	2018年	2019年
全国	**1039.5**	**1050.0**	**240.2**	**248.8**
北京	0.4	0.4	1.5	1.7
天津	1.7	1.7	0.3	0.5
河北	16.0	15.7	5.8	5.9
山西	5.2	5.3	1.3	2.0
内蒙古	12.8	12.9	7.9	7.9
辽宁	13.9	13.4	12.5	13.5
吉林	6.0	16.2	4.8	4.7
黑龙江	16.0	14.9	5.4	5.9
上海	0.0			
江苏	7.7	6.1	7.6	7.8
浙江	17.5	12.6	3.0	3.1
安徽	33.3	33.4	21.2	21.5
福建	9.8	9.9	2.5	2.6
江西	27.4	27.1	13.7	13.9
山东	39.7	40.1	53.3	53.7
河南	51.8	50.5	22.7	23.0
湖北	40.6	44.8	11.7	12.9
湖南	118.9	114.2	9.3	9.3
广东	54.6	53.7	13.9	14.1
广西	99.3	99.9	13.6	15.0
海南	5.0	4.6	1.3	0.8
重庆	72.5	74.5	0.2	0.2
四川	168.8	170.2	3.4	3.6
贵州	76.7	78.7	2.4	2.4
云南	48.4	52.8	5.4	6.6
西藏	5.6	5.6		
陕西	49.3	50.2	6.1	6.2
甘肃	28.6	29.0	2.4	2.5
青海	4.4	4.5	0.2	0.2
宁夏	2.0	2.1	0.8	0.8
新疆	5.6	5.1	6.3	6.4

3-6 续表 4

地区	机耕面积（千公顷）		机播面积（千公顷）		机收面积（千公顷）	
	2018年	2019年	2018年	2019年	2018年	2019年
全　国	**123611.1**	**124132.5**	**94440.6**	**95085.3**	**100260.5**	**101886.1**
北　京	20.1	19.8	51.8	47.1	42.1	38.7
天　津	308.4	318.0	397.1	379.5	354.4	341.0
河　北	4984.5	5435.6	6747.9	6689.2	5815.8	5839.3
山　西	2669.8	2629.7	2634.3	2583.3	1896.3	1911.1
内蒙古	6882.0	7089.6	7824.3	7872.4	6150.0	6466.1
辽　宁	4309.3	3974.5	3947.6	3647.2	2915.9	2731.5
吉　林	4911.3	4783.2	5449.0	5506.2	4563.1	4822.6
黑龙江	14211.3	14168.7	14251.6	14436.9	13812.8	14013.5
上　海	280.1	261.4	85.6	115.5	104.9	118.5
江　苏	6204.1	5943.0	4587.0	4635.5	5097.0	5026.8
浙　江	1351.8	1338.1	349.3	389.2	768.5	758.0
安　徽	7489.5	7570.0	5750.1	5970.5	7248.9	7350.4
福　建	901.6	922.4	174.7	216.8	509.9	557.4
江　西	4347.3	4355.4	1427.4	1508.8	3768.1	3718.4
山　东	6426.0	6333.7	9649.2	9373.7	9127.9	8950.6
河　南	9614.6	9445.4	11561.8	11518.0	11189.8	11313.1
湖　北	6065.0	5992.4	3035.9	3111.3	4569.2	4540.7
湖　南	6459.1	6346.4	1864.0	1970.9	4725.4	4942.3
广　东	3614.8	3724.2	368.3	404.3	1747.7	1825.8
广　西	5148.9	4984.9	1276.0	1383.4	2946.3	2957.6
海　南	404.0	448.3	5.9	23.2	225.5	261.7
重　庆	2173.6	2225.5	211.6	263.4	588.0	948.9
四　川	5142.3	5636.7	1434.2	1639.7	2590.6	2747.9
贵　州	3398.3	3546.9	120.6	125.0	620.3	652.0
云　南	2919.1	2968.1	238.5	259.1	649.0	660.0
西　藏	157.1	159.8	135.1	137.5	118.2	121.3
陕　西	2848.1	3053.7	2064.5	2122.1	1936.2	1899.2
甘　肃	3014.3	3158.2	1806.0	1840.9	1388.7	1496.8
青　海	404.2	412.9	302.8	321.3	244.0	263.5
宁　夏	932.3	912.0	717.5	713.4	610.4	619.4
新　疆	6018.3	5973.8	5970.9	5879.8	3935.6	3992.4

3-7 农村电力、灌溉面积、化肥施用量情况

年 份	乡村(农村)办水电站		农村用电量	有效灌溉面积	农用化肥施用量(折纯)
	个 数(个)	装机容量(万千瓦)	(亿千瓦时)	(千公顷)	(万吨)
1952	98	0.8	0.5	19959.0	7.8
1957	544	2.0	1.4	27339.0	37.3
1962	7436	25.2	16.1	30545.0	63.0
1965			37.1		194.2
1978	82387	228.4	253.1	44965.0	884.0
1979	83224	276.3	282.7	45003.1	1086.3
1980	80319	304.1	320.8	44888.1	1269.4
1981	74017	336.0	369.9	44573.8	1334.9
1982	66256	353.0	396.9	44176.9	1513.4
1983	62328	346.3	435.2	44644.1	1659.8
1984	60062	361.5	464.0	44453.0	1739.8
1985	55754	380.2	508.9	44035.9	1775.8
1986	54136	387.9	586.7	44225.8	1930.6
1987	51978	394.1	658.8	44403.0	1999.3
1988	51558	461.1	712.0	44375.9	2141.5
1989	50862	416.8	790.5	44917.2	2357.1
1990	52387	428.8	844.5	47403.1	2590.3
1991	49644	456.9	963.2	47822.1	2805.1
1992	48082	478.6	1107.1	48590.1	2930.2
1993	45153	481.9	1244.9	48727.9	3151.9
1994	48722	503.7	1473.9	48759.1	3317.9
1995	40699	519.5	1655.7	49281.6	3593.7
1996	37743	533.7	1812.7	50381.6	3827.9
1997	36117	562.5	1980.1	51238.5	3980.7
1998	33185	634.8	2042.2	52295.6	4085.6
1999	31678	664.1	2173.4	53158.4	4124.3
2000	29962	698.5	2421.3	53820.3	4146.4
2001	29183	896.6	2610.8	54249.4	4253.8
2002	27633	812.2	2993.4	54354.9	4339.4
2003	26696	862.3	3432.9	54014.2	4411.6
2004	27115	993.8	3933.0	54478.4	4636.6
2005	26726	1099.2	4375.7	55029.3	4766.2
2006	27493	1243.0	4895.8	55750.5	4927.7
2007	27664	1366.6	5509.9	56518.3	5107.8
2008	44433	5127.4	5713.2	58471.7	5239.0
2009	44804	5512.1	6104.4	59261.4	5404.4
2010	44815	5924.0	6632.3	60347.7	5561.7
2011	45151	6212.3	7139.6	61681.6	5704.2
2012	45799	6568.6	7508.5	62490.5	5838.8
2013	46849	7118.6	8549.5	63473.3	5911.9
2014	47073	7322.1	8884.4	64539.5	5995.9
2015	47340	7583.0	9026.9	65872.6	6022.6
2016	47529	7791.1	9238.3	67140.6	5984.4
2017	47498	7927.0	9524.4	67815.6	5859.4
2018	46515	8043.5	9358.5	68271.6	5653.4
2019	45445	8144.2	9482.9	68678.6	5403.6

注：2008年起乡村办水电站统计口径变更为农村水电。农村水电是指装机容量5万千瓦及以下水电站和配套电网(下表同)。

3-8 农村电力和农田水利建设情况

指　　标	单 位	1990年	1995年	2000年	2016年	2017年	2018年	2019年	2019年为2018年百分比(%)
一、乡村办水电站	**个**	**52387**	**40699**	**29962**	**47529**	**47498**	**46515**	**45445**	**97.7**
装机容量	万千瓦	428.8	519.5	698.5	7791.1	7927.0	8043.5	8144.2	**101.3**
发电量	亿千瓦时		134.1	205.0	2682.2	2477.2	2345.6	2533.2	**108.0**
二、农村用电量	**亿千瓦时**	**844.5**	**1655.7**	**2421.3**	**9238.3**	**9524.4**	**9358.5**	**9482.9**	**101.3**
三、农田水利建设情况									
耕地灌溉面积	千公顷	47403.1	49281.2	53820.3	67140.6	67815.6	68271.6	68678.6	**100.6**

注：2008年起乡村办水电站统计口径变更为农村水电，统计口径与往年不可比。

3-9 农用化肥、农膜、柴油和农药使用量

指　　标	单 位	1990年	1995年	2000年	2016年	2017年	2018年	2019年	2019年为2018年百分比(%)
一、化肥施用量(折纯量)	**万吨**	**2590.3**	**3593.7**	**4146.4**	**5984.4**	**5859.4**	**5653.4**	**5403.6**	**95.6**
氮　肥	万吨	1638.4	2021.9	2161.6	2310.5	2221.8	2065.4	1930.2	93.5
磷　肥	万吨	462.4	632.4	690.5	830.0	797.6	728.9	681.6	93.5
钾　肥	万吨	147.9	268.5	376.5	636.9	619.7	590.3	561.1	95.1
复合肥	万吨	341.6	670.8	917.9	2207.1	2220.3	2268.8	2230.7	98.3
二、农用塑料薄膜使用量	**万吨**	**48.2**	**91.5**	**133.5**	**260.3**	**252.8**	**246.7**	**240.8**	**97.6**
#地膜使用量	万吨		47.0	72.2	147.0	143.7	140.9	137.9	97.9
地膜覆盖面积	千公顷		6493.0	10624.8	18401.2	18657.2	17764.7	17628.1	99.2
三、农用柴油使用量	**万吨**		**1087.8**	**1405.0**	**2117.1**	**2095.1**	**2003.4**	**1934.0**	**96.5**
四、农药使用量	**万吨**	**73.3**	**108.7**	**128.0**	**174.0**	**165.5**	**150.4**	**139.2**	**92.6**

3-10 各地区农村电力和农田水利建设情况

地区	乡村办水电站(个)		装机容量(万千瓦)		发电量(万千瓦时)		农村用电量(亿千瓦时)	
	2018年	2019年	2018年	2019年	2018年	2019年	2018年	2019年
全国	**46515**	**45445**	**8043.5**	**8144.2**	**23456083**	**25331506**	**9358.5**	**9482.9**
北京	72	30	4.3	4.0	2430	498	65.1	67.8
天津	1	1	0.6	0.6	1469	1178	36.9	39.2
河北	251	257	40.4	40.7	67103	59860	505.2	501.6
山西	148	148	20.7	20.8	42452	30230	101.4	104.9
内蒙古	38	38	9.5	9.5	19325	21714	85.5	91.2
辽宁	189	190	45.4	47.1	81074	66496	306.2	177.0
吉林	266	268	60.3	61.5	179867	146309	54.9	54.9
黑龙江	87	95	38.4	40.7	93647	123749	82.8	85.6
上海							1053.4	1102.0
江苏	30	38	4.0	2.2	8915	4923	1933.1	1949.1
浙江	3125	3043	410.0	410.4	834464	1157885	1008.3	1026.7
安徽	785	790	111.2	113.0	249476	201676	180.8	189.1
福建	6168	5986	739.1	735.0	1861904	2463829	403.9	417.9
江西	3868	3903	345.0	350.2	732371	1016556	112.5	119.2
山东	124	112	8.9	8.8	5158	4862	416.2	435.9
河南	534	534	50.9	50.9	105334	75960	330.6	353.8
湖北	1663	1662	386.2	393.1	935802	718852	165.2	178.6
湖南	4485	4463	638.0	649.7	1738922	2044526	130.8	133.0
广东	9789	9777	760.2	767.6	1675262	2394819	1443.1	1448.0
广西	2416	2414	458.0	461.8	1309217	1497367	108.2	126.5
海南	354	353	49.4	49.2	153719	112535	17.4	18.7
重庆	1548	1560	287.4	297.1	725152	721822	79.5	80.9
四川	4844	3928	1201.1	1167.3	4347891	4354130	198.6	205.8
贵州	1483	1527	350.8	361.0	1055652	1126751	98.4	104.9
云南	1951	2052	1212.8	1276.8	4305958	3855898	104.9	120.4
西藏	381	88	37.6	40.3	86225	87383	1.6	2.5
陕西	693	685	157.8	162.8	422839	491819	133.6	137.8
甘肃	598	599	279.2	284.2	1094117	1175645	59.1	61.7
青海	251	251	109.7	109.7	521638	536366	6.6	7.1
宁夏	3	3	0.6	0.6	690	760	15.1	16.1
新疆	366	646	213.8	215.4	766399	803431	119.5	124.8
水利部属	4	4	12.2	12.2	31608	33677		

3-10 续表

地区	耕地灌溉面积(千公顷)					
	2018年	2019年				
		实际耕地灌溉面积	新增耕地灌溉面积	节水灌溉面积	新增节水灌溉面积	
全国	**68271.6**	**68678.6**	**57913.5**	**780.0**	**37059.3**	**1075.8**
北京	109.7	109.2	91.4	0.2	212.0	5.9
天津	304.7	304.8	270.7	2.2	245.0	3.1
河北	4492.3	4482.2	4015.8	28.2	3623.9	69.5
山西	1518.7	1519.3	1477.2	5.0	995.5	16.7
内蒙古	3196.5	3199.2	2660.2	2.7	2931.9	6.0
辽宁	1619.3	1629.2	1224.9	13.7	967.8	5.7
吉林	1893.1	1909.5	1453.6	25.3	821.1	21.0
黑龙江	6119.6	6177.6	4412.2	69.7	2200.4	31.7
上海	190.8	190.8	168.1		138.4	6.7
江苏	4179.8	4205.4	3792.3	48.8	2847.8	103.2
浙江	1440.8	1405.4	1301.7	7.9	1106.5	12.2
安徽	4538.3	4580.8	3674.6	75.5	1059.8	35.4
福建	1085.2	1076.8	826.2	2.7	703.2	16.8
江西	2032.0	2036.1	1723.3	4.1	630.9	35.4
山东	5236.0	5271.4	4711.9	51.3	3465.0	87.1
河南	5288.7	5328.9	4543.2	77.5	2190.2	135.8
湖北	2931.9	2969.0	2508.9	45.8	562.0	73.7
湖南	3164.0	3176.1	2451.1	12.4	452.1	22.3
广东	1775.2	1773.4	1604.6	0.1	425.1	7.6
广西	1706.9	1713.1	1455.8	10.8	1162.9	26.6
海南	290.5	290.6	217.1	0.1	95.4	0.2
重庆	696.9	697.7	425.4	4.9	258.4	13.3
四川	2932.5	2954.1	2419.1	40.0	1793.0	40.7
贵州	1132.2	1154.0	944.0	24.0	350.2	9.4
云南	1898.1	1922.5	1606.5	36.2	959.9	22.2
西藏	264.5	275.9	250.5	12.2	34.2	3.1
陕西	1275.0	1285.2	1060.9	23.0	971.3	22.6
甘肃	1337.5	1328.9	1170.5	3.1	1058.7	26.5
青海	214.0	213.3	182.2	0.6	131.0	1.7
宁夏	523.4	538.3	486.8	14.9	418.0	32.3
新疆	4883.5	4959.9	4783.1	137.0	4247.8	181.3

3-11 各地区农用化肥施用量

(按折纯法计算) 单位：万吨

地区	农用化肥施用量		1. 氮肥		2. 磷肥	
	2018年	2019年	2018年	2019年	2018年	2019年
全国	**5653.4**	**5403.6**	**2065.4**	**1930.2**	**728.9**	**681.6**
北京	7.3	6.2	3.0	2.2	0.4	0.3
天津	16.9	16.2	5.6	5.3	2.0	1.9
河北	312.4	297.3	114.5	106.5	23.9	23.4
山西	109.6	108.4	25.3	22.6	11.6	10.2
内蒙古	222.7	218.4	86.1	83.5	40.8	38.5
辽宁	145.0	139.9	54.8	51.2	10.0	9.5
吉林	228.3	227.1	58.4	53.3	6.3	5.9
黑龙江	245.6	223.3	83.6	73.0	49.5	44.1
上海	8.4	7.5	3.8	3.1	0.6	0.4
江苏	292.5	286.2	145.6	141.1	34.0	32.3
浙江	77.8	72.5	40.1	35.4	8.6	7.8
安徽	311.8	298.0	95.6	88.0	28.2	26.2
福建	110.7	106.3	41.9	39.9	15.5	14.9
江西	123.2	115.6	34.0	30.6	18.5	16.0
山东	420.3	395.3	130.7	119.2	42.1	37.9
河南	692.8	666.7	201.7	190.0	96.3	89.7
湖北	295.8	273.9	113.1	104.7	46.0	42.9
湖南	242.6	229.0	94.1	83.8	25.5	23.0
广东	231.3	225.8	88.6	86.3	27.0	26.4
广西	255.0	252.0	73.8	72.8	30.0	29.5
海南	48.4	46.3	14.8	13.9	3.1	3.0
重庆	93.2	91.1	45.9	44.1	16.6	16.0
四川	235.2	222.8	112.1	103.5	45.4	41.4
贵州	89.5	83.2	40.1	35.9	10.6	9.7
云南	217.4	204.0	105.0	98.5	31.3	28.2
西藏	5.2	4.8	1.5	1.5	0.9	0.7
陕西	229.6	202.5	88.9	80.4	17.9	17.4
甘肃	83.2	80.9	33.2	31.7	15.5	15.0
青海	8.3	6.2	3.5	2.6	1.4	1.0
宁夏	38.4	38.4	16.4	16.2	4.1	4.0
新疆	255.0	257.8	109.9	109.5	65.1	64.5

3-11 续表

单位：万吨

	3. 钾肥		4. 复合肥	
	2018年	2019年	2018年	2019年
全　国	**590.3**	**561.1**	**2268.8**	**2230.7**
北　京	0.4	0.3	3.5	3.3
天　津	1.3	1.2	8.0	7.8
河　北	24.0	22.2	150.0	145.2
山　西	9.0	8.5	63.8	67.1
内蒙古	18.4	18.4	77.2	78.1
辽　宁	11.8	11.2	68.4	68.0
吉　林	14.0	13.2	149.6	154.7
黑龙江	34.7	30.6	77.9	75.6
上　海	0.3	0.3	3.8	3.7
江　苏	17.2	17.0	95.7	95.9
浙　江	6.1	5.9	22.9	23.4
安　徽	27.9	26.9	160.1	157.0
福　建	21.9	20.8	31.4	30.7
江　西	17.9	16.2	52.9	52.8
山　东	35.6	33.0	211.9	205.3
河　南	57.4	55.3	337.3	331.7
湖　北	29.1	26.7	107.7	99.6
湖　南	41.6	37.6	81.4	84.5
广　东	44.9	43.3	70.8	69.8
广　西	56.0	55.1	95.3	94.6
海　南	8.6	8.2	21.8	21.2
重　庆	5.3	5.3	25.4	25.7
四　川	17.4	15.8	60.3	62.1
贵　州	8.9	7.9	29.8	29.7
云　南	24.6	23.4	56.5	53.9
西　藏	0.4	0.4	2.4	2.3
陕　西	24.1	23.1	98.7	81.6
甘　肃	7.6	7.9	26.9	26.4
青　海	0.2	0.2	3.3	2.4
宁　夏	2.8	2.7	15.2	15.5
新　疆	20.9	22.7	59.1	61.1

3-12 各地区农用塑料薄膜使用量

地区	农用塑料薄膜使用量(吨)		地膜使用量(吨)		地膜覆盖面积(公顷)	
	2018年	2019年	2018年	2019年	2018年	2019年
全国	**2466795**	**2407658**	**1409446**	**1379172**	**17764665**	**17628077**
北京	8243	7699	2079	1758	10155	9233
天津	9070	8096	3178	3030	46990	42243
河北	109833	103211	52960	50270	812312	773845
山西	49067	48555	31145	31111	591970	602008
内蒙古	93969	94194	75707	80767	1358116	1415872
辽宁	117976	113505	39019	37966	313713	297691
吉林	56216	53130	30567	27744	180782	167654
黑龙江	77431	71831	28835	25306	263186	268194
上海	14781	13213	3453	3111	14003	12613
江苏	116064	114153	44963	43330	592749	584802
浙江	68731	66737	28624	27558	154577	149615
安徽	97828	103735	43150	45218	420717	484901
福建	60002	58507	31412	31006	135761	135510
江西	52218	52020	32328	31655	131206	127700
山东	276935	267113	107536	101591	1871482	1767801
河南	152838	150762	68402	66059	1005120	995344
湖北	63554	58801	32049	21696	375830	386140
湖南	85397	83792	56357	55187	719987	638974
广东	44814	43842	25050	24246	137618	131820
广西	47195	47577	34594	34145	435664	427993
海南	25539	30550	14614	16194	54945	56825
重庆	44625	42559	24367	23088	253872	240262
四川	120186	123235	83476	81273	966537	944617
贵州	55031	44121	28063	23406	297982	349431
云南	119685	122139	96111	96797	1096429	1077445
西藏	1778	1492	1592	1266	3178	2106
陕西	44147	44780	20932	21912	427697	425214
甘肃	161272	152253	113432	111649	1316617	1298641
青海	7556	7780	5601	6004	69160	71567
宁夏	14975	15600	11662	12155	194369	194029
新疆	269839	262677	238188	242674	3511943	3547989

3-13 各地区农用柴油和农药使用量

地　　区	农用柴油使用量(万吨)		农药使用量(吨)	
	2018年	2019年	2018年	2019年
全　　国	**2003.4**	**1934.0**	**1503553**	**1391747**
北　　京	1.9	1.8	2574	2257
天　　津	2.2	2.1	2190	2171
河　　北	217.6	200.1	61450	57344
山　　西	27.6	26.4	26543	25319
内 蒙 古	79.2	77.4	29585	27278
辽　　宁	62.4	59.9	55070	51074
吉　　林	67.3	65.7	50991	48658
黑 龙 江	147.4	137.4	74182	64267
上　　海	13.1	13.0	3177	2771
江　　苏	109.4	108.9	69600	67396
浙　　江	198.8	190.5	43725	38572
安　　徽	75.5	74.7	94177	88271
福　　建	82.4	81.2	49143	45477
江　　西	30.9	30.1	77183	62701
山　　东	147.5	137.6	129882	120342
河　　南	103.9	100.1	113603	107231
湖　　北	65.1	63.5	103317	97024
湖　　南	44.6	44.8	114155	105548
广　　东	88.5	85.5	93684	87489
广　　西	52.7	53.4	69714	68144
海　　南	20.6	15.7	23250	21358
重　　庆	21.4	21.2	17191	16542
四　　川	46.9	47.0	51276	46290
贵　　州	11.1	11.3	11122	9210
云　　南	25.4	26.2	52591	47441
西　　藏	3.0	3.3	982	802
陕　　西	92.6	93.8	12550	12240
甘　　肃	40.8	39.1	42864	41938
青　　海	6.4	6.6	1784	1398
宁　　夏	21.7	21.5	2266	2245
新　　疆	95.5	94.2	23732	22948

3-14 2017年各地区农用地情况

单位：千公顷

地 区	农用地数量	耕 地	园 地	林 地	草 地	其 他
全 国	**644863.6**	**134881.2**	**14214.2**	**252801.9**	**219320.3**	**23646.0**
北 京	1146.7	213.7	132.8	744.5	0.2	55.5
天 津	692.1	436.8	29.6	54.7		171.0
河 北	13064.4	6518.9	832.3	4596.4	401.01797	715.9
山 西	10026.2	4056.3	405.8	4854.6	33.7	675.9
内蒙古	82880.6	9270.8	56.4	23221.9	49507.0	824.5
辽 宁	11533.1	4971.6	467.8	5614.6	3.2	475.9
吉 林	16592.6	6986.7	65.8	8852.0	236.0	452.1
黑龙江	39912.7	15845.7	44.6	21820.1	1094.9	1107.4
上 海	313.4	191.6	16.5	46.0	0.0	59.3
江 苏	6470.4	4573.3	297.2	256.2	0.1	1343.6
浙 江	8588.9	1977.0	574.3	5637.8	0.3	399.5
安 徽	11121.9	5866.8	346.5	3735.5	0.5	1172.7
福 建	10862.4	1336.9	766.5	8327.6	0.3	431.1
江 西	14411.5	3086.0	320.7	10311.0	0.7	693.2
山 东	11486.1	7589.8	714.3	1477.6	5.8	1698.6
河 南	12655.7	8112.3	213.3	3445.8	0.3	884.0
湖 北	15729.6	5235.9	480.2	8589.9	2.0	1421.5
湖 南	18166.6	4151.0	653.1	12199.3	13.6	1149.6
广 东	14916.5	2599.7	1260.7	10017.9	3.1	1035.2
广 西	19526.8	4387.5	1080.5	13299.4	5.2	754.2
海 南	2967.4	722.4	917.0	1199.2	19.2	109.5
重 庆	7056.8	2369.8	270.9	3868.5	45.5	502.2
四 川	42133.2	6725.2	726.9	22147.8	10956.6	1576.7
贵 州	14725.9	4518.8	162.1	8926.1	72.2	1046.7
云 南	32927.9	6213.3	1628.2	23006.2	147.0	1933.1
西 藏	87230.2	444.0	1.5	16024.2	70683.0	77.6
陕 西	18562.6	3982.9	816.4	11166.8	2169.4	427.2
甘 肃	18547.9	5377.0	255.8	6096.3	5918.6	900.3
青 海	45088.0	590.1	6.0	3539.6	40794.6	157.6
宁 夏	3806.9	1289.9	50.0	766.2	1491.7	209.0
新 疆	51718.7	5239.6	620.7	8958.3	35714.8	1185.4

注：自然资源部耕地普查，2018年和2019年数据暂未公布。

3-15 2017年各地区耕地面积构成

单位：%

地　区	耕地	水田	水浇地	旱地
全　国	**100.0**	**24.6**	**21.0**	**54.4**
北　京	100.0	0.9	75.7	23.5
天　津	100.0	3.7	77.3	19.0
河　北	100.0	1.4	62.8	35.7
山　西	100.0	0.0	26.3	73.7
内蒙古	100.0	0.9	31.5	67.6
辽　宁	100.0	13.5	3.5	83.0
吉　林	100.0	11.9	0.8	87.3
黑龙江	100.0	20.1	0.2	79.7
上　海	100.0	71.4	25.7	2.9
江　苏	100.0	58.9	10.2	30.9
浙　江	100.0	75.0		25.0
安　徽	100.0	48.9	4.0	47.0
福　建	100.0	82.9	3.2	13.9
江　西	100.0	80.1	0.5	19.3
山　东	100.0	1.3	67.7	31.0
河　南	100.0	9.3	56.1	34.6
湖　北	100.0	50.6	9.2	40.2
湖　南	100.0	78.6	0.1	21.3
广　东	100.0	63.4	4.4	32.2
广　西	100.0	44.5	0.1	55.4
海　南	100.0	53.6	0.1	46.3
重　庆	100.0	40.4	0.0	59.5
四　川	100.0	41.0	1.7	57.3
贵　州	100.0	27.2	0.2	72.5
云　南	100.0	22.9	2.2	74.9
西　藏	100.0	9.4	60.2	30.4
陕　西	100.0	3.9	26.3	69.7
甘　肃	100.0	0.1	24.7	75.1
青　海	100.0		32.1	67.9
宁　夏	100.0	14.4	25.2	60.4
新　疆	100.0	1.1	94.9	4.0

注：自然资源部耕地普查，2018年和2019数据暂未公布。

农业生态与环境

4-1　全国自然保护区情况

项　　目	单 位	1997年	1999年	2000年	2005年	2015年	2016年	2017年	2018年	2019年
1.自然保护区数	个	926	1146	1227	2349	2740	2750	2750		
国家级	个	124	155	155	243	428			474	474
省级	个	392	404	433	773	879				
2.自然保护区总面积	万公顷	7698	8815	9821	14995	14703	14733	14717		
国家级	万公顷	2647	5816	5806	8899	9649			9861	9811
省级	万公顷	4606	2265	3031	4487	3796				

4-2　农村环境情况

指　　标	2000年	2001年	2010年	2011年	2015年	2016年	2017年	2018年	2019年
累计使用卫生厕所户数(万户)	9572	11405	17138	18019	20684	21460	21701		
卫生厕所普及率(%)	44.8	46.1	67.4	69.2	78.4	80.3	81.7		
累计使用卫生公厕户数(万户)		852.8	2827.7	2972.8	3879.5	3502.6	2997.7		
农村沼气池产气量(亿立方米)	25.9	29.8	139.7	152.8	153.9	144.9	123.8	112.2	
太阳能热水器(万平方米)	1107.8	1319.4	5498.3	6231.9	8232.6	8623.7	8723.5	8805.4	8476.7
太阳灶(万台)	33.2	38.9	161.7	213.9	232.6	227.9	222.3	213.6	183.6

注：①因报表主管机关调整,改水改厕部分指标无数，下同。

4-3 2019年各地区自然保护区基本情况

地　　区	国家级自然保护区个数(个)	国家级自然保护区面积(万公顷)
全　　国	**474**	**9811.4**
北　　京	2	2.8
天　　津	3	3.8
河　　北	13	26.1
山　　西	8	14.1
内 蒙 古	29	444.8
辽　　宁	19	89.1
吉　　林	24	118.5
黑 龙 江	49	389.3
上　　海	2	6.6
江　　苏	3	30.0
浙　　江	11	14.9
安　　徽	8	14.7
福　　建	17	22.7
江　　西	16	25.5
山　　东	7	22.0
河　　南	13	44.8
湖　　北	22	54.7
湖　　南	23	60.8
广　　东	15	33.7
广　　西	23	39.1
海　　南	10	15.7
重　　庆	6	25.4
四　　川	32	305.8
贵　　州	10	29.1
云　　南	20	151.0
西　　藏	11	3720.5
陕　　西	26	63.3
甘　　肃	21	692.8
青　　海	7	2073.8
宁　　夏	9	46.0
新　　疆	15	1230.2

资料来源：国家林业和草原局。

4-4　2019年各地区农村可再生资源利用情况

地　区	户用沼气池数　量（个）	沼气工程数　量（个）	太阳能热水器（万平方米）	太阳房（万平方米）	太阳灶（台）
全　国	**33802653**	**102650**	**8476.7**	**2074.3**	**1835693**
北　京	100	9	87.4	115.0	
天　津	48600	408	40.5		
河　北	1224911	2322	624.7	167.9	9288
山　西	236200	216	146.4		64979
内　蒙	259600	271	71.7	56.5	21953
辽　宁	389900	1029	90.8	412.2	769
吉　林	194300	64	68.6	289.4	365
黑龙江	238143	1412	27.5	151.6	
上　海		65			
江　苏	708391	4061	1110.4	0.8	
浙　江	93800	5089	608.3		80
安　徽	812748	2974	586.2		
福　建	382764	3691	34.0		
江　西	1693170	8143	197.5		
山　东	1667900	6918	1332.7	11.2	1979
河　南	3685100	5518	612.0	0.2	
湖　北	2012932	9122	310.8		
湖　南	1872686	23011	241.4	0.5	
广　东	110357	4301	174.1	2.5	98
广　西	3895800	1608	151.0		
海　南	345200	1896	389.2		
重　庆	1537740	5279	70.4		
四　川	5556210	7077	225.4	1.2	43812
贵　州	1887963	1971	81.6		
云　南	2329856	1574	503.9		
西　藏	1176	14	150.1		391563
陕　西	846200	3508	215.6	2.1	126416
甘　肃	1181700	458	162.8	352.8	753116
青　海	184200	233	14.9	505.2	258259
宁　夏	229806	129	144.2	5.3	162292
新　疆	175200	231	2.4		724
新疆兵团		48	0.2		

资料来源：农业农村部。

4-5 全国林业重点生态工程历年完成造林面积

单位：万公顷

年 份	合 计	天然林保护工程	退耕还林工程		京津风沙源治理工程
			退耕还林工程合计	其中：退耕地造林	
1979～1985年	1010.98				
“七五”小计	**589.93**				
“八五”小计	**1186.04**				**44.12**
1996年	248.17				16.50
1997年	244.94				21.60
1998年	271.80	29.04			23.16
1999年	316.95	47.76	44.79	38.15	21.16
2000年	309.90	42.64	68.36	32.84	28.03
“九五”小计	**1391.76**	**119.43**	**113.15**	**70.99**	**110.43**
2001年	307.13	94.81	87.10	38.61	21.73
2002年	673.17	85.61	442.36	203.98	67.64
2003年	824.24	68.83	619.61	308.59	82.44
2004年	478.06	64.15	321.75	82.49	47.33
2005年	309.96	42.48	189.84	66.74	40.82
“十五”小计	**2592.56**	**355.87**	**1660.66**	**700.41**	**259.96**
2006年	280.17	77.48	105.05	21.85	40.95
2007年	267.83	73.29	105.60	5.95	31.51
2008年	343.35	100.90	118.97	0.22	46.90
2009年	457.55	136.09	88.67	0.07	43.48
2010年	366.79	88.55	98.26	0.03	43.91
“十一五”小计	**1715.68**	**476.31**	**516.55**	**28.12**	**206.77**
2011年	309.30	55.36	73.02	0.01	54.52
2012年	275.39	48.52	65.53		54.17
2013年	256.90	46.03	62.89		62.61
2014年	192.69	41.05	37.86	0.01	23.91
2015年	284.05	64.48	63.60	44.63	22.33
“十二五”小计	**1318.32**	**255.44**	**302.90**	**44.64**	**217.53**
2016年	250.55	48.73	68.33	55.85	23.00
2017年	299.12	39.03	121.33	121.33	20.72
2018年	244.31	40.06	72.35	71.98	17.78
2019年	230.83	50.37	47.80		23.08
总 计	**10830.08**	**1385.23**	**2903.08**		**923.39**

注：2019年国家林业和草原局制度修订，部分指标停止统计。

4-5 续表 单位：万公顷

年份	三北及长江流域等防护林工程						
	小计	三北防护林体系工程	长江中上游防护林体系工程	沿海防护林体系工程	珠江流域防护林体系工程	太行山绿化工程	平原绿化工程
1979～1985年	1010.98	1010.98					
“七五”小计	**589.93**	**517.49**	**36.99**			**35.46**	
“八五”小计	**1141.92**	**617.44**	**270.17**	**84.67**		**151.86**	**17.78**
1996年	231.67	134.23	46.40	7.22		40.25	3.59
1997年	223.35	126.61	44.78	6.35	5.67	36.63	3.31
1998年	219.60	124.40	44.86	6.03	3.99	34.37	5.96
1999年	203.25	124.54	36.98	4.45	3.21	29.34	4.73
2000年	170.88	105.32	20.69	5.69	3.07	29.85	6.26
“九五”小计	**1048.75**	**615.09**	**193.71**	**29.73**	**15.93**	**170.44**	**23.84**
2001年	103.49	54.17	16.27	9.09	2.71	14.13	7.13
2002年	77.56	45.38	11.03	5.57	4.66	7.62	3.32
2003年	53.35	27.53	10.88	3.86	4.47	5.00	1.62
2004年	44.83	23.23	11.33	3.02	3.18	3.09	0.98
2005年	36.82	21.79	6.59	2.27	3.07	2.85	0.25
“十五”小计	**316.06**	**172.10**	**56.10**	**23.80**	**18.07**	**32.69**	**13.29**
2006年	56.68	32.68	7.87	1.70	2.88	11.47	0.09
2007年	57.42	38.15	7.64	2.39	1.74	7.39	0.11
2008年	76.58	49.79	7.23	7.42	3.70	8.03	0.41
2009年	189.31	125.59	22.21	21.22	8.21	11.92	0.17
2010年	136.06	92.82	11.88	17.32	6.68	6.92	0.43
“十一五”小计	**516.05**	**339.04**	**56.83**	**50.05**	**23.21**	**45.73**	**1.20**
2011年	126.40	73.78	20.48	20.99	7.23	3.66	0.26
2012年	107.18	67.87	15.79	14.54	5.16	3.81	
2013年	85.36	51.86	13.04	11.86	4.40	3.57	0.64
2014年	89.87	59.63	10.74	9.69	2.69	4.92	2.19
2015年	133.64	76.60	23.72	18.85	9.66	4.81	
“十二五”小计	**542.46**	**329.74**	**83.78**	**75.92**	**29.14**	**20.77**	**3.10**
2016年	110.50	64.85	21.78	10.87	5.73	3.59	
2017年	94.79	62.64	17.40	6.81	4.80	3.14	
2018年	89.39	57.85	20.65	4.45	2.55	3.89	
2019年	86.82						
总计	**5547.64**						

4-6　2019年各地区林业重点生态工程建设情况

单位：公顷

地　　区	总　计	天然林保护工程	退耕还林工程		
			合计	其中：退耕地造林面积	其中：荒山荒地造林面积
全　　国	**2308302**	**503662**	**478020**		
北　　京	1507	-	-		
天　　津	859	-	-		
河　　北	126118	-	-		
山　　西	232367	57076	32067		
内 蒙 古	342826	86950	32405		
辽　　宁	41675	-	-		
吉　　林	78154	63433	-		
黑 龙 江	97853	20016	-		
上　　海		-	-		
江　　苏	5327	-	-		
浙　　江		-	-		
安　　徽	17695	-	133		
福　　建	4529	-	-		
江　　西	39051	-	-		
山　　东	8662	-	-		
河　　南	30306	6416	2225		
湖　　北	71251	6731	9787		
湖　　南	52385	-	-		
广　　东	1148	-	-		
广　　西	25200	-	-		
海　　南	53	-	-		
重　　庆	100997	15616	69595		
四　　川	53733	39119	10746		
贵　　州	99174	12667	-		
云　　南	243059	15414	185993		
西　　藏	20755	1466	-		
陕　　西	205621	87402	50934		
甘　　肃	108006	15434	19179		
青　　海	76123	39487	-		
宁　　夏	38631	9840	1267		
新　　疆	160837	2195	63689		
大兴安岭	24400	24400	-		

注：2019年国家林业和草原局制度修订，部分指标停止统计。

4-6 续表 单位：公顷

地区	三北及长江流域防护林建设工程							京津风沙源治理工程
	合计	三北防护林四期工程	长江流域防护林二期工程	沿海防护林体系二期工程	珠江流域防护林二期工程	太行山绿化防护林二期工程	林业血防	
全　国	**868158**							**230799**
北　京	333							1174
天　津	-							859
河　北	91452							32740
山　西	90488							52736
内蒙古	102222							121249
辽　宁	41675							-
吉　林	13388							-
黑龙江	51214							-
上　海	-							-
江　苏	5327							-
浙　江	-							-
安　徽	17196							-
福　建	4356							-
江　西	37753							-
山　东	8662							-
河　南	21665							-
湖　北	19066							-
湖　南	33177							-
广　东	1148							-
广　西	6821							-
海　南	-							-
重　庆	7332							-
四　川	-							-
贵　州	10002							-
云　南	7842							-
西　藏	19289							-
陕　西	45244							22041
甘　肃	73393							-
青　海	36636							-
宁　夏	27524							-
新　疆	94953							-
大兴安岭	-	-	-	-	-	-	-	-

4-7 灌区、水库、除涝、治水情况

指　　标	单　位	1990年	1995年	2000年	2010年	2012年	2016年	2017年	2018年	2019年
年底万亩以上灌区数	处	5363	5562	5683	5795	7756	7806	7839	7881	7884
#3.3万公顷以上	处	72	74	101	131	176	177	178	175	176
2.0～3.3万公顷	处	76	99	141	218	280	281	281	286	284
灌区有效灌溉面积	万公顷	2123.1	2249.9	2449.3	2941.5	3008.7	3304.6	3326.2	3332.4	3350.1
#3.3万公顷以上	万公顷	604.7	631.4	788.3	1091.8	624.3	1233.5	1245.7	1239.9	1260.9
2.0～3.3万公顷	万公顷	189.6	244.4	344.0	474.0	501.7	543.0	542.5	540.0	538.6
水库	座	81527	82915	83260	87873	97543	98460	98795	98822	98112
大型水库	座	366	387	420	552	683	720	732	736	744
中型水库	座	2499	2593	2704	3269	3758	3890	3934	3954	3978
小型水库	座	78662	79935	80136	84052	93102	93850	94129	94132	93390
水库库容量	亿立方米	4660	4797	5182	7162	8255	8967	9035	8953	8983
大型水库	亿立方米	3397	3493	3843	5594	6493	7166	7210	7117	7150
中型水库	亿立方米	690	719	746	930	1064	1096	1117	1126	1127
小型水库	亿立方米	573	585	593	638	698	705	708	710	706
节水灌溉面积	万公顷			1638.9	2731.4	3121.7	3284.7	3431.9	3613.5	3705.9
除涝面积	万公顷	1933.7	2006.5	2098.9	2169.2	2185.7	2306.7	2382.4	2426.2	2453.0
水土流失治理面积	万公顷	5300.0	6690.0	8096.0	10680.0	10295.3	12041.2	12583.9	13153.2	13732.5
堤防长度	万公里	22.0	24.7	27.0	29.4	27.7	29.9	30.6	31.2	32.0
堤防保护耕地面积	万公顷	3200.0	3060.9	3960.0	4683.1	4259.7	4108.7	4094.6	4140.9	4190.3

注：1.节水灌溉面积2013年与水利普查数据进行了衔接。
2.万亩以上灌区处数与有效灌溉面积统计口径为按有效灌溉面积达到万亩统计，2012、2013年已与水利普查数据进行了衔接,按设计灌溉面积达到万亩进行统计。
3.堤防长度为五级及以上堤防。

4-8 2019年各地区水利设施和除涝、治水面积

地 区	水库数 (座)	水库库容量 (亿立方米)	除涝面积 (千公顷)	水土流失治理面积 (千公顷)
全 国	**98112**	**8983**	**24529.6**	**137324.5**
北 京	86	52	12.0	901.6
天 津	28	26	364.6	100.6
河 北	1060	206	1638.3	5722.2
山 西	613	70	89.3	7086.5
内蒙古	601	110	277.0	14625.0
辽 宁	783	370	931.7	5553.4
吉 林	1580	334	1034.0	2594.4
黑龙江	973	268	3410.8	5334.1
上 海			61.2	
江 苏	952	35	4451.1	940.4
浙 江	4278	445	557.6	3611.4
安 徽	6080	204	2436.2	2084.5
福 建	3676	170	157.3	3895.9
江 西	10685	328	435.0	6070.5
山 东	5932	220	3089.8	4277.6
河 南	2510	433	2149.3	3913.4
湖 北	6935	1264	1511.5	6270.4
湖 南	14047	514	441.3	3905.7
广 东	8352	456	541.9	1858.1
广 西	4536	716	236.9	2845.5
海 南	1105	112	25.2	136.8
重 庆	3083	127		3722.5
四 川	8220	523	100.2	10463.6
贵 州	2431	445	125.2	7321.4
云 南	6769	763	307.1	10047.7
西 藏	122	39	3.4	622.6
陕 西	1101	94	103.4	8039.8
甘 肃	387	104	15.2	9574.7
青 海	198	317	0.8	1408.1
宁 夏	327	28		2388.1
新 疆	662	211	22.6	2008.1

4-9 全国农作物受灾和成灾面积

单位：千公顷

年 份	受灾面积	旱灾	洪涝灾	成灾面积	旱灾	洪涝灾
1952	8190	4240	2790	4430	2590	1840
1957	29150	17210	8080	14980	7400	6030
1962	37180	20810	9810	16670	8690	6320
1965	20800	13630	5590	11220	8110	2810
1970	9970	5720	3130	3300	1930	1230
1975	35380	24830	6820	10240	5320	3470
1978	50807	32641	3109	24457	16564	2012
1979	39367	24646	6757	15790	9316	2868
1980	50025	21901	9687	29777	14174	6070
1981	39786	25693	8625	18743	12134	3973
1982	33133	20697	8361	16117	9972	4397
1983	34713	16089	12162	16209	7586	5747
1984	31887	15819	10632	15607	7015	5395
1985	44365	22989	14197	22705	10063	8949
1986	47135	31042	9155	23656	14765	5601
1987	42086	24920	8686	20393	13033	4104
1988	50874	32904	11949	24503	15303	6128
1989	46991	29358	11328	24449	15262	5917
1990	38474	18175	11804	17819	7805	5605
1991	55472	24914	24596	27814	10559	14614
1992	51333	32980	9423	25895	17049	4464
1993	48829	21098	16387	23133	8657	8611
1994	55046	30423	17328	31382	17050	10744
1995	45824	23455	12734	22268	10402	7604
1996	46991	20152	18147	21234	6247	10855
1997	53427	33516	11415	30307	20012	5839
1998	50145	14236	22292	25181	5060	13785
1999	49980	30156	9020	26734	16614	5071
2000	54688	40541	7323	34374	26784	4321
2001	52215	38472	6042	31793	23698	3614
2002	46946	22124	12288	27160	13174	7388
2003	54506	24852	19208	32516	14470	12289
2004	37106	17253	7314	16297	8482	3747
2005	38818	16028	10932	19966	8479	6047
2006	41091	20738	8003	24632	13411	4569
2007	48992	29386	10463	25064	16170	5105
2008	39990	12137	6477	22283	6798	3656
2009	47214	29259	7613	21234	13197	3162
2010	37426	13259	17525	18538	8987	7024
2011	32471	16304	6863	12441	6599	2840
2012	24962	9340	7730	11475	3509	4145
2013	31350	14100	8757	14303	5852	4859
2014	24891	12272	4718	12678	5677	2704
2015	21770	10610	5620	12380	5863	3327
2016	26221	9873	8531	13670	6131	4338
2017	18478	9875	5415	9201	4444	3022
2018	20814	7712	3950	10569	2621	2551
2019	19257	7838	6680	7913	3332	2612

4-10 全国农作物受灾、成灾和绝收面积

单位：千公顷

指　标	1990年	1995年	2000年	2016年	2017年	2018年	2019年	2019年为2018年百分比(%)
一、受灾面积	**38474**	**45824**	**54688**	**26221**	**18478**	**20814**	**19257**	**92.5**
旱　灾	18175	23455	40541	9873	9875	7712	7838	101.6
洪涝灾	11804	12734	7323	8531	5415	3950	6680	169.1
风雹灾	6354	4479	2307	2908	2268	2407	2228	92.6
冷冻灾	2141	3578	2795	2885	525	3413	586	17.2
台风灾			1722	2023	394	3333	1924	57.7
二、成灾面积	**17819**	**22268**	**34374**	**13670**	**9201**	**10569**	**7913**	**74.9**
旱　灾	7805	10402	26784	6131	4444	2621	3332	127.1
洪涝灾	5605	7604	4321	4338	3022	2551	2612	102.4
风雹灾	3415	2076	1162	1424	1238	1548	976	63.0
冷冻灾	994	1791	1032	1179	312	1870	202	10.8
台风灾			1075	598	185	1979	791	40.0
三、绝收面积		**5618**	**10148**	**2902**	**1827**	**2585**	**2802**	**108.4**
旱　灾		2121	8006	1018	752	922	1114	120.7
洪涝灾		2627	1324	1297	745	652	1322	202.6
风雹灾		561	321	269	225	197	171	87.2
冷冻灾		194	260	173	83	456	36	7.9
台风灾			237	145	22	358	159	44.5

4-11 各地区农作物受灾面积

单位：千公顷

地区	受灾面积合计		旱灾		洪涝灾	
	2018年	2019年	2018年	2019年	2018年	2019年
全国	**20814**	**19257**	**7712**	**7838**	**3950**	**6680**
北京	5	3			3	0
天津	14				0	
河北	557	315	44	131	108	42
山西	831	1474	150	1285	141	72
内蒙古	2630	1454	1427	380	664	223
辽宁	1467	325	1168	14	4	257
吉林	1320	536	1086		17	286
黑龙江	4155	3541	2294		1052	2745
上海	7	9				1
江苏	380	224	6		9	
浙江	169	354		12	0	39
安徽	863	958		857	149	24
福建	79	123	24	22	8	94
江西	531	1201	310	493	130	671
山东	984	1341	23	283	38	303
河南	1168	970	4	807	230	87
湖北	1076	1430	515	1153	147	219
湖南	626	998	343	357	68	607
广东	548	145			84	84
广西	150	248	7	26	32	191
海南	32	4				
重庆	71	78	2	43	31	31
四川	484	324	99	79	358	238
贵州	292	141	132		40	126
云南	275	1569		1433	151	80
西藏	10	6	0		9	3
陕西	382	645	4	458	92	127
甘肃	764	174	50	3	258	92
青海	52	70	15		25	21
宁夏	148	29		6	70	4
新疆	746	573	10		36	16

4-11 续表

单位：千公顷

地区	风雹灾		冷冻灾		台风灾	
	2018年	2019年	2018年	2019年	2018年	2019年
全　国	**2407**	**2228**	**3413**	**586**	**3333**	**1924**
北　京	2	2	1			
天　津	0				14	
河　北	140	116	121	10	144	17
山　西	23	73	517	44		
内蒙古	205	498	326	353	9	
辽　宁	57	29			239	25
吉　林	163	125			54	125
黑龙江	385	224	386	37	38	535
上　海					7	8
江　苏	99	69	17	0	250	155
浙　江	3	1	119		46	303
安　徽	37	53	267		410	24
福　建	1	8	11		36	
江　西	19	37	35		37	0
山　东	103	112	7	0	813	643
河　南	99	76	235		600	
湖　北	19	46	395	12		
湖　南	37	11	155	23	22	1
广　东		1.6	10	1	453	59
广　西	4	1		3	107	27
海　南		0			32	4
重　庆	34	4	5			
四　川	27	7	0	0		
贵　州	98	15	21		0	
云　南	34	38	70	18	20	
西　藏		3				
陕　西	51	16	235	45		
甘　肃	90	62	366	17		
青　海	11	38	1	11		
宁　夏	22	16	57	3		
新　疆	644	549	57	7		

4-12 各地区农作物成灾面积

单位：千公顷

地　区	成灾面积合计		旱　灾		洪涝灾	
	2018年	2019年	2018年	2019年	2018年	2019年
全　国	**10569**	**7913**	**2621**	**3332**	**2551**	**2612**
北　京	2	0			1	0
天　津	7				0	
河　北	356	145	36	87	60	10
山　西	587	587	104	513	105	33
内蒙古	1580	622	944	153	463	101
辽　宁	465	78	244	11	2	54
吉　林	345	197	194		15	101
黑龙江	1451	1431	247		704	1067
上　海	3					
江　苏	177	58	1		4	
浙　江	107	123		5	0	20
安　徽	468	526		490	93	10
福　建	48	57	19	13	3	40
江　西	363	667	192	330	107	322
山　东	575	685	11	113	26	193
河　南	851	384	4	323	123	35
湖　北	476	475	253	405	56	54
湖　南	310	406	173	142	36	243
广　东	169	44			36	9
广　西	85	99	5	13	20	76
海　南	11	1				0
重　庆	46	26	1	17	21	8
四　川	295	132	55	31	224	95
贵　州	179	44	79		23	36
云　南	172	541		501	93	21
西　藏	8	0	0		8	0
陕　西	276	219	4	183	58	10
甘　肃	527	88	32		183	56
青　海	43	26	13		19	8
宁　夏	84	7			41	2
新　疆	502	246	10	0	27	7

4-12 续表 单位：千公顷

地 区	风雹灾		冷冻灾		台风灾	
	2018年	2019年	2018年	2019年	2018年	2019年
全 国	**1548**	**976**	**1870**	**202**	**1979**	**791**
北 京	0		1			
天 津	0				7	
河 北	96	36	74	5	90	6
山 西	18	27	361	13		
内蒙古	141	246	25	122	8	
辽 宁	39	9			180	4
吉 林	104	50			33	46
黑龙江	239	152	233		27	211
上 海					3	
江 苏	47	24	14		111	34
浙 江	1		85		21	98
安 徽	23	18	100		252	8
福 建	0	3	8		18	
江 西	15	14	19		29	
山 东	56	39	5		476	340
河 南	56	27	162		505	
湖 北	12	10	155	7		
湖 南	19	4	71	17	11	
广 东			4		129	35
广 西	4			1	57	8
海 南					11	1
重 庆	20	1	4	0		
四 川	16	3	0	3		
贵 州	65	7	12		0	
云 南	23	19	45		12	
西 藏						
陕 西	36	5	178	21		
甘 肃	57	24	255	8		
青 海	10	14	1	4		
宁 夏	16	5	27			
新 疆	435	239	30			

农村投资

5-1 国家财政用于农林水各项支出

单位：亿元

年份	农业	林业	水利	南水北调	扶贫	农业综合开发	农村综合改革
1990							
1991							
1992							
1993							
1994							
1996							
1997							
1998							
1999							
2000							
2001							
2002							
2003							
2004							
2005							
2006							
2007							
2008	2278.9	424.0	1122.7		320.4	251.6	
2009	3826.9	532.1	1519.6		374.8	286.8	
2010	3949.4	667.3	1856.5	78.4	423.5	337.8	607.9
2011	4291.2	876.5	2602.8	68.9	545.3	386.5	887.6
2012	5077.4	1019.2	3271.2	45.9	690.8	462.5	987.3
2013	5561.6	1204.3	3338.9	95.6	841.0	521.1	1148.0
2014	5816.6	1348.8	3478.7	69.6	949.0	560.7	1265.7
2015	6436.2	1613.4	4807.9	81.8	1227.2	600.1	1418.8
2016	6458.6	1696.6	4433.7	65.7	2285.9	616.6	1508.8
2017	6194.6	1724.9	4424.8	116.2	3249.6	571.2	1486.9
2018	6156.1	1931.3	4523.0	130.5	4863.8	575.6	1530.3
2019	6554.7	2007.7	4584.4	88.6	5561.5	288.8	1644.3

注：1.各年数据为财政决算数。
2.2019年林业支出中包含林业和草原支出。

5-2 农村住户固定资产投资情况

单位：亿元

指　　标	2014年	2015年	2016年	2017年	2018年	2019年
农村住户固定资产投资完成额	**10755.8**	**10409.8**	**9964.9**	**9554.4**	**10039.2**	**9396.2**
一、按投资构成分						
1.建筑工程	8620.4	8426.4	7903.0	7339.9	7632.1	7065.7
#水利	38.4	41.4	36.9	40.9	54.5	51.5
住宅	7726.8	7501.7	7010.3	6424.3	6645.4	5991.9
2.安装工程	13.7	8.8	8.0	7.9	7.9	7.7
3.设备工具器具购置	1617.7	1587.4	1529.1	1589.9	1622.0	1567.5
#生产设备	1557.2	1562.9	1515.6	1575.9	1608.3	1536.5
4.其他	503.9	387.2	524.9	616.7	777.3	755.3
二、按投资方向分						
#农林牧渔业	1999.8	1980.3	2079.2	2069.7	2254.1	2286.9
采矿业	1.7	0.6	0.6	1.2	1.6	1.7
制造业	127.5	137.0	126.1	94.3	127.3	135.6
电力、燃气及水的生产和供应业	4.7	13.1	11.8	11.4	14.8	16.6
建筑业	91.7	59.9	37.5	191.0	68.8	106.8
批发和零售业	247.6	243.5	227.8	238.1	309.5	262.4
交通运输、仓储和邮政业	326.1	225.2	261.9	264.0	324.1	289.3
住宿和餐饮业	41.3	42.4	28.9	38.3	119.4	71.7
房地产业	7789.9	7578.1	7075.7	6491.9	6681.4	6031.2
租赁和商务服务业	11.6	12.1	26.2	52.9	34.8	53.1
居民服务和其他服务业	96.1	102.1	74.3	66.5	79.8	77.4

注：表5-2到5-7数据来源于农村住户固定资产投资抽样调查。

5-3 各地区农村住户固定资产投资完成额

单位：亿元

地 区	2014年	2015年	2016年	2017年	2018年	2019年
全 国	**10755.8**	**10409.8**	**9964.9**	**9554.4**	**10039.2**	**9396.2**
北 京	50.8	50.0	55.2	63.1	63.2	76.8
天 津	27.8	17.4	23.0	14.2	17.6	18.0
河 北	524.7	542.5	409.9	394.6	362.3	316.8
山 西	319.1	329.6	338.6	318.4	257.7	178.9
内蒙古	154.0	173.1	186.1	185.3	166.0	154.2
辽 宁	304.0	277.5	255.9	232.0	205.8	221.0
吉 林	231.7	196.7	150.0	153.0	151.7	114.1
黑龙江	291.1	298.7	215.8	212.3	217.8	221.2
上 海	3.5	3.3	4.2	5.7	6.5	6.9
江 苏	385.9	341.7	292.4	276.8	258.0	236.5
浙 江	708.0	658.6	705.1	570.0	863.6	665.0
安 徽	619.3	582.0	456.0	458.7	554.9	501.6
福 建	308.1	327.4	309.4	305.9	301.1	248.1
江 西	432.9	394.2	315.5	314.9	308.6	345.9
山 东	896.4	931.0	958.4	966.7	958.6	943.8
河 南	769.9	709.1	661.2	606.6	629.2	580.1
湖 北	473.6	477.5	507.8	409.8	501.8	433.8
湖 南	694.4	720.9	664.9	631.1	705.7	638.9
广 东	450.9	392.6	356.3	357.8	368.3	423.4
广 西	555.6	572.8	583.8	590.8	596.2	619.4
海 南	72.8	95.8	143.4	119.0	97.4	117.0
重 庆	144.6	145.1	116.3	96.5	95.5	90.5
四 川	656.4	560.3	582.2	666.2	678.8	630.5
贵 州	247.3	268.8	274.8	215.8	280.5	215.5
云 南	424.7	431.2	456.9	461.1	469.6	479.9
西 藏						
陕 西	351.7	351.2	350.4	351.2	358.3	355.1
甘 肃	124.5	127.6	129.9	131.4	132.3	136.6
青 海	72.3	66.5	72.5	63.7	54.4	73.5
宁 夏	79.9	79.0	85.2	88.3	89.6	65.3
新 疆	380.0	287.6	303.7	293.5	288.2	288.0

5-4 2019年各地区农村住户固定资产投资结构情况

单位：亿元

地区	投资额	建筑工程	#住宅	设备工具器具购置	#生产设备
全国	**9396.2**	**7065.7**	**5991.9**	**1567.5**	**1536.5**
北京	76.8	73.5	72.6	2.0	2.0
天津	18.0	8.7	5.1	8.1	8.1
河北	316.8	231.2	205.3	52.3	52.3
山西	178.9	97.2	86.8	70.8	70.8
内蒙古	154.2	68.7	44.0	45.8	48.8
辽宁	221.0	112.9	53.9	58.3	58.3
吉林	114.1	24.6	18.6	45.4	45.4
黑龙江	221.2	44.7	31.7	135.8	135.8
上海	6.9	6.4	6.2	0.5	0.5
江苏	236.5	149.2	128.5	45.3	45.3
浙江	665.0	576.5	544.4	37.9	37.9
安徽	501.6	406.5	369.5	59.8	59.8
福建	248.1	218.8	209.5	19.9	19.9
江西	345.9	285.1	274.1	54.0	54.0
山东	943.8	671.1	426.4	261.4	251.7
河南	580.1	463.4	415.3	73.7	73.7
湖北	433.8	367.1	270.5	59.1	59.1
湖南	638.9	537.3	491.6	80.6	80.6
广东	423.4	407.2	389.6	12.2	12.2
广西	619.4	437.6	409.6	103.2	103.2
海南	117.0	110.2	97.3	4.3	4.3
重庆	90.5	58.1	43.6	16.6	16.6
四川	630.5	555.7	478.4	35.0	35.0
贵州	215.5	135.7	124.1	42.3	42.3
云南	479.9	401.7	367.5	29.8	30.2
西藏					
陕西	355.1	292.6	147.7	47.6	47.6
甘肃	136.6	90.0	73.0	39.4	14.8
青海	73.5	56.5	52.5	10.6	10.6
宁夏	65.3	29.8	20.3	17.9	17.9
新疆	288.0	147.6	134.3	97.8	97.8

5-5 2019年各地区农村住户固定资产投资投向情况

单位：亿元

地区	投资额	农林牧渔业	制造业	建筑业	交通运输、仓储和邮政业	房地产业	居民服务和其他服务业
全国	**9396.2**	**2286.9**	**135.6**	**106.8**	**289.3**	**6031.2**	**77.4**
北京	76.8	0.9			2.0	72.6	0.2
天津	18.0	6.9		1.2	3.1	5.1	0.3
河北	316.8	44.9	16.9	0.0	30.7	205.3	7.5
山西	178.9	54.0	0.3	0.7	20.9	86.8	3.2
内蒙古	154.2	105.3		0.6		44.0	1.5
辽宁	221.0	142.3	0.4	3.1	9.6	53.9	0.1
吉林	114.1	92.7				18.6	
黑龙江	221.2	136.7	0.1	0.8	11.1	31.7	0.4
上海	6.9	0.2			0.5	6.2	
江苏	236.5	68.5	10.8		7.5	128.5	5.2
浙江	665.0	36.1	33.3	11.2	10.2	545.3	5.9
安徽	501.6	78.2	1.5	25.1	17.8	369.9	1.1
福建	248.1	26.5	4.3	0.3	6.9	209.5	0.4
江西	345.9	67.4		1.8	5.9	269.1	0.4
山东	943.8	291.5	44.9	1.8		467.3	11.2
河南	580.1	83.4	4.1	5.7	55.4	415.3	3.5
湖北	433.8	137.7		9.8	9.3	270.5	
湖南	638.9	73.1	10.2	10.4		475.7	5.4
广东	423.4	25.3		4.0		389.6	1.0
广西	619.4	156.1	2.3	1.0	31.6	408.8	14.9
海南	117.0	16.0	0.0		0.7	97.9	1.0
重庆	90.5	24.5	0.6	1.8	10.1	45.0	0.1
四川	630.5	133.2	0.7	3.1	6.1	478.4	0.6
贵州	215.5	28.8	2.2	5.1		124.1	0.5
云南	479.9	74.7	0.1	2.5	16.0	367.5	5.1
西藏							
陕西	355.1	164.5	1.0	5.5	21.2	147.7	0.6
甘肃	136.6	30.8	1.4	3.7	8.2	88.0	3.9
青海	73.5	8.3		7.2		54.4	
宁夏	65.3	38.6	0.4		4.4	20.3	0.9
新疆	288.0	140.0		0.3		134.3	2.7

5-6 农村住户固定资产投资和建房情况

年 份	投资总额（亿元）	#竣工房屋投资	#住宅	房屋施工面积（万平方米）	房屋竣工面积（万平方米）	#住宅	竣工房屋造价（元/平方米）	#住宅
1985	478.4	350.1	313.2		78973.0	69542.0	44.0	45.0
1990	876.5	777.1	649.8	76819.0	71136.0	67812.0	109.0	96.0
1991	1042.6	912.5	759.3	85405.0	79501.0	74193.0	115.0	102.0
1992	1005.5	937.5	678.5	83392.0	65338.0	60442.0	143.0	112.0
1993	1137.7	1015.4	760.3	57432.0	56012.0	46129.0	181.0	165.0
1994	1519.2	1315.9	1002.7	72283.0	65390.0	57646.0	201.0	174.0
1995	2007.9	1709.4	1349.9	78192.0	73522.0	66230.0	233.0	204.0
1996	2544.0	2250.9	1766.4	96115.0	87277.0	79531.0	258.0	222.0
1997	2691.2	2405.8	1890.7	89309.0	85888.0	77287.0	280.0	245.0
1998	2681.5	2402.2	1907.2	89099.0	83864.0	77031.0	286.0	248.0
1999	2779.6	1908.2	1799.1	89050.0	83244.0	76758.0	229.2	234.4
2000	2904.3	1969.3	1846.8	88231.8	81270.2	75515.3	242.3	244.6
2001	2976.6	1908.2	1775.0	81048.2	74517.5	68799.3	256.1	258.0
2002	3123.2	1956.5	1858.1	80345.0	75125.7	69841.0	260.4	266.0
2003	3201.0	2053.2	1926.9	81123.7	75683.6	69741.1	271.3	276.3
2004	3362.7	2031.0	1933.4	71112.1	65801.5	62303.5	308.7	310.3
2005	3940.6	2190.6	2083.1	73109.2	66604.2	62292.4	328.9	334.4
2006	4436.2	2620.1	2490.2	76189.4	69237.9	64563.7	378.4	385.7
2007	5123.3	3228.3	3022.0	86665.6	78321.2	72676.4	412.2	415.8
2008	5951.8	3748.5	3547.1	91911.4	84407.0	78585.7	444.1	451.4
2009	7434.5	5029.9	4743.3	116099.4	105683.0	95570.5	475.9	496.3
2010	7886.0	5247.0	4931.7	106679.8	94114.8	87947.1	557.5	560.8
2011	9089.1	5983.7	5636.0	118455.2	103053.2	94939.1	580.6	593.6
2012	9840.6	6395.3	6051.6	105516.6	94187.8	87775.9	679.0	689.4
2013	10546.7	7249.6	6735.9	109242.0	92661.7	85953.0	782.4	783.7
2014	10755.8	7387.5	6843.0	103672.9	90287.4	83769.6	818.2	816.9
2015	10409.8	7157.1	6709.6	98376.7	85316.8	79380.2	838.9	845.2
2016	9964.9	6812.6	6331.3	92039.7	79649.1	73051.4	855.3	866.7
2017	9554.4	6446.3	5899.3	84395.0	72727.0	66870.0	886.4	882.2
2018	10039.2	6369.0	5885.0	79898.2	67861.3	62189.8	938.5	946.3
2019	9396.2	5732.2	5256.3	69488.9	60049.9	55571.7	954.6	945.9

5-7 2019年分地区农村住户固定资产投资和建房情况

地区	投资总额（亿元）	#竣工房屋投资	#住宅	房屋施工面积（万平方米）	房屋竣工面积（万平方米）	#住宅	竣工房屋造价（元/平方米）	#住宅
全　国	**9396.2**	**5732.2**	**5256.3**	**69488.9**	**60049.9**	**55571.7**	**954.6**	**945.9**
北　京	76.8	69.2	69.0	572.5	477.2	476.1	1451.0	1450.1
天　津	18.0	8.7	3.8	54.7	52.1	29.8	1678.8	1263.4
河　北	316.8	204.0	176.5	1826.3	1565.3	1486.7	1303.1	1187.4
山　西	178.9	92.8	87.8	1247.9	1226.0	1210.8	756.7	725.0
内蒙古	154.2	43.5	41.7	530.9	489.1	458.2	889.1	910.9
辽　宁	221.0	67.6	54.3	740.1	737.7	516.4	916.6	1051.3
吉　林	114.1	15.8	15.8	190.8	161.5	161.5	980.5	980.5
黑龙江	221.2	34.5	31.6	455.4	461.9	362.3	747.1	872.7
上　海	6.9	4.9	4.7	47.4	33.3	32.8	1479.3	1423.9
江　苏	236.5	126.4	117.6	1580.0	1395.7	1222.0	905.4	961.9
浙　江	665.0	410.8	396.8	3328.2	2062.5	1983.0	1991.8	2001.1
安　徽	501.6	338.7	281.3	4209.8	3426.9	3268.6	988.4	860.5
福　建	248.1	179.6	178.2	2112.9	1569.0	1556.7	1145.0	1144.6
江　西	345.9	249.7	237.2	3281.7	2854.3	2738.9	874.9	865.9
山　东	943.8	503.4	379.9	10342.9	9381.5	7826.2	536.6	485.4
河　南	580.1	401.1	376.7	5281.6	4784.9	4553.4	838.2	827.3
湖　北	433.8	308.4	256.8	2686.1	3240.9	3005.1	951.5	854.5
湖　南	638.9	472.3	452.6	3719.5	3160.0	3008.9	1494.6	1504.2
广　东	423.4	268.1	262.2	2876.5	1601.5	1555.5	1674.4	1685.4
广　西	619.4	365.2	355.8	6423.5	6020.1	5778.8	606.6	615.7
海　南	117.0	87.1	84.5	855.1	652.0	631.9	1335.7	1336.8
重　庆	90.5	43.6	43.5	615.1	541.3	528.6	804.8	823.0
四　川	630.5	463.0	425.3	4756.4	4138.0	3832.8	1118.9	1109.6
贵　州	215.5	123.8	118.4	1461.0	1351.0	1307.0	916.3	906.3
云　南	479.9	417.2	399.0	4758.8	3677.7	3388.4	1134.3	1177.7
西　藏								
陕　西	355.1	148.3	141.6	1520.3	1414.5	1353.3	1048.4	1046.4
甘　肃	136.6	82.3	72.8	1276.0	1101.0	998.0	747.2	729.9
青　海	73.5	42.8	40.9	520.2	427.0	385.8	1001.9	1059.0
宁　夏	65.3	23.2	20.0	270.0	196.0	148.0	1186.1	1353.4
新　疆	288.0	136.2	130.0	1947.2	1850.3	1766.3	736.0	736.0

农林牧渔业总产值及增加值

6-1 农林牧渔业总产值

(按当年价格计算) 单位：亿元

年 份	农林牧渔业总产值	#农业产值	林业产值	牧业产值	渔业产值
1952	461.0	396.0	7.3	51.7	6.1
1957	537.0	443.9	17.5	65.4	10.2
1962	584.0	494.7	13.0	63.8	12.6
1965	833.0	684.3	22.3	111.5	14.8
1970	1021.0	838.4	28.6	136.6	17.4
1975	1260.0	1020.5	39.2	178.4	21.9
1978	1397.0	1117.5	48.1	209.3	22.1
1980	1922.6	1454.1	81.4	354.2	32.9
1985	3619.5	2506.4	188.7	798.3	126.1
1990	7662.1	4954.3	330.3	1967.0	410.6
1991	8157.0	5146.4	367.9	2159.2	483.5
1992	9084.7	5588.0	422.6	2460.5	613.5
1993	10995.5	6605.1	494.0	3014.4	882.0
1994	15750.5	9169.2	611.1	4672.0	1298.2
1995	20340.9	11884.6	709.9	6045.0	1701.3
1996	22353.7	13539.8	778.0	6015.5	2020.4
1997	23788.4	13852.5	817.8	6835.4	2282.7
1998	24541.9	14241.9	851.3	7025.8	2422.9
1999	24519.1	14106.2	886.3	6997.6	2529.0
2000	24915.8	13873.6	936.5	7393.1	2712.6
2001	26179.6	14462.8	938.8	7963.1	2815.0
2002	27390.8	14931.5	1033.5	8454.6	2971.1
2003	29691.8	14870.1	1239.9	9538.8	3137.6
2004	36239.0	18138.4	1327.1	12173.8	3605.6
2005	39450.9	19613.4	1425.5	13310.8	4016.1
2006	40810.8	21522.3	1610.8	12083.9	3970.5
2007	48651.8	24444.7	1889.9	16068.6	4427.9
2008	57420.8	27679.9	2180.3	20354.2	5137.5
2009	59311.3	29983.8	2324.4	19184.6	5514.7
2010	67763.1	35909.1	2575.0	20461.1	6263.4
2011	78837.0	40339.6	3092.4	25194.2	7337.4
2012	86342.2	44845.7	3407.0	26491.2	8403.9
2013	93173.7	48943.9	3847.4	27572.4	9254.5
2014	97822.5	51851.1	4190.0	27963.4	9877.5
2015	101893.5	54205.3	4358.4	28649.3	10339.1
2016	106478.7	55659.9	4635.9	30461.2	10892.9
2017	109331.7	58059.8	4980.6	29361.2	11577.1
2018	113579.5	61452.6	5432.6	28697.4	12131.5
2019	123967.9	66066.5	5775.7	33064.3	12572.4

注：1. 2009年按照新的《统计用产品分类目录》对数据进行了调整(后同)。
2. 根据第二次全国农业普查结果，2005-2006年农林牧渔业总产值进行了修订(后同)。
3. 根据第三次全国农业普查结果，2007-2017年农林牧渔业总产值进行了修订(后同)。

6－2　农林牧渔业总产值构成

(按当年价格计算)　　　　单位：%

年份	农林牧渔业	农业产值	林业产值	牧业产值	渔业产值
1952	100.0	85.9	1.6	11.2	1.3
1957	100.0	82.7	3.3	12.2	1.9
1962	100.0	84.7	2.2	10.9	2.2
1965	100.0	82.2	2.7	13.4	1.8
1970	100.0	82.1	2.8	13.4	1.7
1975	100.0	81.0	3.1	14.2	1.7
1978	100.0	80.0	3.4	15.0	1.6
1979	100.0	78.1	3.6	16.8	1.5
1980	100.0	75.6	4.2	18.4	1.7
1981	100.0	75.0	4.5	18.4	2.0
1982	100.0	75.1	4.4	18.4	2.1
1983	100.0	75.4	4.6	17.6	2.3
1984	100.0	74.1	5.0	18.3	2.6
1985	100.0	69.2	5.2	22.1	3.5
1986	100.0	69.1	5.0	21.8	4.1
1987	100.0	67.6	4.7	22.8	4.8
1988	100.0	62.5	4.7	27.3	5.5
1989	100.0	62.8	4.4	27.6	5.3
1990	100.0	64.7	4.3	25.7	5.4
1991	100.0	63.1	4.5	26.5	5.9
1992	100.0	61.5	4.7	27.1	6.8
1993	100.0	60.1	4.5	27.4	8.0
1994	100.0	58.2	3.9	29.7	8.2
1995	100.0	58.4	3.5	29.7	8.4
1996	100.0	60.6	3.5	26.9	9.0
1997	100.0	58.2	3.4	28.7	9.6
1998	100.0	58.0	3.5	28.6	9.9
1999	100.0	57.5	3.6	28.5	10.3
2000	100.0	55.7	3.8	29.7	10.9
2001	100.0	55.2	3.6	30.4	10.8
2002	100.0	54.5	3.8	30.9	10.8
2003	100.0	50.1	4.2	32.1	10.6
2004	100.0	50.1	3.7	33.6	9.9
2005	100.0	49.7	3.6	33.7	10.2
2006	100.0	52.7	3.9	29.6	9.7
2007	100.0	50.2	3.9	33.0	9.1
2008	100.0	48.2	3.8	35.4	8.9
2009	100.0	50.6	3.9	32.3	9.3
2010	100.0	53.0	3.8	30.2	9.2
2011	100.0	51.2	3.9	32.0	9.3
2012	100.0	51.9	3.9	30.7	9.7
2013	100.0	52.5	4.1	29.6	9.9
2014	100.0	53.0	4.3	28.6	10.1
2015	100.0	53.2	4.3	28.1	10.1
2016	100.0	52.3	4.4	28.6	10.2
2017	100.0	53.1	4.6	26.9	10.6
2018	100.0	54.1	4.8	25.3	10.7
2019	100.0	53.3	4.7	26.7	10.1

6-3 农林牧渔业分项产值及构成

(按当年价格计算)

指　　标	绝对数(亿元)		构成(%)	
	2018年	2019年	2018年	2019年
农林牧渔业总产值	**113579.5**	**123967.9**	**100.0**	**100.0**
一、农业产值	**61452.6**	**66066.5**	**54.1**	**53.3**
(一)谷物及其他作物	22487.3	23005.6	19.8	18.6
谷物	14601.6	14797.7	12.9	11.9
薯类	1471.1	1553.6	1.3	1.3
油料	1948.8	2119.2	1.7	1.7
豆类	901.7	1004.5	0.8	0.8
棉花	812.2	779.3	0.7	0.6
麻类	12.9	14.3	0.0	0.0
糖料	679.9	695.3	0.6	0.6
烟草	571.4	562.2	0.5	0.5
其他农作物	1478.1	1473.5	1.3	1.2
(二)蔬菜园艺作物	23494.7	25412.5	20.7	20.5
#蔬菜(含菜用瓜)	20374.0	21754.1	17.9	17.5
食用菌	1833.3	2205.2	1.6	1.8
花卉	818.8	922.7	0.7	0.7
盆景园艺	458.2	530.5	0.4	0.4
(三)水果、坚果、茶、饮料和香料	12865.5	14537.9	11.3	11.7
#水果	9953.9	11350.6	8.8	9.2
坚果	1075.6	1082.6	0.9	0.9
茶及饮料原料	1633.9	1884.6	1.4	1.5
香料原料	201.9	219.9	0.2	0.2
(四)中草药材	2605.1	3091.2	2.3	2.5
二、林业产值	**5432.6**	**5775.7**	**4.8**	**4.7**
(一)林木的培育和种植	2304.1	2450.9	2.0	2.0
(二)竹木采运	1359.2	1423.9	1.2	1.1
(三)林产品	1769.4	1897.3	1.6	1.5
三、牧业产值	**28697.4**	**33064.3**	**25.3**	**26.7**
(一)牲畜饲养	7951.6	8952.0	7.0	7.2
#牛的饲养	3526.4	4250.2	3.1	3.4
羊的饲养	2574.4	2973.7	2.3	2.4
(二)猪的饲养	11202.7	13207.2	9.9	10.7
(三)家禽饲养	8162.7	9598.2	7.2	7.7
(四)狩猎和捕捉动物	46.0	32.7	0.0	0.0
(五)其他畜牧业	1334.4	1274.4	1.2	1.0
四、渔业产值	**12131.5**	**12572.4**	**10.7**	**10.1**
(一)海水产品	5783.1	5943.5	5.1	4.8
其中：养殖	2706.7	2677.8	2.4	2.2
(二)淡水产品	6348.4	6628.9	5.6	5.3
其中：养殖	5500.5	5801.4	4.8	4.7

6-4　各地区农林牧渔业总产值

(按当年价格计算)　　　　单位：亿元

地　区	农林牧渔业总产值		农业产值	
	2018年	2019年	2018年	2019年
全国总计	**113579.5**	**123967.9**	**61452.6**	**66066.5**
北　京	296.8	281.7	114.7	102.3
天　津	390.5	414.4	197.2	202.9
河　北	5707.0	6061.5	3085.9	3114.9
山　西	1460.6	1626.5	894.9	936.8
内蒙古	2985.3	3176.3	1512.5	1606.3
辽　宁	4061.9	4368.2	1749.4	1912.0
吉　林	2184.3	2442.7	993.0	1014.1
黑龙江	5624.3	5930.0	3635.0	3774.5
上　海	289.6	284.8	150.1	145.8
江　苏	7192.5	7503.2	3735.0	3828.6
浙　江	3157.3	3355.2	1518.0	1595.0
安　徽	4672.7	5162.1	2253.7	2365.4
福　建	4229.5	4636.6	1653.4	1774.8
江　西	3148.6	3481.3	1549.2	1624.3
山　东	9397.4	9671.7	4678.3	4914.4
河　南	7757.9	8541.8	4973.7	5408.6
湖　北	6207.8	6681.9	3033.8	3257.9
湖　南	5361.6	6405.1	2664.3	3052.1
广　东	6318.1	7175.9	3089.6	3530.2
广　西	4909.2	5498.8	2717.5	3102.3
海　南	1535.7	1689.4	729.5	819.6
重　庆	2052.4	2337.8	1292.7	1397.5
四　川	7195.6	7889.3	4153.7	4395.0
贵　州	3619.5	3889.0	2288.7	2535.7
云　南	4108.9	4935.7	2234.7	2680.2
西　藏	195.5	212.8	88.1	94.9
陕　西	3240.0	3536.8	2245.0	2445.8
甘　肃	1659.4	1887.6	1166.1	1306.4
青　海	405.9	454.4	169.2	181.3
宁　夏	575.8	584.8	344.6	330.8
新　疆	3637.8	3850.6	2541.2	2616.3

6-4 续表

单位：亿元

地　区	林业产值		牧业产值		渔业产值	
	2018年	2019年	2018年	2019年	2018年	2019年
全国总计	**5432.6**	**5775.7**	**28697.4**	**33064.3**	**12131.5**	**12572.4**
北　京	95.1	115.6	72.0	49.3	6.1	5.3
天　津	12.7	24.9	95.8	100.4	71.1	71.4
河　北	186.6	231.4	1813.8	2035.4	207.5	212.5
山　西	99.9	101.3	361.5	478.6	6.9	6.9
内 蒙 古	100.3	100.9	1294.3	1390.5	29.2	27.8
辽　宁	149.5	117.4	1346.2	1479.5	628.5	669.6
吉　林	73.3	68.1	1001.6	1239.6	39.0	40.1
黑 龙 江	186.4	193.9	1542.4	1671.8	105.7	123.1
上　海	15.8	18.3	48.3	48.2	56.2	55.0
江　苏	147.3	162.0	1091.3	1213.0	1707.9	1741.0
浙　江	177.0	185.5	331.8	395.2	1043.3	1080.9
安　徽	332.9	351.3	1315.8	1628.9	505.7	521.3
福　建	389.0	417.3	718.4	914.4	1318.2	1361.7
江　西	319.6	342.8	672.2	888.9	473.9	476.5
山　东	181.6	197.7	2432.7	2412.1	1425.9	1397.4
河　南	129.0	140.8	2067.7	2316.5	122.7	118.2
湖　北	235.2	258.5	1386.5	1521.5	1106.0	1152.7
湖　南	387.1	430.7	1464.6	2003.1	417.2	441.8
广　东	390.6	408.5	1184.7	1404.1	1383.8	1524.8
广　西	379.9	410.5	1072.3	1189.7	504.3	538.9
海　南	110.4	106.4	245.3	300.8	387.4	390.9
重　庆	101.1	113.1	520.1	679.5	100.4	105.3
四　川	358.7	372.2	2246.1	2647.9	247.9	263.5
贵　州	253.3	275.4	846.3	829.6	54.8	57.7
云　南	396.9	395.5	1237.1	1600.7	98.3	105.4
西　藏	3.2	3.5	98.4	108.4	0.3	0.4
陕　西	104.6	106.1	682.8	757.2	29.8	31.4
甘　肃	33.1	38.1	318.9	395.6	2.0	2.0
青　海	10.4	11.3	216.0	250.8	3.6	3.9
宁　夏	9.2	11.2	176.1	197.8	19.7	17.4
新　疆	62.7	65.6	796.4	915.3	28.1	27.5

6-5　2019年各地区农业分项产值

(按当年价格计算)　　　　单位：亿元

地　区	农业	1.谷物及其他作物	# 谷物	# 小麦	稻谷	玉米
全　国	**66066.5**	**23005.6**	**14797.7**	**3114.5**	**6175.6**	**4865.2**
北　京	102.3	7.7	5.6	1.1	0.1	4.0
天　津	202.9	59.9	55.5	13.9	20.6	20.7
河　北	3114.9	1044.1	751.6	339.3	18.0	353.6
山　西	936.8	366.8	275.7	50.6	0.5	184.2
内蒙古	1606.3	1219.1	751.8	39.8	49.3	441.0
辽　宁	1912.0	573.1	483.7	0.4	110.0	352.4
吉　林	1014.1	781.3	669.0	0.3	190.9	466.5
黑龙江	3774.5	2191.7	1736.2	5.6	983.6	738.7
上　海	145.8	32.9	28.8	1.1	27.3	0.3
江　苏	3828.6	1295.1	1075.9	305.2	580.8	82.1
浙　江	1595.0	242.8	161.5	6.4	141.2	13.3
安　徽	2365.4	1275.7	1038.1	433.2	456.2	142.8
福　建	1774.8	249.0	129.1	0.0	123.9	3.9
江　西	1624.3	718.8	554.6	1.7	545.4	6.7
山　东	4914.4	1792.8	1075.5	574.0	38.5	457.8
河　南	5408.6	2060.5	1408.8	846.6	153.8	398.9
湖　北	3257.9	998.2	708.1	93.8	535.9	77.3
湖　南	3052.1	1056.1	761.0	2.2	681.6	70.5
广　东	3530.2	742.9	361.5	0.0	337.2	24.1
广　西	3102.3	973.2	364.8	0.1	291.4	71.9
海　南	819.6	96.7	41.2		41.2	
重　庆	1397.5	346.5	189.9	1.6	123.7	62.9
四　川	4395.0	1367.3	688.4	58.6	355.2	260.2
贵　州	2535.7	451.4	177.0	7.6	106.1	49.0
云　南	2680.2	852.8	394.2	19.4	214.8	156.4
西　藏	94.9	41.7	35.2	4.3	0.1	0.8
陕　西	2445.8	449.1	262.9	91.4	21.6	123.3
甘　肃	1306.4	498.9	229.0	56.8	0.4	112.9
青　海	181.3	66.4	16.4	9.6		3.2
宁　夏	330.8	127.4	68.7	8.8	14.6	42.1
新　疆	2616.3	1025.8	297.9	141.1	11.8	143.5

6-5 续表 1 单位：亿元

地 区	#薯类	#油料	花生	油菜籽	#豆类	大豆
全 国	**1553.6**	**2119.2**	**1028.3**	**760.8**	**1004.5**	**821.9**
北 京	0.8	0.2	0.2		0.2	0.2
天 津	1.8	0.3	0.3		0.6	0.6
河 北	114.6	63.1	51.9	2.0	16.9	11.3
山 西	46.3	7.6	1.0	1.1	20.2	11.9
内蒙古	84.8	138.9	5.1	18.7	99.0	80.2
辽 宁	3.9	44.6	26.1	0.1	7.5	5.1
吉 林	20.6	49.2	44.3	…	29.5	24.5
黑龙江	42.4	16.5	7.4	0.1	367.4	355.3
上 海	0.1	0.4	0.1	0.3	0.1	0.1
江 苏	32.9	70.2	31.5	31.2	37.0	24.9
浙 江	10.5	25.4	6.1	18.5	17.3	12.8
安 徽	8.1	107.2	48.9	49.0	50.7	45.2
福 建	36.5	24.3	23.3	0.9	8.1	6.5
江 西	14.5	73.8	38.5	30.5	18.5	17.2
山 东	72.4	134.6	132.1	1.5	31.8	31.3
河 南	49.9	367.9	308.3	34.5	41.6	38.0
湖 北	34.2	175.6	38.6	109.9	17.9	15.9
湖 南	27.6	161.5	19.4	132.1	25.9	19.7
广 东	97.1	97.8	96.5	0.7	8.9	6.8
广 西	13.5	68.8	65.0	1.1	13.8	8.7
海 南	17.6	7.4	7.2		1.1	0.6
重 庆	67.1	39.0	8.4	29.4	20.3	8.8
四 川	358.5	232.0	45.2	166.3	52.4	47.3
贵 州	75.8	50.7	5.8	36.5	17.4	10.7
云 南	67.3	31.0	4.2	26.9	53.8	14.5
西 藏	0.3	3.4	…	3.4	0.6	0.1
陕 西	69.4	48.4	12.3	26.2	21.4	14.1
甘 肃	126.4	35.8	0.1	19.0	11.4	2.7
青 海	22.5	15.6		15.5	2.2	
宁 夏	34.1	4.5	…	0.4	0.8	0.2
新 疆	2.0	23.5	0.6	5.0	10.0	6.9

6-5 续表 2 单位：亿元

地 区	#棉花	#麻类	#糖料	#烟草
全 国	**779.3**	**14.3**	**695.3**	**562.2**
北 京	…			…
天 津	1.4			
河 北	43.3	…	3.9	0.3
山 西	0.7	…	…	0.7
内蒙古	…	0.2	34.0	0.9
辽 宁	…	…	2.6	3.0
吉 林		…	0.3	5.7
黑龙江		4.6	3.2	6.0
上 海	..		0.1	
江 苏	3.0	0.1	2.7	
浙 江	1.0	…	7.1	0.2
安 徽	14.0	1.0	2.5	5.4
福 建	…	…	3.1	30.9
江 西	5.0	1.0	22.4	6.1
山 东	93.4	…		10.9
河 南	2.1	0.7	2.3	52.6
湖 北	24.4	0.4	8.6	18.3
湖 南	5.8	0.5	4.2	52.7
广 东		1.6	82.7	9.8
广 西	0.4	0.9	394.0	3.8
海 南		0.1	15.3	0.4
重 庆		0.4	2.3	14.2
四 川	0.2	2.1	4.5	28.9
贵 州	0.2	0.1	12.6	61.8
云 南	…	…	66.7	238.4
西 藏				…
陕 西	0.8	0.1	0.1	10.6
甘 肃	8.4	0.1	1.3	0.2
青 海			…	
宁 夏			…	0.2
新 疆	575.2	0.2	18.9	

6-5 续表 3

单位：亿元

地区	2.蔬菜园艺				3、水果、坚果、饮料和香料作物			
		蔬菜	食用菌	花卉		苹果	梨	柑橘
全国	**25412.5**	**21754.1**	**2205.2**	**922.7**	**14537.9**	**1731.4**	**609.9**	**1600.1**
北京	48.6	38.1	4.3	4.8	45.7	3.7	4.1	
天津	103.4	77.9	8.8	0.9	39.3	1.8	3.0	
河北	1374.3	1223.7	119.2	10.9	542.4	91.6	88.5	
山西	229.9	216.6	9.9	3.2	269.4	99.9	32.7	13.0
内蒙古	274.0	263.4	6.5	4.2	79.9	7.4	2.7	
辽宁	931.6	897.5	27.8	6.3	402.4	78.4	28.7	
吉林	150.6	127.0	22.0	1.1	50.2	1.6	0.7	
黑龙江	1056.4	339.8	715.7	0.9	136.3	9.1	4.9	
上海	77.8	62.4	7.1	5.9	34.8		2.9	2.5
江苏	2051.1	1777.6	98.6	61.2	469.0	30.7	29.0	1.4
浙江	819.7	563.4	44.7	187.8	468.7		14.5	45.7
安徽	729.9	663.4	17.8	15.5	296.7	14.9	24.4	1.0
福建	876.9	520.7	229.4	94.2	582.3		7.1	122.3
江西	540.6	495.3	17.0	28.3	341.8		5.7	259.5
山东	1801.0	1697.5	42.9	17.1	1242.8	370.6	27.5	
河南	1924.1	1554.6	338.1	28.8	1127.4	163.5	63.1	1.0
湖北	1605.2	1418.0	107.9	21.1	539.3	0.5	21.5	156.2
湖南	1350.6	1301.1	21.5	3.0	459.8		13.7	72.5
广东	1564.9	1352.7	35.0	118.9	1114.4		5.3	206.5
广西	1086.2	974.0	67.7	1.3	931.8		17.5	198.0
海南	342.3	288.8		48.2	360.8			8.6
重庆	604.0	550.7	27.2	12.6	336.6	0.7	18.4	146.4
四川	1927.6	1801.1	59.6	53.2	1017.7	36.1	60.4	283.5
贵州	1396.5	1296.6	81.4	14.4	466.7	10.7	19.7	25.0
云南	826.2	645.2	40.1	139.3	555.9	31.0	16.5	38.8
西藏	18.2	17.7	0.3	0.1	2.1	0.5	0.1	…
陕西	767.1	690.6	35.1	25.8	1122.5	529.1	32.8	18.3
甘肃	369.1	359.1	8.2	1.9	303.6	153.2	7.1	…
青海	55.9	54.2	0.7	0.2	2.9	0.2	0.2	
宁夏	113.9	107.0	0.8	6.1	51.1	7.3	0.4	
新疆	395.1	378.4	9.9	5.9	1143.7	88.7	56.6	

6-5 续表 4

单位：亿元

地　　区	茶及其他饮料	#茶	香料作物	中药材
全　　国	**1884.6**	**1852.9**	**219.9**	**3091.2**
北　　京			0.1	0.3
天　　津				0.3
河　　北	1.7	…	2.8	154.1
山　　西	0.2	0.2	4.2	70.7
内 蒙 古				33.3
辽　　宁			…	5.0
吉　　林				32.0
黑 龙 江				390.1
上　　海	0.4	0.4		0.3
江　　苏	51.4	51.4	…	13.4
浙　　江	183.0	183.0		63.8
安　　徽	66.1	66.1	…	63.1
福　　建	237.2	237.2	0.2	66.6
江　　西	16.6	16.6		23.0
山　　东	26.1	26.1	4.3	77.9
河　　南	245.4	245.4	1.4	296.5
湖　　北	194.2	194.2	1.6	115.2
湖　　南	137.7	137.7	1.0	185.6
广　　东	89.7	89.7	7.2	108.0
广　　西	37.8	37.8	19.6	111.1
海　　南	1.0	0.9	16.4	19.8
重　　庆	17.9	17.9	18.8	110.4
四　　川	188.8	185.3	27.3	82.5
贵　　州	154.6	148.8	6.6	221.1
云　　南	172.7	152.7	15.6	445.3
西　　藏	0.2	0.2	…	13.7
陕　　西	60.8	60.8	52.0	107.0
甘　　肃	1.2	0.5	36.8	134.8
青　　海			0.1	56.1
宁　　夏			0.2	38.4
新　　疆			3.9	51.8

6-6 2019年各地区林业分项产值

(按当年价格计算)

单位：亿元

地区	林业产值	1.林木的培育和种植	2.竹木采运	# 村及村以下	3.林产品
全国	**5775.7**	**2450.9**	**1423.9**	**507.9**	**1897.3**
北京	115.6	114.5	1.1	…	…
天津	24.9	22.6	2.4		
河北	231.4	191.9	6.5	6.5	29.4
山西	101.3	99.9	1.2	0.2	0.2
内蒙古	100.9	93.3	3.7		3.9
辽宁	117.4	45.1	71.3		1.1
吉林	68.1	32.9	14.4	1.0	20.8
黑龙江	193.9	86.5	15.9		91.5
上海	18.3	18.0	0.1		0.1
江苏	162.0	119.1	28.7		14.2
浙江	185.5	5.9	42.0	13.1	137.6
安徽	351.3	61.2	99.1		191.0
福建	417.3	41.9	170.4	117.6	204.9
江西	342.8	85.8	94.9		162.2
山东	197.7	71.7	45.8	38.2	80.2
河南	140.8	81.4	14.0	12.8	45.3
湖北	258.5	154.0	97.3		7.2
湖南	430.7	174.3	77.3		179.1
广东	408.5	34.2	132.3	127.7	242.0
广西	410.5	26.0	263.7		120.9
海南	106.4	40.9	17.9		47.6
重庆	113.1	92.1	11.1	1.3	10.0
四川	372.2	297.3	41.8	15.0	33.1
贵州	275.4	184.4	50.7	86.7	40.3
云南	395.5	78.9	112.0	85.7	204.7
西藏	3.5	2.5	0.9	0.2	0.1
陕西	106.1	82.7	4.0	1.2	19.3
甘肃	38.1	28.2	0.4	0.4	9.4
青海	11.3	10.6	0.2		0.5
宁夏	11.2	10.2	0.3	0.3	0.6
新疆	65.6	63.1	2.4		

6-7 2019年各地区畜牧业分项产值

(按当年价格计算)　　单位：亿元

地　区	牧业产值	1.牲畜饲养			
			牛	羊	奶产品
全　国	**33064.3**	**8952.0**	**4250.2**	**2973.7**	**1390.7**
北　京	49.3	19.7	6.1	2.7	10.3
天　津	100.4	35.9	15.6	3.2	16.5
河　北	2035.4	687.7	306.2	224.1	148.1
山　西	478.6	167.0	54.7	66.0	37.3
内蒙古	1390.5	1141.5	293.3	591.5	200.2
辽　宁	1479.5	490.8	274.7	70.3	67.4
吉　林	1239.6	506.3	440.8	44.3	12.6
黑龙江	1671.8	788.5	449.6	140.5	184.2
上　海	48.2	15.9	…	1.7	14.1
江　苏	1213.0	102.7	14.8	60.0	24.3
浙　江	395.2	27.6	4.2	14.3	7.4
安　徽	1628.9	229.5	65.0	138.1	11.7
福　建	914.4	54.6	19.8	20.5	14.3
江　西	888.9	65.6	43.3	12.9	4.4
山　东	2412.1	498.6	228.7	139.1	123.5
河　南	2316.5	597.7	303.5	210.8	74.7
湖　北	1521.5	225.2	133.5	84.0	6.2
湖　南	2003.1	170.2	83.2	83.1	3.7
广　东	1404.1	42.6	18.0	10.4	14.1
广　西	1189.7	112.6	96.0	12.0	4.7
海　南	300.8	39.5	31.6	7.7	0.2
重　庆	679.5	97.3	53.8	41.3	2.2
四　川	2647.9	386.6	178.4	170.6	28.8
贵　州	829.6	236.7	177.1	56.0	3.1
云　南	1600.7	494.9	343.7	126.9	21.3
西　藏	108.4	102.9	59.5	18.8	17.4
陕　西	757.2	284.2	76.4	104.4	92.3
甘　肃	395.6	259.2	121.0	104.3	23.2
青　海	250.8	225.9	94.2	95.8	32.3
宁　夏	197.8	155.7	46.4	45.5	60.6
新　疆	915.3	689.0	216.9	272.8	129.8

6-7 续表

单位：亿元

地　区	2.猪的饲养	3.家禽饲养	# 肉禽	禽蛋	4.狩猎和捕猎动物	5.其他畜牧业
全　国	**13207.2**	**9598.2**	**5934.3**	**3651.0**	**32.7**	**1274.4**
北　京	5.9	23.2	10.3	12.8		0.6
天　津	39.5	25.0	9.9	15.1		0.1
河　北	730.1	498.5	149.9	348.6		119.1
山　西	169.8	135.5	33.0	102.5	…	6.2
内蒙古	138.3	107.5	42.1	65.5		3.1
辽　宁	302.9	674.2	479.1	195.1	0.4	11.2
吉　林	331.8	369.2	224.5	144.6		32.4
黑龙江	502.0	346.2	248.9	97.3		35.1
上　海	25.1	7.2	2.6	2.8		0.1
江　苏	434.0	565.8	285.7	276.4	1.1	109.3
浙　江	217.9	94.0	57.5	36.4	3.6	52.1
安　徽	755.6	558.5	353.2	205.3	2.3	82.9
福　建	331.9	502.9	425.6	77.3	3.9	21.1
江　西	454.6	342.5	253.0	89.5	3.2	23.0
山　东	768.8	959.2	508.6	450.6	1.9	183.5
河　南	1054.2	615.7	222.0	384.4	…	48.9
湖　北	893.0	391.4	201.9	189.5	…	11.9
湖　南	1380.1	410.3	196.2	214.1	10.9	31.7
广　东	677.4	572.6	525.4	47.3	4.4	107.0
广　西	467.2	427.7	402.4	25.4		182.1
海　南	129.1	130.0	122.8	7.2		2.2
重　庆	363.0	192.7	141.3	51.4		26.5
四　川	1170.4	1003.6	617.4	386.2		87.2
贵　州	405.4	184.7	153.7	31.0	0.1	2.7
云　南	861.6	210.7	159.3	51.4	…	33.5
西　藏	2.5	1.6	1.1	0.6		1.4
陕　西	321.9	120.2	51.5	68.7	0.6	30.2
甘　肃	108.3	26.1	11.7	14.4		2.0
青　海	19.2	2.7	2.7	2.1	0.1	2.9
宁　夏	21.3	20.0	8.0	12.1		0.9
新　疆	124.1	78.6	33.1	45.5		23.5

6-8 2019年各地区渔业分项产值

(按当年价格计算) 单位：亿元

地 区	渔业产值	1.海水产品	#养殖	鱼 类	甲壳类	贝 类	藻类
全 国	**12572.4**	**5943.5**	**2677.8**	**2032.3**	**1609.0**	**1455.4**	**205.5**
北 京	5.3	1.0		1.0			
天 津	71.4	21.1	2.9	17.6	2.8	0.6	
河 北	212.5	157.1	112.4	19.7	33.5	2.4	
山 西	6.9						
内蒙古	27.8						
辽 宁	669.6	587.8	397.8	261.7	20.4	272.4	22.2
吉 林	40.1						
黑龙江	123.1						
上 海	55.0	25.4		15.3	2.5	…	
江 苏	1741.0	534.6	306.9	120.9	130.1	235.2	7.8
浙 江	1080.9	809.8	227.7	320.8	242.6	124.6	19.0
安 徽	521.3						
福 建	1361.7	1161.7		312.8	288.7	347.5	103.8
江 西	476.5						
山 东	1397.4	1164.7	820.8	338.6	253.0	306.3	46.1
河 南	118.2						
湖 北	1152.7						
湖 南	441.8						
广 东	1524.8	789.8	511.3	362.3	345.9	65.9	5.7
广 西	538.9	338.1	232.8	53.6	180.1	95.8	
海 南	390.9	352.4	65.3	207.9	109.5	4.7	0.9
重 庆	105.3						
四 川	263.5						
贵 州	57.7						
云 南	105.4						
西 藏	0.4						
陕 西	31.4						
甘 肃	2.0						
青 海	3.9						
宁 夏	17.4						
新 疆	27.5						

6-8 续表

单位：亿元

地　区	2.内陆水产品	#养殖	鱼　类	甲壳类	贝　类
全　国	**6628.9**	**5801.4**	**4231.8**	**1970.6**	**45.9**
北　京	4.3		3.5		…
天　津	50.4	49.3	40.5	9.8	…
河　北	55.4	47.2	19.2	5.2	…
山　西	6.9	6.5	6.8	…	
内蒙古	27.8	25.4	26.6	0.5	
辽　宁	81.7	76.1	70.1	11.0	
吉　林	40.1	33.6	38.0	2.0	0.1
黑龙江	123.1	101.6	123.1		
上　海	29.5	29.3	13.1	12.5	
江　苏	1206.4	1039.7	426.3	704.2	16.9
浙　江	271.1	230.8	153.5	47.1	2.2
安　徽	521.3	431.5	258.3	244.0	8.1
福　建	200.0		156.8	38.4	2.4
江　西	476.5	445.7	336.7	76.3	7.5
山　东	232.7	215.0	184.9	44.4	0.1
河　南	118.2	111.3	94.4	21.7	1.4
湖　北	1152.7	1035.4	606.7	506.9	0.7
湖　南	441.8	412.7	321.4	104.4	2.3
广　东	734.9	721.9	584.1	104.1	1.2
广　西	200.9	192.2	165.7	2.0	0.6
海　南	38.5	36.1	37.2	0.9	0.1
重　庆	105.3	94.3	99.3	4.2	0.1
四　川	263.5	239.1	233.7	22.3	0.5
贵　州	57.7	50.3	52.8	3.2	1.1
云　南	105.4	98.3	102.2	1.7	0.5
西　藏	0.4	0.2	…		
陕　西	31.4	30.9	28.8	0.8	
甘　肃	2.0	2.0	2.0		
青　海	3.9	3.9	3.9		
宁　夏	17.4	16.5	17.2	0.2	
新　疆	27.5	24.4	24.8	2.7	…

6-9 四大地区农林牧渔业总产值及构成

(按当年价格计算)

指 标	东部地区		中部地区		西部地区		东北地区	
	2018年	2019年	2018年	2019年	2018年	2019年	2018年	2019年
一、绝对数(亿元)								
农林牧渔业总产值	**38514.3**	**41074.3**	**28609.3**	**31898.7**	**34585.3**	**38254.1**	**11870.6**	**12740.9**
#农业	18951.7	20028.5	15369.6	16644.9	20754.0	22692.5	6377.4	6700.6
林业	1706.3	1867.6	1503.8	1625.3	1813.5	1903.4	409.1	379.4
牧业	8034.1	8873.0	7268.4	8837.5	9504.7	10963.0	3890.2	4390.9
渔业	7607.5	7840.9	2632.3	2717.4	1118.5	1181.3	773.2	832.9
二、构成(%)								
农林牧渔业总产值	**100.0**	**100.0**	**100.0**	**100.0**	**100.0**	**100.0**	**100.0**	**100.0**
#农业	49.2	48.8	53.7	52.2	60.0	59.3	53.7	52.6
林业	4.4	4.5	5.3	5.1	5.2	5.0	3.4	3.0
牧业	20.9	21.6	25.4	27.7	27.5	28.7	32.8	34.5
渔业	19.8	19.1	9.2	8.5	3.2	3.1	6.5	6.5

6－10　农林牧渔业总产值

单位：亿元

年　份	农林牧渔业总产值	农业产值	林业产值	牧业产值	渔业产值
			(按1957年不变价格计算)		
1952	417.0	364.9	2.9	47.9	1.3
1957	536.7	455.5	9.3	69.0	2.9
1962	430.3	370.8	7.3	44.5	
1965	589.6	484.8	12.0	82.7	10.1
1970	716.3	596.8	16.0	92.6	10.9
			(按1970年不变价格计算)		
1975	1202.4	966.8	37.1	179.4	19.1
1978	1288.7	1031.0	44.4	193.0	20.3
			(按1980年不变价格计算)		
1980	1964.5	1491.6	94.5	339.6	38.8
1985	2912.2	2133.4	146.4	563.3	69.1
			(按1990年不变价格计算)		
1990	8151.2	5190.8	378.4	2048.8	533.2
1991	8451.8	5239.6	408.6	2229.7	573.9
1992	8989.1	5461.3	439.9	2426.1	661.8
1993	9692.9	5747.2	475.3	2686.8	783.6
1994	10525.9	5933.8	517.3	3134.4	940.4
1995	11670.7	6405.0	543.4	3599.1	1123.2
1996	12127.0	6901.6	574.0	3371.2	1280.2
1997	12942.4	7210.0	593.1	3711.7	1427.6
1998	13712.8	7564.6	610.4	3984.5	1553.2
1999	14351.4	7891.1	629.6	4165.9	1664.9
2000	14863.9	7999.8	663.4	4428.3	1772.4
2001	15494.0	8288.3	658.6	4705.6	1841.5
2002	16259.7	8611.7	705.2	4988.5	1954.3
2003	16997.2	8005.5	818.7	5564.3	2067.1
			(按可比价格计算)		
2004	31905.2	16133.4	1264.8	10225.1	3327.4
2005	38291.2	18890.5	1369.4	13128.8	3841.6
2006	40007.5	20645.2	1513.4	12381.8	3812.7
2007	42384.9	22324.6	1768.2	12466.3	4127.5
2008	51390.6	25562.9	2040.9	17141.5	4683.0
2009	60044.6	28626.7	2325.3	21482.0	5424.0
2010	61908.9	31259.1	2406.8	19980.9	5814.8
2011	70754.3	37918.5	2769.5	20819.3	6527.2
2012	82698.4	42099.7	3300.6	26515.4	7709.8
2013	89762.8	46800.3	3657.5	27033.5	8830.7
2014	97200.0	51341.0	4093.9	28277.6	9622.6
2015	101782.4	54648.0	4445.6	28094.9	10305.4
2016	105509.6	56496.3	4714.6	28960.1	10638.3
2017	110750.7	58254.2	4955.8	31109.5	11197.6
2018	113138.1	60318.2	5305.4	29853.2	11889.9
2019	116803.6	64253.0	5717.0	28095.8	12436.2

注：从2004年起，农林牧渔业总产值使用可比价格计算。

6-11 农林牧渔业总产值指数

(以1952年为100)

年 份	农林牧渔业总产值	农业产值	林业产值	牧业产值	渔业产值
1949	65.2	64.6	55.2	70.4	46.2
1952	100.0	100.0	100.0	100.0	100.0
1957	128.7	124.8	320.7	144.1	223.1
1962	103.2	101.6	251.7	92.9	592.3
1965	141.4	132.9	413.8	172.7	776.9
1970	171.8	163.6	551.7	193.3	838.5
1975	192.4	179.4	745.5	232.2	1150.3
1978	206.2	191.3	892.2	249.8	1222.5
1980	224.9	203.6	1014.8	306.4	1270.7
1985	333.4	291.2	1572.1	508.2	2263.0
1990	420.5	356.7	1601.1	704.4	4238.2
1991	436.0	360.1	1728.5	766.5	4562.1
1992	463.0	375.3	1861.1	834.1	5260.5
1993	500.0	394.9	2010.4	923.8	6222.5
1994	543.0	407.5	2189.3	1078.1	7467.0
1995	602.2	439.7	2298.8	1237.7	8915.6
1996	658.9	474.0	2428.1	1379.0	10161.8
1997	703.2	495.2	2508.7	1518.3	11331.4
1998	745.0	519.6	2582.0	1629.9	12328.6
1999	779.7	542.0	2664.6	1704.0	13215.0
2000	807.8	549.6	2808.5	1811.4	14074.0
2001	842.0	569.4	2788.4	1924.8	14622.3
2002	883.6	591.6	2985.6	2040.5	15518.0
2003	918.9	591.6	3194.6	2183.3	16293.9
2004	987.8	641.9	3258.5	2340.5	17271.5
2005	1044.1	668.2	3362.8	2523.1	18394.1
2006	1100.7	704.2	3550.5	2649.3	19496.5
2007	1143.1	730.5	3897.4	2733.1	20267.2
2008	1207.5	763.9	4208.7	2915.6	21434.8
2009	1262.7	790.0	4488.6	3077.2	22629.9
2010	1318.0	823.6	4647.7	3204.9	23861.3
2011	1376.1	869.7	4998.8	3261.0	24866.5
2012	1443.5	907.7	5335.3	3432.0	26128.7
2013	1500.7	947.2	5727.7	3502.3	27455.6
2014	1565.6	993.6	6094.7	3591.9	28547.7
2015	1629.0	1047.2	6466.5	3608.7	29784.4
2016	1686.8	1091.5	6994.8	3647.9	30646.3
2017	1754.4	1142.3	7477.4	3725.5	31503.5
2018	1815.5	1186.8	7965.2	3788.0	32354.8
2019	1867.1	1240.9	8382.1	3708.5	33167.4

注:本表按可比价格计算。

6-12　2019年各地区农林牧渔业总产值指数

(以上年为100，按可比价格计算)

地　区	农林牧渔总产值	#农业产值	林业产值	牧业产值	渔业产值
全国合计	**102.8**	**104.6**	**105.2**	**97.9**	**102.5**
北　京	93.7	89.2	121.6	63.5	86.2
天　津	100.6	103.2	195.8	83.5	97.9
河　北	101.9	101.7	104.8	100.4	100.6
山　西	102.0	102.5	102.2	100.7	100.2
内蒙古	102.1	103.4	101.0	100.9	93.3
辽　宁	103.0	105.6	85.3	101.4	104.5
吉　林	102.3	105.5	94.5	99.7	102.7
黑龙江	102.5	102.5	105.1	101.7	103.9
上　海	92.7	92.2	111.4	80.9	100.1
江　苏	100.7	102.8	105.2	92.3	99.3
浙　江	101.8	102.5	102.3	94.3	102.2
安　徽	102.3	103.4	104.3	98.2	103.3
福　建	103.6	104.0	104.1	100.5	104.3
江　西	103.0	104.0	105.1	100.6	101.1
山　东	100.8	103.1	109.2	95.4	97.4
河　南	103.0	105.2	105.9	94.8	109.9
湖　北	103.5	103.9	109.7	97.1	106.7
湖　南	103.2	103.7	109.5	98.1	106.9
广　东	103.5	105.8	105.1	94.8	103.8
广　西	104.8	107.4	107.3	96.1	106.2
海　南	102.6	105.4	105.3	93.9	100.7
重　庆	102.8	105.5	110.8	94.0	102.8
四　川	102.6	105.5	102.1	96.6	104.1
贵　州	105.9	108.4	108.0	98.5	106.4
云　南	105.6	108.7	101.6	101.6	104.0
西　藏	107.7	106.6	109.4	109.0	103.5
陕　西	104.3	106.3	107.3	97.0	104.7
甘　肃	105.8	106.6	109.4	104.2	102.9
青　海	104.6	104.6	108.1	104.5	107.5
宁　夏	103.1	104.0	120.5	101.0	96.8
新　疆	103.5	104.9	99.5	99.5	90.8

注：本表按可比价格计算。

6-13　2019年各地区农林牧渔业总产值及占全国的比重

（按可比价格计算）

地　区	农林牧渔业总产值	2019年比2018年增减百分比(%)	占全国的比重(%)
全国合计	**116803.6**	**2.8**	**100.0**
北　京	277.9	-6.3	0.2
天　津	392.7	0.6	0.3
河　北	5817.2	1.9	5.0
山　西	1490.4	2.0	1.3
内蒙古	3049.3	2.1	2.6
辽　宁	4183.9	3.0	3.6
吉　林	2235.3	2.3	1.9
黑龙江	5763.5	2.5	4.9
上　海	268.6	-7.3	0.2
江　苏	7239.9	0.7	6.2
浙　江	3212.5	1.8	2.8
安　徽	4778.5	2.3	4.1
福　建	4382.1	3.6	3.8
江　西	3244.2	3.0	2.8
山　东	9472.2	0.8	8.1
河　南	7986.9	3.0	6.8
湖　北	6422.3	3.5	5.5
湖　南	5532.5	3.2	4.7
广　东	6537.9	3.5	5.6
广　西	5143.1	4.8	4.4
海　南	1575.1	2.6	1.3
重　庆	2109.6	2.8	1.8
四　川	7384.0	2.6	6.3
贵　州	3833.4	5.9	3.3
云　南	4340.4	5.6	3.7
西　藏	210.5	7.7	0.2
陕　西	3379.9	4.3	2.9
甘　肃	1756.3	5.8	1.5
青　海	424.7	4.6	0.4
宁　夏	593.4	3.1	0.5
新　疆	3765.4	3.5	3.2

6-14 2019年各地区农林牧渔业总产值

(按可比价格计算)

单位：亿元

地　区	农林牧渔业总产值	农业产值	林业产值	牧业产值	渔业产值
全国总计	**116803.6**	**64253.0**	**5717.0**	**28095.8**	**12436.2**
北　京	277.9	102.3	115.6	45.7	5.3
天　津	392.7	203.5	24.9	80.0	69.7
河　北	5817.2	3139.4	195.6	1820.9	208.8
山　西	1490.4	917.0	102.1	364.2	6.9
内蒙古	3049.3	1564.5	101.3	1306.4	27.3
辽　宁	4183.9	1848.0	127.4	1364.9	656.9
吉　林	2235.3	1047.7	69.2	999.1	40.1
黑龙江	5763.5	3725.9	195.9	1568.6	109.8
上　海	268.6	138.4	17.6	39.1	56.3
江　苏	7239.9	3839.8	154.9	1007.0	1696.3
浙　江	3212.5	1556.0	181.1	312.8	1066.7
安　徽	4778.5	2330.8	347.3	1291.8	522.4
福　建	4382.1	1719.5	405.1	722.4	1375.5
江　西	3244.2	1611.8	335.8	676.2	479.1
山　东	9472.2	4822.1	198.3	2321.5	1388.5
河　南	7986.9	5234.8	136.7	1961.1	134.9
湖　北	6422.3	3153.5	258.1	1346.9	1180.0
湖　南	5532.5	2762.6	423.9	1436.5	446.2
广　东	6537.9	3270.2	410.5	1123.0	1436.0
广　西	5143.1	2917.7	407.6	1030.9	535.5
海　南	1575.1	768.9	116.2	230.2	390.3
重　庆	2109.6	1364.0	112.1	489.0	103.2
四　川	7384.0	4381.9	366.1	2169.7	258.1
贵　州	3833.4	2481.0	273.7	833.6	58.3
云　南	4340.4	2428.2	403.3	1256.3	102.1
西　藏	210.5	93.9	3.5	107.2	0.4
陕　西	3379.9	2386.4	112.3	662.2	31.2
甘　肃	1756.3	1243.0	36.2	332.3	2.0
青　海	424.7	176.9	11.3	225.6	3.9
宁　夏	593.4	358.3	11.1	177.8	19.1
新　疆	3765.4	2665.0	62.4	792.8	25.5

6-15 2019年农林牧渔业分项产值及增幅

(按可比价格计算)

指　　标	绝对数(亿元)	比上年增长幅度(%)
农林牧渔业总产值	**116803.8**	**2.8**
农业产值	**64253.0**	**4.6**
谷物及其他作物	22906.4	1.9
蔬菜园艺作物	24519.9	4.4
水果、坚果、饮料和香料作物	13899.5	8.0
中药材	2908.3	11.6
林业产值	**5717.0**	**5.2**
林木的培育和种植	2426.0	5.3
竹木采运	1426.9	5.0
林产品	1864.1	5.4
牧业产值	**28095.8**	**-2.1**
牲畜饲养	8189.0	3.0
猪的饲养	9616.3	-14.2
家禽饲养	9028.4	10.6
狩猎和捕捉动物	29.8	-35.1
其他畜牧业	1232.3	-7.7
渔业产值	**12436.2**	**2.5**
海水产品	5826.4	0.7
内陆水域水产品	6609.8	4.1

6-16 2019年各地区农业分项产值

(按可比价格计算)　　单位：亿元

地区	农业	谷物及其他作物	蔬菜及园艺	水果坚果及饮料	中药材
全国	**64253.0**	**22906.4**	**24519.9**	**13899.5**	**2908.3**
北京	102.3	7.6	47.9	46.6	0.3
天津	203.5	61.4	105.0	36.7	0.3
河北	3139.4	1057.4	1361.3	583.8	136.9
山西	917.0	343.4	199.5	303.4	70.7
内蒙古	1564.5	1186.6	267.2	77.8	32.9
辽宁	1848.0	537.5	898.1	407.4	5.0
吉林	1047.7	803.0	155.1	54.8	34.9
黑龙江	3725.9	2163.5	1042.8	134.5	385.1
上海	138.4	31.6	74.2	32.1	0.4
江苏	3839.8	1381.5	1999.5	445.5	13.4
浙江	1556.0	240.7	785.7	464.6	65.0
安徽	2330.8	1265.8	715.5	286.0	63.5
福建	1719.5	236.2	848.4	561.1	73.8
江西	1611.8	765.1	533.1	290.7	22.9
山东	4822.1	1771.3	1768.1	1203.0	79.6
河南	5234.8	2017.4	1961.0	992.1	264.3
湖北	3153.5	963.7	1554.7	521.3	113.9
湖南	2762.6	1032.5	1134.8	429.1	166.2
广东	3270.2	738.7	1506.4	920.2	104.8
广西	2917.7	997.4	1024.5	790.2	105.6
海南	768.9	97.6	318.9	332.5	19.8
重庆	1364.0	344.8	599.7	318.7	100.7
四川	4381.9	1382.8	1904.7	1004.7	89.7
贵州	2481.0	450.5	1366.0	442.0	222.6
云南	2428.2	818.8	725.5	535.2	348.7
西藏	93.9	41.3	18.0	2.1	13.6
陕西	2386.4	459.1	689.3	1134.8	103.2
甘肃	1243.0	474.7	351.2	288.8	128.3
青海	176.9	63.8	53.8	2.9	56.5
宁夏	358.3	126.8	131.3	64.3	35.9
新疆	2665.0	1043.8	378.9	1192.7	49.6

6-17 2019年各地区林业分项产值

(按可比价格计算)

单位:亿元

地区	林业产值	林木的培育和种植	竹木采运	林产品
全国	**5717.0**	**2426.0**	**1426.9**	**1864.1**
北京	115.6	114.5	1.1	…
天津	24.9	22.6	2.4	
河北	195.6	189.1	6.5	…
山西	102.1	100.7	1.2	0.3
内蒙古	101.3	93.6	3.8	3.9
辽宁	127.4	48.8	77.5	1.2
吉林	69.2	32.5	15.3	21.5
黑龙江	195.9	87.4	16.1	92.4
上海	17.6	17.3	0.1	0.1
江苏	154.9	113.2	27.5	14.2
浙江	181.1	5.9	42.1	133.1
安徽	347.3	65.2	95.6	186.4
福建	405.1	40.8	175.8	188.5
江西	335.8	84.2	95.2	156.3
山东	198.3	71.8	45.7	80.7
河南	136.7	78.9	13.7	44.0
湖北	258.1	153.5	97.9	6.7
湖南	423.9	160.1	76.9	186.9
广东	410.5	32.2	134.9	243.5
广西	407.6	31.2	258.0	118.4
海南	116.2	46.2	17.7	52.3
重庆	112.1	91.2	11.0	9.9
四川	366.1	292.4	41.2	32.6
贵州	273.7	182.4	51.5	39.8
云南	403.3	73.5	110.2	219.6
西藏	3.5	2.5	0.9	0.1
陕西	112.3	86.9	3.7	21.7
甘肃	36.2	26.8	0.4	8.9
青海	11.3	10.6	0.2	0.5
宁夏	11.1	10.2	0.3	0.6
新疆	62.4	59.9	2.5	

6-18 2019年各地区畜牧业分项产值

(按可比价格计算)　　单位:亿元

地 区	牧业产值	牲畜饲养	猪的饲养	家禽饲养	捕猎	其他畜牧业
全 国	**28095.8**	**8189.0**	**9616.3**	**9028.4**	**29.8**	**1232.3**
北 京	45.7	18.5	4.0	22.7		0.6
天 津	80.0	28.6	28.8	22.5		0.1
河 北	1820.9	647.6	565.9	495.0		112.4
山 西	364.2	144.5	96.2	117.4		6.0
内蒙古	1306.4	1071.6	119.3	112.4		3.1
辽 宁	1364.9	489.8	255.0	608.5	0.4	11.2
吉 林	999.1	415.8	213.7	342.7		27.0
黑龙江	1568.6	739.9	471.0	324.8		32.9
上 海	39.1	15.0	17.5	6.5		0.1
江 苏	1007.0	73.3	299.4	528.6	1.1	104.6
浙 江	312.8	25.9	141.0	91.8	2.6	51.6
安 徽	1291.8	194.9	488.9	517.0	1.8	89.3
福 建	722.4	52.5	214.9	433.4	3.2	18.4
江 西	676.2	58.1	279.1	315.4	3.1	20.5
山 东	2321.5	492.2	680.0	958.1	2.0	189.2
河 南	1961.1	568.9	649.2	687.5	…	55.4
湖 北	1346.9	215.1	740.2	380.9		10.8
湖 南	1436.5	143.9	860.0	391.6	10.8	30.2
广 东	1123.0	35.1	469.8	521.0	4.0	93.2
广 西	1030.9	95.4	369.4	389.0		177.2
海 南	230.2	35.9	79.3	112.8		2.2
重 庆	489.0	86.8	207.4	170.2		24.6
四 川	2169.7	315.3	907.7	863.2		83.4
贵 州	833.6	233.4	405.2	192.2	0.1	2.6
云 南	1256.3	442.0	587.8	193.9	…	32.6
西 藏	107.2	101.7	2.5	1.6		1.4
陕 西	662.2	270.3	251.6	113.7	0.5	26.1
甘 肃	332.3	217.7	91.0	21.9		1.7
青 海	225.6	204.0	16.1	2.5	0.1	2.9
宁 夏	177.8	144.4	14.1	18.5		0.8
新 疆	792.8	610.8	90.4	71.1		20.5

6-19 2019年各地区渔业分项产值

(按可比价格计算) 单位:亿元

地　区	渔业产值	海水产品	内陆水产品
全　国	**12436.2**	**5826.4**	**6609.7**
北　京	5.3	1.0	4.3
天　津	69.7	19.9	49.8
河　北	208.8	153.9	54.9
山　西	6.9		6.9
内蒙古	27.3		27.3
辽　宁	656.9	573.5	83.4
吉　林	40.1		40.1
黑龙江	109.8		109.8
上　海	56.3	26.5	29.7
江　苏	1696.3	482.5	1213.8
浙　江	1066.7	791.7	275.0
安　徽	522.4		522.4
福　建	1375.5	1179.7	195.8
江　西	479.1		479.1
山　东	1388.5	1151.3	237.3
河　南	134.9		134.9
湖　北	1180.0		1180.0
湖　南	446.2		446.2
广　东	1436.0	765.0	671.0
广　西	535.5	330.1	205.5
海　南	390.3	351.4	38.9
重　庆	103.2		103.2
四　川	258.1		258.1
贵　州	58.3		58.3
云　南	102.1		102.1
西　藏	0.36		0.36
陕　西	31.2		31.2
甘　肃	2.0		2.0
青　海	3.9		3.9
宁　夏	19.1		19.1
新　疆	25.5		25.5

6－20 农林牧渔业增加值和指数

年 份	农林牧渔业增加值(亿元)	指 数	
		以1978年为100	以上年为100
1978	1027.5	100.0	104.1
1980	1371.6	104.6	98.5
1985	2564.3	155.4	101.8
1990	5061.8	190.7	107.3
1991	5341.9	195.2	102.4
1992	5866.2	204.4	104.7
1993	6963.3	214.0	104.7
1994	9572.1	222.6	104.0
1995	12135.1	233.7	105.0
1996	14014.7	245.6	105.1
1997	14440.8	254.2	103.5
1998	14816.4	263.1	103.5
1999	14768.7	270.5	102.8
2000	14943.6	277.0	102.4
2001	15780.0	284.7	102.8
2002	16535.7	293.0	102.9
2003	17380.6	300.3	102.5
2004	21410.7	319.2	106.3
2005	22416.2	336.0	105.2
2006	24036.4	352.8	105.0
2007	28483.7	366.0	103.7
2008	33428.1	385.6	105.4
2009	34659.7	401.8	104.2
2010	39619.0	418.9	104.3
2011	46122.6	436.8	104.3
2012	50581.2	456.6	104.5
2013	54692.4	474.7	104.0
2014	57472.2	494.6	104.2
2015	59852.6	514.6	104.0
2016	62451.0	532.4	103.5
2017	64660.0	554.2	104.1
2018	67558.7	574.5	103.6
2019	23567.1	592.9	103.2

注：1.根据新国民经济行业分类标准，对农林牧渔业增加值历史数据进行了调整，农林牧渔业增加值包括农、林、牧、渔专业及辅助性活动增加值。
2.根据第三次全国农业普查结果，对2007-2017年农林牧渔业增加值进行了修订。

主要农产品种植（养殖）面积与产量

7-1 历年主要农作物播种面积

单位：千公顷

年 份	农作物总播种面积	粮食面积	稻 谷	小 麦	玉 米	大 豆	薯 类
1952	141256	123979	28382	24780	12688	11679	8688
1957	157244	133633	32241	27542	14943	12748	10495
1962	140229	121621	26935	24075	12817	9504	12170
1965	143291	119627	29825	24710	15671	8593	11175
1970	143487	119267	32358	25458	15831	7985	10717
1975	149545	121062	35728	27661	18598	6999	10969
1978	150104	120587	34421	29183	19961	7144	11796
1980	146380	117234	33878	28844	20087	7226	10153
1985	143626	108845	32070	29218	17694	7718	8572
1990	148362	113466	33064	30753	21401	7560	9121
1991	149586	112314	32590	30948	21574	7041	9078
1992	149007	110560	32090	30496	21044	7221	9057
1993	147741	110509	30355	30235	20694	9454	9220
1994	148241	109544	30171	28981	21152	9222	9270
1995	149879	110060	30744	28860	22776	8127	9519
1996	152381	112548	31407	29611	24498	7471	9797
1997	153969	112912	31765	30057	23775	8346	9785
1998	155706	113787	31214	29774	25239	8500	10000
1999	156373	113161	31283	28855	25904	7962	10355
2000	156300	108463	29962	26653	23056	9307	10538
2001	155708	106080	28812	24664	24282	9482	10217
2002	154636	103891	28202	23908	24634	8720	9881
2003	152415	99410	26508	21997	24068	9313	9702
2004	153553	101606	28379	21626	25446	9589	9457
2005	155488	104278	28847	22793	26358	9591	9503
2006	152149	104958	28938	23613	28463	9304	7877
2007	153010	105999	28973	23762	30024	8801	7902
2008	155566	107545	29350	23704	30981	9225	8057
2009	157242	110255	29793	24425	32948	9339	8088
2010	158579	111695	30097	24442	34977	8700	8021
2011	160360	112980	30338	24507	36767	8103	7998
2012	162071	114368	30476	24551	39109	7405	7821
2013	163702	115908	30710	24440	41299	7050	7727
2014	165183	117455	30765	24443	42997	7098	7544
2015	166829	118963	30784	24567	44968	6827	7305
2016	166939	119230	30746	24666	44178	7599	7241
2017	166332	117989	30747	24478	42399	8245	7173
2018	165902	117038	30189	24266	42130	8413	7180
2019	165931	116064	29694	23728	41284	9332	7142

7-1 续表 单位：千公顷

年 份	棉 花	花 生	油菜籽	芝 麻	黄红麻	甘 蔗	甜 菜	烤 烟
1952	5576	1804	1863		158	183	35	186
1957	5775	2541	2308		143	267	159	355
1962	3497	1301	1361		62	154	84	176
1965	5003	1846	1822		113	351	171	325
1970	4997	1709	1454		135	388	199	291
1975	4956	1877	2313		297	524	302	460
1978	4866	1768	2600	638	412	549	331	613
1980	4920	2339	2844	776	314	480	443	397
1985	5140	3318	4494	1052	992	965	560	1077
1990	5588	2907	5503	669	300	1009	670	1342
1991	6538	2880	6133	680	270	1164	783	1562
1992	6835	2976	5976	746	277	1246	660	1849
1993	4985	3379	5300	754	274	1088	599	1835
1994	5528	3776	5783	690	176	1057	698	1302
1995	5422	3809	6907	642	147	1125	695	1309
1996	4722	3616	6734	594	147	1207	638	1683
1997	4491	3722	6475	615	162	1311	612	2161
1998	4459	4039	6527	630	93	1401	583	1200
1999	3726	4268	6899	697	65	1303	341	1216
2000	4041	4855	7494	784	50	1185	329	1269
2001	4810	4991	7095	758	52	1248	406	1181
2002	4184	4921	7143	759	55	1393	424	1192
2003	5111	5057	7221	687	41	1409	248	1139
2004	5693	4745	7271	624	32	1378	190	1145
2005	5062	4662	7278	593	31	1354	210	1245
2006	5816	3956	5984	564	31	1378	189	1088
2007	5199	4128	6140	450	32	1531	225	1094
2008	5278	4362	6838	428	24	1709	218	1219
2009	4485	4281	7170	413	18	1643	161	1223
2010	4366	4374	7316	357	17	1624	185	1209
2011	4524	4336	7192	335	17	1644	191	1325
2012	4360	4401	7187	324	15	1696	191	1446
2013	4162	4396	7193	300	15	1704	140	1472
2014	4176	4370	7158	303	12	1638	99	1330
2015	3775	4386	7028	301	11	1476	96	1197
2016	3198	4448	6623	230	7	1402	154	1153
2017	3195	4608	6653	228	6	1371	174	1081
2018	3354	4620	6551	262	6	1406	216	1003
2019	3339	4633	6583	283	6	1391	219	972

7-2 主要农作物播种面积

单位：千公顷

指　　标	1990年	1995年	2000年	2016年	2017年	2018年	2019年	2019年为2018年百分比(%)
农作物总播种面积	**148362**	**149879**	**156300**	**166939**	**166332**	**165902**	**165931**	**100.0**
一、粮食作物	**113466**	**110060**	**108463**	**119230**	**117989**	**117038**	**116064**	**99.2**
1.谷物		89310	85264	102702	100765	99671	97847	98.2
稻谷	33064	30744	29962	30746	30747	30189	29694	98.4
小麦	30753	28860	26653	24666	24478	24266	23728	97.8
玉米	21401	22776	23056	44178	42399	42130	41284	98.0
其他谷物		6930	5593	3112	3140	3086	3142	101.8
其中：谷子	2278	1522	1250	857	861	778	831	106.7
高粱	1545	1215	889	473	506	619	640	103.5
2.豆类		11232	12660	9287	10051	10186	11075	108.7
其中：大豆	7560	8127	9307	7599	8245	8413	9332	110.9
杂豆		3105	3353	1689	1806	1774	1743	98.3
3.薯类	9121	9519	10538	7241	7173	7180	7142	99.5
其中：马铃薯	2865	3434	4723	4802	4860	4758	4673	98.2
二、油料作物	**10900**	**13102**	**15400**	**13191**	**13223**	**12872**	**12925**	**100.4**
其中：花　生	2907	3809	4855	4448	4608	4620	4633	100.3
油菜籽	5503	6907	7494	6623	6653	6551	6583	100.5
芝　麻	669	642	784	230	228	262	283	107.9
胡麻籽	703	621	498	243	235	232	225	97.0
葵花籽	713	813	1229	1279	1171	921	915	99.3
三、棉花	**5588**	**5422**	**4041**	**3198**	**3195**	**3354**	**3339**	**99.5**
四、麻类	**495**	**376**	**262**	**54**	**58**	**57**	**66**	**116.4**
其中：黄红麻	300	147	50	7	6	6	6	107.7
苎　麻	81	97	96	28	27	29	28	98.6
大　麻	21	16	13	14	22	19	24	131.6
亚　麻	87	113	96	3	2	4	5	135.8
五、糖料	**1679**	**1820**	**1514**	**1555**	**1546**	**1623**	**1610**	**99.2**
甘蔗	1009	1125	1185	1402	1371	1406	1391	98.9
甜菜	670	695	329	154	174	216	219	101.3
六、烟叶	**1593**	**1470**	**1437**	**1208**	**1131**	**1058**	**1027**	**97.0**
其中：烤烟	1342	1309	1269	1153	1081	1003	972	96.9
七、药材	**153**	**279**	**676**	**1932**	**2161**	**2392**	**2703**	**113.0**
八、蔬菜(含菜用瓜)	**6338**	**9515**	**15237**	**19553**	**19981**	**20439**	**20863**	**102.1**
九、瓜果类	**720**	**1101**	**2044**	**2119**	**2113**	**2117**	**2167**	**102.3**
十、其他农作物	**7429**	**6735**	**7352**	**4897**	**4935**	**4951**	**5167**	**104.4**
其中：青饲料	1862	1825	2142	1813	1874	1971	2115	107.3

注：2018年起，谷子、高粱并入其他谷物中统计，历史数据同步调整，以下表同。

7-2 续表 1　　　　单位：千公顷

指　　标	全国		东部		中部	
	2018年	2019年	2018年	2019年	2018年	2019年
全年农作物播种面积	**165902.4**	**165930.7**	**36157.8**	**35901.2**	**48729.4**	**48480.2**
一、粮食	**117038.2**	**116063.6**	**25201.6**	**24899.8**	**34675.7**	**34037.8**
其中：夏收粮食	26702.9	26354.1	9428.4	9259.9	10730.8	10536.2
(一)谷物	99671.4	97847.0	23644.9	23266.4	31842.1	31206.2
1.稻谷	30189.5	29693.5	5854.8	5777.5	13002.2	12616.3
(1)早稻	4791.3	4450.0	1168.7	1145.2	2793.0	2497.6
(2)中稻和一季晚稻	20125.3	20269.4	3268.3	3209.8	7210.6	7407.6
(3)双季晚稻	5272.8	4974.1	1417.8	1422.5	2998.5	2711.2
2.小麦	24266.2	23727.7	9047.7	8873.5	10318.9	10143.6
(1)冬小麦	22740.3	22374.3	9023.6	8841.0	10318.9	10143.6
(2)春小麦	1525.9	1353.4	24.1	32.5		
3.玉米	42130.1	41284.1	8315.1	8202.0	7980.6	7873.5
4.其他谷物	3085.8	3141.8	427.4	413.4	540.5	572.8
其中：谷子	778.2	830.6	151.6	152.1	240.6	249.4
高粱	618.7	640.4	18.4	18.1	70.8	110.4
大麦	262.5	248.3	47.9	42.4	40.6	22.0
(二)豆类	10186.3	11074.7	738.9	792.4	1885.3	1846.3
其中：大　豆	8412.8	9331.7	593.6	633.5	1618.5	1593.9
绿　豆	485.1	435.2	18.7	19.0	132.5	124.5
红小豆	182.4	159.2	15.4	15.8	22.6	21.8
(三)薯类	7180.4	7141.9	817.7	840.9	948.3	985.3
其中：马铃薯	4758.1	4673.0	295.5	286.7	486.3	496.7
二、油料作物	**12872.4**	**12925.4**	**1924.9**	**1932.7**	**5374.1**	**5483.0**
其中：花　生	4619.7	4633.5	1503.4	1481.8	1861.8	1890.2
油菜籽	6550.6	6583.1	304.1	331.3	3165.5	3219.9
芝　麻	262.3	282.9	17.1	17.7	226.7	244.9
胡麻籽	231.9	224.8	35.7	41.6	32.5	27.3
葵花籽	921.3	915.3	54.4	52.1	39.9	36.7
三、棉花	**3354.4**	**3339.3**	**433.3**	**404.6**	**395.4**	**364.9**
四、麻类	**56.6**	**65.9**	**0.4**	**0.4**	**11.1**	**13.2**
其中：黄红麻	5.7	6.2	0.1	0.1	3.4	3.7
苎　麻	28.5	28.1	0.3	0.2	7.0	8.1
大　麻	18.6	24.4	0.0	0.0	0.6	1.3
亚　麻	3.6	5.0	0.0			0.1
五、糖料	**1622.9**	**1610.5**	**223.4**	**216.0**	**32.8**	**32.3**
(一)甘蔗	1405.8	1390.7	205.3	200.8	31.9	31.5
(二)甜菜	216.1	218.9	18.1	15.1	0.0	0.0
六、烟叶	**1057.9**	**1026.6**	**85.9**	**86.7**	**245.8**	**227.9**
其中：烤烟	1003.3	971.9	83.0	83.0	238.5	217.2
七、药材	**2392.4**	**2702.9**	**266.3**	**303.0**	**620.1**	**719.7**
八、蔬菜(含菜用瓜)	**20438.9**	**20862.7**	**6599.5**	**6653.4**	**5672.3**	**5811.6**
九、瓜果类	**2117.2**	**2166.6**	**659.6**	**658.4**	**716.9**	**734.2**
其中：西瓜	1517.9	1539.4	438.9	434.4	581.3	593.4
甜瓜	376.1	393.7	114.9	113.7	91.2	93.6
草莓	120.0	125.0	53.4	55.3	32.3	32.2
十、其他农作物	**4951.3**	**5167.2**	**762.9**	**746.2**	**985.2**	**1055.6**
其中：青饲料	1970.7	2115.0	165.0	162.2	331.9	326.2

7-2 续表 2

单位：千公顷

指 标	西部		东北	
	2018年	2019年	2018年	2019年
全年农作物播种面积	**56053.8**	**56445.1**	**24961.3**	**25104.2**
一、粮食	**33862.7**	**33654.2**	**23298.3**	**23471.8**
其中：夏收粮食	6543.7	6558.0		
(一)谷物	25350.8	25073.5	18833.6	18300.9
1.稻谷	6221.3	6139.6	5111.2	5160.1
(1)早稻	829.6	807.2		
(2)中稻和一季晚稻	4535.2	4491.9	5111.2	5160.1
(3)双季晚稻	856.5	840.5		
2.小麦	4786.6	4649.3	113.0	61.3
(1)冬小麦	3397.8	3389.7		
(2)春小麦	1388.8	1259.6	113.0	61.3
3.玉米	12572.1	12439.4	13262.3	12769.2
4.其他谷物	1770.8	1845.2	347.1	310.3
其中：谷子	280.3	308.4	105.7	120.6
高粱	327.1	345.8	202.5	166.1
大麦	173.4	183.8	0.5	0.0
(二)豆类	3393.9	3519.6	4168.2	4916.3
其中：大 豆	2280.2	2396.0	3920.4	4708.4
绿 豆	239.5	217.0	94.4	74.7
红小豆	47.5	46.8	97.0	74.7
(三)薯类	5117.9	5061.1	296.5	254.6
其中：马铃薯	3713.8	3668.9	262.5	220.6
二、油料作物	**4950.2**	**4907.1**	**623.3**	**602.5**
其中：花 生	706.0	717.8	548.4	543.7
油菜籽	3078.1	3029.0	2.9	3.0
芝 麻	16.9	17.8	1.6	2.4
胡麻籽	163.7	155.6	0.0	0.4
葵花籽	790.3	806.9	36.7	19.6
三、棉花	**2525.7**	**2569.8**	**0.0**	**0.0**
四、麻类	**28.4**	**31.0**	**16.7**	**21.4**
其中：黄红麻	2.2	2.4		
苎 麻	21.2	19.8		
大 麻	2.2	4.0	15.7	19.1
亚 麻	2.7	3.1	1.0	1.8
五、糖料	**1352.0**	**1350.0**	**14.7**	**12.2**
(一)甘蔗	1168.6	1158.5		
(二)甜菜	183.3	191.6	14.7	12.2
六、烟叶	**698.0**	**688.5**	**28.2**	**23.5**
其中：烤烟	658.6	652.7	23.2	19.0
七、药材	**1415.1**	**1555.3**	**90.9**	**124.9**
八、蔬菜(含菜用瓜)	**7581.3**	**7817.1**	**585.9**	**580.7**
九、瓜果类	**615.1**	**642.7**	**125.5**	**131.3**
其中：西瓜	428.8	441.2	69.0	70.3
甜瓜	131.8	145.7	38.3	40.7
草莓	21.9	24.2	12.4	13.2
十、其他农作物	**3025.4**	**3229.3**	**177.8**	**136.0**
其中：青饲料	1402.0	1563.6	71.8	63.0

7-2 续表 3 单位：千公顷

指 标	粮食主产区		粮食主销区		粮食平衡区	
	2018年	2019年	2018年	2019年	2018年	2019年
全年农作物播种面积	**115369.1**	**115146.4**	**9363.6**	**9392.7**	**41169.6**	**41391.5**
一、粮食	**88311.8**	**87653.7**	**4782.1**	**4736.3**	**23944.3**	**23673.6**
其中：夏收粮食	20221.3	19885.3	481.9	459.4	5999.7	6009.3
(一)谷物	77097.0	75586.2	4122.2	4063.5	18452.2	18197.4
1.稻谷	22544.0	22182.6	3447.8	3399.4	4197.7	4111.5
(1)早稻	2793.0	2497.6	1168.7	1145.2	829.6	807.2
(2)中稻和一季晚稻	16752.4	16973.9	861.3	831.7	2511.6	2463.8
(3)双季晚稻	2998.5	2711.2	1417.8	1422.5	856.5	840.5
2.小麦	19923.1	19478.4	227.9	202.3	4115.1	4047.0
(1)冬小麦	19194.1	18854.5	213.1	185.3	3333.1	3334.5
(2)春小麦	729.0	623.9	14.8	17.1	782.0	712.5
3.玉米	32981.5	32306.9	426.9	443.1	8721.6	8534.2
4.其他谷物	1648.4	1618.4	19.6	18.6	1417.8	1504.8
其中：谷子	480.4	517.4	1.6	1.6	296.2	311.6
高粱	460.8	438.8	5.1	4.8	152.9	196.8
大麦	124.1	105.7	2.3	1.4	136.1	141.3
(二)豆类	8166.1	9070.1	207.9	213.5	1812.4	1791.1
其中：大 豆	7294.5	8233.7	158.8	164.7	959.5	933.4
绿 豆	390.7	346.4	2.3	2.5	92.1	86.3
红小豆	140.0	118.5	1.8	2.0	40.6	38.7
(三)薯类	3048.7	2997.4	452.0	459.3	3679.7	3685.2
其中：马铃薯	1783.1	1685.9	132.3	132.5	2842.7	2854.5
二、油料作物	**9609.7**	**9741.7**	**582.9**	**602.9**	**2679.8**	**2580.8**
其中：花 生	3748.6	3750.6	451.7	461.6	419.3	421.3
油菜籽	4794.9	4883.9	117.0	129.0	1638.7	1570.1
芝 麻	236.1	255.9	9.8	10.0	16.4	16.9
胡麻籽	85.8	87.2			146.0	137.6
葵花籽	667.1	672.6	1.1	0.5	253.1	242.2
三、棉花	**807.2**	**750.3**	**23.0**	**19.8**	**2524.2**	**2569.1**
四、麻类	**45.6**	**53.2**	**0.1**	**0.1**	**10.9**	**12.6**
其中：黄红麻	3.6	3.8	0.1	0.1	2.0	2.2
苎 麻	24.0	25.3	0.0	0.0	4.5	2.9
大 麻	16.5	21.7			2.0	2.7
亚 麻	1.4	1.8			2.3	3.1
五、糖料	**198.0**	**197.5**	**204.5**	**200.0**	**1220.5**	**1213.0**
(一)甘蔗	42.1	41.9	204.5	200.0	1159.3	1148.8
(二)甜菜	155.0	154.8			61.1	64.2
六、烟叶	**369.8**	**345.0**	**66.6**	**67.5**	**621.4**	**614.0**
其中：烤烟	348.3	319.4	63.9	64.9	591.1	587.7
七、药材	**1036.6**	**1201.0**	**131.8**	**144.2**	**1224.0**	**1357.7**
八、蔬菜(含菜用瓜)	**11332.2**	**11508.6**	**2907.4**	**2970.1**	**6199.3**	**6384.0**
九、瓜果类	**1386.5**	**1409.6**	**207.3**	**208.5**	**523.4**	**548.6**
其中：西瓜	1011.5	1020.3	135.4	135.0	371.0	384.1
甜瓜	237.7	245.5	27.8	27.4	110.6	120.8
草莓	94.6	97.9	10.9	10.7	14.5	16.4
十、其他农作物	**2271.7**	**2285.8**	**457.9**	**443.3**	**2221.7**	**2438.1**
其中：青饲料	1010.2	976.1	63.1	62.6	897.4	1076.3

7-3 主要农作物播种面积构成

（以农作物总播种面积为100） 单位：%

指 标	1990年	1995年	2000年	2017年	2018年	2019年
农作物总播种面积	**100.0**	**100.0**	**100.0**	**100.0**	**100.0**	**100.0**
一、粮食作物	**76.5**	**73.4**	**69.4**	**70.9**	**70.5**	**69.9**
1.谷物		59.6	54.6	60.6	60.1	59.0
稻谷	22.3	20.5	19.2	18.5	18.2	17.9
小麦	20.7	19.3	17.1	14.7	14.6	14.3
玉米	14.4	15.2	14.8	25.5	25.4	24.9
其他谷物		4.6	3.6	1.9	1.9	1.9
其中：谷子	1.5	1.0	0.8	0.5	0.5	0.5
高粱	1.0	0.8	0.6	0.3	0.4	0.4
2.豆类		7.5	8.1	6.0	6.1	6.7
其中：大豆	5.1	5.4	6.0	5.0	5.1	5.6
杂豆		2.1	2.1	1.1	1.1	1.1
3.薯类	6.1	6.4	6.7	4.3	4.3	4.3
其中：马铃薯	1.9	2.3	3.0	2.9	2.9	2.8
二、油料作物	**7.3**	**8.7**	**9.9**	**7.9**	**7.8**	**7.8**
其中：花 生	2.0	2.5	3.1	2.8	2.8	2.8
油菜籽	3.7	4.6	4.8	4.0	3.9	4.0
芝 麻	0.5	0.4	0.5	0.1	0.2	0.2
胡麻籽	0.5	0.4	0.3	0.1	0.1	0.1
葵花籽	0.5	0.5	0.8	0.7	0.6	0.6
三、棉花	**3.8**	**3.6**	**2.6**	**1.9**	**2.0**	**2.0**
四、麻类	**0.3**	**0.3**	**0.2**	**0.0**	**0.0**	**0.0**
其中：黄红麻	0.2	0.1	0.0	0.0	0.0	0.0
苎 麻	0.1	0.1	0.1	0.0	0.0	0.0
大 麻	0.0	0.0	0.0	0.0	0.0	0.0
亚 麻	0.1	0.1	0.1	0.0	0.0	0.0
五、糖料	**1.1**	**1.2**	**1.0**	**0.9**	**1.0**	**1.0**
甘蔗	0.7	0.8	0.8	0.8	0.8	0.8
甜菜	0.5	0.5	0.2	0.1	0.1	0.1
六、烟叶	**1.1**	**1.0**	**0.9**	**0.7**	**0.6**	**0.6**
其中：烤烟	0.9	0.9	0.8	0.6	0.6	0.6
七、药材	**0.1**	**0.2**	**0.4**	**1.3**	**1.4**	**1.6**
八、蔬菜（含菜用瓜）	**4.3**	**6.3**	**9.7**	**12.0**	**12.3**	**12.6**
九、瓜果类	**0.5**	**0.7**	**1.3**	**1.3**	**1.3**	**1.3**
十、其他农作物	**5.0**	**4.5**	**4.7**	**3.0**	**3.0**	**3.1**
其中：青饲料	1.3	1.2	1.4	1.1	1.2	1.3

7-3　续表 1　　(以农作物总播种面积为100)　　单位：%

指　　标	全国		东部		中部	
	2018年	2019年	2018年	2019年	2018年	2019年
全年农作物播种面积	**100.0**	**100.0**	**100.0**	**100.0**	**100.0**	**100.0**
一、粮食	**70.5**	**69.9**	**69.7**	**69.4**	**71.2**	**70.2**
其中：夏收粮食	16.1	15.9	26.1	25.8	22.0	21.7
(一)谷物	60.1	59.0	65.4	64.8	65.3	64.4
1.稻谷	18.2	17.9	16.2	16.1	26.7	26.0
(1)早稻	2.9	2.7	3.2	3.2	5.7	5.2
(2)中稻和一季晚稻	12.1	12.2	9.0	8.9	14.8	15.3
(3)双季晚稻	3.2	3.0	3.9	4.0	6.2	5.6
2.小麦	14.6	14.3	25.0	24.7	21.2	20.9
(1)冬小麦	13.7	13.5	25.0	24.6	21.2	20.9
(2)春小麦	0.9	0.8	0.1	0.1		
3.玉米	25.4	24.9	23.0	22.8	16.4	16.2
4.其他谷物	1.9	1.9	1.2	1.2	1.1	1.2
其中：谷子	0.5	0.5	0.4	0.4	0.5	0.5
高粱	0.4	0.4	0.1	0.1	0.1	0.2
大麦	0.2	0.1	0.1	0.1	0.1	0.0
(二)豆类	6.1	6.7	2.0	2.2	3.9	3.8
其中：大　豆	5.1	5.6	1.6	1.8	3.3	3.3
绿　豆	0.3	0.3	0.1	0.1	0.3	0.3
红小豆	0.1	0.1	0.0	0.0	0.0	0.0
(三)薯类	4.3	4.3	2.3	2.3	1.9	2.0
其中：马铃薯	2.9	2.8	0.8	0.8	1.0	1.0
二、油料作物	**7.8**	**7.8**	**5.3**	**5.4**	**11.0**	**11.3**
其中：花　生	2.8	2.8	4.2	4.1	3.8	3.9
油菜籽	3.9	4.0	0.8	0.9	6.5	6.6
芝　麻	0.2	0.2	0.0	0.0	0.5	0.5
胡麻籽	0.1	0.1	0.1	0.1	0.1	0.1
葵花籽	0.6	0.6	0.2	0.1	0.1	0.1
三、棉花	**2.0**	**2.0**	**1.2**	**1.1**	**0.8**	**0.8**
四、麻类	**0.0**	**0.0**	**0.0**	**0.0**	**0.0**	**0.0**
其中：黄红麻	0.0	0.0	0.0	0.0	0.0	0.0
苎　麻	0.0	0.0	0.0	0.0	0.0	0.0
大　麻	0.0	0.0	0.0	0.0	0.0	0.0
亚　麻	0.0	0.0	0.0			0.0
五、糖料	**1.0**	**1.0**	**0.6**	**0.6**	**0.1**	**0.1**
(一)甘蔗	0.8	0.8	0.6	0.6	0.1	0.1
(二)甜菜	0.1	0.1	0.1	0.0	0.0	0.0
六、烟叶	**0.6**	**0.6**	**0.2**	**0.2**	**0.5**	**0.5**
其中：烤烟	0.6	0.6	0.2	0.2	0.5	0.4
七、药材	**1.4**	**1.6**	**0.7**	**0.8**	**1.3**	**1.5**
八、蔬菜(含菜用瓜)	**12.3**	**12.6**	**18.3**	**18.5**	**11.6**	**12.0**
九、瓜果类	**1.3**	**1.3**	**1.8**	**1.8**	**1.5**	**1.5**
其中：西瓜	0.9	0.9	1.2	1.2	1.2	1.2
甜瓜	0.2	0.2	0.3	0.3	0.2	0.2
草莓	0.1	0.1	0.1	0.2	0.1	0.1
十、其他农作物	**3.0**	**3.1**	**2.1**	**2.1**	**2.0**	**2.2**
其中：青饲料	1.2	1.3	0.5	0.5	0.7	0.7

7-3 续表 2 （以农作物总播种面积为100） 单位：%

指　标	西部		东北	
	2018年	2019年	2018年	2019年
全年农作物播种面积	**100.0**	**100.0**	**100.0**	**100.0**
一、粮食	**60.4**	**59.6**	**93.3**	**93.5**
其中：夏收粮食	11.7	11.6		
(一)谷物	45.2	44.4	75.5	72.9
1.稻谷	11.1	10.9	20.5	20.6
(1)早稻	1.5	1.4		
(2)中稻和一季晚稻	8.1	8.0	20.5	20.6
(3)双季晚稻	1.5	1.5		
2.小麦	8.5	8.2	0.5	0.2
(1)冬小麦	6.1	6.0		
(2)春小麦	2.5	2.2	0.5	0.2
3.玉米	22.4	22.0	53.1	50.9
4.其他谷物	3.2	3.3	1.4	1.2
其中：谷子	0.5	0.5	0.4	0.5
高粱	0.6	0.6	0.8	0.7
大麦	0.3	0.3	0.0	0.0
(二)豆类	6.1	6.2	16.7	19.6
其中：大　豆	4.1	4.2	15.7	18.8
绿　豆	0.4	0.4	0.4	0.3
红小豆	0.1	0.1	0.4	0.3
(三)薯类	9.1	9.0	1.2	1.0
其中：马铃薯	6.6	6.5	1.1	0.9
二、油料作物	**8.8**	**8.7**	**2.5**	**2.4**
其中：花　生	1.3	1.3	2.2	2.2
油菜籽	5.5	5.4	0.0	0.0
芝　麻	0.0	0.0	0.0	0.0
胡麻籽	0.3	0.3	0.0	0.0
葵花籽	1.4	1.4	0.1	0.1
三、棉花	**4.5**	**4.6**	**0.0**	**0.0**
四、麻类	**0.1**	**0.1**	**0.1**	**0.1**
其中：黄红麻	0.0	0.0		
苎　麻	0.0	0.0		
大　麻	0.0	0.0	0.1	0.1
亚　麻	0.0	0.0	0.0	0.0
五、糖料	**2.4**	**2.4**	**0.1**	**0.0**
(一)甘蔗	2.1	2.1		
(二)甜菜	0.3	0.3	0.1	0.0
六、烟叶	**1.2**	**1.2**	**0.1**	**0.1**
其中：烤烟	1.2	1.2	0.1	0.1
七、药材	**2.5**	**2.8**	**0.4**	**0.5**
八、蔬菜(含菜用瓜)	**13.5**	**13.8**	**2.3**	**2.3**
九、瓜果类	**1.1**	**1.1**	**0.5**	**0.5**
其中：西瓜	0.8	0.8	0.3	0.3
甜瓜	0.2	0.3	0.2	0.2
草莓	0.0	0.0	0.0	0.1
十、其他农作物	**5.4**	**5.7**	**0.7**	**0.5**
其中：青饲料	2.5	2.8	0.3	0.3

7-3 续表 3 (以农作物总播种面积为100) 单位: %

指　　标	粮食主产区		粮食主销区		粮食平衡区	
	2018年	2019年	2018年	2019年	2018年	2019年
全年农作物播种面积	**100.0**	**100.0**	**100.0**	**100.0**	**100.0**	**100.0**
一、粮食	**76.5**	**76.1**	**51.1**	**50.4**	**58.2**	**57.2**
其中: 夏收粮食	17.5	17.3	5.1	4.9	14.6	14.5
(一)谷物	66.8	65.6	44.0	43.3	44.8	44.0
1.稻谷	19.5	19.3	36.8	36.2	10.2	9.9
(1)早稻	2.4	2.2	12.5	12.2	2.0	2.0
(2)中稻和一季晚稻	14.5	14.7	9.2	8.9	6.1	6.0
(3)双季晚稻	2.6	2.4	15.1	15.1	2.1	2.0
2.小麦	17.3	16.9	2.4	2.2	10.0	9.8
(1)冬小麦	16.6	16.4	2.3	2.0	8.1	8.1
(2)春小麦	0.6	0.5	0.2	0.2	1.9	1.7
3.玉米	28.6	28.1	4.6	4.7	21.2	20.6
4.其它谷物	1.4	1.4	0.2	0.2	3.4	3.6
其中: 谷子	0.4	0.4	0.0	0.0	0.7	0.8
高粱	0.4	0.4	0.1	0.1	0.4	0.5
大麦	0.1	0.1	0.0	0.0	0.3	0.3
(二)豆类	7.1	7.9	2.2	2.3	4.4	4.3
其中: 大　豆	6.3	7.2	1.7	1.8	2.3	2.3
绿　豆	0.3	0.3	0.0	0.0	0.2	0.2
红小豆	0.1	0.1	0.0	0.0	0.1	0.1
(三)薯类	2.6	2.6	4.8	4.9	8.9	8.9
其中: 马铃薯	1.5	1.5	1.4	1.4	6.9	6.9
二、油料作物	**8.3**	**8.5**	**6.2**	**6.4**	**6.5**	**6.2**
其中: 花　生	3.2	3.3	4.8	4.9	1.0	1.0
油菜籽	4.2	4.2	1.2	1.4	4.0	3.8
芝　麻	0.2	0.2	0.1	0.1	0.0	0.0
胡麻籽	0.1	0.1			0.4	0.3
葵花籽	0.6	0.6	0.0	0.0	0.6	0.6
三、棉花	**0.7**	**0.7**	**0.2**	**0.2**	**6.1**	**6.2**
四、麻类	**0.0**	**0.0**	**0.0**	**0.0**	**0.0**	**0.0**
其中: 黄红麻	0.0	0.0	0.0	0.0	0.0	0.0
苎　麻	0.0	0.0	0.0	0.0	0.0	0.0
大　麻	0.0	0.0			0.0	0.0
亚　麻	0.0	0.0			0.0	0.0
五、糖料	**0.2**	**0.2**	**2.2**	**2.1**	**3.0**	**2.9**
(一)甘蔗	0.0	0.0	2.2	2.1	2.8	2.8
(二)甜菜	0.1	0.1			0.1	0.2
六、烟叶	**0.3**	**0.3**	**0.7**	**0.7**	**1.5**	**1.5**
其中: 烤烟	0.3	0.3	0.7	0.7	1.4	1.4
七、药材	**0.9**	**1.0**	**1.4**	**1.5**	**3.0**	**3.3**
八、蔬菜(含菜用瓜)	**9.8**	**10.0**	**31.0**	**31.6**	**15.1**	**15.4**
九、瓜果类	**1.2**	**1.2**	**2.2**	**2.2**	**1.3**	**1.3**
其中: 西瓜	0.9	0.9	1.4	1.4	0.9	0.9
甜瓜	0.2	0.2	0.3	0.3	0.3	0.3
草莓	0.1	0.1	0.1	0.1	0.0	0.0
十、其他农作物	**2.0**	**2.0**	**4.9**	**4.7**	**5.4**	**5.9**
其中: 青饲料	0.9	0.8	0.7	0.7	2.2	2.6

7-3 续表 4 (以全国为100%) 单位：%

指 标	东部		中部		西部		东北	
	2018年	2019年	2018年	2019年	2018年	2019年	2018年	2019年
全年农作物播种面积	**21.8**	**21.6**	**29.4**	**29.2**	**33.8**	**34.0**	**15.0**	**15.1**
一、粮食	**21.5**	**21.5**	**29.6**	**29.3**	**28.9**	**29.0**	**19.9**	**20.2**
其中：夏收粮食	35.3	35.1	40.2	40.0	24.5	24.9		
(一)谷物	23.7	23.8	31.9	31.9	25.4	25.6	18.9	18.7
1.稻谷	19.4	19.5	43.1	42.5	20.6	20.7	16.9	17.4
(1)早稻	24.4	25.7	58.3	56.1	17.3	18.1		
(2)中稻和一季晚稻	16.2	15.8	35.8	36.5	22.5	22.2	25.4	25.5
(3)双季晚稻	26.9	28.6	56.9	54.5	16.2	16.9		
2.小麦	37.3	37.4	42.5	42.7	19.7	19.6	0.5	0.3
(1)冬小麦	39.7	39.5	45.4	45.3	14.9	15.1		
(2)春小麦	1.6	2.4			91.0	93.1	7.4	4.5
3.玉米	19.7	19.9	18.9	19.1	29.8	30.1	31.5	30.9
4.其他谷物	13.8	13.2	17.5	18.2	57.4	58.7	11.3	9.9
其中：谷子	19.5	18.3	30.9	30.0	36.0	37.1	13.6	14.5
高粱	3.0	2.8	11.4	17.2	52.9	54.0	32.7	25.9
大麦	18.3	17.1	15.5	8.9	66.0	74.0	0.2	0.0
(二)豆类	7.3	7.2	18.5	16.7	33.3	31.8	40.9	44.4
其中：大 豆	7.1	6.8	19.2	17.1	27.1	25.7	46.6	50.5
绿 豆	3.9	4.4	27.3	28.6	49.4	49.9	19.5	17.2
红小豆	8.4	9.9	12.4	13.7	26.0	29.4	53.2	47.0
(三)薯类	11.4	11.8	13.2	13.8	71.3	70.9	4.1	3.6
其中：马铃薯	6.2	6.1	10.2	10.6	78.1	78.5	5.5	4.7
二、油料作物	**15.0**	**15.0**	**41.7**	**42.4**	**38.5**	**38.0**	**4.8**	**4.7**
其中：花 生	32.5	32.0	40.3	40.8	15.3	15.5	11.9	11.7
油菜籽	4.6	5.0	48.3	48.9	47.0	46.0	0.0	0.0
芝 麻	6.5	6.3	86.4	86.6	6.5	6.3	0.6	0.8
胡麻籽	15.4	18.5	14.0	12.1	70.6	69.2	0.0	0.2
葵花籽	5.9	5.7	4.3	4.0	85.8	88.2	4.0	2.1
三、棉花	**12.9**	**12.1**	**11.8**	**10.9**	**75.3**	**77.0**	**0.0**	**0.0**
四、麻类	**0.7**	**0.6**	**19.7**	**20.1**	**50.1**	**47.0**	**29.5**	**32.4**
其中：黄红麻	1.8	1.7	59.8	59.7	38.4	38.6		
苎 麻	0.9	0.8	24.7	28.7	74.4	70.5		
大 麻	0.2	0.2	3.4	5.4	11.7	16.3	84.7	78.1
亚 麻	0.4			1.8	73.2	62.7	26.4	35.4
五、糖料	**13.8**	**13.4**	**2.0**	**2.0**	**83.3**	**83.8**	**0.9**	**0.8**
(一)甘蔗	14.6	14.4	2.3	2.3	83.1	83.3		
(二)甜菜	8.4	6.9	0.0	0.0	84.8	87.5	6.8	5.6
六、烟叶	**8.1**	**8.4**	**23.2**	**22.2**	**66.0**	**67.1**	**2.7**	**2.3**
其中：烤烟	8.3	8.5	23.8	22.4	65.6	67.2	2.3	2.0
七、药材	**11.1**	**11.2**	**25.9**	**26.6**	**59.1**	**57.5**	**3.8**	**4.6**
八、蔬菜(含菜用瓜)	**32.3**	**31.9**	**27.8**	**27.9**	**37.1**	**37.5**	**2.9**	**2.8**
九、瓜果类	**31.2**	**30.4**	**33.9**	**33.9**	**29.1**	**29.7**	**5.9**	**6.1**
其中：西瓜	28.9	28.2	38.3	38.5	28.2	28.7	4.5	4.6
甜瓜	30.5	28.9	24.2	23.8	35.0	37.0	10.2	10.3
草莓	44.5	44.3	26.9	25.8	18.3	19.4	10.3	10.6
十、其他农作物	**15.4**	**14.4**	**19.9**	**20.4**	**61.1**	**62.5**	**3.6**	**2.6**
其中：青饲料	8.4	7.7	16.8	15.4	71.1	73.9	3.6	3.0

7-3 续表 5 (以全国为100%) 单位：%

指标	粮食主产区		粮食主销区		粮食平衡区	
	2018年	2019年	2018年	2019年	2018年	2019年
全年农作物播种面积	**69.5**	**69.4**	**5.6**	**5.7**	**24.8**	**24.9**
一、粮食	**75.5**	**75.5**	**4.1**	**4.1**	**20.5**	**20.4**
其中：夏收粮食	75.7	75.5	1.8	1.7	22.5	22.8
(一)谷物	77.4	77.2	4.1	4.2	18.5	18.6
1.稻谷	74.7	74.7	11.4	11.4	13.9	13.8
(1)早稻	58.3	56.1	24.4	25.7	17.3	18.1
(2)中稻和一季晚稻	83.2	83.7	4.3	4.1	12.5	12.2
(3)双季晚稻	56.9	54.5	26.9	28.6	16.2	16.9
2.小麦	82.1	82.1	0.9	0.9	17.0	17.1
(1)冬小麦	84.4	84.3	0.9	0.8	14.7	14.9
(2)春小麦	47.8	46.1	1.0	1.3	51.3	52.6
3.玉米	78.3	78.3	1.0	1.1	20.7	20.7
4.其他谷物	53.4	51.5	0.6	0.6	45.9	47.9
其中：谷子	61.7	62.3	0.2	0.2	38.1	37.5
高粱	74.5	68.5	0.8	0.8	24.7	30.7
大麦	47.3	42.6	0.9	0.6	51.8	56.9
(二)豆类	80.2	81.9	2.0	1.9	17.8	16.2
其中：大　豆	86.7	88.2	1.9	1.8	11.4	10.0
绿　豆	80.5	79.6	0.5	0.6	19.0	19.8
红小豆	76.8	74.5	1.0	1.2	22.3	24.3
(三)薯类	42.5	42.0	6.3	6.4	51.2	51.6
其中：马铃薯	37.5	36.1	2.8	2.8	59.7	61.1
二、油料作物	**74.7**	**75.4**	**4.5**	**4.7**	**20.8**	**20.0**
其中：花　生	81.1	80.9	9.8	10.0	9.1	9.1
油菜籽	73.2	74.2	1.8	2.0	25.0	23.9
芝　麻	90.0	90.5	3.7	3.5	6.3	6.0
胡麻籽	37.0	38.8			63.0	61.2
葵花籽	72.4	73.5	0.1	0.1	27.5	26.5
三、棉花	**24.1**	**22.5**	**0.7**	**0.6**	**75.3**	**76.9**
四、麻类	**80.5**	**80.7**	**0.2**	**0.2**	**19.3**	**19.1**
其中：黄红麻	62.7	62.4	1.8	1.7	35.5	35.9
苎　麻	84.2	89.8	0.0	0.0	15.7	10.2
大　麻	89.0	88.9			11.0	11.1
亚　麻	38.1	37.3			61.9	62.7
五、糖料	**12.2**	**12.3**	**12.6**	**12.4**	**75.2**	**75.3**
(一)甘蔗	3.0	3.0	14.5	14.4	82.5	82.6
(二)甜菜	71.7	70.7			28.3	29.3
六、烟叶	**35.0**	**33.6**	**6.3**	**6.6**	**58.7**	**59.8**
其中：烤烟	34.7	32.9	6.4	6.7	58.9	60.5
七、药材	**43.3**	**44.4**	**5.5**	**5.3**	**51.2**	**50.2**
八、蔬菜(含菜用瓜)	**55.4**	**55.2**	**14.2**	**14.2**	**30.3**	**30.6**
九、瓜果类	**65.5**	**65.1**	**9.8**	**9.6**	**24.7**	**25.3**
其中：西瓜	66.6	66.3	8.9	8.8	24.4	24.9
甜瓜	63.2	62.4	7.4	7.0	29.4	30.7
草莓	78.8	78.3	9.1	8.5	12.1	13.2
十、其他农作物	**45.9**	**44.2**	**9.2**	**8.6**	**44.9**	**47.2**
其中：青饲料	51.3	46.2	3.2	3.0	45.5	50.9

7-3 续表 6　（以粮食作物播种面积为100）　单位：%

指　　标	全　国		东　部		中　部	
	2018年	2019年	2018年	2019年	2018年	2019年
粮食	**100.0**	**100.0**	**100.0**	**100.0**	**100.0**	**100.0**
夏粮	22.8	22.7	37.4	37.2	30.9	31.0
早稻	4.1	3.8	4.6	4.6	8.1	7.3
秋粮	73.1	73.5	58.0	58.2	61.0	61.7
谷物	85.2	84.3	93.8	93.4	91.8	91.7
稻谷	25.8	25.6	23.2	23.2	37.5	37.1
小麦	20.7	20.4	35.9	35.6	29.8	29.8
其中：冬小麦	19.4	19.3	35.8	35.5	29.8	29.8
玉米	36.0	35.6	33.0	32.9	23.0	23.1
豆类	8.7	9.5	2.9	3.2	5.4	5.4
其中：大豆	7.2	8.0	2.4	2.5	4.7	4.7
薯类	6.1	6.2	3.2	3.4	2.7	2.9
其中：马铃薯	4.1	4.0	1.2	1.2	1.4	1.5

指　　标	全　国		西　部		东　北	
	2018年	2019年	2018年	2019年	2018年	2019年
粮食	**100.0**	**100.0**	**100.0**	**100.0**	**100.0**	**100.0**
夏粮	22.8	22.7	19.3	19.5		
早稻	4.1	3.8	2.4	2.4		
秋粮	73.1	73.5	78.2	78.1	100.0	100.0
谷物	85.2	84.3	74.9	74.5	80.8	78.0
稻谷	25.8	25.6	18.4	18.2	21.9	22.0
小麦	20.7	20.4	14.1	13.8	0.5	0.3
其中：冬小麦	19.4	19.3	10.0	10.1		
玉米	36.0	35.6	37.1	37.0	56.9	54.4
豆类	8.7	9.5	10.0	10.5	17.9	20.9
其中：大豆	7.2	8.0	6.7	7.1	16.8	20.1
薯类	6.1	6.2	15.1	15.0	1.3	1.1
其中：马铃薯	4.1	4.0	11.0	10.9	1.1	0.9

指　　标	粮食主产区		粮食主销区		粮食平衡区	
	2018年	2019年	2018年	2019年	2018年	2019年
粮食	**100.0**	**100.0**	**100.0**	**100.0**	**100.0**	**100.0**
夏粮	22.9	22.7	10.1	9.7	25.1	25.4
早稻	3.2	2.8	24.4	24.2	3.5	3.4
秋粮	73.9	74.5	65.5	66.1	71.5	71.2
谷物	87.3	86.2	86.2	85.8	77.1	76.9
稻谷	25.5	25.3	72.1	71.8	17.5	17.4
小麦	22.6	22.2	4.8	4.3	17.2	17.1
其中：冬小麦	21.7	21.5	4.5	3.9	13.9	14.1
玉米	37.3	36.9	8.9	9.4	36.4	36.0
豆类	9.2	10.3	4.3	4.5	7.6	7.6
其中：大豆	8.3	9.4	3.3	3.5	4.0	3.9
薯类	3.5	3.4	9.5	9.7	15.4	15.6
其中：马铃薯	2.0	1.9	2.8	2.8	11.9	12.1

7-4 各地区农作物总播种面积

单位：千公顷

地 区	1990年	1995年	2000年	2016年	2017年	2018年	2019年	2019年为2018年百分比(%)
全 国	**148362.3**	**149879.3**	**156299.8**	**166939.0**	**166331.9**	**165902.4**	**165930.7**	**100.0**
北 京	590.3	553.2	457.3	145.5	120.9	103.8	88.6	85.3
天 津	573.2	572.7	533.1	443.7	439.5	429.3	410.3	95.6
河 北	8786.7	8720.1	9024.4	8467.5	8381.6	8197.1	8132.7	99.2
山 西	4016.3	3895.6	4042.4	3591.5	3577.6	3555.2	3524.4	99.1
内蒙古	4722.4	5079.4	5914.4	8957.2	9014.2	8824.1	8885.0	100.7
辽 宁	3618.9	3623.7	3622.0	4242.7	4172.3	4207.1	4217.1	100.2
吉 林	4039.8	4059.8	4542.2	6063.2	6086.2	6080.9	6117.1	100.6
黑龙江	8558.5	8647.4	9329.5	14829.5	14767.6	14673.3	14770.1	100.7
上 海	631.1	542.1	520.7	303.8	284.9	282.3	261.4	92.6
江 苏	8259.2	7909.0	7944.9	7639.9	7556.4	7520.2	7442.6	99.0
浙 江	4384.7	3923.0	3554.3	1946.5	1981.1	1978.7	1999.6	101.1
安 徽	8313.6	8354.2	9005.8	8790.1	8726.7	8771.1	8782.0	100.1
福 建	2745.9	2835.1	2793.3	1548.8	1549.3	1577.3	1599.3	101.4
江 西	5758.1	5950.6	5650.8	5668.9	5638.5	5555.8	5521.2	99.4
山 东	10882.6	10837.3	11147.3	11278.6	11107.8	11076.8	10933.1	98.7
河 南	11889.7	12136.8	13136.9	14902.7	14732.5	14783.4	14714.0	99.5
湖 北	7361.1	7413.7	7584.1	7908.5	7956.1	7952.9	7815.9	98.3
湖 南	7951.8	7840.4	8002.1	8341.5	8322.0	8111.1	8122.8	100.1
广 东	5671.5	5304.3	5156.9	4181.6	4227.5	4279.4	4357.4	101.8
广 西	5141.3	5745.7	6260.7	5966.7	5969.9	5972.4	5989.2	100.3
海 南	821.3	870.0	906.0	731.9	709.4	712.9	676.2	94.9
重 庆			3590.8	3333.1	3339.6	3348.5	3345.7	99.9
四 川	12475.3	12838.8	9609.1	9493.8	9575.1	9615.3	9693.0	100.8
贵 州	3578.8	4203.1	4696.7	5604.8	5659.4	5477.2	5481.6	100.1
云 南	4492.1	4958.9	5786.0	6786.6	6790.8	6890.8	6938.9	100.7
西 藏	213.5	219.3	231.1	263.1	254.1	270.4	271.5	100.4
陕 西	4859.8	4496.9	4555.4	4160.2	4063.9	4091.0	4132.1	101.0
甘 肃	3611.3	3773.3	3740.2	3749.2	3752.0	3773.6	3831.6	101.5
青 海	544.7	568.8	553.7	557.7	555.3	557.3	553.5	99.3
宁 夏	888.9	956.0	1016.5	1118.8	1132.6	1164.6	1153.0	99.0
新 疆	2979.5	3050.2	3391.6	5921.3	5887.0	6068.9	6170.0	101.7

7-5 各地区粮食播种面积

单位：千公顷

地区	1990年	1995年	2000年	2016年	2017年	2018年	2019年	2019年为2018年百分比(%)
全国	**113465.9**	**110060.4**	**108462.5**	**119230.1**	**117989.1**	**117038.2**	**116063.6**	**99.2**
北京	484.4	434.1	308.3	85.5	66.8	55.6	46.5	83.6
天津	457.9	443.3	345.9	362.0	351.4	350.2	339.3	96.9
河北	6827.8	6829.5	6918.7	6791.4	6658.5	6538.7	6469.2	98.9
山西	3290.3	3151.5	3186.5	3227.3	3180.9	3137.1	3126.2	99.7
内蒙古	3874.5	4143.2	4435.9	6803.4	6780.9	6789.9	6827.5	100.6
辽宁	3121.6	3030.9	2858.6	3515.0	3467.5	3484.0	3488.7	100.1
吉林	3525.9	3576.9	3833.7	5542.4	5544.0	5599.7	5644.9	100.8
黑龙江	7420.0	7500.2	7852.5	14201.8	14154.3	14214.5	14338.1	100.9
上海	417.1	343.9	258.8	158.5	133.1	129.9	117.4	90.4
江苏	6363.0	5755.2	5304.3	5583.3	5527.3	5475.9	5381.5	98.3
浙江	3266.0	2814.4	2300.3	951.4	977.2	975.7	977.4	100.2
安徽	6246.1	5852.5	6183.8	7359.0	7321.8	7316.3	7287.0	99.6
福建	2080.6	2017.3	1828.5	832.8	833.2	833.5	822.4	98.7
江西	3699.3	3509.3	3322.0	3807.2	3786.3	3721.3	3665.1	98.5
山东	8151.9	8131.6	7363.2	8517.3	8455.6	8404.8	8312.8	98.9
河南	9316.1	8810.0	9029.6	11219.6	10915.1	10906.1	10734.5	98.4
湖北	5200.0	4776.7	4156.2	4816.1	4853.0	4847.0	4608.6	95.1
湖南	5365.7	5115.6	5029.9	5010.7	4978.9	4747.9	4616.4	97.2
广东	3996.3	3472.3	3311.1	2177.8	2169.7	2151.0	2160.6	100.4
广西	3639.9	3662.7	3655.9	2897.1	2853.1	2802.1	2747.0	98.0
海南	567.5	574.9	542.0	292.0	282.5	286.1	272.6	95.3
重庆			2773.4	2039.1	2030.7	2017.8	1999.3	99.1
四川	9827.7	9933.7	6854.5	6291.3	6292.0	6265.6	6279.3	100.2
贵州	2543.2	2864.5	3151.3	3122.2	3052.8	2740.2	2709.4	98.9
云南	3622.3	3643.0	4238.7	4201.3	4169.2	4174.6	4165.8	99.8
西藏	191.7	188.2	201.4	188.5	185.6	184.7	184.8	100.0
陕西	4134.7	3807.7	3821.5	3144.0	3019.4	3006.0	2998.9	99.8
甘肃	2875.1	2928.7	2798.2	2684.2	2647.2	2645.3	2581.1	97.6
青海	400.3	384.3	322.7	284.7	282.6	281.3	280.2	99.6
宁夏	723.5	761.8	807.1	717.9	722.5	735.7	677.4	92.1
新疆	1835.5	1602.5	1468.2	2405.3	2295.9	2219.6	2203.6	99.3

7-6 各地区粮食播种面积(按季节分)

单位：千公顷

地区	夏收粮食		早稻		秋收粮食	
	2018年	2019年	2018年	2019年	2018年	2019年
全国	**26702.9**	**26354.1**	**4791.3**	**4450.0**	**85544.0**	**85259.5**
北京	10.1	8.2			45.5	38.3
天津	110.8	101.1			239.4	238.1
河北	2385.1	2346.7			4153.6	4122.5
山西	569.2	554.8			2567.9	2571.4
内蒙古					6789.9	6827.5
辽宁					3484.0	3488.7
吉林					5599.7	5644.9
黑龙江					14214.5	14338.1
上海	23.2	10.9			106.7	106.5
江苏	2501.5	2451.1			2974.4	2930.4
浙江	129.8	127.4	97.1	98.8	748.9	751.2
安徽	2876.3	2836.4	182.7	164.6	4257.3	4286.0
福建	50.5	53.2	105.5	97.4	677.6	671.8
江西	70.2	70.2	1207.6	1095.9	2443.5	2499.1
山东	4060.0	4002.7			4344.9	4310.1
河南	5770.1	5718.7			5136.0	5015.9
湖北	1321.3	1253.7	164.5	142.5	3361.2	3212.3
湖南	123.7	102.5	1238.2	1094.6	3386.0	3419.3
广东	136.8	135.9	839.2	834.7	1175.0	1190.1
广西	107.3	104.6	790.5	767.9	1904.4	1874.5
海南	20.6	22.7	126.9	114.4	138.6	135.5
重庆	385.1	375.7			1632.8	1623.5
四川	1113.2	1103.4			5152.4	5175.9
贵州	771.7	826.2			1968.5	1883.2
云南	977.1	974.1	39.2	39.3	3158.3	3152.4
西藏					184.7	184.8
陕西	1108.3	1104.3			1897.7	1894.6
甘肃	900.7	881.3			1744.5	1699.8
青海					281.3	280.2
宁夏	143.1	119.3			592.6	558.0
新疆	1037.2	1068.9			1182.4	1134.7

7-7 各地区粮食播种面积(按品种分)

单位：千公顷

地　区	谷　物		#稻　谷		中稻和一季晚稻		双季晚稻	
	2018年	2019年	2018年	2019年	2018年	2019年	2018年	2019年
全　国	**99671.4**	**97847.0**	**30189.5**	**29693.5**	**20125.3**	**20269.4**	**5272.8**	**4974.1**
北　京	51.8	43.4	0.2	0.1	0.2	0.1		
天　津	342.4	332.3	39.9	45.5	39.9	45.5		
河　北	6196.5	6121.7	78.4	78.2	78.4	78.2		
山　西	2711.8	2716.5	0.8	2.5	0.8	2.5		
内蒙古	5130.9	5133.6	150.4	160.7	150.4	160.7		
辽　宁	3311.2	3303.2	488.4	507.1	488.4	507.1		
吉　林	5209.9	5194.1	839.7	840.4	839.7	840.4		
黑龙江	10312.5	9803.6	3783.1	3812.6	3783.1	3812.6		
上　海	128.6	116.1	103.6	103.7	103.6	103.7		
江　苏	5183.2	5079.5	2214.7	2184.3	2214.7	2184.3		
浙　江	789.9	791.3	651.1	627.5	454.9	425.7	99.0	103.0
安　徽	6568.6	6551.1	2544.8	2509.0	2172.8	2168.5	189.3	176.0
福　建	653.2	634.0	619.6	599.2	262.7	256.7	251.4	245.2
江　西	3491.7	3413.2	3436.2	3346.2	909.8	1040.9	1318.8	1209.5
山　东	8143.0	8001.8	113.8	115.6	113.8	115.6		
河　南	10367.2	10193.9	620.4	616.6	620.4	616.6		
湖　北	4291.8	4046.0	2391.0	2286.8	2034.3	1977.0	192.2	167.2
湖　南	4411.2	4285.5	4009.0	3855.2	1472.5	1602.1	1298.3	1158.5
广　东	1910.2	1916.6	1787.4	1793.7			948.2	959.0
广　西	2379.1	2333.9	1752.6	1712.9	135.5	134.1	826.6	810.9
海　南	246.1	229.7	246.1	229.7			119.2	115.3
重　庆	1143.9	1134.7	656.4	655.1	656.4	655.1		
四　川	4479.5	4459.1	1874.0	1870.0	1874.0	1870.0		
贵　州	1513.2	1443.1	671.8	664.7	671.8	664.7		
云　南	3173.5	3151.7	849.6	841.5	780.5	772.6	29.9	29.6
西　藏	179.2	178.5	0.9	0.8	0.9	0.8		
陕　西	2472.7	2467.8	105.4	105.3	105.4	105.3		
甘　肃	1937.0	1880.8	3.8	3.6	3.8	3.6		
青　海	180.2	189.1						
宁　夏	603.2	567.4	78.0	68.1	78.0	68.1		
新　疆	2158.5	2133.8	78.4	56.9	78.4	56.9		

7-7 续表 1 单位：千公顷

地区	#小麦		冬小麦		春小麦		#玉米	
	2018年	2019年	2018年	2019年	2018年	2019年	2018年	2019年
全国	**24266.2**	**23727.7**	**22740.3**	**22374.3**	**1525.9**	**1353.4**	**42130.1**	**41284.1**
北京	9.8	8.0	9.7	8.0	0.0	0.0	40.1	33.7
天津	110.8	101.1	96.0	84.1	14.8	17.0	186.8	180.8
河北	2357.2	2322.5	2347.9	2307.1	9.3	15.4	3437.7	3408.2
山西	560.3	546.8	560.3	546.8			1747.7	1715.0
内蒙古	596.7	538.0			596.7	538.0	3742.1	3776.3
辽宁	2.4	2.4			2.4	2.4	2713.0	2675.0
吉林	1.2	2.9			1.2	2.9	4231.5	4219.6
黑龙江	109.4	56.0			109.4	56.0	6317.8	5874.6
上海	21.3	10.0	21.3	10.0			1.8	1.6
江苏	2404.0	2346.9	2404.0	2346.9			515.8	504.2
浙江	85.4	82.7	85.4	82.7			49.3	76.4
安徽	2875.9	2835.6	2875.9	2835.6			1138.6	1196.5
福建	0.2	0.1	0.2	0.1			28.8	30.5
江西	14.6	14.4	14.6	14.4			35.0	46.5
山东	4058.6	4001.8	4058.6	4001.8			3934.7	3846.5
河南	5739.9	5706.7	5739.9	5706.7			3919.0	3801.3
湖北	1105.0	1017.7	1105.0	1017.7			781.2	727.5
湖南	23.4	22.4	23.4	22.4			359.2	386.6
广东	0.4	0.4	0.4	0.4			120.1	120.2
广西	3.0	3.0	3.0	3.0			584.4	580.1
海南								
重庆	24.8	21.0	24.8	21.0			442.3	438.3
四川	635.0	611.1	625.0	602.0	10.0	9.1	1856.0	1844.0
贵州	141.6	137.2	141.6	137.2			602.1	530.6
云南	339.2	328.9	339.2	328.9			1785.2	1782.4
西藏	31.7	32.3	23.3	21.6	8.4	10.7	5.2	4.7
陕西	967.3	965.9	967.3	965.9			1179.5	1177.1
甘肃	775.6	739.9	553.7	531.7	221.8	208.2	1012.7	987.9
青海	111.6	102.4			111.6	102.4	18.5	21.0
宁夏	128.6	107.8	62.4	53.4	66.2	54.4	310.8	299.8
新疆	1031.5	1061.6	657.4	724.8	374.1	336.8	1033.3	997.2

7-7 续表 2

单位：千公顷

地 区	#其他谷物		谷子		高粱		大麦	
	2018年	2019年	2018年	2019年	2018年	2019年	2018年	2019年
全 国	**3085.8**	**3141.8**	**778.2**	**830.6**	**618.7**	**640.4**	**262.5**	**248.3**
北 京	1.8	1.6	1.3	1.1	0.4	0.3		
天 津	4.9	4.9	0.3	0.4	4.6	4.4		0.0
河 北	323.2	312.8	118.4	115.6	9.8	10.8	0.0	
山 西	403.1	452.2	197.8	211.5	32.9	66.5		
内 蒙 古	641.6	658.6	181.9	208.4	171.1	165.4	25.8	30.6
辽 宁	107.5	118.7	55.3	62.3	37.6	41.1		
吉 林	137.5	131.2	29.1	46.8	107.1	80.8		0.0
黑 龙 江	102.2	60.4	21.2	11.5	57.8	44.3	0.5	0.0
上 海	1.9	0.9					1.9	0.9
江 苏	48.8	44.1	0.1	0.1	0.3	0.2	45.0	40.7
浙 江	4.1	4.7					0.4	0.4
安 徽	9.4	10.0	6.5	1.2	0.3	5.7	0.5	0.8
福 建	4.6	4.2			0.1	0.1	0.0	0.1
江 西	5.8	6.1			2.4	2.5	0.3	0.2
山 东	35.9	38.0	31.4	34.8	3.3	2.3	0.6	0.3
河 南	88.0	69.3	36.4	36.6	21.3	20.7	30.3	12.0
湖 北	14.6	14.0		0.1	4.3	4.3	8.3	7.7
湖 南	19.6	21.3			9.6	10.7	1.4	1.4
广 东	2.3	2.4	0.1	0.1	0.0	0.0		
广 西	39.1	37.8	4.6	4.7	5.6	5.5		
海 南		0.0						
重 庆	20.3	20.2			16.1	16.0	0.5	0.3
四 川	114.5	134.0			36.0	50.0	11.5	12.0
贵 州	97.7	110.6	3.8	4.0	61.5	72.7	2.5	2.3
云 南	199.6	198.9	0.4	0.4	3.3	3.5	99.1	98.2
西 藏	141.4	140.6					0.1	0.0
陕 西	220.5	219.5	68.4	67.4	17.1	17.9	3.4	3.2
甘 肃	144.9	149.4	10.3	11.8	8.2	6.0	24.9	29.8
青 海	50.2	65.7						
宁 夏	85.8	91.8	9.5	10.4				0.2
新 疆	15.4	18.1	1.3	1.3	8.3	8.8	5.7	7.3

7-7 续表 3

单位：千公顷

地　区	燕　麦		荞　麦		豆　类		#大　豆	
	2018年	2019年	2018年	2019年	2018年	2019年	2018年	2019年
全　国	**333.1**	**327.7**	**361.4**	**388.1**	**10186.3**	**11074.7**	**8412.8**	**9331.7**
北　京					2.6	1.9	1.9	1.4
天　津	0.0				6.5	5.5	6.2	5.1
河　北	114.0	116.5	8.7	5.8	116.0	125.1	87.6	93.5
山　西	54.9	55.2	22.6	22.9	250.7	225.7	150.5	129.1
内蒙古	148.6	138.6	75.1	75.0	1307.4	1394.4	1094.2	1189.8
辽　宁					82.8	93.4	73.5	83.9
吉　林		0.3	1.2	0.4	343.5	403.8	279.2	345.0
黑龙江	0.8	0.8			3741.9	4419.1	3567.7	4279.5
上　海					0.6	0.7	0.6	0.7
江　苏			0.4	0.4	257.1	266.0	193.8	191.8
浙　江					113.1	118.7	85.2	90.2
安　徽				0.2	687.6	673.0	649.9	636.2
福　建					37.9	39.9	31.1	32.7
江　西			0.4	0.4	127.6	130.4	106.2	108.8
山　东					158.0	187.8	153.5	183.5
河　南					424.0	428.0	385.6	394.7
湖　北	0.1	0.1	0.4	0.4	247.1	240.1	219.8	211.7
湖　南			2.2	2.6	148.2	149.2	106.5	113.3
广　东					41.1	41.5	31.8	32.6
广　西			27.7	26.5	155.4	149.8	97.7	93.9
海　南					6.0	5.2	2.0	1.9
重　庆	0.0	0.0	3.7	3.9	201.4	200.3	97.1	96.9
四　川	4.0	4.3	30.0	30.4	524.9	559.8	377.0	402.0
贵　州	0.7	0.6	14.4	13.3	325.1	317.7	198.9	191.8
云　南	5.2	5.2	6.8	26.7	469.4	482.0	176.3	185.2
西　藏			1.5	1.2	4.5	5.0	0.1	0.0
陕　西			85.4	85.1	188.4	188.0	151.6	151.1
甘　肃	2.3	2.6	35.8	34.5	137.5	141.6	45.0	41.4
青　海		1.9			12.8	14.0		
宁　夏	2.4	1.8	45.1	58.5	22.6	17.3	6.9	4.9
新　疆					44.5	49.8	35.4	39.0

7-7 续表 4 单位：千公顷

地区	#绿豆		#红小豆		薯类		#马铃薯	
	2018年	2019年	2018年	2019年	2018年	2019年	2018年	2019年
全国	**485.1**	**435.2**	**182.4**	**159.2**	**7180.4**	**7141.9**	**4758.1**	**4673.0**
北京	0.1	0.1	0.3	0.3	1.2	1.2		
天津	0.1	0.1	0.1	0.2	1.3	1.5	0.5	0.3
河北	10.5	10.8	4.6	4.9	226.2	222.4	163.1	154.2
山西	41.0	39.8	11.8	10.9	174.5	184.0	157.0	162.4
内蒙古	176.6	158.9	17.4	17.7	351.6	299.5	351.0	297.4
辽宁	4.9	5.8	3.5	2.8	90.0	92.1	60.2	60.4
吉林	56.0	48.9	8.3	7.1	46.3	47.0	44.3	45.6
黑龙江	33.5	20.0	85.3	64.8	160.2	115.5	157.9	114.7
上海					0.6	0.6		
江苏	4.0	3.8	8.2	8.3	35.7	36.0		
浙江					72.7	67.4	34.3	32.8
安徽	31.3	30.2	6.4	6.5	60.2	63.0	4.8	4.8
福建	0.7	0.8	0.3	0.4	142.4	148.5	46.9	49.2
江西	3.2	3.3	0.3	0.3	102.0	121.5	37.4	37.6
山东	2.0	1.9	0.7	0.7	103.9	123.2		
河南	38.5	33.3			114.9	112.7		
湖北	6.9	6.3	2.9	2.9	308.1	322.5	217.2	236.6
湖南	11.6	11.5	1.2	1.2	188.6	181.7	69.9	55.3
广东	1.2	1.3	0.7	0.9	199.8	202.5	50.6	50.1
广西	17.7	17.1	0.8	0.7	267.7	263.4	52.8	51.2
海南	0.2	0.1	0.4	0.3	34.1	37.7		0.1
重庆	11.3	11.4	1.6	1.6	672.6	664.3	334.2	329.4
四川	11.8	11.6	1.3	1.3	1261.2	1260.4	677.2	679.4
贵州	3.3	3.2	3.8	4.3	902.0	948.6	730.1	782.2
云南	3.8	3.9	4.4	4.5	531.6	532.0	473.9	474.4
西藏					0.9	1.3	0.9	1.3
陕西	9.3	9.4	13.6	13.5	344.9	343.1	309.7	308.1
甘肃	0.7	1.4	2.9	3.2	570.7	558.7	570.7	558.7
青海					88.3	77.1	88.3	77.1
宁夏					109.9	92.7	109.9	92.7
新疆	5.0		1.7		16.6	20.1	15.1	17.2

7-8 各地区油料播种面积

单位：千公顷

地区	油料合计		#花生		#油菜籽	
	2018年	2019年	2018年	2019年	2018年	2019年
全国	**12872.4**	**12925.4**	**4619.7**	**4633.5**	**6550.6**	**6583.1**
北京	1.6	1.2	1.2	0.9	0.0	0.0
天津	2.1	1.1	1.4	0.9	0.0	0.0
河北	367.9	364.5	258.1	250.2	19.4	19.9
山西	111.9	99.8	5.4	5.2	25.3	22.9
内蒙古	891.0	930.9	28.6	37.0	246.2	259.1
辽宁	290.9	293.5	286.1	289.2	0.8	0.8
吉林	280.8	257.4	244.9	234.4	0.2	0.2
黑龙江	51.5	51.6	17.4	20.1	1.8	2.0
上海	2.8	2.8	0.6	0.5	2.1	2.2
江苏	262.8	283.2	98.4	103.5	159.1	173.5
浙江	128.5	140.4	15.8	16.6	104.9	116.8
安徽	520.2	528.2	144.2	142.2	357.0	363.9
福建	75.4	77.5	69.6	71.5	5.3	5.6
江西	680.1	677.1	167.3	165.1	483.0	482.3
山东	711.4	682.2	695.3	666.5	8.6	8.9
河南	1461.4	1533.9	1203.2	1223.1	145.0	171.5
湖北	1255.8	1278.6	232.6	243.6	933.0	938.3
湖南	1344.7	1365.5	109.2	110.9	1222.2	1241.0
广东	341.0	348.3	332.5	340.5	4.7	4.4
广西	243.4	253.6	211.5	218.5	24.4	28.4
海南	31.6	31.6	30.6	30.6		
重庆	325.1	329.9	62.8	62.4	250.2	255.0
四川	1491.2	1495.1	263.5	264.7	1218.5	1222.6
贵州	651.9	598.1	51.9	50.2	497.7	445.7
云南	309.5	314.1	41.0	42.2	256.1	260.9
西藏	22.5	21.5	0.1	0.1	22.4	21.5
陕西	284.0	273.9	39.9	39.6	175.9	175.5
甘肃	325.8	290.0	0.6	0.5	174.9	164.2
青海	147.9	142.3			145.8	140.4
宁夏	33.7	39.0	0.1	0.0	2.6	3.3
新疆	224.1	218.6	6.1	2.5	63.5	52.4

7-8 续表 单位：千公顷

地　区	#芝　麻		#胡麻籽		#葵花籽	
	2018年	2019年	2018年	2019年	2018年	2019年
全　国	**262.3**	**282.9**	**231.9**	**224.8**	**921.3**	**915.3**
北　京	0.0	0.0			0.4	0.3
天　津	0.0	0.0			0.5	0.1
河　北	1.6	1.4	35.7	41.6	51.8	50.2
山　西	2.2	1.7	32.5	27.0	29.4	25.6
内蒙古	1.1	1.2	50.2	44.9	564.4	588.0
辽　宁	0.2	0.1			3.4	3.2
吉　林	0.9	1.7	0.0	0.2	28.7	14.3
黑龙江	0.4	0.5		0.2	4.5	2.1
上　海	0.1	0.1				
江　苏	5.1	5.8			0.2	0.1
浙　江	5.1	5.4				
安　徽	7.3	11.0		0.3	1.1	1.0
福　建	0.2	0.2			0.2	0.1
江　西	29.8	29.1	0.0		0.0	0.0
山　东	0.5	0.6			1.4	1.2
河　南	108.7	114.7			4.5	5.4
湖　北	67.9	77.2			3.5	3.3
湖　南	10.9	11.1			1.3	1.3
广　东	3.3	3.2				
广　西	3.0	3.1			1.0	0.9
海　南	1.0	1.0				
重　庆	4.1	4.3			2.0	2.1
四　川	1.6	1.4			2.3	2.3
贵　州	0.4	0.4	0.0	0.0	9.9	10.1
云　南	0.1	0.1	0.0	0.0	4.6	4.3
西　藏						
陕　西	6.4	7.2	3.4	2.5	20.0	19.7
甘　肃			81.9	79.9	50.8	32.7
青　海			2.1	1.8		
宁　夏			22.1	24.7	7.6	9.9
新　疆	0.3	0.1	4.0	1.7	127.9	137.0

7-9 各地区棉花和麻类播种面积

单位：千公顷

地区	棉花		麻类		#黄红麻	
	2018年	2019年	2018年	2019年	2018年	2019年
全国	**3354.4**	**3339.3**	**56.6**	**65.9**	**5.7**	**6.2**
北京	0.0	0.0				
天津	17.1	14.1				
河北	210.4	203.9	0.0	0.0		
山西	2.6	2.3	0.0	0.1		
内蒙古	0.1	0.1	0.5	1.2		
辽宁	0.0	0.0	0.0	0.0		
吉林				0.06		
黑龙江			16.7	21.3		
上海	0.1	0.1				
江苏	16.6	11.6	0.2	0.2		
浙江	5.7	5.6	0.0	0.0	0.0	0.0
安徽	86.3	60.3	1.0	2.1	0.3	0.7
福建	0.1	0.0	0.0	0.0	0.0	0.0
江西	46.7	42.7	3.6	3.6	0.0	0.0
山东	183.3	169.3	0.1	0.0		
河南	36.7	33.8	3.0	2.8	3.0	2.8
湖北	159.3	162.8	1.7	2.7	0.0	0.0
湖南	63.9	63.0	1.8	2.0	0.1	0.1
广东			0.1	0.1	0.1	0.1
广西	1.2	1.1	2.4	2.6	2.0	2.2
海南			0.0	0.0	0.0	0.0
重庆			3.8	2.2	0.0	0.0
四川	4.0	2.9	17.0	17.2	0.2	0.2
贵州	0.7	0.4	0.3	0.2		
云南	0.0	0.0	0.1	0.7		
西藏						
陕西	6.9	5.5	0.5	0.9		
甘肃	21.5	19.3	1.6	1.6		
青海						
宁夏						
新疆	2491.3	2540.5	2.2	4.3		

7-10 各地区糖料播种面积

单位：千公顷

地 区	糖料合计		1. 甘 蔗		2. 甜 菜	
	2018年	2019年	2018年	2019年	2018年	2019年
全 国	**1622.9**	**1610.5**	**1405.8**	**1390.7**	**216.1**	**218.9**
北 京						
天 津						
河 北	18.1	12.4			18.1	12.4
山 西	0.0	0.0			0.0	0.0
内蒙古	122.0	127.4			122.0	127.4
辽 宁	2.0	2.4			2.0	2.4
吉 林	0.6	0.9			0.6	0.9
黑龙江	12.0	8.9			12.0	8.9
上 海	0.1	0.1	0.1	0.1		
江 苏	0.9	3.6	0.9	0.9	0.0	2.7
浙 江	6.2	6.9	6.2	6.9		
安 徽	2.6	2.8	1.7	2.0		
福 建	4.9	4.8	4.9	4.8		
江 西	14.3	14.0	14.3	14.0		
山 东						
河 南	2.0	1.6	2.0	1.6		
湖 北	6.5	6.5	6.5	6.5	0.0	
湖 南	7.4	7.4	7.4	7.4		
广 东	172.6	169.7	172.6	169.7		
广 西	886.4	890.2	886.4	890.2		
海 南	20.8	18.4	20.8	18.4		
重 庆	2.2	1.9	2.2	1.9		
四 川	9.4	9.6	9.3	9.6	0.1	0.0
贵 州	10.7	10.6	10.6	10.6	0.0	0.0
云 南	260.0	246.1	260.0	246.1		
西 藏						
陕 西	0.1	0.1	0.0	0.0	0.1	0.1
甘 肃	3.8	4.1			3.8	4.1
青 海	0.0	0.0			0.0	0.0
宁 夏		0.0				0.0
新 疆	57.3	59.9			57.3	59.9

7-11 各地区烟叶和药材播种面积

单位：千公顷

地区	烟叶合计		#烤烟		药材	
	2018年	2019年	2018年	2019年	2018年	2019年
全国	**1057.9**	**1026.6**	**1003.3**	**971.9**	**2392.4**	**2702.9**
北京		0.0		0.0	2.1	2.0
天津					1.1	0.6
河北	1.4	1.4	1.3	1.0	85.5	98.9
山西	1.4	1.3	1.3	1.3	74.7	61.0
内蒙古	1.4	1.1	1.0	1.1	141.6	122.8
辽宁	6.4	5.0	5.4	4.5	26.3	28.2
吉林	9.9	8.5	6.1	4.9	23.0	26.0
黑龙江	11.9	10.0	11.7	9.6	41.6	70.7
上海					0.3	0.3
江苏					14.0	16.9
浙江	0.5	0.5			50.3	53.5
安徽	8.1	8.7	8.0	7.2	85.2	95.1
福建	48.6	50.2	48.4	50.0	21.3	24.1
江西	17.4	12.3	16.8	11.9	54.9	82.3
山东	17.9	17.8	17.9	17.2	35.0	43.0
河南	94.9	86.5	93.4	84.1	132.4	153.6
湖北	37.5	35.7	33.6	30.4	192.0	239.8
湖南	86.6	83.4	85.4	82.3	80.8	87.8
广东	17.5	16.7	15.4	14.7	42.3	48.8
广西	10.5	10.1	8.9	8.5	83.6	94.7
海南	0.1	0.1		0.1	14.5	15.0
重庆	32.4	29.8	28.1	25.2	113.7	114.9
四川	76.5	74.6	67.7	65.2	124.1	135.9
贵州	145.7	139.0	134.5	130.0	174.6	220.0
云南	412.3	409.4	401.6	398.6	187.6	212.7
西藏		0.0			1.5	1.3
陕西	16.8	22.4	14.7	22.3	188.2	209.5
甘肃	1.9	1.7	1.8	1.5	234.2	271.1
青海					44.1	44.5
宁夏	0.3	0.3	0.3	0.3	58.2	56.5
新疆	0.1				63.6	71.5

7-12 各地区蔬菜、瓜果类和青饲料播种面积

单位：千公顷

地 区	蔬菜		瓜果类		青饲料	
	2018年	2019年	2018年	2019年	2018年	2019年
全 国	**20438.9**	**20862.7**	**2117.2**	**2166.6**	**1970.7**	**2115.0**
北 京	36.0	30.1	3.6	3.3	2.4	3.1
天 津	49.7	48.3	4.8	4.4	1.8	2.0
河 北	787.6	794.6	73.9	74.6	71.0	66.5
山 西	176.9	180.4	16.2	17.2	27.9	31.1
内蒙古	189.8	200.5	58.4	60.5	383.7	371.2
辽 宁	313.4	312.1	45.3	45.3	26.5	28.8
吉 林	110.9	121.5	40.5	43.8	5.4	5.2
黑龙江	161.5	147.1	39.8	42.1	39.9	29.0
上 海	94.3	86.8	6.1	5.7	3.9	2.8
江 苏	1425.0	1424.5	163.9	163.3	27.3	26.5
浙 江	639.0	645.8	99.8	98.8	4.7	4.5
安 徽	652.2	682.7	80.0	90.2	9.2	9.8
福 建	558.3	579.8	18.4	19.3	3.0	3.2
江 西	632.9	644.4	82.6	84.2	76.0	77.6
山 东	1479.6	1464.2	214.5	212.0	3.6	6.7
河 南	1721.1	1732.9	307.7	308.6	6.9	4.9
湖 北	1224.3	1257.9	96.1	96.9	71.9	63.2
湖 南	1264.9	1313.2	134.3	137.0	140.0	139.6
广 东	1272.2	1320.5	42.0	42.3	46.9	46.6
广 西	1439.7	1485.2	118.3	118.7	44.7	46.7
海 南	257.7	258.8	32.7	34.8	0.5	0.3
重 庆	739.2	753.2	26.8	27.0	55.1	46.5
四 川	1369.2	1413.0	49.6	50.9	148.9	147.2
贵 州	1401.0	1435.6	32.6	32.2	185.0	210.3
云 南	1131.9	1165.0	24.4	24.9	184.5	183.6
西 藏	24.0	25.8	0.4	0.4	36.8	37.6
陕 西	495.1	507.1	75.4	76.5	6.4	14.3
甘 肃	352.6	381.3	54.7	63.9	67.9	116.9
青 海	44.0	44.4	1.1	0.8	35.3	38.1
宁 夏	121.8	131.2	62.3	65.7	89.9	115.5
新 疆	273.3	274.8	111.3	121.1	164.0	235.6

7-13 2019年各地区主要农作物播种面积构成

(以农作物总播种面积为100)

单位：%

地区	粮食	棉花	油料	糖料	烟叶	蔬菜	瓜果类
全国	**69.9**	**2.0**	**7.8**	**1.0**	**0.6**	**12.6**	**1.3**
北京	52.5	0.0	1.4		0.0	34.0	3.7
天津	82.7	3.4	0.3			11.8	1.1
河北	79.5	2.5	4.5	0.2	0.0	9.8	0.9
山西	88.7	0.1	2.8	0.0	0.0	5.1	0.5
内蒙古	76.8	0.0	10.5	1.4	0.0	2.3	0.7
辽宁	82.7	0.0	7.0	0.1	0.1	7.4	1.1
吉林	92.3		4.2	0.0	0.1	2.0	0.7
黑龙江	97.1		0.3	0.1	0.1	1.0	0.3
上海	44.9	0.0	1.1	0.0		33.2	2.2
江苏	72.3	0.2	3.8	0.0		19.1	2.2
浙江	48.9	0.3	7.0	0.3	0.0	32.3	4.9
安徽	83.0	0.7	6.0	0.0	0.1	7.8	1.0
福建	51.4	0.0	4.8	0.3	3.1	36.3	1.2
江西	66.4	0.8	12.3	0.3	0.2	11.7	1.5
山东	76.0	1.5	6.2		0.2	13.4	1.9
河南	73.0	0.2	10.4	0.0	0.6	11.8	2.1
湖北	59.0	2.1	16.4	0.1	0.5	16.1	1.2
湖南	56.8	0.8	16.8	0.1	1.0	16.2	1.7
广东	49.6		8.0	3.9	0.4	30.3	1.0
广西	45.9	0.0	4.2	14.9	0.2	24.8	2.0
海南	40.3		4.7	2.7	0.0	38.3	5.1
重庆	59.8		9.9	0.1	0.9	22.5	0.8
四川	64.8	0.0	15.4	0.1	0.8	14.6	0.5
贵州	49.4	0.0	10.9	0.2	2.5	26.2	0.6
云南	60.0	0.0	4.5	3.5	5.9	16.8	0.4
西藏	68.0		7.9		0.0	9.5	0.2
陕西	72.6	0.1	6.6	0.0	0.5	12.3	1.9
甘肃	67.4	0.5	7.6	0.1	0.0	10.0	1.7
青海	50.6		25.7	0.0		8.0	0.1
宁夏	58.7		3.4	0.0	0.0	11.4	5.7
新疆	35.7	41.2	3.5	1.0		4.5	2.0

7-14 主要农作物产品产量(一)

单位：万吨

年份	粮食总产量	#稻谷	#小麦	#玉米	#大豆	#薯类
1949	11318	4865	1382	1242	509	984
1952	16393	6843	1813	1685	953	1633
1957	19505	8678	2364	2144	1005	2193
1962	15441	6299	1667	1627	651	2345
1965	19453	8772	2522	2366	614	1986
1970	23996	10999	2919	3303	871	2668
1975	28452	12556	4531	4722	724	2857
1978	30477	13693	5384	5595	757	3174
1979	33212	14375	6273	6004	746	2846
1980	32056	13991	5521	6260	794	2873
1981	32502	14396	5964	5921	933	2597
1982	35450	16160	6847	6056	903	2705
1983	38728	16887	8139	6821	976	2925
1984	40731	17826	8782	7341	970	2848
1985	37911	16857	8581	6383	1050	2604
1986	39151	17222	9004	7086	1161	2534
1987	40473	17442	8777	7982	1218	2822
1988	39408	16911	8543	7735	1165	2697
1989	40755	18013	9081	7893	1023	2730
1990	44624	18933	9823	9682	1100	2743
1991	43529	18381	9595	9877	971	2716
1992	44266	18622	10159	9538	1030	2844
1993	45649	17751	10639	10270	1531	3181
1994	44510	17593	9930	9928	1600	3025
1995	46662	18523	10221	11199	1350	3263
1996	50454	19510	11057	12747	1322	3536
1997	49417	20073	12329	10431	1473	3192
1998	51230	19871	10973	13295	1515	3604
1999	50839	19849	11388	12809	1425	3641
2000	46218	18791	9964	10600	1541	3685
2001	45264	17758	9387	11409	1541	3563
2002	45706	17454	9029	12131	1651	3666
2003	43070	16066	8649	11583	1539	3513
2004	46947	17909	9195	13029	1740	3558
2005	48402	18059	9745	13937	1635	3469
2006	49804	18172	10847	15160	1508	2701
2007	50414	18638	10949	15512	1279	2742
2008	53434	19261	11290	17212	1571	2843
2009	53941	19620	11580	17326	1522	2793
2010	55911	19723	11609	19075	1541	2843
2011	58849	20288	11857	21132	1488	2924
2012	61223	20653	12247	22956	1344	2883
2013	63048	20629	12364	24845	1241	2855
2014	63965	20961	12824	24976	1269	2799
2015	66060	21214	13256	26499	1237	2729
2016	66044	21109	13319	26361	1360	2726
2017	66161	21268	13424	25907	1528	2799
2018	65789	21213	13144	25717	1597	2865
2019	66384	20961	13360	26078	1809	2883

7-15 主要农作物产品产量(二)

单位：万吨

指　　标	1990年	1995年	2000年	2016年	2017年	2018年	2019年	2019年为2018年百分比(%)
一、粮食作物	**44624.3**	**46661.8**	**46217.5**	**66043.5**	**66160.7**	**65789.2**	**66384.3**	**100.9**
1.谷物		41611.6	40522.4	61666.5	61520.5	61003.6	61369.7	100.6
稻谷	18933.1	18522.6	18790.8	21109.4	21267.6	21212.9	20961.4	98.8
小麦	9822.9	10220.7	9963.6	13318.8	13424.1	13144.0	13359.6	101.6
玉米	9681.9	11198.6	10600.0	26361.3	25907.1	25717.4	26077.9	101.4
其他谷物		1669.7	1168.0	877.0	921.7	929.2	970.8	104.5
其中：谷子	457.5	301.9	212.5	233.0	254.8	234.2	254.0	108.5
高粱	567.6	475.6	258.2	223.4	246.5	290.9	313.7	107.8
2.豆类		1787.5	2010.0	1650.7	1841.6	1920.3	2131.9	111.0
其中：大豆	1100.0	1350.2	1540.9	1359.5	1528.2	1596.7	1809.2	113.3
杂豆		437.3	469.1	291.1	313.3	323.6	322.7	99.7
3.薯类	2743.3	3262.6	3685.2	2726.3	2798.6	2865.4	2882.7	100.6
其中：马铃薯	648.4	914.4	1325.5	1698.6	1769.6	1798.4	1777.9	98.9
二、油料作物	**1613.2**	**2250.3**	**2954.8**	**3400.0**	**3475.2**	**3433.4**	**3493.0**	**101.7**
其中：花　生	636.8	1023.5	1443.7	1636.1	1709.2	1733.2	1752.0	101.1
油菜籽	695.8	977.7	1138.1	1312.8	1327.4	1328.1	1348.5	101.5
芝　麻	46.9	58.3	81.1	35.2	36.6	43.1	46.7	108.2
胡麻籽	53.5	36.4	34.4	32.5	30.1	33.5	33.2	99.0
葵花籽	133.9	126.9	195.4	320.1	314.9	249.4	266.4	106.8
三、棉花	**450.8**	**476.8**	**441.7**	**534.3**	**565.3**	**610.3**	**588.9**	**96.5**
四、麻类	**109.7**	**89.7**	**52.9**	**18.1**	**21.8**	**20.3**	**23.4**	**115.2**
其中：黄红麻	72.6	37.1	12.6	3.4	2.9	2.9	2.9	101.9
苎　麻	8.9	14.7	16.1	5.2	5.1	5.4	5.3	99.0
大　麻	3.2	2.2	1.7	7.2	12.5	10.6	12.8	120.7
亚　麻	24.2	35.2	21.4	1.2	1.1	1.3	1.7	133.8
五、糖料	**7214.5**	**7940.1**	**7635.3**	**11176.0**	**11378.8**	**11937.4**	**12169.1**	**101.9**
甘蔗	5762.0	6541.7	6828.0	10321.5	10440.4	10809.7	10938.8	101.2
甜菜	1452.5	1398.4	807.3	854.5	938.4	1127.7	1227.3	108.8
六、烟叶	**262.7**	**231.4**	**255.2**	**257.4**	**239.1**	**224.1**	**215.3**	**96.1**
其中：烤烟	225.9	207.2	223.8	244.5	227.9	211.0	202.1	95.8
七、蔬菜				**67434.2**	**69192.7**	**70346.7**	**72102.6**	**102.5**
八、瓜果类				**8202.3**	**8292.5**	**8123.1**	**8363.1**	**103.0**

7-15　续表 1　　单位：万吨

指　　标	全国		东部		中部	
	2018年	2019年	2018年	2019年	2018年	2019年
一、粮食	**65789.2**	**66384.3**	**15466.6**	**15622.2**	**20089.6**	**19968.4**
其中：夏收粮食	13881.0	14160.2	5486.9	5601.7	5996.7	6154.7
(一)谷物	61003.6	61369.7	14798.3	14917.3	19373.7	19229.1
1.稻谷	21212.9	20961.4	4273.1	4292.4	8915.0	8681.1
(1)早稻	2859.0	2626.5	707.1	679.4	1659.6	1472.9
(2)中稻和一季晚稻	15212.4	15326.1	2759.4	2747.0	5386.3	5524.7
(3)双季晚稻	3141.5	3008.7	806.6	866.0	1869.1	1683.6
2.小麦	13144.0	13359.6	5322.9	5436.2	5860.4	6026.1
(1)冬小麦	12500.5	12773.2	5311.0	5419.6	5860.4	6026.1
(2)春小麦	643.5	586.5	11.9	16.6		
3.玉米	25717.4	26077.9	5074.9	5074.7	4470.5	4376.8
4.其他谷物	929.2	970.8	127.4	114.0	127.8	145.0
其中：谷子	234.2	254.0	55.8	49.9	59.2	66.6
高粱	290.9	313.7	7.4	7.7	25.0	40.7
大麦	95.6	90.8	25.4	23.3	14.0	6.8
(二)豆类	1920.3	2131.9	191.9	210.9	344.5	342.7
其中：大豆	1596.7	1809.2	155.0	170.3	303.6	305.2
绿豆	68.1	57.3	3.8	3.8	18.8	16.4
红小豆	27.8	24.0	3.4	3.4	3.2	3.1
(三)薯类	2865.4	2882.7	476.3	494.0	371.4	396.6
其中：马铃薯	1798.4	1777.9	164.0	159.4	167.6	175.6
二、油料作物	**3433.4**	**3493.0**	**685.4**	**677.2**	**1462.3**	**1494.5**
其中：花　生	1733.2	1752.0	583.2	568.0	802.1	811.8
油菜籽	1328.1	1348.5	77.1	84.3	604.2	622.0
芝　麻	43.1	46.7	3.0	3.2	36.7	39.9
胡麻籽	33.5	33.2	3.4	4.8	3.5	2.9
葵花籽	249.4	266.4	16.4	14.9	7.9	7.2
三、棉花	**610.3**	**588.9**	**50.3**	**46.5**	**43.7**	**37.7**
四、麻类	**20.3**	**23.4**	**0.1**	**0.1**	**4.0**	**4.7**
其中：黄红麻	2.9	2.9	0.0	0.0	2.2	2.2
苎　麻	5.4	5.3	0.1	0.1	1.5	1.6
大　麻	10.6	12.8	0.0	0.0	0.2	0.8
亚　麻	1.3	1.7	0.0			0.0
五、糖料	**11937.4**	**12169.1**	**1711.6**	**1692.2**	**151.8**	**147.4**
(一)甘蔗	10809.7	10938.8	1617.4	1626.0	151.6	144.4
(二)甜菜	1127.7	1227.3	94.1	66.3	0.2	0.1
六、烟叶	**224.1**	**215.3**	**20.1**	**19.6**	**57.0**	**52.4**
其中：烤烟	211.0	202.1	19.4	18.6	55.1	50.0
七、药材						
八、蔬菜(含菜用瓜)	**70346.7**	**72102.6**	**26929.8**	**27114.0**	**19523.7**	**20048.1**
九、瓜果类	**8123.1**	**8363.1**	**2772.6**	**2781.7**	**2901.0**	**3010.6**
其中：西瓜	6153.7	6324.1	1963.3	1950.1	2476.5	2576.8
甜瓜	1315.9	1355.7	460.6	456.4	312.7	311.7
草莓	306.0	327.6	159.4	169.1	65.4	70.6

7-15 续表 2 单位：万吨

指 标	西部		东北	
	2018年	2019年	2018年	2019年
一、粮食	**16901.0**	**16982.9**	**13332.0**	**13810.9**
其中：夏收粮食	2397.4	2403.8		
(一)谷物	14418.5	14425.2	12413.1	12798.1
1.稻谷	4274.9	4232.4	3749.9	3755.5
(1)早稻	492.4	474.3		
(2)中稻和一季晚稻	3316.8	3299.0	3749.9	3755.5
(3)双季晚稻	465.8	459.1		
2.小麦	1923.1	1874.4	37.6	22.9
(1)冬小麦	1329.1	1327.4		
(2)春小麦	594.0	546.9	37.6	22.9
3.玉米	7727.2	7756.8	8444.8	8869.5
4.其他谷物	493.3	561.6	180.8	150.3
其中：谷子	81.0	92.5	38.2	44.9
高粱	126.1	166.9	132.3	98.4
大麦	56.0	60.8	0.2	0.0
(二)豆类	622.6	681.4	761.2	896.9
其中：大豆	407.2	461.5	730.9	872.2
绿豆	33.7	28.3	11.8	8.8
红小豆	7.7	6.6	13.5	10.9
(三)薯类	1859.9	1876.3	157.7	115.9
其中：马铃薯	1322.1	1338.3	144.6	104.7
二、油料作物	**1108.8**	**1130.3**	**176.9**	**191.0**
其中：花 生	185.7	192.0	162.2	180.1
油菜籽	646.4	641.8	0.4	0.4
芝 麻	3.1	3.3	0.3	0.3
胡麻籽	26.6	25.3	0.0	0.1
葵花籽	216.7	239.2	8.5	5.0
三、棉花	**516.2**	**504.7**	**0.0**	**0.0**
四、麻类	**5.7**	**6.2**	**10.5**	**12.4**
其中：黄红麻	0.7	0.7		
苎 麻	3.8	3.6		
大 麻	0.4	0.7	10.1	11.3
亚 麻	0.9	0.8	0.4	0.9
五、糖料	**10006.8**	**10270.3**	**67.3**	**59.1**
(一)甘蔗	9040.7	9168.5		
(二)甜菜	966.1	1101.8	67.3	59.1
六、烟叶	**139.1**	**137.0**	**7.9**	**6.4**
其中：烤烟	130.1	128.5	6.3	5.0
七、药材				
八、蔬菜(含菜用瓜)	**20968.3**	**21954.2**	**2924.9**	**2986.2**
九、瓜果类	**1973.2**	**2095.7**	**476.2**	**475.1**
其中：西瓜	1405.2	1493.1	308.7	304.2
甜瓜	427.6	471.2	115.0	116.5
草莓	38.7	42.1	42.5	45.8

7-15 续表 3

单位：万吨

指 标	粮食主产区		粮食主销区		粮食平衡区	
	2018年	2019年	2018年	2019年	2018年	2019年
一、粮食	**51768.9**	**52371.0**	**2785.9**	**2819.7**	**11234.5**	**11193.6**
其中：夏收粮食	11451.4	11736.4	221.8	215.3	2207.8	2208.6
(一)谷物	48810.4	49230.2	2510.2	2534.7	9683.0	9604.8
1.稻谷	16373.9	16149.8	2164.0	2183.4	2675.0	2628.2
(1)早稻	1659.6	1472.9	707.1	679.4	492.4	474.3
(2)中稻和一季晚稻	12845.2	12993.3	650.3	638.1	1716.9	1694.8
(3)双季晚稻	1869.1	1683.6	806.6	866.0	465.8	459.1
2.小麦	11330.6	11584.6	111.4	103.2	1702.1	1671.7
(1)冬小麦	11083.4	11369.0	104.1	94.3	1313.0	1309.8
(2)春小麦	247.1	215.6	7.3	8.9	389.1	361.9
3.玉米	20548.2	20925.7	226.7	240.4	4942.5	4911.7
4.其他谷物	557.8	570.1	8.2	7.6	363.3	393.1
其中：谷子	167.7	184.4	0.4	0.4	66.0	69.2
高粱	237.4	242.8	2.3	2.6	51.2	68.3
大麦	47.7	40.5	1.2	0.6	46.8	49.7
(二)豆类	1534.9	1740.8	54.3	57.0	331.1	334.1
其中：大 豆	1392.8	1603.3	41.3	43.6	162.6	162.3
绿 豆	53.0	44.9	0.5	0.6	14.6	11.9
红小豆	21.0	18.2	0.5	0.5	6.4	5.3
(三)薯类	1423.6	1400.0	221.4	228.0	1220.4	1254.8
其中：马铃薯	805.3	750.9	58.0	58.2	935.1	968.9
二、油料作物	**2706.0**	**2770.6**	**167.1**	**174.4**	**560.2**	**548.0**
其中：花 生	1482.8	1493.7	138.8	144.1	111.6	114.2
油菜籽	985.5	1011.8	25.9	28.1	316.8	308.5
芝 麻	38.4	41.8	1.7	1.8	3.0	3.1
胡麻籽	9.7	10.8			23.8	22.3
葵花籽	174.5	195.1	0.2	0.1	74.7	71.2
三、棉花	**91.5**	**81.6**	**2.7**	**2.6**	**516.2**	**504.7**
四、麻类	**17.9**	**20.5**	**0.0**	**0.0**	**2.4**	**2.8**
其中：黄红麻	2.2	2.2	0.0	0.0	0.6	0.7
苎 麻	4.6	4.8	0.0	0.0	0.8	0.5
大 麻	10.3	12.3			0.3	0.5
亚 麻	0.6	1.0			0.7	0.8
五、糖料	**870.6**	**945.1**	**1612.2**	**1620.5**	**9454.7**	**9603.4**
(一)甘蔗	193.0	187.0	1612.2	1620.5	9004.5	9131.3
(二)甜菜	677.6	755.1			450.1	472.2
六、烟叶	**86.2**	**79.6**	**15.2**	**14.9**	**122.7**	**120.9**
其中：烤烟	80.4	73.2	14.4	14.1	116.1	114.7
七、药材						
八、蔬菜(含菜用瓜)	**46043.7**	**46854.4**	**7957.4**	**8196.1**	**16345.6**	**17052.1**
九、瓜果类	**5833.2**	**5946.3**	**621.1**	**632.7**	**1668.7**	**1784.1**
其中：西瓜	4527.9	4611.3	431.0	432.1	1194.7	1280.7
甜瓜	882.7	889.2	72.1	70.9	361.1	395.7
草莓	256.8	276.5	24.0	23.0	25.2	28.2

7-15 续表 4 (以全国为100) 单位: %

指　　标	东部		中部		西部		东北	
	2018年	2019年	2018年	2019年	2018年	2019年	2018年	2019年
一、粮食	**23.5**	**23.5**	**30.5**	**30.1**	**25.7**	**25.6**	**20.3**	**20.8**
其中: 夏收粮食	39.5	39.6	43.2	43.5	17.3	17.0		
(一)谷物	24.3	24.3	31.8	31.3	23.6	23.5	20.3	20.9
1.稻谷	20.1	20.5	42.0	41.4	20.2	20.2	17.7	17.9
(1)早稻	24.7	25.9	58.0	56.1	17.2	18.1		
(2)中稻和一季晚稻	18.1	17.9	35.4	36.0	21.8	21.5	24.7	24.5
(3)双季晚稻	25.7	28.8	59.5	56.0	14.8	15.3		
2.小麦	40.5	40.7	44.6	45.1	14.6	14.0	0.3	0.2
(1)冬小麦	42.5	42.4	46.9	47.2	10.6	10.4		
(2)春小麦	1.9	2.8			92.3	93.3	5.8	3.9
3.玉米	19.7	19.5	17.4	16.8	30.0	29.7	32.8	34.0
4.其他谷物	13.7	11.7	13.8	14.9	53.1	57.8	19.5	15.5
其中: 谷子	23.8	19.7	25.3	26.2	34.6	36.4	16.3	17.7
高粱	2.5	2.5	8.6	13.0	43.4	53.2	45.5	31.4
大麦	26.5	25.6	14.7	7.4	58.6	66.9	0.2	0.0
(二)豆类	10.0	9.9	17.9	16.1	32.4	32.0	39.6	42.1
其中: 大　豆	9.7	9.4	19.0	16.9	25.5	25.5	45.8	48.2
绿　豆	5.6	6.6	27.7	28.7	49.4	49.4	17.3	15.3
红小豆	12.1	14.2	11.5	12.9	27.7	27.6	48.7	45.3
(三)薯类	16.6	17.1	13.0	13.8	64.9	65.1	5.5	4.0
其中: 马铃薯	9.1	9.0	9.3	9.9	73.5	75.3	8.0	5.9
二、油料作物	**20.0**	**19.4**	**42.6**	**42.8**	**32.3**	**32.4**	**5.2**	**5.5**
其中: 花　生	33.7	32.4	46.3	46.3	10.7	11.0	9.4	10.3
油菜籽	5.8	6.3	45.5	46.1	48.7	47.6	0.0	0.0
芝　麻	7.0	6.8	85.1	85.4	7.3	7.1	0.7	0.7
胡麻籽	10.2	14.5	10.5	8.9	79.3	76.4	0.0	0.2
葵花籽	6.6	5.6	3.2	2.7	86.9	89.8	3.4	1.9
三、棉花	**8.2**	**7.9**	**7.2**	**6.4**	**84.6**	**85.7**	**0.0**	**0.0**
四、麻类	**0.5**	**0.4**	**19.7**	**20.1**	**28.2**	**26.6**	**51.6**	**52.9**
其中: 黄红麻	1.0	1.0	76.2	75.5	22.7	23.4		
苎　麻	1.2	1.0	28.2	30.9	70.7	68.1		
大　麻	0.1	0.1	1.9	6.0	3.4	5.8	94.7	88.1
亚　麻	0.4			1.6	67.3	45.2	32.3	53.3
五、糖料	**14.3**	**13.9**	**1.3**	**1.2**	**83.8**	**84.4**	**0.6**	**0.5**
(一)甘蔗	15.0	14.9	1.4	1.3	83.6	83.8		
(二)甜菜	8.3	5.4	0.0	0.0	85.7	89.8	6.0	4.8
六、烟叶	**9.0**	**9.1**	**25.4**	**24.3**	**62.1**	**63.6**	**3.5**	**3.0**
其中: 烤烟	9.2	9.2	26.1	24.7	61.7	63.6	3.0	2.5
七、药材								
八、蔬菜(含菜用瓜)	**38.3**	**37.6**	**27.8**	**27.8**	**29.8**	**30.4**	**4.2**	**4.1**
九、瓜果类	**34.1**	**33.3**	**35.7**	**36.0**	**24.3**	**25.1**	**5.9**	**5.7**
其中: 西瓜	31.9	30.8	40.2	40.7	22.8	23.6	5.0	4.8
甜瓜	35.0	33.7	23.8	23.0	32.5	34.8	8.7	8.6
草莓	52.1	51.6	21.4	21.6	12.6	12.8	13.9	14.0

7-15 续表 5 (以全国为100) 单位：%

指 标	粮食主产区		粮食主销区		粮食平衡区	
	2018年	2019年	2018年	2019年	2018年	2019年
一、粮食	**78.7**	**78.9**	**4.2**	**4.2**	**17.1**	**16.9**
其中：夏收粮食	82.5	82.9	1.6	1.5	15.9	15.6
(一)谷物	80.0	80.2	4.1	4.1	15.9	15.7
1.稻谷	77.2	77.0	10.2	10.4	12.6	12.5
(1)早稻	58.0	56.1	24.7	25.9	17.2	18.1
(2)中稻和一季晚稻	84.4	84.8	4.3	4.2	11.3	11.1
(3)双季晚稻	59.5	56.0	25.7	28.8	14.8	15.3
2.小麦	86.2	86.7	0.8	0.8	12.9	12.5
(1)冬小麦	88.7	89.0	0.8	0.7	10.5	10.3
(2)春小麦	38.4	36.8	1.1	1.5	60.5	61.7
3.玉米	79.9	80.2	0.9	0.9	19.2	18.8
4.其他谷物	60.0	58.7	0.9	0.8	39.1	40.5
其中：谷子	71.6	72.6	0.2	0.2	28.2	27.2
高粱	81.6	77.4	0.8	0.8	17.6	21.8
大麦	49.9	44.6	1.2	0.7	48.9	54.7
(二)豆类	79.9	81.7	2.8	2.7	17.2	15.7
其中：大 豆	87.2	88.6	2.6	2.4	10.2	9.0
绿 豆	77.8	78.2	0.8	1.1	21.4	20.7
红小豆	75.5	75.8	1.6	2.0	22.9	22.2
(三)薯类	49.7	48.6	7.7	7.9	42.6	43.5
其中：马铃薯	44.8	42.2	3.2	3.3	52.0	54.5
二、油料作物	**78.8**	**79.3**	**4.9**	**5.0**	**16.3**	**15.7**
其中：花 生	85.6	85.3	8.0	8.2	6.4	6.5
油菜籽	74.2	75.0	1.9	2.1	23.9	22.9
芝 麻	89.0	89.5	4.0	3.8	7.0	6.7
胡麻籽	29.0	32.6			71.0	67.4
葵花籽	70.0	73.2	0.1	0.0	30.0	26.7
三、棉花	**15.0**	**13.9**	**0.4**	**0.4**	**84.6**	**85.7**
四、麻类	**88.0**	**87.7**	**0.2**	**0.1**	**11.8**	**12.2**
其中：黄红麻	77.3	76.6	1.0	1.0	21.6	22.3
苎 麻	85.8	90.3	0.1	0.1	14.1	9.6
大 麻	96.8	96.3			3.2	3.7
亚 麻	49.3	54.8			50.7	45.2
五、糖料	**7.3**	**7.8**	**13.5**	**13.3**	**79.2**	**78.9**
(一)甘蔗	1.8	1.7	14.9	14.8	83.3	83.5
(二)甜菜	60.1	61.5			39.9	38.5
六、烟叶	**38.5**	**37.0**	**6.8**	**6.9**	**54.8**	**56.1**
其中：烤烟	38.1	36.2	6.8	7.0	55.0	56.8
七、药材						
八、蔬菜(含菜用瓜)	**65.5**	**65.0**	**11.3**	**11.4**	**23.2**	**23.6**
九、瓜果类	**71.8**	**71.1**	**7.6**	**7.6**	**20.5**	**21.3**
其中：西瓜	73.6	72.9	7.0	6.8	19.4	20.3
甜瓜	67.1	65.6	5.5	5.2	27.4	29.2
草莓	83.9	84.4	7.8	7.0	8.2	8.6

7-15 续表 6 （以粮食作物产量为100） 单位：%

指 标	全 国		东 部		中 部	
	2018年	2019年	2018年	2019年	2018年	2019年
粮食	**100.0**	**100.0**	**100.0**	**100.0**	**100.0**	**100.0**
夏粮	21.1	21.3	35.5	35.9	29.8	30.8
早稻	4.3	4.0	4.6	4.3	8.3	7.4
秋粮	74.6	74.7	60.0	59.8	61.9	61.8
谷物	92.7	92.4	95.7	95.5	96.4	96.3
稻谷	32.2	31.6	27.6	27.5	44.4	43.5
小麦	20.0	20.1	34.4	34.8	29.2	30.2
其中：冬小麦	19.0	19.2	34.3	34.7	29.2	30.2
玉米	39.1	39.3	32.8	32.5	22.3	21.9
豆类	2.9	3.2	1.2	1.4	1.7	1.7
其中：大豆	2.4	2.7	1.0	1.1	1.5	1.5
薯类	4.4	4.3	3.1	3.2	1.8	2.0
其中：马铃薯	2.7	2.7	1.1	1.0	0.8	0.9

指 标	全 国		西 部		东 北	
	2018年	2019年	2018年	2019年	2018年	2019年
粮食	**100.0**	**100.0**	**100.0**	**100.0**	**100.0**	**100.0**
夏粮	21.1	21.3	14.2	14.2	0.0	0.0
早稻	4.3	4.0	2.9	2.8	0.0	0.0
秋粮	74.6	74.7	82.9	83.1	100.0	100.0
谷物	92.7	92.4	85.3	84.9	93.1	92.7
稻谷	32.2	31.6	25.3	24.9	28.1	27.2
小麦	20.0	20.1	11.4	11.0	0.3	0.2
其中：冬小麦	19.0	19.2	7.9	7.8	0.0	0.0
玉米	39.1	39.3	45.7	45.7	63.3	64.2
豆类	2.9	3.2	3.7	4.0	5.7	6.5
其中：大豆	2.4	2.7	2.4	2.7	5.5	6.3
薯类	4.4	4.3	11.0	11.0	1.2	0.8
其中：马铃薯	2.7	2.7	7.8	7.9	1.1	0.8

指 标	粮食主产区		粮食主销区		粮食平衡区	
	2018年	2019年	2018年	2019年	2018年	2019年
粮食	**100.0**	**100.0**	**100.0**	**100.0**	**100.0**	**100.0**
夏粮	22.1	22.4	8.0	7.6	19.7	19.7
早稻	3.2	2.8	25.4	24.1	4.4	4.2
秋粮	74.7	74.8	66.7	68.3	76.0	76.0
谷物	94.3	94.0	90.1	89.9	86.2	85.8
稻谷	31.6	30.8	77.7	77.4	23.8	23.5
小麦	21.9	22.1	4.0	3.7	15.2	14.9
其中：冬小麦	21.4	21.7	3.7	3.3	11.7	11.7
玉米	39.7	40.0	8.1	8.5	44.0	43.9
豆类	3.0	3.3	1.9	2.0	2.9	3.0
其中：大豆	2.7	3.1	1.5	1.5	1.4	1.5
薯类	2.7	2.7	7.9	8.1	10.9	11.2
其中：马铃薯	1.6	1.4	2.1	2.1	8.3	8.7

7-16 各地区粮食总产量

单位：万吨

地区	1990年	1995年	2000年	2016年	2017年	2018年	2019年	2019年为2018年百分比(%)
全国	**44624.3**	**46661.8**	**46217.5**	**66043.5**	**66160.7**	**65789.2**	**66384.3**	**100.9**
北京	264.6	259.8	144.2	52.8	41.1	34.1	28.8	84.2
天津	188.9	207.5	124.1	200.4	212.3	209.7	223.3	106.5
河北	2276.9	2739.0	2551.1	3783.0	3829.2	3700.9	3739.2	101.0
山西	969.0	917.1	853.4	1380.3	1355.1	1380.4	1361.8	98.7
内蒙古	973.0	1055.4	1241.9	3263.3	3254.5	3553.3	3652.5	102.8
辽宁	1494.7	1423.5	1140.0	2315.6	2330.7	2192.4	2430.0	110.8
吉林	2046.5	1992.4	1638.0	4150.7	4154.0	3632.7	3877.9	106.7
黑龙江	2312.5	2552.1	2545.5	7416.1	7410.3	7506.8	7503.0	99.9
上海	239.5	210.4	174.0	111.8	99.8	103.7	95.9	92.4
江苏	3230.8	3286.3	3106.6	3542.4	3610.8	3660.3	3706.2	101.3
浙江	1586.1	1430.9	1217.7	564.8	580.1	599.1	592.1	98.8
安徽	2457.2	2580.7	2472.1	3961.8	4019.7	4007.3	4054.0	101.2
福建	879.6	919.9	854.7	477.3	487.2	498.6	493.9	99.1
江西	1658.2	1607.4	1614.6	2234.4	2221.7	2190.7	2157.5	98.5
山东	3354.9	4246.4	3837.7	5332.3	5374.3	5319.5	5357.0	100.7
河南	3303.7	3466.5	4101.5	6498.0	6524.2	6648.9	6695.4	100.7
湖北	2475.0	2463.8	2218.5	2796.4	2846.1	2839.5	2725.0	96.0
湖南	2651.4	2691.6	2767.9	3052.3	3073.6	3022.9	2974.8	98.4
广东	1896.9	1734.8	1760.1	1204.2	1208.6	1193.5	1240.8	104.0
广西	1363.1	1508.2	1528.5	1419.0	1370.5	1372.8	1332.0	97.0
海南	169.6	201.8	199.6	146.1	138.1	147.1	145.0	98.5
重庆			1106.9	1078.2	1079.9	1079.3	1075.2	99.6
四川	4266.8	4365.0	3372.0	3469.9	3488.9	3493.7	3498.5	100.1
贵州	721.0	948.9	1161.3	1264.3	1242.4	1059.7	1051.2	99.2
云南	1057.2	1188.9	1467.8	1815.1	1843.4	1860.5	1870.0	100.5
西藏	55.5	70.0	96.2	103.9	106.5	104.4	103.9	99.5
陕西	1070.7	913.4	1089.1	1264.0	1194.2	1226.0	1231.1	100.4
甘肃	690.7	644.2	713.5	1117.5	1105.9	1151.4	1162.6	101.0
青海	114.0	114.2	82.7	104.8	102.5	103.1	105.5	102.4
宁夏	190.1	203.2	252.7	370.7	370.1	392.6	373.2	95.1
新疆	666.2	718.5	783.7	1552.3	1484.7	1504.2	1527.1	101.5

7-17 各地区分季粮食作物产量

单位：万吨

地区	夏收粮食		早稻		秋收粮食	
	2018年	2019年	2018年	2019年	2018年	2019年
全国	**13881.0**	**14160.2**	**2859.0**	**2626.5**	**49049.2**	**49597.6**
北京	5.3	4.5			28.8	24.3
天津	57.1	60.5			152.6	162.8
河北	1466.5	1476.6			2234.4	2262.7
山西	229.9	227.7			1150.5	1134.1
内蒙古					3553.3	3652.5
辽宁					2192.4	2430.0
吉林					3632.7	3877.9
黑龙江					7506.8	7503.0
上海	14.0	6.2			89.8	89.6
江苏	1326.4	1356.6			2333.9	2349.6
浙江	51.1	47.5	62.1	60.3	485.9	484.3
安徽	1607.5	1657.0	112.6	101.0	2287.1	2296.0
福建	21.6	23.1	67.1	61.6	409.9	409.3
江西	26.6	26.3	693.9	626.2	1470.2	1504.9
山东	2472.2	2553.3			2847.3	2803.7
河南	3613.7	3745.4			3035.2	2950.0
湖北	467.6	457.0	97.6	84.3	2274.3	2183.7
湖南	51.4	41.3	755.5	661.4	2216.0	2272.1
广东	63.9	63.6	500.0	488.3	629.6	688.9
广西	21.3	20.0	470.5	452.6	881.0	859.4
海南	8.8	9.9	77.9	69.2	60.4	65.9
重庆	122.1	120.1			957.2	955.0
四川	419.5	422.9			3074.2	3075.6
贵州	215.7	233.9			844.0	817.4
云南	242.0	243.6	21.9	21.7	1596.7	1604.7
西藏					104.4	103.9
陕西	438.3	420.3			787.7	810.8
甘肃	321.0	327.5			830.5	835.1
青海					103.1	105.5
宁夏	43.4	36.2			349.2	337.0
新疆	574.2	579.3			930.0	947.8

7-18 各地区分品种粮食作物产量

单位：万吨

地区	谷物		#稻谷		中稻和一季晚稻		双季晚稻	
	2018年	2019年	2018年	2019年	2018年	2019年	2018年	2019年
全国	**61003.6**	**61369.7**	**21212.9**	**20961.4**	**15212.4**	**15326.1**	**3141.5**	**3008.7**
北京	33.0	27.7	0.1	0.1	0.1	0.1		
天津	207.4	221.2	37.4	42.9	37.4	42.9		
河北	3524.9	3566.9	52.5	48.7	52.5	48.7		
山西	1293.2	1266.8	0.6	1.8	0.6	1.8		
内蒙古	3197.8	3261.8	121.9	136.2	121.9	136.2		
辽宁	2131.6	2375.7	418.0	434.8	418.0	434.8		
吉林	3533.8	3769.5	646.3	657.2	646.3	657.2		
黑龙江	6747.6	6653.0	2685.5	2663.5	2685.5	2663.5		
上海	103.2	95.3	88.0	88.0	88.0	88.0		
江苏	3572.5	3612.0	1958.0	1959.6	1958.0	1959.6		
浙江	535.7	528.6	477.4	462.1	352.8	337.6	62.4	64.1
安徽	3889.3	3935.0	1681.2	1630.0	1469.4	1438.7	99.2	90.3
福建	412.7	403.8	398.3	388.8	172.0	169.4	159.3	157.8
江西	2112.2	2072.2	2092.2	2048.3	594.4	686.9	803.9	735.2
山东	5190.8	5203.6	98.6	100.7	98.6	100.7		
河南	6483.4	6528.9	501.4	512.5	501.4	512.5		
湖北	2704.0	2579.6	1965.6	1877.1	1733.9	1678.1	134.2	114.8
湖南	2891.5	2846.8	2674.0	2611.5	1086.7	1206.8	831.8	743.3
广东	1087.5	1131.6	1032.1	1075.1			532.1	586.8
广西	1295.9	1259.1	1016.2	992.0	94.4	94.5	451.4	444.8
海南	130.7	126.5	130.7	126.5			52.8	57.3
重庆	753.6	750.6	486.9	487.0	486.9	487.0		
四川	2830.9	2825.4	1478.6	1469.8	1478.6	1469.8		
贵州	739.2	718.9	420.7	423.8	420.7	423.8		
云南	1581.7	1579.4	527.7	534.0	491.4	498.0	14.4	14.3
西藏	101.5	101.9	0.5	0.4	0.5	0.4		
陕西	1103.1	1108.1	80.7	80.4	80.7	80.4		
甘肃	918.5	923.0	2.5	2.1	2.5	2.1		
青海	64.0	69.2						
宁夏	353.4	331.5	66.6	55.1	66.6	55.1		
新疆	1478.8	1496.3	72.7	51.6	72.7	51.6		

7-18 续表 1

单位：万吨

地区	#小麦		冬小麦		春小麦		#玉米	
	2018年	2019年	2018年	2019年	2018年	2019年	2018年	2019年
全国	**13144.0**	**13359.6**	**12500.5**	**12773.2**	**643.5**	**586.5**	**25717.4**	**26077.9**
北京	5.3	4.4	5.2	4.4	0.0	0.0	27.1	22.8
天津	57.1	60.5	49.8	51.6	7.3	8.9	110.6	115.2
河北	1450.7	1462.6	1446.1	1454.8	4.6	7.7	1941.2	1986.6
山西	228.6	226.2	228.6	226.2			981.6	939.4
内蒙古	202.3	182.7			202.3	182.7	2700.0	2722.3
辽宁	1.4	1.4			1.4	1.4	1662.8	1884.4
吉林	0.0	1.1			0.0	1.1	2799.9	3045.3
黑龙江	36.2	20.4			36.2	20.4	3982.2	3939.8
上海	13.0	5.8	13.0	5.8			1.3	1.1
江苏	1289.1	1317.5	1289.1	1317.5			300.0	311.1
浙江	35.8	32.4	35.8	32.4			20.6	32.3
安徽	1607.5	1656.9	1607.5	1656.9			595.6	642.8
福建	0.1	0.0	0.1	0.0			12.6	13.4
江西	3.2	3.0	3.2	3.0			15.7	19.8
山东	2471.7	2552.9	2471.7	2552.9			2607.2	2536.5
河南	3602.9	3741.8	3602.9	3741.8			2351.4	2247.4
湖北	410.4	390.7	410.4	390.7			323.4	307.2
湖南	8.0	7.5	8.0	7.5			202.8	220.3
广东	0.2	0.2	0.2	0.2			54.5	55.6
广西	0.5	0.5	0.5	0.5			273.4	261.2
海南								
重庆	8.2	6.9	8.2	6.9			251.3	249.5
四川	247.3	246.2	244.7	243.8	2.6	2.4	1066.3	1062.1
贵州	33.2	33.0	33.2	33.0			259.0	232.3
云南	74.3	71.9	74.3	71.9			926.0	920.0
西藏	19.5	19.2	14.4	12.9	5.1	6.3	3.4	2.6
陕西	401.3	382.0	401.3	382.0			584.2	609.6
甘肃	280.5	281.1	172.0	174.4	108.5	106.7	590.0	594.1
青海	42.6	40.3			42.6	40.3	11.5	14.2
宁夏	41.6	34.6	12.4	11.6	29.2	23.0	234.6	230.5
新疆	571.9	576.0	368.2	390.4	203.7	185.6	827.6	858.4

7-18 续表 2　　　　单位：万吨

地　　区	#其他谷物		谷子		高粱		大麦	
	2018年	2019年	2018年	2019年	2018年	2019年	2018年	2019年
全　　国	**929.2**	**970.8**	**234.2**	**254.0**	**290.9**	**313.7**	**95.6**	**90.8**
北　　京	0.5	0.4	0.3	0.3	0.1	0.1		
天　　津	2.3	2.6	0.1	0.1	2.2	2.4		0.0
河　　北	80.5	69.0	43.6	37.0	3.8	4.3	0.0	
山　　西	82.5	99.4	47.3	50.5	11.5	23.2		
内 蒙 古	173.7	220.7	62.2	73.9	67.5	96.1	4.8	6.4
辽　　宁	49.5	55.1	18.6	24.0	28.2	26.2		
吉　　林	87.6	65.9	12.1	17.0	75.2	48.4		0.0
黑 龙 江	43.7	29.3	7.5	3.9	28.9	23.8	0.2	0.0
上　　海	1.0	0.4					1.0	0.4
江　　苏	25.4	23.8	0.0	0.0	0.2	0.2	23.9	22.5
浙　　江	1.9	1.8					0.2	0.2
安　　徽	5.1	5.3	2.9	0.6	0.2	3.2	0.1	0.2
福　　建	1.8	1.5			0.0	0.0	0.0	0.0
江　　西	1.2	1.0			0.3	0.3	0.0	0.0
山　　东	13.3	13.5	11.7	12.5	1.1	0.7	0.3	0.1
河　　南	27.8	27.2	9.0	15.4	7.9	8.2	10.8	3.6
湖　　北	4.7	4.6		0.0	1.5	1.6	2.5	2.4
湖　　南	6.7	7.4			3.6	4.2	0.6	0.6
广　　东	0.8	0.8	0.0	0.0	0.0	0.0		
广　　西	5.8	5.5	1.1	1.1	1.6	1.5		
海　　南		0.0						
重　　庆	7.2	7.1			6.3	6.2	0.1	0.1
四　　川	38.7	47.2			19.0	25.7	4.4	4.7
贵　　州	26.4	29.8	0.9	0.8	17.5	21.7	0.5	0.4
云　　南	53.7	53.5	0.1	0.1	1.0	1.0	29.1	29.0
西　　藏	78.2	79.7					0.0	0.0
陕　　西	36.9	36.1	11.8	11.3	5.9	6.0	1.4	1.3
甘　　肃	45.6	45.7	2.5	2.6	3.8	2.8	13.3	15.6
青　　海	9.8	14.7						
宁　　夏	10.6	11.3	1.6	1.9				0.1
新　　疆	6.7	10.3	0.8	0.8	3.7	5.8	2.3	3.3

7-18 续表 3 单位：万吨

地 区	燕 麦		荞 麦		豆 类		#大 豆	
	2018年	2019年	2018年	2019年	2018年	2019年	2018年	2019年
全 国	**47.6**	**53.3**	**48.4**	**54.3**	**1920.3**	**2131.9**	**1596.7**	**1809.2**
北 京					0.5	0.4	0.4	0.3
天 津	0.0				1.4	1.1	1.4	1.0
河 北	16.0	17.3	1.5	0.7	28.1	30.1	21.2	23.0
山 西	7.0	7.8	3.1	3.4	35.6	34.2	23.6	21.5
内 蒙 古	21.0	24.5	11.2	11.2	205.7	251.6	179.4	226.0
辽 宁					20.0	22.8	18.0	21.3
吉 林		0.0	0.2	0.1	62.8	77.0	55.1	70.1
黑 龙 江	0.2	0.2			678.5	797.0	657.8	780.8
上 海					0.2	0.2	0.2	0.2
江 苏			0.1	0.1	65.0	70.3	49.1	51.3
浙 江					28.2	30.6	21.5	23.4
安 徽				0.11	103.0	100.8	97.5	95.7
福 建					10.8	11.4	8.6	9.1
江 西			0.1	0.1	29.4	29.3	26.3	26.4
山 东					44.5	53.5	43.3	52.4
河 南					101.7	102.0	95.6	98.2
湖 北	0.0	0.0	0.1	0.1	38.4	39.0	34.2	34.6
湖 南			0.6	0.8	36.3	37.3	26.5	28.8
广 东					11.3	11.8	8.7	9.0
广 西			2.9	2.7	26.2	24.2	16.2	14.9
海 南					1.9	1.7	0.6	0.6
重 庆	0.0	0.0	0.8	0.8	40.9	40.9	19.9	20.0
四 川	0.8	0.8	6.0	6.1	121.5	129.9	88.8	94.7
贵 州	0.1	0.1	2.0	2.2	29.3	29.4	19.7	18.5
云 南	1.2	1.2	1.4	5.4	118.1	122.3	43.5	46.0
西 藏			0.4	0.3	2.2	1.8	0.0	0.0
陕 西			8.6	8.7	28.6	28.1	23.9	23.4
甘 肃	0.8	0.7	5.6	5.8	30.6	32.7	7.2	6.8
青 海		0.3			2.9	3.3		
宁 夏	0.4	0.3	3.8	5.6	2.8	2.3	0.9	0.6
新 疆					14.0	14.8	7.6	10.7

7-18 续表 4 单位：万吨

地区	#绿豆		#红小豆		薯类		#马铃薯	
	2018年	2019年	2018年	2019年	2018年	2019年	2018年	2019年
全　国	**68.1**	**57.3**	**27.8**	**24.0**	**2865.4**	**2882.7**	**1798.4**	**1777.9**
北　京	0.0	0.0	0.0	0.0	0.7	0.6		
天　津	0.0	0.0	0.0	0.0	0.9	1.0	0.4	0.2
河　北	1.8	1.8	0.8	0.8	147.9	142.3	106.1	101.2
山　西	4.5	4.9	1.4	1.4	51.6	60.8	45.3	52.7
内蒙古	21.2	19.0	2.6	2.5	149.8	139.1	149.5	137.8
辽　宁	1.0	0.9	0.8	0.5	40.8	31.4	30.0	21.4
吉　林	6.7	5.6	0.9	0.9	36.2	31.4	35.3	30.7
黑龙江	4.0	2.2	11.9	9.5	80.7	53.0	79.3	52.6
上　海					0.4	0.3		
江　苏	1.0	0.9	1.9	2.0	22.8	23.9		
浙　江					35.2	33.0	13.2	12.6
安　徽	4.4	4.1	1.1	1.0	14.9	18.2	1.6	1.4
福　建	0.2	0.2	0.1	0.1	75.1	78.8	19.7	20.9
江　西	0.5	0.4	0.1	0.1	49.1	56.0	20.8	20.8
山　东	0.5	0.5	0.2	0.2	84.2	99.9		
河　南	6.1	3.8			63.8	64.5		
湖　北	0.9	0.8	0.3	0.4	97.0	106.4	64.5	73.5
湖　南	2.4	2.4	0.2	0.2	95.0	90.7	35.4	27.1
广　东	0.3	0.3	0.2	0.2	94.7	97.4	24.7	24.5
广　西	2.6	2.4	0.1	0.1	50.7	48.7	13.0	12.0
海　南	0.0	0.0	0.1	0.1	14.6	16.8		0.0
重　庆	2.2	2.3	0.3	0.3	284.9	283.6	118.6	117.8
四　川	2.4	2.3	0.2	0.2	541.3	543.2	282.9	284.4
贵　州	0.4	0.3	0.3	0.3	291.2	302.9	241.4	254.9
云　南	0.8	0.8	0.9	0.9	160.7	168.3	148.7	155.7
西　藏					0.6	0.2	0.6	0.2
陕　西	0.9	0.9	1.7	1.7	94.3	95.0	82.3	82.9
甘　肃	0.1	0.3	0.5	0.6	202.3	206.9	202.3	206.9
青　海					36.2	33.0	36.2	33.0
宁　夏					36.4	39.4	36.4	39.4
新　疆	3.1		1.1		11.5	16.0	10.2	13.3

7-19 各地区油料产量

单位：吨

地　区	油料合计		#花　生		#油菜籽	
	2018年	2019年	2018年	2019年	2018年	2019年
全　国	**34333892**	**34929803**	**17332038**	**17519596**	**13281162**	**13484717**
北　京	4167	3060	3187	2461	48	34
天　津	6263	4054	5285	3623	53	58
河　北	1213849	1195445	984526	964557	34034	35144
山　西	154676	137007	13386	13518	23705	22201
内蒙古	2015095	2286781	77321	108167	397684	389823
辽　宁	781256	976735	768192	964442	1404	1446
吉　林	875264	817849	802796	769405	10	273
黑龙江	112205	115377	51375	66881	2468	2474
上　海	7119	8057	1631	1593	5362	6315
江　苏	860391	943235	393285	427053	456998	504542
浙　江	294293	319336	47398	50255	233353	256591
安　徽	1580376	1613773	710548	705639	842971	872824
福　建	212428	220346	203191	210403	8578	9158
江　西	1208000	1207812	480606	482183	690804	688661
山　东	3108970	2889538	3066694	2847623	21757	22534
河　南	6310346	6454508	5724379	5767210	389651	442494
湖　北	3024833	3139496	806667	857101	2053137	2113473
湖　南	2344464	2391994	284945	292846	2041729	2080081
广　东	1062515	1102233	1044022	1086852	11179	8856
广　西	666610	716290	626737	672048	23402	27987
海　南	84440	86934	83115	85720		
重　庆	637002	651898	135756	136761	486026	498933
四　川	3625373	3673530	676720	683715	2922031	2964476
贵　州	1126171	1030081	114624	116167	862177	772491
云　南	609804	625105	69587	67649	525187	541015
西　藏	58520	57113	329	215	58191	56899
陕　西	609635	600986	125973	122962	369129	372608
甘　肃	704107	631751	2166	2132	355261	356129
青　海	284704	288793			281295	286567
宁　夏	72892	76582	259	88	6294	7574
新　疆	678123	664104	27338	10328	177245	143056

7-20 各地区棉花和麻类产量

单位：吨

地区	棉花		麻类合计		#黄红麻	
	2018年	2019年	2018年	2019年	2018年	2019年
全国	**6102772**	**5889031**	**203060**	**233893**	**28644**	**29200**
北京	8	7				
天津	18264	18134				
河北	239273	227401	8	12		
山西	3610	2958	103	444		
内蒙古	106	106	2314	2619		
辽宁	22	22	51	8		
吉林				241		
黑龙江			104749	123549		
上海	103	80				
江苏	20600	15660	592	509		
浙江	8119	8136	120	109	80	73
安徽	88509	55536	3234	10085	1165	2218
福建	72	44	26	27	26	27
江西	72115	65724	5688	5457	97	68
山东	217028	196026	118	64		
河南	37903	27119	21232	19446	20252	19446
湖北	149314	143612	5281	6991	28	29
湖南	85690	81837	4455	4481	289	290
广东			190	188	190	188
广西	1285	1147	6917	7444	6122	6446
海南			2	19	2	19
重庆			6450	3819	74	76
四川	3994	2779	30957	31655	318	320
贵州	646	409	408	769		
云南	7	4	169	866		
西藏						
陕西	9904	7633	621	1556	1	1
甘肃	35302	32658	2800	2818		
青海						
宁夏						
新疆	5110900	5002000	6576	10717		

7-21 各地区糖料产量

单位：吨

地区	糖料合计		1.甘蔗		2.甜菜	
	2018年	2019年	2018年	2019年	2018年	2019年
全国	**119374102**	**121690614**	**108097097**	**109388066**	**11276626**	**12272921**
北京						
天津	160		160			
河北	941089	642752			941089	642752
山西	1183	623			1183	623
内蒙古	5158837	6296488			5158837	6296488
辽宁	118110	145845			118110	145845
吉林	25243	29153			25243	29153
黑龙江	529521	416422			529521	416422
上海	2405	3943	2405	3943		
江苏	52780	74450	52630	54248	150	20202
浙江	405863	446843	405863	446843		
安徽	100964	108996	100964	79368		
福建	261304	262545	261304	262545		
江西	645714	624425	645714	624425		
山东						
河南	153942	119265	153942	119265		
湖北	277654	279032	276965	279032	689	
湖南	338112	341714	338112	341714		
广东	14126853	14346488	14126853	14346488		
广西	72927613	74906526	72927613	74906526		
海南	1325251	1145465	1325251	1145465		
重庆	90890	80541	90890	80541		
四川	363699	372391	361825	371839	1874	552
贵州	625226	628211	624803	627970	44	241
云南	16400793	15696854	16400793	15696854		
西藏						
陕西	1281	1292	1010	1000	271	292
甘肃	251988	265127			251988	265127
青海	362	414			362	414
宁夏		1462				1462
新疆	4247265	4453347			4247265	4453347

7-22　各地区烟叶和蔬菜产量

单位：吨

地　区	烟叶合计		#烤　烟		蔬　菜	
	2018年	2019年	2018年	2019年	2018年	2019年
全　国	**2241012**	**2153389**	**2109670**	**2021107**	**703467195**	**721025658**
北　京	0	0	0	0	1305512	1114534
天　津					2539771	2427800
河　北	3321	3468	3192	2163	51544955	50931401
山　西	3911	3474	3517	3471	8218711	8278305
内蒙古	5525	4220	4076	4158	10065221	10908048
辽　宁	17730	13548	14883	12447	18523325	18853859
吉　林	27195	24441	15388	12389	4381541	4453855
黑龙江	33719	25910	33053	25061	6343982	6554006
上　海					2944877	2681093
江　苏					56258811	56436799
浙　江	1162	1101			18883687	19030928
安　徽	20079	21251	19719	17814	21182078	22136057
福　建	107056	105581	106812	105226	14930008	15706911
江　西	36148	22577	34229	21949	15370039	15818068
山　东	46306	43836	46268	42296	81920429	81811461
河　南	253096	227618	249537	221048	72606671	73687411
湖　北	66020	63062	55745	52279	39639428	40867098
湖　南	190550	185671	188246	183633	38220364	39694388
广　东	43323	41664	37515	35995	33302354	35279567
广　西	18011	16227	14329	12558	34321574	36363619
海　南	74	171	74	171	5667677	5719772
重　庆	62441	58516	52016	46600	19327250	20087555
四　川	162460	160370	139727	137033	44380219	46391260
贵　州	251308	235268	227655	215772	26133995	27348430
云　南	844739	835365	822927	809981	22057101	23041384
西　藏		1			725696	774932
陕　西	39564	53669	33559	52796	18084410	18973767
甘　肃	5838	5229	5786	5113	12925655	13887513
青　海					1502615	1518593
宁　夏	1430	1153	1415	1153	5508058	5659093
新　疆	5				14651180	14588151

7-23 主要农作物单位面积产量

单位：公斤/公顷、%

指　标	1990年	1995年	2000年	2016年	2017年	2018年	2019年	2019年为2018年百分比
一、粮食作物	**3933**	**4240**	**4261**	**5539.2**	**5607.4**	**5621.2**	**5719.7**	**101.8**
1.谷物		4659	4753	6004.4	6105.4	6120.5	6272.0	102.5
稻谷	5726	6025	6272	6865.8	6916.9	7026.6	7059.2	100.5
小麦	3194	3541	3738	5399.7	5484.1	5416.6	5630.4	103.9
玉米	4524	4917	4597	5967.1	6110.3	6104.3	6316.7	103.5
其他谷物		2410	2088	2817.6	2935.3	3011.4	3090.0	102.6
其中：谷子	2008	1983	1700	2718.4	2959.2	3009.2	3058.0	101.6
高粱	3674	3914	2904	4726.0	4866.8	4702.1	4898.5	104.2
2.豆类		1591	1588	1777.4	1832.2	1885.1	1925.0	102.1
其中：大豆	1455	1661	1656	1789.2	1853.6	1898.0	1938.7	102.1
杂豆		1408	1399	1723.9	1734.4	1824.3	1851.6	101.5
3.薯类	3008	3428	3497	3765.0	3901.5	3990.5	4036.3	101.1
其中：马铃薯	2263	2663	2806	3536.9	3641.3	3779.6	3804.7	100.7
二、油料作物	**1480**	**1718**	**1919**	**2577.5**	**2628.1**	**2667.2**	**2702.4**	**101.3**
其中：花　生	2191	2687	2973	3677.9	3709.5	3751.8	3781.1	100.8
油菜籽	1264	1415	1519	1982.2	1995.2	2027.5	2048.4	101.0
芝　麻	702	908	1034	1529.3	1609.7	1645.3	1651.1	100.4
胡麻籽	761	586	690	1337.0	1283.3	1445.6	1475.8	102.1
葵花籽	1878	1562	1590	2502.9	2690.1	2707.2	2910.0	107.5
三、棉花	**807**	**879**	**1093**	**1670.5**	**1769.3**	**1819.3**	**1763.6**	**96.9**
四、麻类	**2216**	**2386**	**2023**	**3346.4**	**3728.5**	**3584.7**	**3547.4**	**99.0**
其中：黄红麻	2421	2534	2516	5131.6	5177.9	5007.6	4741.0	94.7
苎　麻	1104	1515	1685	1863.0	1874.4	1887.5	1895.9	100.4
大　麻	1524	1399	1324	5238.4	5693.0	5723.3	5248.3	91.7
亚　麻	2775	3119	2228	4255.2	4915.1	3553.0	3499.5	98.5
五、糖料	**42965**	**43630**	**50426**	**71859.9**	**73618.6**	**73554.1**	**75561.9**	**102.7**
甘蔗	57118	58133	57626	73638.4	76132.1	76891.5	78655.1	102.3
甜菜	21668	20132	24518	55629.8	53842.7	52174.5	56057.2	107.4
六、烟叶	**1650**	**1574**	**1776**	**2130.0**	**2115.2**	**2118.4**	**2097.7**	**99.0**
其中：烤烟	1683	1584	1763	2120.8	2108.1	2102.8	2079.5	98.9

7-23　续表 1　　单位：公斤/公顷

指　　标	全国		东部		中部	
	2018年	2019年	2018年	2019年	2018年	2019年
一、粮食	**5621.2**	**5719.7**	**6137.1**	**6274.0**	**5793.6**	**5866.5**
其中：夏收粮食	5198.3	5373.1	5819.6	6049.5	5588.3	5841.5
(一)谷物	6120.5	6272.0	6258.6	6411.5	6084.3	6162.0
1.稻谷	7026.6	7059.2	7298.4	7429.5	6856.6	6880.9
(1)早稻	5967.0	5902.3	6050.1	5932.3	5941.8	5897.1
(2)中稻和一季晚稻	7558.8	7561.2	8443.0	8558.2	7470.0	7458.1
(3)双季晚稻	5958.0	6048.7	5688.9	6088.0	6233.5	6209.9
2.小麦	5416.6	5630.4	5883.2	6126.4	5679.3	5940.8
(1)冬小麦	5497.1	5708.9	5885.6	6130.0	5679.3	5940.8
(2)春小麦	4217.4	4333.3	4954.5	5122.0		
3.玉米	6104.3	6316.7	6103.3	6187.1	5601.7	5559.0
4.其他谷物	3011.4	3090.0	2981.2	2757.0	2364.6	2531.6
其中：谷子	3009.2	3058.0	3681.3	3282.3	2458.2	2670.1
高粱	4702.1	4898.5	4035.4	4263.6	3536.2	3681.7
大麦	3643.9	3657.7	5292.9	5490.3	3456.3	3067.2
(二)豆类	1885.1	1925.0	2597.0	2661.5	1827.2	1856.2
其中：大　豆	1898.0	1938.7	2611.1	2688.1	1876.1	1915.1
绿　豆	1404.1	1317.8	2037.7	2003.8	1422.8	1321.4
红小豆	1523.4	1508.6	2193.1	2158.8	1410.8	1420.6
(三)薯类	3990.5	4036.3	5825.2	5874.0	3916.8	4025.1
其中：马铃薯	3779.6	3804.7	5551.6	5559.3	3445.9	3534.1
二、油料作物	**2667.2**	**2702.4**	**3561.0**	**3503.9**	**2720.9**	**2725.6**
其中：花　生	3751.8	3781.1	3879.3	3833.3	4307.9	4295.2
油菜籽	2027.5	2048.4	2536.5	2545.4	1908.7	1931.7
芝　麻	1645.3	1651.1	1758.9	1792.5	1619.2	1628.9
胡麻籽	1445.6	1475.8	958.2	1159.2	1084.1	1080.4
葵花籽	2707.2	2910.0	3004.2	2857.9	1973.3	1961.1
三、棉花	**1819.3**	**1763.6**	**1162.1**	**1150.5**	**1105.5**	**1032.6**
四、麻类	**3584.7**	**3547.4**	**2569.9**	**2444.0**	**3587.8**	**3543.7**
其中：黄红麻	5007.6	4741.0	2921.5	2878.8	6383.8	6001.2
苎　麻	1887.5	1895.9	2504.6	2478.8	2151.9	2035.4
大　麻	5723.3	5248.3	1925.0	1365.7	3180.6	5872.7
亚　麻	3553.0	3499.5	3066.7			2945.3
五、糖料	**73554.1**	**75561.9**	**76598.0**	**78356.5**	**46242.0**	**45668.1**
(一)甘蔗	76891.5	78655.1	78784.4	80965.6	47446.4	45906.5
(二)甜菜	52174.5	56057.2	51864.8	43766.0	41151.6	35403.4
六、烟叶	**2118.4**	**2097.7**	**2343.0**	**2259.6**	**2318.5**	**2298.0**
其中：烤烟	2102.8	2079.5	2335.0	2239.1	2310.3	2302.6
七、药材						
八、蔬菜(含菜用瓜)	**34418.0**	**34560.5**	**40805.8**	**40752.0**	**34419.7**	**34496.8**
九、瓜果类	**38367.1**	**38599.5**	**42035.1**	**42246.7**	**40464.7**	**41005.0**
其中：西瓜	40539.9	41082.2	44734.4	44889.3	42600.1	43423.2
甜瓜	34986.6	34437.8	40104.7	40141.4	34303.8	33302.6
草莓	25509.0	26212.3	29844.1	30566.9	20270.0	21893.6

7-23 续表 2 单位：公斤/公顷

指 标	西部		东北	
	2018年	2019年	2018年	2019年
一、粮食	**4991.1**	**5046.3**	**5722.3**	**5884.0**
其中：夏收粮食	3663.7	3665.4		
(一)谷物	5687.6	5753.2	6590.9	6993.2
1.稻谷	6871.4	6893.6	7336.7	7277.9
(1)早稻	5935.1	5875.9		
(2)中稻和一季晚稻	7313.3	7344.3	7336.7	7277.9
(3)双季晚稻	5438.6	5462.4		
2.小麦	4017.7	4031.5	3326.6	3732.5
(1)冬小麦	3911.7	3916.1		
(2)春小麦	4277.1	4342.2	3326.6	3732.5
3.玉米	6146.3	6235.7	6367.6	6946.0
4.其他谷物	2785.6	3043.4	5207.1	4842.0
其中：谷子	2889.3	3000.6	3618.5	3723.9
高粱	3856.6	4827.1	6536.2	5925.2
大麦	3232.6	3305.4	3471.3	4954.2
(二)豆类	1834.6	1936.0	1826.3	1824.3
其中：大 豆	1785.6	1926.1	1864.3	1852.4
绿 豆	1406.2	1305.6	1246.6	1172.9
红小豆	1620.6	1416.7	1396.0	1454.1
(三)薯类	3634.1	3707.2	5318.2	4552.9
其中：马铃薯	3560.1	3647.7	5509.9	4745.6
二、油料作物	**2239.9**	**2303.4**	**2837.8**	**3169.9**
其中：花 生	2630.0	2675.0	2958.5	3312.0
油菜籽	2100.0	2118.7	1353.1	1406.1
芝 麻	1856.1	1857.6	1900.6	1341.4
胡麻籽	1623.5	1629.2	4666.7	1671.9
葵花籽	2741.9	2964.7	2315.2	2572.6
三、棉花	**2043.8**	**1963.9**	**2291.7**	**2200.0**
四、麻类	**2014.9**	**2011.3**	**6277.5**	**5795.5**
其中：黄红麻	2963.5	2877.3		
苎 麻	1792.4	1832.6		
大 麻	1650.4	1875.0	6396.8	5919.6
亚 麻	3268.4	2519.3	4349.3	5265.5
五、糖料	**74014.4**	**76073.9**	**45868.2**	**48512.9**
(一)甘蔗	77363.9	79143.7		
(二)甜菜	52712.6	57511.0	45868.2	48512.9
六、烟叶	**1993.4**	**1989.9**	**2785.9**	**2716.8**
其中：烤烟	1976.2	1969.0	2733.9	2623.9
七、药材				
八、蔬菜(含菜用瓜)	**27657.8**	**28085.0**	**49925.0**	**51428.0**
九、瓜果类	**32078.7**	**32607.2**	**37928.3**	**36190.6**
其中：西瓜	32773.8	33839.5	44763.6	43252.1
甜瓜	32440.2	32336.9	30028.0	28632.4
草莓	17666.9	17379.0	34337.7	34700.0

7-23 续表 3 单位：公斤/公顷

指　　标	粮食主产区		粮食主销区		粮食平衡区	
	2018年	2019年	2018年	2019年	2018年	2019年
一、粮食	**5862.1**	**5974.8**	**5825.7**	**5953.4**	**4691.9**	**4728.3**
其中：夏收粮食	5663.0	5902.0	4602.4	4685.8	3679.9	3675.2
(一)谷物	6331.0	6513.1	6089.4	6237.9	5247.6	5278.1
1.稻谷	7263.1	7280.4	6276.3	6422.9	6372.7	6392.3
(1)早稻	5941.8	5897.1	6050.1	5932.3	5935.1	5875.9
(2)中稻和一季晚稻	7667.7	7654.9	7550.4	7671.2	6835.7	6878.8
(3)双季晚稻	6233.5	6209.9	5688.9	6088.0	5438.6	5462.4
2.小麦	5687.1	5947.4	4885.4	5102.0	4136.3	4130.9
(1)冬小麦	5774.4	6029.9	4883.0	5090.8	3939.4	3928.2
(2)春小麦	3389.9	3456.6	4919.4	5223.5	4975.4	5079.6
3.玉米	6230.2	6477.2	5310.3	5426.4	5667.0	5755.4
4.其他谷物	3383.8	3522.6	4164.7	4096.0	2562.4	2612.4
其中：谷子	3491.6	3564.0	2551.7	2704.0	2229.5	2219.5
高粱	5152.6	5533.4	4633.3	5363.0	3346.8	3472.0
大麦	3842.1	3833.0	5067.0	4642.0	3439.3	3516.9
(二)豆类	1879.6	1919.2	2611.9	2671.5	1826.9	1865.3
其中：大　豆	1909.4	1947.2	2602.3	2648.5	1694.2	1739.0
绿　豆	1355.9	1294.9	2320.8	2437.5	1585.6	1377.2
红小豆	1497.6	1535.9	2534.1	2448.2	1567.9	1377.1
(三)薯类	4669.3	4670.7	4898.9	4962.8	3316.5	3404.9
其中：马铃薯	4516.5	4453.7	4381.0	4390.6	3289.4	3394.2
二、油料作物	**2815.9**	**2844.1**	**2867.3**	**2892.6**	**2090.5**	**2123.2**
其中：花　生	3955.6	3982.5	3072.4	3121.8	2661.8	2710.3
油菜籽	2055.2	2071.7	2209.9	2178.2	1933.2	1965.1
芝　麻	1627.5	1633.2	1754.9	1778.1	1834.8	1847.5
胡麻籽	1132.6	1242.2			1629.6	1623.7
葵花籽	2615.4	2900.9	1856.2	2001.2	2952.7	2937.4
三、棉花	**1133.0**	**1087.3**	**1155.1**	**1330.7**	**2044.9**	**1964.4**
四、麻类	**3917.3**	**3854.7**	**2956.2**	**2943.7**	**2201.8**	**2255.8**
其中：黄红麻	6171.8	5820.6	2921.5	2878.8	3053.6	2952.5
苎　麻	1922.9	1908.4	3243.2	3633.3	1694.0	1780.3
大　麻	6219.4	5683.7			1689.2	1759.8
亚　麻	4601.2	5150.6			2909.0	2519.3
五、糖料	**43978.7**	**47851.1**	**78854.5**	**81046.6**	**77462.9**	**79169.8**
(一)甘蔗	45807.2	44591.3	78854.5	81046.6	77675.1	79482.3
(二)甜菜	43716.3	48793.1			73614.0	73576.1
六、烟叶	**2331.4**	**2307.2**	**2275.1**	**2199.1**	**1974.9**	**1968.8**
其中：烤烟	2308.4	2292.8	2261.5	2179.2	1964.6	1952.5
七、药材						
八、蔬菜(含菜用瓜)	**40630.7**	**40712.4**	**27369.9**	**27594.8**	**26366.7**	**26710.9**
九、瓜果类	**42071.0**	**42184.7**	**29958.8**	**30351.8**	**31885.2**	**32521.8**
其中：西瓜	44763.6	45194.5	31838.7	32012.2	32200.3	33344.8
甜瓜	37130.2	36211.8	25937.0	25884.1	32654.3	32769.9
草莓	27154.3	28243.7	22033.5	21531.3	17389.2	17155.1

7-24 各地区分季粮食作物单位面积产量

单位：公斤/公顷

地区	夏收粮食		早稻		秋收粮食	
	2018年	2019年	2018年	2019年	2018年	2019年
全国	**5198.3**	**5373.1**	**5967.0**	**5902.3**	**5733.8**	**5817.2**
北京	5274.9	5427.6			6328.7	6345.1
天津	5154.3	5980.0			6373.4	6835.4
河北	6148.6	6292.1			5379.4	5488.6
山西	4038.9	4103.6			4480.4	4410.6
内蒙古					5233.2	5349.8
辽宁					6292.8	6965.2
吉林					6487.4	6869.8
黑龙江					5281.1	5232.9
上海	6013.3	5747.1			8417.7	8417.7
江苏	5302.5	5534.9			7846.4	8017.8
浙江	3937.1	3729.0	6398.6	6104.3	6488.7	6447.0
安徽	5588.8	5842.1	6163.7	6136.8	5372.2	5356.8
福建	4281.5	4329.4	6357.1	6326.4	6049.9	6091.7
江西	3789.2	3747.9	5746.1	5714.2	6016.7	6022.0
山东	6089.3	6378.8			6553.2	6505.0
河南	6262.8	6549.4			5909.7	5881.3
湖北	3538.9	3645.1	5929.0	5911.0	6766.5	6798.0
湖南	4154.4	4034.7	6101.6	6042.4	6544.6	6644.9
广东	4667.4	4684.2	5958.0	5850.0	5358.5	5788.3
广西	1985.1	1915.9	5952.0	5894.0	4626.3	4584.5
海南	4258.0	4359.8	6137.2	6049.0	4362.0	4859.4
重庆	3170.7	3197.7			5862.7	5882.2
四川	3768.5	3832.3			5966.5	5942.2
贵州	2795.4	2830.7			4287.4	4340.3
云南	2476.6	2500.8	5593.6	5521.6	5055.4	5090.6
西藏					5652.8	5624.2
陕西	3954.8	3806.0			4150.8	4279.7
甘肃	3563.4	3715.8			4760.4	4913.0
青海					3664.2	3766.6
宁夏	3028.9	3029.9			5893.6	6039.0
新疆	5536.0	5419.6			7865.4	8352.5

7-25　各地区分品种粮食作物单位面积产量

单位：公斤/公顷

地　区	谷　物		#稻　谷		#小　麦		#玉　米	
	2018年	2019年	2018年	2019年	2018年	2019年	2018年	2019年
全　国	**6120.5**	**6272.0**	**7026.6**	**7059.2**	**5416.6**	**5630.4**	**6104.3**	**6316.7**
北　京	6362.0	6389.9	6752.7	6651.6	5367.4	5485.3	6770.2	6781.7
天　津	6056.4	6655.4	9376.5	9424.9	5154.3	5980.0	5919.2	6371.7
河　北	5688.5	5826.7	6692.6	6223.8	6154.5	6297.4	5646.6	5829.0
山　西	4768.9	4663.2	6960.0	6930.0	4080.0	4137.0	5616.8	5477.3
内蒙古	6232.5	6353.9	8100.0	8472.4	3390.0	3395.3	7215.0	7209.0
辽　宁	6437.6	7192.0	8559.8	8574.5	5749.5	5775.0	6129.0	7044.6
吉　林	6782.9	7257.2	7697.0	7819.8	326.1	3775.5	6616.8	7217.0
黑龙江	6543.1	6786.3	7098.8	6986.0	3306.6	3643.1	6303.1	6706.5
上　海	8023.0	8213.9	8492.5	8494.0	6082.0	5801.2	6930.2	6794.9
江　苏	6892.5	7111.0	8841.0	8971.5	5362.5	5613.8	5815.6	6169.2
浙　江	6782.4	6680.0	7332.6	7363.3	4192.8	3917.0	4183.2	4229.1
安　徽	5921.1	6006.6	6606.6	6496.5	5589.5	5843.2	5231.3	5372.5
福　建	6317.5	6368.5	6428.3	6488.1	2807.9	2661.7	4361.5	4407.4
江　西	6049.2	6071.1	6088.7	6121.3	2168.3	2111.1	4471.4	4258.1
山　东	6374.5	6503.1	8661.0	8709.0	6090.0	6379.5	6626.1	6594.5
河　南	6253.8	6404.7	8081.9	8311.7	6276.9	6556.9	6000.0	5912.1
湖　北	6300.5	6375.6	8220.9	8208.4	3713.9	3838.7	4139.5	4222.7
湖　南	6555.1	6642.8	6670.0	6774.0	3430.4	3370.6	5646.4	5698.4
广　东	5693.4	5904.2	5774.2	5993.6	3571.4	3571.4	4542.0	4626.7
广　西	5447.2	5395.0	5798.6	5791.0	1666.7	1584.2	4678.1	4502.5
海　南	5310.8	5507.1	5310.8	5507.2				
重　庆	6588.1	6614.5	7417.5	7433.6	3289.3	3287.7	5681.9	5692.9
四　川	6319.7	6336.1	7890.1	7860.0	3894.5	4028.2	5745.2	5760.0
贵　州	4885.3	4981.7	6262.9	6376.1	2342.9	2403.4	4300.8	4378.1
云　南	4984.1	5011.2	6211.5	6345.8	2190.0	2186.1	5187.1	5161.6
西　藏	5665.7	5710.7	5592.7	5594.9	6133.0	5932.6	6517.8	5457.7
陕　西	4461.1	4490.3	7656.1	7631.3	4149.0	3955.2	4952.6	5178.9
甘　肃	4742.0	4907.5	6468.9	5942.6	3616.8	3799.0	5825.7	6014.0
青　海	3548.2	3659.4			3820.8	3934.2	6249.3	6762.0
宁　夏	5859.1	5841.6	8531.0	8095.0	3233.5	3211.5	7549.1	7688.1
新　疆	6851.0	7012.5	9268.2	9068.9	5544.4	5426.1	8009.1	8607.8

7-25 续表 单位：公斤/公顷

地区	豆类		#大豆		薯类		#马铃薯	
	2018年	2019年	2018年	2019年	2018年	2019年	2018年	2019年
全国	**1885.1**	**1925.0**	**1898.0**	**1938.7**	**3990.5**	**4036.3**	**3779.6**	**3804.7**
北京	1965.4	1937.2	1986.7	2019.1	5555.3	5533.1		
天津	2175.9	2001.5	2183.2	2027.2	6984.6	6660.2	7149.4	6208.6
河北	2425.6	2404.4	2424.3	2463.2	6537.4	6396.1	6501.3	6563.9
山西	1420.5	1517.1	1567.5	1662.5	2954.3	3304.8	2887.5	3247.1
内蒙古	1573.0	1804.7	1639.5	1899.3	4260.8	4643.4	4260.0	4632.4
辽宁	2414.9	2445.7	2449.0	2535.0	4535.6	3410.3	4978.2	3537.4
吉林	1826.7	1907.8	1974.7	2032.5	7807.1	6687.9	7970.2	6736.9
黑龙江	1813.3	1803.5	1843.7	1824.5	5037.8	4594.8	5022.0	4590.4
上海	2699.8	2739.7	2699.8	2739.7	6225.1	6214.3		
江苏	2527.5	2642.9	2535.2	2674.5	6389.2	6631.5		
浙江	2494.7	2575.5	2517.9	2590.5	4838.5	4893.9	3848.2	3847.1
安徽	1497.8	1498.5	1500.1	1504.5	2482.1	2889.0	3262.3	2857.4
福建	2855.7	2848.3	2773.9	2770.2	5273.4	5304.1	4199.5	4241.2
江西	2305.7	2248.7	2472.9	2428.3	4812.8	4603.7	5550.5	5534.6
山东	2816.2	2847.6	2822.4	2852.4	8112.0	8107.5		
河南	2398.6	2383.2	2478.8	2488.4	5552.7	5725.6		
湖北	1554.5	1623.0	1556.6	1634.1	3148.7	3300.6	2969.7	3106.1
湖南	2452.3	2502.8	2489.2	2543.7	5039.2	4992.8	5067.3	4907.8
广东	2747.9	2835.5	2739.9	2775.6	4738.0	4810.6	4881.5	4886.3
广西	1683.4	1615.9	1654.9	1583.8	1894.6	1848.7	2465.9	2345.7
海南	3104.0	3162.9	3184.1	3232.9	4279.0	4455.8		1015.4
重庆	2028.3	2044.4	2046.2	2060.6	4236.0	4270.0	3546.9	3577.9
四川	2314.7	2320.8	2355.4	2355.0	4291.9	4310.0	4177.5	4185.9
贵州	901.1	926.6	991.5	962.4	3228.2	3192.9	3306.1	3259.5
云南	2515.5	2538.0	2467.5	2483.8	3023.5	3163.4	3137.9	3282.2
西藏	4929.4	3581.4	3228.5	1952.3	6693.6	1521.8	6693.6	1521.8
陕西	1518.9	1491.9	1577.8	1548.2	2734.0	2767.9	2658.8	2689.8
甘肃	2223.5	2310.2	1608.0	1650.2	3545.1	3702.3	3545.1	3702.3
青海	2264.9	2364.3			4103.3	4284.0	4103.3	4284.0
宁夏	1243.4	1315.9	1275.4	1267.9	3309.4	4252.9	3309.4	4252.9
新疆	3136.6	2972.5	2157.6	2743.8	6905.9	7966.1	6746.0	7738.9

7-26 各地区油料作物单位面积产量

单位：公斤/公顷

地区	油料合计		#花生		#油菜籽	
	2018年	2019年	2018年	2019年	2018年	2019年
全国	**2667.2**	**2702.4**	**3751.8**	**3781.1**	**2027.5**	**2048.4**
北京	2637.5	2483.8	2771.5	2830.1	1600.0	1173.0
天津	2992.3	3665.2	3694.9	3990.0	1611.5	3416.0
河北	3299.6	3279.8	3814.8	3855.1	1752.1	1770.1
山西	1382.7	1373.3	2483.4	2609.5	937.9	969.5
内蒙古	2261.6	2456.5	2706.5	2924.6	1615.1	1504.4
辽宁	2685.3	3327.8	2685.2	3335.3	1703.9	1774.6
吉林	3117.1	3177.6	3278.2	3281.9	44.6	1318.8
黑龙江	2176.7	2234.3	2950.5	3326.6	1355.3	1262.1
上海	2574.0	2850.0	2785.5	2961.0	2563.2	2865.2
江苏	3274.4	3331.1	3997.6	4124.9	2872.8	2907.4
浙江	2291.1	2274.8	2992.3	3022.7	2225.2	2197.6
安徽	3037.8	3055.5	4929.2	4962.3	2361.1	2398.7
福建	2816.6	2842.9	2917.8	2942.1	1621.2	1631.1
江西	1776.2	1783.9	2873.2	2919.9	1430.2	1427.9
山东	4370.5	4235.8	4410.7	4272.6	2531.1	2540.2
河南	4318.0	4207.8	4757.7	4715.2	2686.9	2580.0
湖北	2408.7	2455.4	3468.0	3518.2	2200.6	2252.4
湖南	1743.5	1751.7	2608.6	2640.5	1670.5	1676.2
广东	3115.9	3164.8	3140.1	3191.8	2382.1	2018.5
广西	2738.9	2824.0	2963.7	3075.6	957.8	983.9
海南	2675.6	2750.8	2717.7	2801.7		
重庆	1959.6	1975.8	2163.4	2193.4	1942.9	1956.7
四川	2431.2	2457.0	2568.3	2582.7	2398.1	2424.7
贵州	1727.5	1722.2	2207.2	2312.2	1732.4	1733.3
云南	1970.5	1990.4	1695.8	1602.7	2050.4	2073.9
西藏	2596.3	2654.6	2939.9	3353.6	2594.6	2652.6
陕西	2146.6	2193.9	3160.4	3102.0	2098.6	2123.1
甘肃	2161.0	2178.5	3938.2	3930.2	2031.1	2169.1
青海	1924.9	2030.2			1929.9	2040.6
宁夏	2161.2	1964.6	3158.5	3259.3	2450.0	2330.5
新疆	3025.6	3037.7	4449.4	4071.6	2793.3	2728.6

7-27 各地区棉花和麻类作物单位面积产量

单位：公斤/公顷

地区	棉花		麻类合计		#黄红麻	
	2018年	2019年	2018年	2019年	2018年	2019年
全国	**1819.3**	**1763.6**	**3584.7**	**3547.4**	**5007.6**	**4741.0**
北京	800.0	1029.4				
天津	1068.1	1285.3				
河北	1137.3	1115.3	1420.5	534.0		
山西	1399.2	1307.9	2078.9	5828.1		
内蒙古	1376.2	1507.2	4501.9	2149.7		
辽宁	2291.7	2200.0	4500.0	1600.0		
吉林				4228.1		
黑龙江			6278.7	5800.7		
上海	1176.9	1311.5				
江苏	1241.0	1350.0	2466.7	2423.8		
浙江	1421.6	1448.7	3243.2	3633.3	3243.2	3633.3
安徽	1025.6	921.0	3276.6	4745.9	4017.2	3214.5
福建	798.8	920.5	3196.7	3240.0	3196.7	3240.0
江西	1544.6	1539.2	1571.3	1517.1	4217.4	4533.3
山东	1184.2	1158.0	2313.7	2133.3		
河南	1033.3	802.3	7082.1	6895.7	6858.1	6895.7
湖北	937.5	882.0	3124.9	2628.2	2800.0	2900.0
湖南	1341.0	1299.0	2471.5	2289.0	2010.7	2080.3
广东			2772.4	2892.3	2772.4	2892.3
广西	1058.1	1030.6	2861.8	2861.8	3077.8	2973.0
海南			3000.0	1428.9	3000.0	1428.9
重庆			1677.9	1722.2	1834.7	1847.6
四川	991.3	974.7	1819.9	1839.3	1881.7	1893.5
贵州	989.6	928.5	1475.6	3107.7		
云南	377.8	500.0	1494.7	1254.3		
西藏						
陕西	1431.2	1398.0	1380.0	1809.3		
甘肃	1639.7	1689.4	1772.2	1793.9		
青海						
宁夏						
新疆	2051.5	1968.9	3002.7	2468.8		

7-28 各地区糖料作物单位面积产量

单位：公斤/公顷

地　区	糖料合计		1.甘　蔗		2.甜　菜	
	2018年	2019年	2018年	2019年	2018年	2019年
全　国	**73554**	**75562**	**76891**	**78655**	**52174**	**56057**
北　京						
天　津						
河　北	51914	51761			51914	51761
山　西	46408	35403			46408	35403
内蒙古	42271	49420			42271	49420
辽　宁	59203	60291			59203	60291
吉　林	39504	33548			39504	33548
黑龙江	43996	46773			43996	46773
上　海	33356	55535	33356	55535		
江　苏	60667	20681	61918	62354		
浙　江	65994	64582	65994	64582		
安　徽	39347	39095	58059	40105		
福　建	53274	54304	53274	54304		
江　西	45026	44752	45026	44752		
山　东						
河　南	75833	73771	75833	73771		
湖　北	42914	43060	42940	43060		
湖　南	45781	46039	45781	46039		
广　东	81868	84551	81868	84551		
广　西	82274	84143	82274	84143		
海　南	63815	62094	63815	62094		
重　庆	41573	42957	41573	42957		
四　川	38491	38670	38735	38681	17352	32471
贵　州	58194	59303	59047	59355		
云　南	63068	63777	63068	63777		
西　藏						
陕　西	14233	14356	25250	25000		
甘　肃	66840	63988			66840	63988
青　海	18100	20700			18100	20700
宁　夏		69619				
新　疆	74175	74338			74175	74338

7-29 茶叶、水果产量

单位：万吨

年 份	茶叶产量	水果产量	苹 果	柑 橘	梨	葡 萄	香 蕉
1952	8.2	244.3	11.8	20.7	39.4	4.8	11.0
1957	11.2	324.7	22.2	32.2	50.4	8.5	7.3
1962	7.4	271.2	22.5	20.6	44.3	8.4	3.5
1965	10.1	323.9	31.8	25.4	51.1	10.0	14.5
1970	13.6	374.5	79.8	24.2	65.4	8.5	16.6
1975	21.1	538.1	158.3	33.6	108.7	12.3	16.5
1978	26.8	657.0	227.5	38.3	151.7	10.4	8.5
1979	27.7	701.5	286.9	58.2	143.8	12.6	7.4
1980	30.4	679.3	236.3	71.3	146.6	11.0	6.1
1981	34.3	780.1	300.6	79.8	159.3	14.8	12.6
1982	39.7	771.3	243.0	93.9	175.5	18.6	20.1
1983	40.1	948.7	354.1	129.6	179.5	24.7	20.7
1984	41.4	984.5	294.1	149.9	210.0	29.4	30.0
1985	43.2	1163.9	361.4	180.8	213.7	36.1	63.1
1986	46.0	1347.7	333.7	254.8	234.8	44.2	125.1
1987	50.8	1667.9	426.4	322.4	248.9	64.1	202.9
1988	54.5	1666.1	434.4	256.0	272.1	79.2	183.0
1989	53.5	1831.9	449.9	456.1	256.5	87.4	140.4
1990	54.0	1874.4	431.9	485.5	235.3	85.9	145.6
1991	54.2	2176.1	454.0	633.3	249.8	91.6	198.1
1992	56.0	2440.1	655.6	516.0	284.6	112.5	245.1
1993	60.0	3011.2	907.0	656.1	321.7	135.5	270.1
1994	58.8	3499.8	1112.9	680.5	404.3	152.2	289.8
1995	58.8	4214.6	1400.8	822.5	494.2	174.2	312.5
1996	59.3	4652.8	1704.7	845.7	580.7	188.3	253.6
1997	61.3	5089.3	1721.9	1010.2	641.5	203.3	289.2
1998	66.5	5452.9	1948.1	859.0	727.5	235.8	351.8
1999	67.6	6237.6	2080.2	1078.7	774.2	270.8	419.4
2000	68.3	6225.1	2043.1	878.3	841.2	328.2	494.1
2001	70.2	6658.0	2001.5	1160.7	879.6	368.0	527.2
2002	74.5	6952.0	1924.1	1199.0	930.9	447.9	555.7
2003	76.8	14517.4	2110.2	1345.4	979.8	517.6	590.3
2004	83.5	15340.9	2367.5	1495.8	1064.2	567.5	605.6
2005	93.5	16120.1	2401.1	1591.9	1132.4	579.4	651.8
2006	102.8	17102.0	2605.9	1789.8	1198.6	627.1	690.1
2007	117.0	17659.4	2734.7	2036.4	1258.8	670.9	764.0
2008	125.5	18279.1	2899.5	2297.0	1296.4	698.2	748.4
2009	135.1	19093.7	3047.5	2471.7	1343.6	764.9	829.6
2010	146.2	20095.4	3164.9	2581.7	1409.5	813.5	884.1
2011	160.8	21018.6	3367.3	2864.1	1448.6	857.7	946.1
2012	176.1	22091.5	3581.4	3089.4	1550.4	1000.6	1036.0
2013	188.7	22748.1	3629.8	3196.4	1544.4	1088.5	1103.0
2014	204.9	23302.6	3735.4	3362.2	1581.9	1173.1	1062.2
2015	227.7	24524.6	3889.9	3617.5	1652.7	1316.4	1062.7
2016	231.3	24405.2	4039.3	3591.5	1596.3	1262.9	1094.0
2017	246.0	25241.9	4139.0	3816.8	1641.0	1308.3	1117.0
2018	261.0	25688.4	3923.3	4138.1	1607.8	1366.7	1122.2
2019	277.7	27400.8	4242.5	4584.5	1731.4	1419.5	1165.6

注：2003年起，水果产量包括种植业中的瓜果类产量(后同)。

7-30 茶叶、水果主要品种面积和产量

指　标	单　位	1990年	1995年	2000年	2016年	2017年	2018年	2019年	2019年为2018年百分比(%)
一、茶叶生产情况									
年末实有茶园面积	千公顷	1061.3	1115.3	1089.0	2722.8	2848.7	2985.8	3104.8	104.0
茶叶产量	吨	540070	588423	683324	2313274	2460409	2610393	2777204	106.4
绿茶	吨	332502	413784	498057	1552499	1638155	1734558	1849861	106.6
青茶	吨	33411	55372	67608	254609	266711	278160	300356	108.0
红茶	吨	109680	52003	47294	206505	225501	233307	258307	110.7
黑茶	吨	25026	17476	22558	143682	162867	176946	192066	108.5
黄茶	吨				686	516	2743	8563	312.1
白茶	吨				19480	24596	36607	45087	123.2
其他茶	吨	39451	49918	47807	135739	141933	148071	122965	83.0
二、水果生产情况									
年末果园面积	千公顷	5178.7	8091.1	8931.6	10916.6	11148.6	11874.9	12276.7	103.4
#香蕉园	千公顷	108.8	189.8	249.2	350.1	351.0	331.9	330.3	99.5
苹果园	千公顷	1633.1	2953.1	2254.1	1945.5	1946.9	1938.6	1978.1	102.0
柑橘园	千公顷	1061.2	1214.1	1271.8	2327.6	2439.0	2486.7	2617.3	105.3
梨　园	千公顷	480.7	859.4	1014.6	930.8	922.8	943.4	940.7	99.7
葡萄园	千公顷	122.6	152.5	283.0	716.2	706.5	725.1	726.2	100.1
园林水果产量	万吨	1874.4	4214.6	6225.1	16202.9	16949.4	17565.3	19037.7	108.4
#香蕉	万吨	145.6	312.5	494.1	1094.0	1117.0	1122.2	1165.6	103.9
苹果	万吨	431.9	1400.8	2043.1	4039.3	4139.0	3923.3	4242.5	108.1
柑橘	万吨	485.5	822.5	878.3	3591.5	3816.8	4138.1	4584.5	110.8
梨	万吨	235.3	494.2	841.2	1596.3	1641.0	1607.8	1731.4	107.7
葡萄	万吨	85.9	174.2	328.2	1262.9	1308.3	1366.7	1419.5	103.9
菠萝	万吨	46.3	53.9	85.7	139.9	149.5	162.5	173.3	106.7
红枣	万吨	42.3	78.2	130.6	685.1	721.3	735.8	746.4	101.4
柿子	万吨	62.5	96.9	159.2	296.7	302.9	314.3	329.4	104.8

7-31 各地区茶园面积和茶叶产量

单位：千公顷、吨

地区	年末实有茶园面积		本年采摘面积		茶叶产量		绿茶	
	2018年	2019年	2018年	2019年	2018年	2019年	2018年	2019年
全国	**2985.8**	**3104.8**	**2310.8**	**2469.8**	**2610393**	**2777204**	**1734558**	**1849861**
北京								
天津								
河北	0.0	0.0	0.0	0.0	3	5	3	5
山西	0.1	0.2	0.1	0.2	18	101		
内蒙古								
辽宁								
吉林								
黑龙江								
上海	0.1	0.1	0.1	0.1	7	72	6	71
江苏	33.7	33.8	31.3	30.3	14037	14332	10700	10736
浙江	200.5	201.4	180.6	182.7	175170	177184	169079	171023
安徽	176.3	187.1	151.5	165.6	112440	121980	102230	106308
福建	210.9	219.8	199.2	203.3	418337	439931	126175	127656
江西	103.5	109.1	79.2	85.2	65362	66778	51690	52341
山东	23.1	25.1	17.8	18.2	22232	24756	22232	24756
河南	115.7	114.6	97.9	94.9	63427	65271	58012	60973
湖北	321.5	347.7	232.7	264.8	329831	352517	235352	241235
湖南	165.0	174.9	122.3	131.3	214687	233450	95115	104398
广东	63.4	72.2	50.7	57.8	99871	110775	41193	44816
广西	71.7	77.3	58.5	67.4	75183	82761	49756	56020
海南	2.0	1.8	1.3	1.3	1138	1267	542	688
重庆	42.4	47.5	31.2	32.9	41994	44807	36592	39323
四川	375.4	387.0	277.0	295.0	300715	325363	249345	269815
贵州	465.8	464.4	284.7	312.7	180318	197844	144469	158300
云南	466.6	480.9	397.1	416.5	423259	437168	275740	308605
西藏		2.4		0.5		116		6
陕西	135.9	145.2	91.1	102.6	71038	79264	65000	71326
甘肃	12.1	12.3	6.5	6.4	1327	1461	1327	1461
青海								
宁夏								
新疆								

7-31 续表 1

单位：吨

地区	青茶		红茶		黑茶	
	2018年	2019年	2018年	2019年	2018年	2019年
全国	**278160**	**300356**	**233307**	**258307**	**176946**	**192066**
北京						
天津						
河北						
山西						
内蒙古						
辽宁						
吉林						
黑龙江						
上海			1	1		
江苏	30	7	3257	3589	50	
浙江			1375	1391	3144	3180
安徽	37	39	6448	6916	150	150
福建	215855	227323	49012	52455		
江西	717	717	8095	8548	41	56
山东						
河南			5407	4084		21
湖北	1163	8271	33397	36957	50760	54428
湖南	2415	2565	22848	23512	87695	95690
广东	43907	48898	6750	9697		
广西	3202	545	14445	18703	2598	3002
海南			392	363		
重庆	62	71	3926	3926		19
四川	5298	4313	7137	10443	20490	23161
贵州	576	1270	13421	16720	10095	8889
云南	4898	6337	53283	56550		
西藏				2		
陕西			4114	4450	1924	3470
甘肃						
青海						
宁夏						
新疆						

7-31 续表 2 单位：吨

地区	黄茶		白茶		其他茶	
	2018年	2019年	2018年	2019年	2018年	2019年
全国	**2743**	**8563**	**36607**	**45087**	**148071**	**122965**
北京						
天津						
河北						
山西					18	101
内蒙古						
辽宁						
吉林						
黑龙江						
上海						
江苏						
浙江					1572	1590
安徽	702	5744	1455	1473	1418	1350
福建			25796	31815	1499	682
江西	250	231	1404	1666	3165	3219
山东						
河南				193	8	
湖北	266	720	2450	2608	6443	8298
湖南	386	743	967	932	5261	5610
广东	1034	794			6987	6570
广西			2	173	5180	4319
海南					204	217
重庆			18	71	1396	1397
四川	95	227	356	697	17994	16707
贵州	10	86	4155	5446	7593	7134
云南	0	0	5	9	89333	65668
西藏				5		104
陕西		18				
甘肃						
青海						
宁夏						
新疆						

7-32 各地区果园面积

单位：千公顷

地区	年末实有果园面积		#香蕉园		#苹果园	
	2018年	2019年	2018年	2019年	2018年	2019年
全国	**11874.9**	**12276.7**	**331.9**	**330.3**	**1938.6**	**1978.1**
北京	46.4	43.8			6.5	6.4
天津	28.6	26.6			3.1	2.9
河北	529.7	506.0			119.5	125.3
山西	363.3	374.9			147.5	145.9
内蒙古	83.1	97.5			25.5	31.5
辽宁	352.1	352.7			137.1	136.5
吉林	24.7	26.5			5.9	5.9
黑龙江	20.4	29.7			8.7	9.1
上海	14.5	13.4				
江苏	204.5	199.5			29.4	28.6
浙江	323.5	321.5				
安徽	142.0	160.3			12.1	11.8
福建	331.8	344.1	11.3	11.6		0.0
江西	411.7	420.1				
山东	574.7	585.3			258.0	246.6
河南	434.1	432.3			129.1	119.3
湖北	366.2	380.9			1.0	1.0
湖南	517.0	535.9				
广东	982.3	1007.0	108.7	111.3		
广西	1263.6	1331.9	82.7	78.5		
海南	170.7	171.4	34.8	33.3		
重庆	307.4	321.4	0.5	0.5	0.7	0.6
四川	744.5	776.5	1.8	1.9	43.7	45.5
贵州	580.3	684.5	6.4	8.7	18.1	35.5
云南	599.8	628.4	85.7	84.5	52.0	54.8
西藏		5.4				2.7
陕西	1113.9	1134.2			597.6	614.6
甘肃	313.7	319.0			234.4	241.1
青海	7.4	7.6			0.8	0.8
宁夏	92.4	103.0			28.0	28.0
新疆	930.7	935.4			79.9	83.8

7-32 续表 单位：千公顷

地区	#柑橘园		#梨园		#葡萄园	
	2018年	2019年	2018年	2019年	2018年	2019年
全国	**2486.7**	**2617.3**	**943.4**	**940.7**	**725.1**	**726.2**
北京			6.6	6.1	2.4	2.2
天津			5.2	5.1	4.4	4.1
河北			120.3	117.9	41.8	43.9
山西			39.3	44.2	13.0	14.2
内蒙古			7.0	7.8	6.4	6.1
辽宁			91.2	91.2	32.7	32.3
吉林			6.6	7.6	6.1	5.8
黑龙江			2.5	2.6	3.8	2.8
上海	3.8	3.5	1.8	1.8	3.4	3.0
江苏	2.3	2.2	39.9	36.2	39.9	34.8
浙江	88.2	88.6	21.4	20.3	32.6	32.8
安徽	2.0	2.2	40.0	40.5	24.5	26.7
福建	131.7	138.5	13.8	13.9	9.7	9.9
江西	326.8	336.0	22.5	22.3	8.0	8.2
山东			35.0	34.3	36.2	36.5
河南	8.5	4.5	63.4	65.5	39.0	42.0
湖北	227.2	232.8	23.9	24.5	15.5	15.7
湖南	384.3	399.9	33.6	33.7	26.0	26.6
广东	231.1	236.3	8.3	8.4		
广西	388.2	438.5	22.8	23.0	33.5	32.8
海南	7.3	8.3				
重庆	212.4	221.7	24.1	22.5	9.5	9.2
四川	306.2	323.1	68.8	67.4	32.4	35.5
贵州	67.6	72.8	47.4	50.0	30.6	30.8
云南	75.3	84.3	61.4	59.7	41.0	39.5
西藏		0.2		0.3		0.1
陕西	23.5	23.7	46.6	44.6	46.7	47.0
甘肃	0.2	0.2	20.0	19.0	17.0	16.0
青海			0.4	0.4	0.1	0.0
宁夏			1.4	1.6	26.1	27.2
新疆			68.3	68.3	142.9	140.6

7-33 各地区水果产量

单位：万吨

地区	水果产量		#香蕉		#苹果	
	2018年	2019年	2018年	2019年	2018年	2019年
全国	**25688.4**	**27400.8**	**1122.2**	**1165.6**	**3923.3**	**4242.5**
北京	61.5	59.9			4.3	4.7
天津	62.5	57.4			3.6	3.4
河北	1347.9	1391.5			220.1	221.6
山西	750.5	862.7			376.5	421.9
内蒙古	264.2	280.4			13.6	21.1
辽宁	788.9	820.7			237.0	248.8
吉林	148.1	153.9			5.6	5.3
黑龙江	170.8	165.0			13.8	13.8
上海	54.3	48.1				
江苏	934.1	983.6			40.5	54.0
浙江	743.6	744.1				
安徽	643.8	706.3			36.4	37.4
福建	683.1	727.2	42.1	44.8		0.0
江西	684.4	693.3				
山东	2788.8	2840.2			952.2	950.2
河南	2492.8	2589.7			402.7	408.8
湖北	998.0	1010.2			1.0	0.8
湖南	1016.8	1062.0				
广东	1669.2	1768.6	422.8	464.8		
广西	2116.6	2472.1	323.2	311.0		
海南	430.4	456.1	121.6	121.8		
重庆	431.3	476.4	0.1	0.1	0.4	0.6
四川	1080.7	1136.7	4.9	5.0	72.6	76.5
贵州	369.5	442.0	4.0	6.6	9.1	20.3
云南	813.4	860.3	203.5	211.4	51.9	55.0
西藏	0.3	2.4				1.0
陕西	1835.1	2012.8			1008.7	1135.6
甘肃	609.3	710.1			291.5	340.5
青海	3.5	3.7			0.4	0.4
宁夏	197.2	258.6			18.2	50.2
新疆	1497.8	1604.8			163.3	170.7

7-33　续表 1　　　　单位：万吨

地　区	#柑　橘		#梨		#葡　萄	
	2018年	2019年	2018年	2019年	2018年	2019年
全　国	**4138.1**	**4584.5**	**1607.8**	**1731.4**	**1366.7**	**1419.5**
北　京			7.9	7.5	2.2	2.1
天　津			8.4	7.3	10.2	10.1
河　北			329.7	363.2	113.4	118.8
山　西			63.7	86.1	28.4	31.2
内蒙古			7.0	8.4	6.1	5.7
辽　宁			126.3	130.5	76.2	78.2
吉　林			5.7	8.4	11.3	8.9
黑龙江			4.3	6.4	8.7	5.4
上　海	10.7	10.8	3.8	3.7	6.6	6.3
江　苏	3.0	2.9	70.4	77.8	67.1	65.2
浙　江	183.7	183.4	38.3	38.1	76.8	77.0
安　徽	2.3	3.1	122.6	125.4	48.2	53.4
福　建	339.2	365.8	17.5	19.1	20.8	21.8
江　西	410.8	413.2	16.3	16.5	8.6	8.8
山　东			101.1	104.2	109.4	112.5
河　南	3.9	4.6	122.9	137.4	77.0	83.2
湖　北	488.1	478.2	37.3	40.4	27.9	29.8
湖　南	528.6	560.5	19.7	19.5	18.5	20.7
广　东	437.2	464.8	11.3	11.9		
广　西	836.5	1124.5	40.2	43.8	55.9	60.1
海　南	7.0	8.5				
重　庆	261.2	295.1	29.0	30.7	11.7	11.9
四　川	433.0	457.7	94.7	94.3	37.6	40.7
贵　州	47.9	52.4	35.9	39.7	31.3	32.0
云　南	98.1	108.6	57.6	57.3	101.3	95.1
西　藏		0.1		0.1		0.1
陕　西	46.9	50.4	99.7	104.6	72.8	76.7
甘　肃	0.1	0.1	19.0	25.3	25.3	26.2
青　海			0.4	0.4	0.0	0.0
宁　夏			0.9	1.5	19.9	24.5
新　疆			116.2	121.7	293.5	313.2

7-33 续表 2 单位：万吨

地区	#菠萝		#红枣		#柿子	
	2018年	2019年	2018年	2019年	2018年	2019年
全国	**162.5**	**173.3**	**735.8**	**746.4**	**314.3**	**329.4**
北京			0.9	0.8	2.3	1.9
天津			7.1	1.6	1.4	1.4
河北			77.1	78.0	30.3	29.3
山西			66.2	65.7	13.3	18.8
内蒙古			0.2	0.3		0.0
辽宁			10.5	11.4		
吉林						
黑龙江						
上海			0.0	0.0	0.1	0.0
江苏			0.4	0.3	9.3	7.8
浙江					5.7	5.7
安徽			1.5	2.4	12.9	10.1
福建	2.4	1.7			10.3	11.5
江西					3.0	2.8
山东			66.2	63.1	11.5	10.9
河南			25.2	18.3	48.4	46.4
湖北			3.3	3.1	5.2	5.0
湖南			3.3	3.4	2.3	2.4
广东	102.3	111.0			12.8	13.7
广西	3.6	3.7	3.0	3.1	99.8	110.6
海南	44.0	45.2				
重庆			1.1	1.1	1.4	1.4
四川	0.0	0.1	1.8	1.8	5.9	5.7
贵州	0.0		0.3	0.4	1.2	1.8
云南	10.1	11.7	3.5	2.6	9.1	9.2
西藏						
陕西			88.0	99.9	26.1	28.7
甘肃			9.1	9.1	1.8	4.3
青海						
宁夏			5.7	7.1		
新疆			361.2	372.8		

7-33 续表 3

单位：万吨

地 区	#瓜果类		#西 瓜		#甜 瓜	
	2018年	2019年	2018年	2019年	2018年	2019年
全 国	**8123.1**	**8363.1**	**6153.7**	**6324.1**	**1315.9**	**1355.7**
北 京	15.1	14.3	13.2	12.5	0.3	0.2
天 津	22.6	21.7	18.9	18.7	2.8	2.1
河 北	391.0	387.1	244.5	251.8	98.0	89.4
山 西	53.0	54.5	43.0	45.1	6.9	7.4
内 蒙 古	225.2	230.2	146.4	144.5	72.0	81.2
辽 宁	212.4	215.6	126.0	130.8	40.8	37.6
吉 林	122.5	127.7	88.1	93.2	32.4	32.8
黑 龙 江	141.3	131.8	94.6	80.1	41.7	46.1
上 海	24.8	20.0	17.8	15.2	4.3	2.6
江 苏	645.5	661.4	477.5	495.6	87.9	85.3
浙 江	285.7	283.7	207.6	203.6	45.5	46.4
安 徽	317.9	355.9	270.9	298.6	8.4	10.7
福 建	43.3	45.6	35.2	38.1	2.9	3.4
江 西	214.2	219.0	186.8	191.1	16.8	17.0
山 东	1115.0	1100.5	810.3	770.6	202.6	210.9
河 南	1585.4	1638.9	1364.3	1417.2	197.0	187.3
湖 北	342.5	349.2	284.0	287.5	41.5	43.8
湖 南	388.1	393.0	327.5	337.3	42.2	45.5
广 东	121.3	124.2	90.3	93.2	12.6	13.1
广 西	326.0	332.0	289.7	294.4	30.5	30.8
海 南	108.3	123.2	48.0	50.9	3.7	3.0
重 庆	58.5	60.5	54.2	56.1	0.7	0.9
四 川	132.3	135.9	107.1	113.0	1.4	1.6
贵 州	75.7	75.1	54.4	51.7	2.9	2.8
云 南	56.2	57.6	43.7	41.5	2.8	3.0
西 藏	0.3	0.4	0.2	0.3	0.0	0.0
陕 西	269.1	279.4	169.1	177.1	71.7	72.4
甘 肃	239.2	271.6	165.9	194.9	34.0	52.6
青 海	2.1	2.0	1.4	1.1	0.0	0.0
宁 夏	149.6	165.0	138.9	154.2	10.2	10.2
新 疆	438.9	486.0	234.3	264.3	201.4	215.6

7-34 营林面积和主要林产品产量

指　　标	单　位	1990年	1995年	2000年	2016年	2017年	2018年	2019年	2019年为2018年百分比(%)
一、营林情况									
1.人工造林面积	千公顷	4353.4	4405.4	4345.0	3823.7	4295.9	3678.0	3458.3	94.0
2.飞播造林面积	千公顷	855.1	561.8	760.1	162.3	141.2	135.4	125.6	92.7
3.当年新封山(沙)育林面积	千公顷	5208.5	4967.2	5105.1	1953.6	1657.2	1785.1	1898.3	106.3
4.退化林修复面积	千公顷				991.1	1281.0	1329.2	1537.9	115.7
5.人工更新面积	千公顷	671.5	729.7	919.8	272.8	305.4	371.9	370.2	99.6
6.森林抚育面积	千公顷				8500.4	8856.4	8676.0	8477.6	97.7
7.育苗面积	千公顷	213.5	206.0	278.6	1407.4	1419.2	1427.1	1415.6	99.2
二、主要林产品产量									
板　栗	吨				2289212	2364548	2272867	2198130	96.7
竹笋干	吨	83551	174588	339084	770705	858083	805691	1032505	128.2
油茶籽	吨	523313	623128	823224	2164440	2431647	2629796	2679270	101.9
核　桃	吨				3645170	4171386	3820720	4689184	122.7
紫胶(原胶)	吨	1421	3486	1419	7980	7579	6160	6549	106.3
三、木竹采伐									
木材(商品材)	万立方米				7776	8398	8811	10045.9	114.0
竹材	万根				250630	272013	315517	314479.7	99.7

注：自2015年起，根据国家林业局提供的数据，林业面积指标有较大的调整。

7-35 各地区造林面积

单位：千公顷

地区	人工造林面积		飞播造林面积		当年新封山(沙)育林面积	
	2018年	2019年	2018年	2019年	2018年	2019年
全国	**3678.0**	**3458.3**	**135.4**	**125.6**	**1785.1**	**1898.3**
北京	18.4	18.7			10.0	15.4
天津	8.6	16.5				
河北	359.0	351.0	14.9	21.4	223.8	140.2
山西	308.0	275.0			32.1	58.3
内蒙古	318.0	371.3	61.1	32.2	107.5	121.4
辽宁	62.4	49.0	13.3	13.3	55.3	55.3
吉林	48.3	24.6				
黑龙江	45.7	43.0			30.9	28.6
上海	3.2	5.0				
江苏	41.3	32.4				
浙江	7.5	6.3			1.8	1.3
安徽	55.7	51.3			40.0	40.4
福建	6.5	6.7			112.8	142.8
江西	88.6	67.0			70.2	74.3
山东	118.7	125.4				
河南	137.3	164.8	13.3	13.3	18.9	18.3
湖北	143.8	138.5			63.2	192.5
湖南	188.1	192.0			168.0	162.7
广东	85.2	22.1			99.8	93.2
广西	46.8	34.5			29.4	43.2
海南	2.7	3.1				
重庆	110.1	146.5			62.2	53.3
四川	258.0	136.6		0.1	70.7	126.6
贵州	205.9	142.5			84.3	101.6
云南	261.1	261.2			67.7	53.9
西藏	39.9	36.0			35.2	51.1
陕西	160.9	151.4	27.0	45.0	75.2	79.4
甘肃	296.0	260.0	0.7		85.4	85.2
青海	70.0	128.7			135.9	67.7
宁夏	44.8	63.1			14.9	12.4
新疆	134.9	131.7	5.0	0.3	89.7	79.4
大兴安岭	2.7	2.4				
军事管理区						

7-35 续表 1 单位：千公顷

地区	退化林修复面积		人工更新面积	
	2018年	2019年	2018年	2019年
全　国	**1329.2**	**1537.9**	**371.9**	**370.2**
北　京	0.7		0.8	
天　津		0.0		
河　北	0.2	3.9	2.9	4.2
山　西		14.1		
内蒙古	92.5	187.7	20.8	7.7
辽　宁	25.7	29.5	11.3	10.5
吉　林	62.7	69.9	11.7	8.4
黑龙江	19.7	42.2	0.4	4.4
上　海				
江　苏	0.1	0.2	1.9	11.8
浙　江	47.0	61.4	7.4	6.5
安　徽	38.8	46.1	4.0	1.0
福　建	18.9	16.9	55.1	47.6
江　西	144.8	122.7	4.6	5.4
山　东	3.2	18.1	25.5	24.8
河　南	4.1	0.1		
湖　北	119.6	136.2	4.1	5.9
湖　南	223.8	213.9	4.4	5.9
广　东	63.7	69.9	21.8	59.5
广　西	6.1	5.9	165.5	136.5
海　南		0.1	7.8	12.6
重　庆	89.5	75.4	8.2	
四　川	96.1	129.8	12.0	7.3
贵　州	56.4	95.4		7.5
云　南	45.9	38.4	0.1	0.3
西　藏				
陕　西	85.0	57.3		0.3
甘　肃	10.7	23.9		
青　海		24.2		
宁　夏	40.3	16.8		
新　疆	12.8	16.0	1.5	2.0
大兴安岭	20.9	22.0		
军事管理区				

7-35 续表 2 单位：千公顷

地区	森林抚育面积		育苗面积	
	2018年	2019年	2018年	2019年
全国	**8676.0**	**8477.6**	**1427.1**	**1415.6**
北京	96.3	104.9	14.9	14.8
天津	49.0	52.3	13.8	13.1
河北	449.1	254.2	95.4	99.5
山西	62.4	72.1	74.6	77.2
内蒙古	667.6	679.1	46.5	42.9
辽宁	99.4	46.7	28.1	22.0
吉林	214.2	230.9	11.7	10.3
黑龙江	588.2	620.8	7.7	7.6
上海	26.7	24.8	3.2	8.3
江苏	73.9	66.7	173.2	205.2
浙江	128.6	72.7	139.6	138.1
安徽	553.8	510.9	86.2	101.0
福建	394.0	359.5	8.5	0.7
江西	378.1	394.6	98.8	101.4
山东	203.0	188.4	182.3	180.7
河南	301.9	303.0	53.8	62.2
湖北	273.3	299.4	42.1	51.0
湖南	473.4	473.0	13.5	1.8
广东	504.6	502.6	4.1	2.3
广西	860.7	839.3	11.9	7.7
海南	49.2	43.8	1.6	1.3
重庆	156.7	156.6	19.5	20.2
四川	198.6	208.1	41.8	21.7
贵州	400.0	403.0	16.9	7.4
云南	169.9	70.5	13.3	3.1
西藏	22.7	37.8	4.3	1.6
陕西	166.9	218.8	98.0	99.9
甘肃	147.4	185.5	47.4	39.9
青海	38.3	60.6	8.9	9.0
宁夏	26.7	30.6	29.2	28.7
新疆	670.7	735.8	36.2	34.6
大兴安岭军事管理区	230.6	230.6	0.1	0.2

7-36　各地区主要林产品产量

单位：吨

地　区	油茶籽		竹笋干		紫　胶	
	2018年	2019年	2018年	2019年	2018年	2019年
全　国	**2629796**	**2679270**	**805691**	**1032505**	**6160**	**6549**
北　京						
天　津						
河　北						
山　西						
内蒙古						
辽　宁						
吉　林						
黑龙江						
上　海			169	144		
江　苏	260	152	805	727		
浙　江	68523	74022	197434	191223		
安　徽	97267	94096	33107	41228		
福　建	174154	130330	204101	214917	3565	
江　西	455454	421686	49482	60796		
山　东						
河　南	49134	54822	1593	1507		
湖　北	194836	209419	16547	19891		
湖　南	1010844	1100375	71911	64342		
广　东	149194	161528	54779	60677	573	656
广　西	273000	265059	33804	180536		
海　南	3844	21906	622	363		
重　庆	10518	12929	29499	28132		
四　川	23119	19792	72900	104802		
贵　州	83090	70750	17143	17834		
云　南	20043	25193	17344	40961	2022	5893
西　藏	2	9				
陕　西	16514	17202	4446	4424		
甘　肃			5	1		
青　海						
宁　夏						
新　疆						

注：竹笋干即为竹笋片。

7-37 主要牲畜出栏量和畜产品产量及增长情况

指标	单位	1999年	2000年	2016年	2017年	2018年	2019年	2019年为2018年百分比(%)
一、牲畜出栏量								
1.大牲畜出栏								
牛	万头	3766.2	3806.9	4265.0	4340.3	4397.5	4533.9	103.1
马	万头	136.1	146.1	98.1	92.9	92.1	100.0	108.6
驴	万头	194.3	201.7	102.3	106.6	105.7	113.9	107.7
骡	万头	59.2	65.3	15.1	15.8	15.0	13.0	86.8
骆驼	万头	6.7	6.7	7.9	7.6	10.1	12.9	128.2
2.猪	万头	51977.2	51862.3	70073.9	70202.1	69382.4	54419.2	78.4
3.羊	万只	18820.4	19653.4	30005.3	30797.7	31010.5	31698.9	102.2
4.家禽	亿只	74.3	82.6	132.0	130.2	130.9	146.4	111.9
5.兔	万只	22103.0	25878.2	35056.7	31955.3	31670.9	31323.1	98.9
二、肉类总产量	**万吨**	**5949.0**	**6013.9**	**8628.3**	**8654.4**	**8624.6**	**7758.8**	**90.0**
#猪牛羊肉产量	万吨	4762.3	4743.2	6502.6	6557.5	6522.9	5410.1	82.9
猪肉产量	万吨	4005.6	3966.0	5425.5	5451.8	5403.7	4255.3	78.7
平均每头产肉量	千克/头	77.1	76.5	77.4	77.7	77.9	78.2	100.4
牛肉产量	万吨	505.4	513.1	616.9	634.6	644.1	667.3	103.6
平均每头产肉量	千克/头	134.2	134.8	144.6	146.2	146.5	147.2	100.5
羊肉产量	万吨	251.3	264.1	460.3	471.1	475.1	487.5	102.6
平均每只产肉量	千克/只	13.5	13.4	15.3	15.3	15.3	15.4	100.4
禽肉产量	万吨	1115.5	1191.1	2001.7	1981.7	1993.7	2238.6	112.3
兔肉产量	万吨	31.0	37.0	53.5	46.9	46.6	45.8	98.3
三、其他畜产品产量								
奶类产量	万吨	806.9	919.1	3173.9	3148.6	3176.8	3297.6	103.8
#牛奶产量	万吨	717.6	827.4	3064.0	3038.6	3074.6	3201.2	104.1
山羊粗毛产量	吨	31849	33266	35785	32863	26965	24875.3	92.3
绵羊毛产量	吨	283152	292502	411642	410523	356608	341120.2	95.7
#细羊毛	吨	114103	117386	129164	127921	117891	108972.8	92.4
半细羊毛	吨	73700	84921	137973	133458	120430	113283.8	94.1
山羊绒产量	吨	10180	11057	18844	17852	15438	14964.4	96.9
蜂蜜产量	万吨	23.0	24.6	55.5	54.3	44.7	44.4	99.4
禽蛋产量	万吨	2134.7	2182.0	3160.5	3096.3	3128.3	3309.0	105.8
蚕茧产量	吨	484702	547613	803419	817442	830901	832914.4	100.2
#桑蚕茧	吨	447261	500640	737688	750885	763739	771826.2	101.1
柞蚕茧	吨	37234	46782	65730	66556	67162	61088.2	91.0

注：1.本年鉴中2000-2006年畜牧业数据根据第二次全国农业普查结果进行了修订。
2.根据第三次全国农业普查结果，对2007-2017年畜牧业数据进行了修订(下同)。

7-38 2019年各地区主要牲畜出栏量

单位：万头、万只

地 区	当年出栏肉猪	当年出栏肉牛	当年出栏肉羊	当年出栏家禽
全 国	**54419.2**	**4533.9**	**31698.9**	**1464062.2**
北 京	28.4	4.2	22.6	1113.1
天 津	197.8	14.1	34.2	6786.5
河 北	3119.8	349.1	2234.5	66628.3
山 西	739.9	44.8	554.6	14055.6
内 蒙 古	758.4	383.3	6458.3	10598.0
辽 宁	2240.2	188.1	601.6	81610.3
吉 林	1361.1	258.7	392.8	48804.6
黑 龙 江	1701.5	281.0	751.4	25900.1
上 海	117.8	0.0	14.0	844.5
江 苏	1921.8	16.1	639.4	69960.9
浙 江	756.1	8.6	134.5	19501.2
安 徽	2292.6	61.8	1314.1	103151.2
福 建	1297.3	19.6	155.9	99437.8
江 西	2546.8	125.2	144.1	53954.6
山 东	3176.4	345.9	2701.1	230749.6
河 南	4502.1	238.4	2301.1	108816.0
湖 北	3189.2	109.5	615.9	59394.0
湖 南	4812.9	162.5	971.5	51057.0
广 东	2940.2	33.3	110.9	121183.5
广 西	2505.8	124.6	217.5	101660.6
海 南	370.3	22.8	87.2	18403.7
重 庆	1480.4	54.9	449.4	22415.2
四 川	4852.6	291.7	1780.2	78756.6
贵 州	1678.6	168.6	293.6	15004.8
云 南	3423.1	326.4	1137.2	31598.6
西 藏	12.6	137.5	332.8	176.0
陕 西	1036.6	57.6	589.3	6324.5
甘 肃	648.7	214.8	1548.2	4175.2
青 海	98.8	148.1	804.4	498.2
宁 夏	96.6	71.9	579.7	1723.9
新 疆	515.0	270.9	3727.0	9778.2

注：从2000年开始，牲畜出栏量使用抽样调查推算数。

7-39 2019年各地区肉类总产量

单位：万吨

地区	肉类总产量	#猪牛羊肉				禽肉
			猪肉	牛肉	羊肉	
全国	**7758.8**	**5410.1**	**4255.3**	**667.3**	**487.5**	**2238.6**
北京	5.1	3.4	2.3	0.7	0.4	1.7
天津	30.4	19.0	15.6	2.5	0.8	11.3
河北	433.4	330.1	241.9	57.2	31.0	99.5
山西	91.0	71.4	56.8	6.6	8.0	18.7
内蒙古	264.6	236.1	62.6	63.8	109.8	20.7
辽宁	367.9	225.8	189.4	29.6	6.8	139.8
吉林	243.2	154.9	108.3	41.9	4.7	86.9
黑龙江	237.1	193.4	135.2	45.5	12.7	42.3
上海	10.8	9.1	8.9	0.0	0.2	1.3
江苏	274.5	155.6	146.2	2.9	6.5	115.2
浙江	94.3	63.7	60.2	1.3	2.3	29.9
安徽	402.8	226.1	197.8	9.5	18.8	174.6
福建	255.2	107.4	103.0	2.1	2.2	141.9
江西	299.8	222.2	206.8	13.1	2.3	75.9
山东	704.0	364.9	254.7	73.3	36.9	333.7
河南	560.4	408.8	344.4	36.2	28.1	145.2
湖北	349.2	268.8	243.0	16.0	9.9	79.5
湖南	459.4	383.4	348.5	19.0	15.9	73.4
广东	412.1	228.0	221.9	4.1	2.0	176.2
广西	380.0	208.0	192.1	12.4	3.5	162.9
海南	67.1	32.9	29.5	2.2	1.2	32.7
重庆	163.8	126.1	112.1	7.3	6.8	34.1
四川	559.5	417.0	353.4	36.4	27.1	119.7
贵州	205.9	176.8	150.3	21.5	5.0	25.7
云南	405.9	346.6	287.5	39.0	20.0	57.8
西藏	28.4	27.8	0.8	21.2	5.8	0.3
陕西	109.5	98.7	80.9	8.5	9.3	10.2
甘肃	101.7	95.7	48.0	22.7	25.0	4.8
青海	37.4	36.3	7.7	14.6	13.9	0.9
宁夏	33.5	29.7	7.8	11.5	10.4	3.6
新疆	170.7	142.5	37.6	44.5	60.3	18.1

7-40　各地区其他畜产品产量

单位：万吨

地区	奶类		#牛奶		蜂蜜		禽蛋	
	2018年	2019年	2018年	2019年	2018年	2019年	2018年	2019年
全　国	**3176.8**	**3297.6**	**3074.6**	**3201.2**	**44.7**	**44.4**	**3128.3**	**3309.0**
北　京	31.1	26.4	31.1	26.4	0.1	0.1	11.2	9.6
天　津	48.0	47.4	48.0	47.4	0.0	0.0	19.4	19.4
河　北	391.1	433.8	384.8	428.7	1.1	1.1	378.0	385.9
山　西	81.7	92.3	81.1	91.8	0.6	0.7	102.6	111.4
内蒙古	571.8	582.9	565.6	577.2	0.4	0.2	55.2	58.1
辽　宁	132.6	134.7	131.8	133.9	0.3	0.3	297.2	307.9
吉　林	39.0	40.0	38.8	39.9	1.1	1.2	117.1	121.5
黑龙江	458.5	467.0	455.9	465.2	1.9	1.7	108.5	114.3
上　海	33.4	29.7	33.4	29.7	0.1	0.1	3.2	2.9
江　苏	50.0	62.4	50.0	62.4	0.5	0.4	178.0	212.3
浙　江	15.8	15.5	15.7	15.5	6.6	6.6	31.5	33.6
安　徽	30.8	33.8	30.8	33.8	2.1	1.8	158.3	168.7
福　建	14.3	15.0	13.8	14.5	1.6	1.7	44.3	48.6
江　西	9.6	7.3	9.6	7.3	1.8	2.0	47.0	57.2
山　东	232.5	234.5	225.1	228.0	0.4	0.4	447.0	450.1
河　南	208.9	208.5	202.7	204.1	6.1	6.1	413.6	442.4
湖　北	12.8	13.4	12.8	13.4	2.3	2.3	171.5	178.8
湖　南	6.2	6.3	6.2	6.3	1.0	1.1	105.4	114.7
广　东	13.9	13.9	13.9	13.9	2.4	2.6	39.2	41.5
广　西	8.9	8.7	8.9	8.7	1.6	1.8	22.3	25.1
海　南	0.2	0.2	0.2	0.2	0.1	0.1	4.7	4.8
重　庆	4.9	4.2	4.9	4.2	2.2	2.1	41.5	43.5
四　川	64.3	66.8	64.2	66.7	5.4	5.5	148.8	161.7
贵　州	4.6	5.3	4.6	5.3	0.4	0.4	20.0	23.0
云　南	65.7	66.7	58.2	59.9	1.2	1.1	32.7	35.8
西　藏	40.8	48.2	36.4	42.4	0.0	0.0	0.5	0.5
陕　西	159.7	159.7	109.7	107.8	0.6	0.7	61.6	64.1
甘　肃	41.1	44.7	40.5	44.1	0.4	0.5	14.1	15.1
青　海	33.5	35.5	32.6	34.9	0.2	0.0	2.3	2.3
宁　夏	169.4	183.4	168.3	183.4	0.1	0.1	14.4	13.9
新　疆	201.7	209.4	194.9	204.4	2.0	1.8	37.3	40.5

7-41 牲畜年末存栏量

指　标	单 位	1999年	2000年	2016年	2017年	2018年	2019年	2019年为2018年百分比(%)
一、大牲畜头数	**万头**	**15024.8**	**14638.1**	**9559.9**	**9763.6**	**9625.5**	**9877.4**	**102.6**
#役畜	万头	7403.8	7446.2	1616.4	1341.1	1259.1	1095.6	87.0
1.牛	万头	12698.3	12353.2	8834.5	9038.7	8915.3	9138.3	102.5
#黄牛	万头	9436.6	9271.4					
#水牛	万头	2258.7	2185.0					
#肉牛	万头			6181.0	6617.9	6618.4	6998.0	105.7
#奶牛	万头	442.8	469.4	1037.0	1079.8	1037.7	1044.7	100.7
2.马	万头	891.4	876.6	351.2	343.6	347.3	367.1	105.7
3.驴	万头	934.8	922.7	259.3	267.8	253.3	260.1	102.7
4.骡	万头	467.3	453.0	84.5	81.1	75.8	71.4	94.3
5.骆驼	万头	33.0	32.6	30.5	32.3	33.8	40.5	119.8
二、猪	**万头**	**43144.2**	**41633.6**	**44209.2**	**44158.9**	**42817.1**	**31040.7**	**72.5**
三、羊	**万只**	**27925.8**	**27948.2**	**29930.5**	**30231.7**	**29713.5**	**30072.1**	**101.2**
山羊	万只	14816.3	14945.6	13691.8	13823.8	13574.7	13723.2	101.1
绵羊	万只	13109.5	13002.6	16238.8	16407.9	16138.8	16349.0	101.3
四、家禽	**亿只**	**45.5**	**46.4**	**61.7**	**60.5**	**60.4**	**65.2**	**108.0**
五、兔	**万只**	**15789.3**	**17781.7**	**13225.7**	**12114.0**	**12033.9**	**11937.7**	**99.2**

注：从2008年起牛的品种修正为肉牛、奶牛和役用牛。

7-42 2019年各地区牲畜年末存栏量

单位：万头

地　区	大牲畜	牛	肉　牛	奶　牛
全　国	**9877.4**	**9138.3**	**6998.0**	**1044.7**
北　京	8.5	8.1	2.4	5.7
天　津	26.7	25.7	14.7	11.0
河　北	377.0	350.1	203.1	114.8
山　西	118.9	103.8	55.5	31.9
内蒙古	786.9	626.1	499.8	122.5
辽　宁	314.6	264.4	230.9	27.4
吉　林	338.4	331.5	316.2	15.3
黑龙江	492.6	474.9	365.8	107.6
上　海	5.2	5.2		5.2
江　苏	29.0	27.7	15.2	12.5
浙　江	13.2	13.2	9.5	3.1
安　徽	88.2	87.8	65.0	14.5
福　建	29.7	29.7	12.9	4.3
江　西	257.3	257.3	231.0	3.5
山　东	371.9	364.2	252.5	89.9
河　南	388.3	385.1	257.3	35.6
湖　北	243.6	243.2	134.0	4.6
湖　南	412.0	410.4	338.8	6.0
广　东	120.6	120.6	82.9	6.0
广　西	354.0	337.0	101.6	5.2
海　南	51.2	51.2	45.5	0.1
重　庆	104.8	103.4	80.2	1.1
四　川	944.5	851.7	502.3	79.8
贵　州	508.2	493.0	431.7	1.3
云　南	882.8	827.9	777.5	16.9
西　藏	654.7	621.9	525.2	44.0
陕　西	153.5	150.2	121.6	27.4
甘　肃	518.1	458.2	427.1	30.7
青　海	508.9	494.6	475.5	19.1
宁　夏	144.4	140.9	97.1	43.7
新　疆	629.8	479.4	325.3	154.0

7-42　续表 1　　　　单位：万头

地　区	马	驴	骡
全　国	**367.1**	**260.1**	**71.4**
北　京	0.1	0.2	0.0
天　津	0.1	1.0	0.0
河　北	6.3	16.1	4.4
山　西	0.9	11.4	2.8
内蒙古	67.1	69.3	7.2
辽　宁	5.5	40.1	4.5
吉　林	3.6	3.0	0.4
黑龙江	12.1	4.9	0.7
上　海	0.0		
江　苏	0.1	0.7	0.4
浙　江			
安　徽	0.1	0.3	0.0
福　建			
江　西			
山　东	0.7	6.8	0.2
河　南	0.7	2.1	0.3
湖　北	0.3	0.1	0.0
湖　南	1.4	0.2	0.1
广　东	0.0		
广　西	14.5	0.0	2.4
海　南			
重　庆	1.1	0.1	0.3
四　川	75.6	8.5	8.8
贵　州	14.7	0.1	0.4
云　南	15.5	16.2	23.2
西　藏	27.9	3.7	1.1
陕　西	0.2	2.8	0.4
甘　肃	11.6	32.5	12.8
青　海	11.5	0.6	0.4
宁　夏	0.1	3.2	0.2
新　疆	95.5	36.1	0.3

7-42　续表 2　　单位：万头、万只

地　区	猪	羊		
			山羊	绵羊
全　国	**31040.7**	**30072.1**	**13723.2**	**16349.0**
北　京	13.2	16.9	4.8	12.1
天　津	124.3	39.2	5.0	34.3
河　北	1418.4	1194.9	364.3	830.6
山　西	451.4	868.9	343.0	525.9
内蒙古	429.6	5975.9	1623.2	4352.7
辽　宁	1055.2	783.6	398.7	384.9
吉　林	792.8	402.4	54.5	347.9
黑龙江	1173.2	767.2	154.1	613.1
上　海	50.7	13.0	12.2	0.8
江　苏	577.4	356.2	338.3	17.9
浙　江	427.3	117.5	44.4	73.1
安　徽	1091.8	548.1	547.3	0.9
福　建	641.5	105.7	105.7	
江　西	1006.3	110.2	110.2	
山　东	2176.5	1837.4	875.0	962.5
河　南	3170.5	1898.8	1620.2	278.6
湖　北	1617.9	553.4	553.4	
湖　南	2698.3	712.2	712.2	
广　东	1333.8	93.6	93.6	
广　西	1599.6	231.2	231.2	
海　南	162.9	67.6	67.5	0.1
重　庆	921.6	318.8	318.7	0.1
四　川	2870.7	1504.1	1339.5	164.6
贵　州	1171.3	380.2	359.3	20.9
云　南	2342.5	1307.0	1211.6	95.4
西　藏	31.2	1017.0	331.9	685.1
陕　西	795.7	815.1	676.5	138.6
甘　肃	480.3	1987.1	429.2	1557.9
青　海	34.7	1326.9	162.7	1164.2
宁　夏	73.4	568.5	108.8	459.7
新　疆	306.8	4153.8	526.6	3627.2

7-43 水产品产量和养殖面积(一)

年 份	水产品总产量(万吨)	内陆水产品(万吨)	#人工养殖	海水产品(万吨)	#人工养殖	水产品养殖面积(千公顷) 内陆养殖	海水养殖
1952	166.6	60.6	14.0	106.0	6.0		
1957	311.6	117.9	57.0	193.7	12.0	1054.7	60.0
1962	228.3	78.5	31.0	149.8	9.0	1600.0	50.0
1965	298.4	97.0	51.0	201.4	10.0	1979.3	83.3
1970	318.5	90.4	58.0	228.1	18.0	2721.3	83.3
1975	441.2	106.5	75.0	334.7	28.0	3244.0	112.0
1978	465.3	105.9	76.2	359.5	45.0	2722.8	100.6
1979	430.5	111.6	81.3	318.9	41.6	2737.8	116.5
1980	449.7	124.0	90.1	325.7	44.4	2864.1	133.6
1981	460.6	137.3	101.4	323.2	45.8	2880.3	138.5
1982	515.5	156.2	120.7	359.3	49.5	3050.6	162.5
1983	545.8	184.1	142.8	361.7	54.5	3082.6	186.7
1984	619.3	225.0	181.1	394.4	63.9	3259.5	242.6
1985	705.2	285.4	237.8	419.7	71.2	3687.5	277.0
1986	935.8	353.5	295.2	582.3	150.1	3787.9	325.2
1987	1091.9	413.0	348.4	678.9	192.6	3859.3	369.3
1988	1225.3	461.7	389.8	763.6	249.3	3894.9	409.5
1989	1332.6	497.8	417.0	834.8	275.7	3812.3	423.1
1990	1427.3	531.6	445.9	895.7	284.2	3829.8	428.9
1991	1573.0	563.0	462.6	1010.0	333.3	3827.5	449.3
1992	1824.5	632.9	533.8	1191.6	424.3	3975.7	499.1
1993	2152.3	760.3	648.3	1392.0	540.2	4132.6	586.3
1994	2515.7	916.5	789.7	1599.2	604.8	4429.9	653.5
1995	2953.0	1091.8	940.8	1861.3	721.5	4669.4	715.9
1996	3280.7	1269.2	1093.8	2011.5	765.9	4832.3	822.1
1997	3118.6	1230.5	1067.0	1888.1	691.7	4962.9	937.9
1998	3382.7	1338.1	1140.6	2044.5	752.0	5064.2	1004.4
1999	3570.1	1424.9	1226.9	2145.3	851.9	5182.1	1095.0
2000	3706.2	1502.3	1308.9	2203.9	928.0	5264.8	1243.2
2001	3795.9	1562.4	1376.2	2233.5	989.4	5399.4	1286.9
2002	3954.9	1656.4	1461.7	2298.5	1060.5	5509.7	1344.7
2003	4077.0	1744.2	1530.9	2332.8	1095.9	5609.4	1532.2
2004	4246.6	1842.1	1632.5	2404.5	1151.3	5723.3	1623.8
2005	4419.9	1954.0	1733.0	2465.9	1210.8	5863.7	1694.5
2006	4583.6	2074.0	1853.6	2509.6	1264.2	4253.8	1271.7
2007	4747.5	2196.6	1971.0	2550.9	1307.3	4413.6	1331.5
2008	4895.6	2297.3	2072.5	2598.3	1340.3	4971.0	1578.9
2009	5116.4	2434.9	2216.5	2681.6	1405.2	5423.8	1859.3
2010	5373.0	2575.5	2346.5	2797.5	1482.3	5564.3	2080.9
2011	5603.2	2695.2	2471.9	2908.1	1551.3	5728.6	2106.4
2012	5502.1	2612.5	2408.5	2889.6	1575.2	5907.5	2180.9
2013	5744.2	2751.9	2547.7	2992.4	1664.7	6006.1	2315.6
2014	6001.9	2865.7	2663.2	3136.3	1732.4	6080.9	2305.5
2015	6211.0	2978.7	2779.3	3232.3	1796.6	6147.2	2317.8
2016	6379.5	3078.2	2877.9	3301.3	1915.3	5347.4	2098.1
2017	6445.3	3123.6	2905.3	3321.7	2000.7	5365.0	2084.1
2018	6457.7	3156.2	2959.8	3301.4	2031.2	5146.5	2043.1
2019	6480.4	3197.9	3013.7	3282.5	2065.3	5116.3	1992.2

注：1. 1997-2006年全国水产品总产量、海洋、内陆水产品产量、捕捞、养殖水产品产量根据第二次全国农业普查结果进行了修订，各地区数据以及全国其他细项数据未作修订。
2. 2012-2016年全国水产品总产量、海洋、内陆水产品产量、捕捞、养殖水产品产量根据第三次全国农业普查结果进行了修订，各地区数据以及全国其他细项数据未作修订。

7-44 水产品产量和养殖面积(二)

指　标	单位	1990年	1995年	2000年	2016年	2017年	2018年	2019年	2019年为2018年百分比(%)
一、水产品总产量	**吨**	**12370203**	**25171794**	**37062295**	**63794834**	**64453279**	**64576558**	**64803616**	**100.4**
1.按海水、内陆分									
海水产品产量	吨	7132915	14391297	22039081	33012620	33217376	33014303	32824954	99.4
内陆水产品产量	吨	5237288	10780497	15023215	30782214	31235903	31562255	31978662	101.3
2.按生产性质分									
捕捞产量	吨	6291908	11641237	14693895	15862874	15393376	14665968	14012888	95.5
养殖产量	吨	6078295	13530557	22368401	47931960	49059903	49910590	50790728	101.8
3.按品种分									
鱼类	吨	9280816	17767539	26060480	38357713	38183273	37828389	37468960	99.0
甲壳类	吨	1165054	2121365	3853954	6609247	6915015	7379062	7827103	106.1
贝类	吨	1549061	4127896	10849816	14830993	15280869	15277550	15196142	99.5
藻类	吨	275186	749140	1221988	2137890	2255361	2369159	2561306	108.1
其他类	吨	100086	405854	798607	1858991	1818761	1722398	1750105	101.6
二、水产养殖面积	**千公顷**	**4258.7**	**5385.3**	**6508.1**	**7445.5**	**7449.0**	**7189.5**	**7108.5**	**98.9**
1.海水养殖面积	千公顷	428.9	715.9	1243.2	2098.1	2084.1	2043.1	1992.2	97.5
浅海养殖	千公顷		131.8	326.0	1102.4	1102.9	1140.2	1105.8	97.0
滩涂养殖	千公顷		424.6	686.5	652.7	658.3	596.5	584.8	98.0
陆基养殖	千公顷		159.5	230.8	343.0	322.9	306.4	301.6	98.4
2.内陆养殖面积	千公顷	3829.8	4669.4	5264.8	5347.4	5365.0	5146.5	5116.3	99.4
池塘养殖	千公顷		1857.9	2212.6	2447.1	2527.8	2666.8	2644.7	99.2
湖泊养殖	千公顷		824.2	879.1	914.7	886.5	746.2	770.1	103.2
河沟养殖	千公顷		347.4	379.8	220.0	213.7	179.4	155.4	86.6
水库养殖	千公顷		1515.7	1620.0	1644.1	1615.4	1441.7	1416.6	98.3
其他养殖	千公顷		124.2	173.3	121.5	121.5	112.4	129.5	115.3
三、稻田养殖面积	**千公顷**				**1484.0**	**1682.7**	**2028.3**	**2317.5**	**114.3**

注：1. 2008年以来海水养殖面积中的陆基养殖面积为其他养殖面积。
　　2. 2016年水产品数据根据农业普查结果进行了修订，(下同)。

7-45 海水产品和内陆水产品产量

单位：吨

指 标	1990年	1995年	2000年	2016年	2017年	2018年	2019年	2019年为2018年百分比(%)
海水产品产量	**7132915**	**14391297**	**22039081**	**33012620**	**33217376**	**33014303**	**32824954**	**99.4**
一、海洋捕捞产量	**5508862**	**10268373**	**12759487**	**13859541**	**13210403**	**12702097**	**12171667**	**95.8**
鱼类		7436501	9902931	10195970	9738363	9419727	8998969	95.5
甲壳类		1732445	2626967	2181850	2075964	1979498	1917943	96.9
贝类		823691	1779621	462482	442890	430403	411943	95.7
藻类		10637	20429	23133	19976	18286	17438	95.4
其他类		265099	444576	996106	933210	854183	825374	96.6
二、海水养殖产量	**1624053**	**4122924**	**9279594**	**19153079**	**20006973**	**20312206**	**20653287**	**101.7**
鱼类		144937	426957	1308917	1419389	1495088	1605802	107.4
甲壳类		115901	343940	1504168	1631185	1702911	1743826	102.4
贝类		3099099	8607050	13893716	14371304	14439302	14389727	99.7
藻类		738503	1201559	2107060	2227838	2343871	2538396	108.3
其他类		24484	33359	339218	357257	331034	375536	113.4
内陆水产品产量	**5237288**	**10780497**	**15023215**	**30782214**	**31235903**	**31562255**	**31978662**	**101.3**
一、内陆捕捞产量	**783046**	**1372864**	**1934408**	**2003333**	**2182973**	**1963871**	**1841221**	**93.8**
鱼类		1080666	1703586	1451900	1615758	1470819	1383929	94.1
甲壳类		137195	254844	286597	289326	258511	234810	90.8
贝类		125496	256281	236710	251847	212048	204830	96.6
其他类		29507	48941	28126	26042	22493	17625	78.4
二、内陆养殖产量	**4454242**	**9407633**	**13088807**	**28778881**	**29052930**	**29598384**	**30137441**	**101.8**
鱼类		9105435	14027006	25400926	25409763	25442755	25480260	100.1
甲壳类		135824	628203	2636632	2918540	3438142	3930524	114.3
贝类		79610	206864	238085	214828	195797	189642	96.9
其他类		86764	271731	503238	509799	521690	537015	102.9

注：2016年水产品数据根据农业普查结果进行了修订。

7-46 各地区水产品产量

（按来源分）　　　　　　　　　　　　　　　　单位：吨

地区	水产品总产量		捕捞产量		养殖产量	
	2018年	2019年	2018年	2019年	2018年	2019年
全　国	**64576558**	**64803616**	**14665968**	**14012888**	**49910590**	**50790728**
北　京	30028	30190	4066	9111	25962	21079
天　津	326445	262231	46565	40082	279880	222149
河　北	1096152	990116	319965	282361	776187	707755
山　西	47773	46307	2322	2267	45451	44040
内蒙古	139499	125956	21320	14052	118179	111904
辽　宁	4508240	4550106	845878	791137	3662362	3758969
吉　林	234090	236626	19300	19125	214790	217501
黑龙江	624320	648300	47100	40000	577220	608300
上　海	262509	280277	168216	196722	94293	83555
江　苏	4948443	4841159	777173	747009	4171270	4094150
浙　江	5896129	5767227	3554120	3325616	2342009	2441611
安　徽	2249625	2314603	259126	205079	1990499	2109524
福　建	7838917	8145763	2249740	2199222	5589177	5946541
江　西	2559450	2588135	224007	167567	2335443	2420568
山　东	8614032	8232724	2232651	2180391	6381381	6052333
河　南	983817	990858	108321	112255	875496	878603
湖　北	4584045	4695432	181064	161750	4402981	4533682
湖　南	2469383	2544116	89869	80905	2379514	2463211
广　东	8424441	8664017	1439726	1372585	6984715	7291432
广　西	3319989	3421459	674109	659995	2645880	2761464
海　南	1758188	1721571	1097136	1096229	661052	625342
重　庆	529581	541717	18835	17601	510746	524116
四　川	1534754	1576856	45396	38854	1489358	1538002
贵　州	237320	243623	10938	10599	226382	233024
云　南	637500	636500	31124	30363	606376	606137
西　藏	377	406	334	310	43	96
陕　西	163035	166208	7200	5012	155835	161196
甘　肃	14136	14353			14136	14353
青　海	17116	18526			17116	18526
宁　夏	176949	157660	394	8127	176555	149533
新　疆	174342	166758	14040	14726	160302	152032
中农发集团	175933	183836	175933	183836		

7-47 2019年各地区水产品产量

(按类别分)

单位：吨

地区	水产品总产量	鱼类	甲壳类	贝类	藻类	其他类
全国	**64803616**	**37468960**	**7827103**	**15196142**	**2561306**	**1750105**
北京	30190	30189				1
天津	262231	217991	41841	1482		917
河北	990116	437088	97239	379396	992	75401
山西	46307	45811	218			278
内蒙古	125956	122819	1248		1789	100
辽宁	4550106	1379576	218232	2288265	467844	196189
吉林	236626	232004	4349	273		
黑龙江	648300	637562	9951	735		52
上海	280277	241646	37948	3		680
江苏	4841159	2773080	1154093	799352	43361	71273
浙江	5767227	3314906	1001452	1062958	100024	287887
安徽	2314603	1652438	543333	67913		50919
福建	8145763	2865422	595973	3319448	1189402	175518
江西	2588135	2231307	213479	61761	1421	80167
山东	8232724	2710811	512039	4065472	664184	280218
河南	990858	899151	77461	5663	5	8578
湖北	4695432	3495470	1126049	6799		67114
湖南	2544116	2136007	342148	16358		49603
广东	8664017	5332026	1101946	1995036	79483	155526
广西	3421459	1752194	480857	1080791		107617
海南	1721571	1354593	200062	38730	12242	115944
重庆	541717	524790	11014	278		5635
四川	1576856	1526513	38716	2518		9109
贵州	243623	237084	4203	1288		1048
云南	636500	628434	4781	1585	559	1141
西藏	406	306				100
陕西	166208	154599	2610	8		8991
甘肃	14353	14208	127			18
青海	18526	18297	229			
宁夏	157660	156298	1323			39
新疆	166758	162504	4182	30		42
中农发集团	183836	183836				

7-48 各地区海水产品产量

(按来源分)　　单位：吨

地区	海水产品产量		海洋捕捞产量		海水养殖产量	
	2018年	2019年	2018年	2019年	2018年	2019年
全国	**33014303**	**32824954**	**12702097**	**12171667**	**20312206**	**20653287**
北京	1706	6661	1706	6661		
天津	48695	40080	41043	34925	7652	5155
河北	767665	695640	277829	246838	489836	448802
山西						
内蒙古						
辽宁	3670133	3699340	806499	752022	2863634	2947318
吉林						
黑龙江						
上海	166632	195729	166632	195729		
江苏	1408306	1370205	489979	454947	918327	915258
浙江	4632465	4436164	3423492	3165807	1208973	1270357
安徽						
福建	6968161	7235283	2179864	2128121	4788297	5107162
江西						
山东	7360685	7062086	2149830	2091101	5210855	4970985
河南						
湖北						
湖南						
广东	4491690	4554912	1324431	1263587	3167259	3291325
广西	1944161	1994915	580979	568945	1363182	1425970
海南	1378071	1350103	1083880	1079148	294191	270955
重庆						
四川						
贵州						
云南						
西藏						
陕西						
甘肃						
青海						
宁夏						
新疆						
中农发集团	175933	183836	175933	183836		

注：2016年水产品数据根据农业普查结果进行了修订。

7-49 2019年各地区海水产品产量

(按类别分)

单位：吨

地　区	海水产品产量	鱼　类	甲壳类	贝　类	藻　类	其他类
全　国	**32824954**	**10604771**	**3661769**	**14801670**	**2555834**	**1200910**
北　京	6661	6661				
天　津	40080	33327	4758	1327		668
河　北	695640	172572	69987	379372	991	72718
山　西						
内蒙古						
辽　宁	3699340	617994	136503	2288101	467844	188898
吉　林						
黑龙江						
上　海	195729	188031	7473	3		222
江　苏	1370205	332892	245234	706413	42160	43506
浙　江	4436164	2316913	834839	1025060	99594	159758
安　徽						
福　建	7235283	2110839	499636	3271992	1189338	163478
江　西						
山　东	7062086	1681929	382006	4061889	664184	272078
河　南						
湖　北						
湖　南						
广　东	4554912	1588229	815132	1964293	79481	107777
广　西	1994915	381393	468575	1065718		79229
海　南	1350103	990155	197626	37502	12242	112578
重　庆						
四　川						
贵　州						
云　南						
西　藏						
陕　西						
甘　肃						
青　海						
宁　夏						
新　疆						
中农发集团	183836	183836				

7-50 各地区内陆水产品产量

(按来源分)

单位：吨

地区	内陆水产品产量		内陆捕捞产量		内陆养殖产量	
	2018年	2019年	2018年	2019年	2018年	2019年
全国	**31562255**	**31978662**	**1963871**	**1841221**	**29598384**	**30137441**
北京	28322	23529	2360	2450	25962	21079
天津	277750	222151	5522	5157	272228	216994
河北	328487	294476	42136	35523	286351	258953
山西	47773	46307	2322	2267	45451	44040
内蒙古	139499	125956	21320	14052	118179	111904
辽宁	838107	850766	39379	39115	798728	811651
吉林	234090	236626	19300	19125	214790	217501
黑龙江	624320	648300	47100	40000	577220	608300
上海	95877	84548	1584	993	94293	83555
江苏	3540137	3470954	287194	292062	3252943	3178892
浙江	1263664	1331063	130628	159809	1133036	1171254
安徽	2249625	2314603	259126	205079	1990499	2109524
福建	870756	910480	69876	71101	800880	839379
江西	2559450	2588135	224007	167567	2335443	2420568
山东	1253347	1170638	82821	89290	1170526	1081348
河南	983817	990858	108321	112255	875496	878603
湖北	4584045	4695432	181064	161750	4402981	4533682
湖南	2469383	2544116	89869	80905	2379514	2463211
广东	3932751	4109105	115295	108998	3817456	4000107
广西	1375828	1426544	93130	91050	1282698	1335494
海南	380117	371468	13256	17081	366861	354387
重庆	529581	541717	18835	17601	510746	524116
四川	1534754	1576856	45396	38854	1489358	1538002
贵州	237320	243623	10938	10599	226382	233024
云南	637500	636500	31124	30363	606376	606137
西藏	377	406	334	310	43	96
陕西	163035	166208	7200	5012	155835	161196
甘肃	14136	14353			14136	14353
青海	17116	18526			17116	18526
宁夏	176949	157660	394	8127	176555	149533
新疆	174342	166758	14040	14726	160302	152032

注：2016年水产品数据根据农业普查结果进行了修订。

7-51　2019年各地区内陆水产品产量

（按类别分）

单位：吨

地　区	内陆水产品产量	鱼　类	甲壳类	贝　类	其他类
全　国	**31978662**	**26864189**	**4165334**	**394472**	**554667**
北　京	23529	23528			1
天　津	222151	184664	37083	155	249
河　北	294476	264516	27252	24	2684
山　西	46307	45811	218		278
内蒙古	125956	122819	1248		1889
辽　宁	850766	761582	81729	164	7291
吉　林	236626	232004	4349	273	
黑龙江	648300	637562	9951	735	52
上　海	84548	53615	30475		458
江　苏	3470954	2440188	908859	92939	28968
浙　江	1331063	997993	166613	37898	128559
安　徽	2314603	1652438	543333	67913	50919
福　建	910480	754583	96337	47456	12104
江　西	2588135	2231307	213479	61761	81588
山　东	1170638	1028882	130033	3583	8140
河　南	990858	899151	77461	5663	8583
湖　北	4695432	3495470	1126049	6799	67114
湖　南	2544116	2136007	342148	16358	49603
广　东	4109105	3743797	286814	30743	47751
广　西	1426544	1370801	12282	15073	28388
海　南	371468	364438	2436	1228	3366
重　庆	541717	524790	11014	278	5635
四　川	1576856	1526513	38716	2518	9109
贵　州	243623	237084	4203	1288	1048
云　南	636500	628434	4781	1585	1700
西　藏	406	306			100
陕　西	166208	154599	2610	8	8991
甘　肃	14353	14208	127		18
青　海	18526	18297	229		
宁　夏	157660	156298	1323		39
新　疆	166758	162504	4182	30	42

7-52　各地区水产养殖面积

单位：千公顷

地　区	水产品养殖面积		内陆养殖面积		海水养殖面积	
	2018年	2019年	2018年	2019年	2018年	2019年
全　国	**7189.5**	**7108.5**	**5146.5**	**5116.3**	**2043.1**	**1992.2**
北　京	2.6	2.2	2.6	2.2		
天　津	30.6	23.9	27.8	23.1	2.8	0.8
河　北	151.9	143.0	40.5	36.0	111.4	107.0
山　西	11.3	12.4	11.3	12.4		
内蒙古	112.8	129.2	112.8	129.2		
辽　宁	870.2	839.6	177.0	177.8	693.2	661.8
吉　林	325.5	330.2	325.5	330.2		
黑龙江	400.3	400.3	400.3	400.3		
上　海	12.8	11.8	12.8	11.8		
江　苏	631.6	603.1	445.0	423.1	186.6	180.0
浙　江	260.7	255.1	179.8	173.0	80.9	82.0
安　徽	487.2	483.0	487.2	483.0		
福　建	248.4	250.1	85.9	86.4	162.5	163.7
江　西	408.4	411.5	408.4	411.5		
山　东	782.3	758.9	211.4	197.4	570.9	561.5
河　南	148.1	139.9	148.1	139.9		
湖　北	535.1	531.6	535.1	531.6		
湖　南	419.3	425.7	419.3	425.7		
广　东	478.9	478.2	313.3	313.2	165.6	165.0
广　西	183.3	183.2	135.5	133.4	47.8	49.8
海　南	52.2	51.7	30.8	31.2	21.4	20.5
重　庆	83.0	82.8	83.0	82.8		
四　川	190.1	193.1	190.1	193.1		
贵　州	47.7	61.5	47.7	61.5		
云　南	94.4	93.9	94.4	93.9		
西　藏	0.0	0.0	0.0	0.0		
陕　西	41.5	51.2	41.5	51.2		
甘　肃	6.5	6.1	6.5	6.1		
青　海	17.4	17.4	17.4	17.4		
宁　夏	35.0	23.5	35.0	23.5		
新　疆	120.4	114.3	120.4	114.3		

注：2016年水产品数据根据农业普查结果进行了修订。

农村市场与物价

8-1 农村主要物价总指数

(以上年价格为100)

年份	农村居民消费价格指数	农业生产资料价格指数	农产品生产者价格总指数
1952			101.7
1957			105.0
1962			99.4
1965			99.2
1970			100.1
1975			102.1
1978		99.9	103.9
1979		100.4	122.1
1980		101.0	107.1
1981		101.7	105.9
1982		101.9	102.2
1983		103.0	104.4
1984		108.9	104.0
1985	107.6	104.8	108.6
1986	106.1	101.1	106.4
1987	106.2	107.0	112.0
1988	117.5	116.2	123.0
1989	119.3	118.9	115.0
1990	104.5	105.5	97.4
1991	102.3	102.9	98.0
1992	104.7	103.7	103.4
1993	113.7	114.1	113.4
1994	123.4	121.6	139.9
1995	117.5	127.4	119.9
1996	107.9	108.4	104.2
1997	102.5	99.5	95.5
1998	99.0	94.5	92.0
1999	98.5	95.8	87.8
2000	99.9	99.1	96.4
2001	100.8	99.1	103.1
2002	99.6	100.5	99.7
2003	101.6	101.4	104.4
2004	104.8	110.6	113.1
2005	102.2	108.3	101.4
2006	101.5	101.5	101.2
2007	105.4	107.7	118.5
2008	106.5	120.3	114.1
2009	99.7	97.5	97.6
2010	103.6	102.9	110.9
2011	105.8	111.3	116.5
2012	102.5	105.6	102.7
2013	102.8	101.4	103.2
2014	101.8	99.1	99.8
2015	101.3	100.4	101.7
2016	101.9	100.1	103.4
2017	101.3	100.6	96.5
2018	102.1	103.1	99.1
2019	103.2	104.6	114.5

注：2000年以前农产品生产者价格总指数为农副产品收购价格指数。

8-2 2019年各地区农村居民消费价格分类指数

(以上年价格为100)

地 区	居民消费价格总指数	一、食品烟酒	1.食品	(1)粮食	(2)薯类
全国平均	**103.2**	**107.9**	**110.3**	**100.5**	**102.7**
北 京					
天 津					
河 北	103.2	105.9	107.6	101.0	92.2
山 西	103.0	106.8	108.7	100.8	103.1
内蒙古	102.8	105.7	107.1	101.2	106.7
辽 宁	102.6	107.2	109.2	100.8	103.5
吉 林	103.4	107.9	110.2	99.1	97.4
黑龙江	103.2	108.2	110.4	99.3	96.2
上 海					
江 苏	103.4	107.4	109.9	100.8	105.6
浙 江	103.2	107.3	109.6	99.9	101.7
安 徽	102.8	107.4	110.1	100.8	100.3
福 建	102.7	107.6	110.2	100.2	101.0
江 西	102.8	108.4	111.1	101.2	105.2
山 东	103.6	108.9	111.9	99.7	101.8
河 南	103.1	108.0	110.7	99.7	103.2
湖 北	103.2	107.2	109.3	100.9	103.3
湖 南	103.1	108.1	110.8	100.8	101.7
广 东	104.6	110.8	113.6	101.1	101.3
广 西	104.1	110.3	113.5	100.4	106.5
海 南	104.0	109.8	112.6	99.5	106.7
重 庆					
四 川	103.3	109.7	112.9	99.6	95.8
贵 州	102.6	106.5	108.6	99.7	106.3
云 南	102.7	107.1	109.7	101.4	111.4
西 藏	102.3	103.8	103.8	102.6	100.5
陕 西	102.9	106.6	108.1	101.2	103.0
甘 肃	102.4	105.4	107.0	100.8	104.5
青 海	102.5	105.7	107.0	100.5	102.0
宁 夏	102.1	104.2	104.9	100.3	102.7
新 疆	102.1	105.1	106.1	101.0	101.8

8-2 续表 1

地　区	(3)豆类	(4)食用油	(5)菜	(6)畜肉类	(7)禽肉类
全国平均	**101.6**	**102.1**	**104.0**	**131.9**	**110.1**
北　京					
天　津					
河　北	100.2	98.2	100.5	131.8	114.4
山　西	103.1	98.5	103.1	132.6	113.8
内蒙古	102.1	98.4	104.5	123.9	110.0
辽　宁	100.7	100.9	105.5	133.5	112.7
吉　林	100.8	100.5	105.4	137.4	111.5
黑龙江	100.9	100.4	107.3	135.8	113.8
上　海					
江　苏	101.0	101.5	102.0	129.9	110.3
浙　江	106.5	103.6	105.1	129.4	107.1
安　徽	100.3	106.5	103.0	132.7	112.9
福　建	100.7	103.3	103.2	132.3	106.0
江　西	105.4	101.3	107.9	132.3	105.6
山　东	100.7	99.5	104.3	139.6	109.9
河　南	100.4	100.0	101.7	136.4	109.5
湖　北	106.3	102.2	104.6	126.6	112.7
湖　南	98.6	104.4	104.3	132.4	113.3
广　东	101.0	101.1	104.8	133.7	108.6
广　西	101.4	99.9	107.7	142.0	112.2
海　南	102.0	120.4	103.3	131.2	112.9
重　庆					
四　川	101.7	107.0	104.1	141.4	109.2
贵　州	99.2	107.5	103.6	121.6	107.5
云　南	102.1	104.8	108.1	119.7	113.2
西　藏	102.2	103.3	99.0	106.1	102.7
陕　西	99.7	101.9	101.2	128.9	111.5
甘　肃	99.7	101.5	102.0	123.0	108.0
青　海	102.0	102.4	103.8	117.1	106.2
宁　夏	97.6	99.0	97.4	116.9	109.3
新　疆	104.0	102.2	104.8	113.3	106.7

8-2 续表 2

地 区	(8)水产品	(9)蛋类	(10)奶类	(11)干鲜瓜果类	(12)糖果糕点类
全国平均	**100.9**	**105.4**	**101.5**	**110.8**	**100.7**
北 京					
天 津					
河 北	98.9	103.1	100.4	106.2	100.2
山 西	100.5	107.4	100.7	111.8	99.3
内蒙古	99.7	107.2	100.1	108.5	101.7
辽 宁	102.1	107.2	100.6	109.1	100.4
吉 林	99.1	103.8	102.1	116.2	100.9
黑龙江	104.4	104.6	99.6	117.5	101.2
上 海					
江 苏	97.8	104.1	103.2	110.3	101.4
浙 江	100.1	103.5	102.3	112.3	101.6
安 徽	100.3	102.5	101.3	114.0	101.7
福 建	99.5	104.5	103.8	118.6	101.1
江 西	99.0	109.5	101.5	112.0	100.8
山 东	101.0	105.5	100.9	112.5	100.9
河 南	100.5	106.3	100.5	105.5	99.7
湖 北	100.5	106.1	101.2	112.0	101.2
湖 南	96.8	107.9	100.9	110.5	99.6
广 东	105.4	106.6	101.6	113.0	100.9
广 西	104.0	104.9	101.5	108.7	102.3
海 南	103.6	104.3	102.2	119.0	94.2
重 庆					
四 川	100.9	103.1	101.7	108.3	99.7
贵 州	99.1	105.9	100.7	112.3	100.0
云 南	101.9	107.3	100.8	116.8	102.0
西 藏	102.6	103.2	103.5	112.8	103.2
陕 西	99.1	106.9	105.7	109.3	100.1
甘 肃	99.9	104.7	101.2	106.7	99.5
青 海	99.6	104.1	100.2	103.0	100.2
宁 夏	97.2	102.2	101.1	108.2	100.0
新 疆	99.5	106.7	101.8	103.3	101.9

8-2 续表 3

地　区	(13)调味品	(14)其他食品类	2.茶及饮料	3.烟酒	(1)烟草
全国平均	**101.4**	**101.3**	**101.5**	**100.9**	**100.4**
北　京					
天　津					
河　北	100.9	101.2	103.1	100.7	100.8
山　西	101.4	101.6	100.5	100.7	100.8
内蒙古	101.7	101.0	101.6	101.1	101.3
辽　宁	101.0	101.3	100.9	100.8	101.2
吉　林	101.5	100.1	101.5	100.7	100.4
黑龙江	104.7	101.2	101.1	100.5	100.0
上　海					
江　苏	103.0	102.0	102.4	101.6	100.0
浙　江	102.4	101.0	102.3	101.0	100.1
安　徽	100.6	101.5	102.9	99.8	99.7
福　建	100.1	101.3	100.1	100.5	100.6
江　西	101.9	99.7	102.0	100.0	99.9
山　东	101.5	101.3	101.4	100.5	100.1
河　南	102.8	102.3	102.0	101.6	100.8
湖　北	100.9	99.9	100.2	100.6	100.2
湖　南	100.6	100.3	100.2	101.2	100.3
广　东	101.5	101.1	101.1	101.9	101.4
广　西	100.9	103.2	100.7	101.1	100.0
海　南	98.6	102.1	103.6	98.6	98.1
重　庆					
四　川	100.0	101.7	101.6	101.4	100.0
贵　州	99.7	102.0	99.7	100.6	100.0
云　南	104.0	102.1	100.5	101.2	100.9
西　藏	103.7	100.8	101.4	100.6	101.9
陕　西	101.3	100.5	104.1	101.5	100.8
甘　肃	100.9	100.8	100.5	100.0	100.0
青　海	103.9	101.6	102.3	100.8	100.0
宁　夏	102.3	100.2	100.5	100.5	100.1
新　疆	100.4	102.8	101.8	101.2	100.2

8-2 续表 4

地 区	(2)酒类	4.在外餐饮	二、衣着	1.服装	(1)男式服装
全国平均	**101.8**	**103.3**	**101.2**	**101.3**	**101.1**
北 京					
天 津					
河 北	100.5	102.3	100.9	101.1	100.5
山 西	100.5	102.6	102.5	102.8	103.0
内 蒙 古	100.9	103.0	102.3	102.7	102.4
辽 宁	100.1	102.6	100.9	100.9	101.4
吉 林	101.3	103.2	102.2	102.4	102.4
黑 龙 江	101.1	104.2	100.6	100.6	100.7
上 海					
江 苏	104.3	103.6	103.1	103.7	103.4
浙 江	102.7	103.9	102.8	103.1	100.5
安 徽	99.9	102.8	101.5	102.0	102.5
福 建	100.2	103.7	101.1	101.2	101.0
江 西	100.2	105.1	99.2	99.3	99.2
山 东	101.0	104.4	101.7	101.4	101.9
河 南	102.9	102.4	100.5	100.8	100.6
湖 北	101.4	104.2	100.5	100.5	101.2
湖 南	102.8	100.9	100.8	100.8	100.3
广 东	103.2	102.2	103.7	104.3	104.7
广 西	102.5	104.7	101.4	101.4	101.0
海 南	100.2	104.3	104.0	105.4	101.8
重 庆					
四 川	103.4	104.5	100.4	100.2	100.1
贵 州	101.8	103.6	99.9	99.7	100.2
云 南	101.9	102.9	99.3	99.3	99.0
西 藏	99.3	107.4	101.7	100.5	101.6
陕 西	102.6	104.2	100.6	100.3	100.5
甘 肃	100.0	102.4	100.2	99.8	99.7
青 海	101.7	104.2	99.1	98.3	98.3
宁 夏	101.9	102.6	100.8	100.5	101.2
新 疆	102.4	102.0	100.3	99.9	100.2

8-2 续表 5

地　区	(2)女式服装	(3)儿童服装	2.服装材料	3.其他衣着及配件	4.衣着加工服务费
全国平均	**101.4**	**101.5**	**101.9**	**101.1**	**102.9**
北　京					
天　津					
河　北	101.2	102.1	100.1	101.3	100.7
山　西	101.8	105.3	100.4	101.0	106.4
内蒙古	102.6	103.6	100.9	100.1	103.6
辽　宁	100.2	101.5	100.1	99.5	102.3
吉　林	102.3	102.5	100.4	103.7	102.6
黑龙江	101.2	98.7	100.4	99.6	100.5
上　海					
江　苏	103.8	103.9	102.1	101.6	103.8
浙　江	104.7	104.1	102.0	100.3	105.4
安　徽	101.7	102.2	102.9	99.9	104.4
福　建	101.4	101.0	107.8	99.4	100.9
江　西	100.8	93.4	103.5	102.2	101.6
山　东	100.8	102.3	101.6	103.3	102.3
河　南	100.9	100.6	100.9	102.4	102.2
湖　北	100.4	99.7	103.2	98.2	102.2
湖　南	100.9	101.8	104.4	99.9	103.3
广　东	104.5	103.6	101.0	101.7	101.5
广　西	101.8	100.9	102.0	100.3	104.8
海　南	106.3	108.6	100.6	100.8	102.1
重　庆					
四　川	100.1	100.5	101.8	101.0	107.7
贵　州	99.6	98.9	103.5	100.3	100.6
云　南	99.1	100.4	100.3	99.7	103.1
西　藏	100.1	99.8	102.1	101.1	112.0
陕　西	99.9	101.5	102.8	101.9	100.7
甘　肃	99.2	103.0	98.7	106.4	101.9
青　海	98.5	97.8	101.6	99.9	106.2
宁　夏	100.2	99.6	103.2	100.5	101.9
新　疆	99.9	99.4	99.5	100.0	102.5

8-2 续表 6

地　区	5.鞋类	(1)鞋	(2)鞋类加工服务	三、居住	1.租赁房房租
全国平均	**100.8**	**100.7**	**103.2**	**101.5**	**101.8**
北　京					
天　津					
河　北	100.6	100.6	100.4	102.7	102.3
山　西	102.0	102.0	100.3	101.8	104.3
内蒙古	101.6	101.6	102.0	102.4	102.2
辽　宁	101.2	101.0	108.6	100.1	99.3
吉　林	101.7	101.7	100.0	102.8	104.4
黑龙江	100.9	100.9	101.9	100.1	99.1
上　海					
江　苏	101.7	101.7	101.0	101.7	101.4
浙　江	101.8	101.8	102.3	100.8	100.6
安　徽	99.6	99.4	104.9	100.7	100.9
福　建	100.9	100.9	102.5	100.6	100.6
江　西	98.0	98.0	99.9	100.9	101.7
山　东	102.3	102.3	102.7	102.2	104.6
河　南	99.6	99.5	102.8	100.9	102.2
湖　北	100.5	100.4	103.7	102.4	104.1
湖　南	100.5	100.4	101.0	101.7	101.3
广　东	102.2	102.2	102.3	101.2	100.2
广　西	100.9	100.4	105.2	101.7	101.9
海　南	100.4	100.5	100.0	100.6	100.8
重　庆					
四　川	101.0	100.8	104.1	100.8	102.3
贵　州	100.2	100.1	104.9	102.0	101.9
云　南	99.0	98.9	103.6	101.5	100.4
西　藏	101.5	101.3	107.6	101.8	104.3
陕　西	100.8	100.8	101.3	102.2	102.4
甘　肃	100.0	99.5	106.2	103.7	104.8
青　海	100.8	100.8	100.0	101.4	104.4
宁　夏	101.5	101.5	101.3	101.4	100.3
新　疆	101.2	100.5	105.8	102.5	104.2

8-2 续表 7

地　区	2.住房保养维修及管理	(1)住房装潢材料	(2)物业管理费	(3)住房装潢维修	3.水电燃料
全国平均	**101.7**	**101.0**	**101.1**	**102.5**	**100.7**
北　京					
天　津					
河　北	101.3	99.7	102.2	102.1	103.5
山　西	104.0	104.0	101.8	104.1	100.4
内蒙古	102.0	102.0	102.0	102.0	102.8
辽　宁	100.9	100.8	100.7	100.9	100.3
吉　林	102.0	99.1	101.1	103.4	101.5
黑龙江	99.8	101.4	104.6	98.6	101.9
上　海					
江　苏	102.5	102.5	103.0	102.5	100.6
浙　江	103.0	101.7	100.4	105.4	100.3
安　徽	102.0	101.1	100.0	103.0	99.9
福　建	100.4	100.3	100.0	100.6	100.2
江　西	102.0	100.7	101.4	102.9	97.9
山　东	102.3	101.6	100.0	102.9	99.9
河　南	100.2	99.9	100.2	100.5	100.0
湖　北	102.9	101.8	101.5	104.4	100.5
湖　南	101.7	100.9	100.0	102.7	100.4
广　东	101.0	101.2	98.8	101.3	99.9
广　西	102.1	101.8	105.9	101.3	100.4
海　南	100.8	100.8	100.0	100.9	100.5
重　庆					
四　川	100.4	99.1	100.0	102.6	101.1
贵　州	101.7	101.1	99.6	103.9	102.6
云　南	103.5	102.2	100.0	106.5	100.8
西　藏	104.4	100.6	100.0	109.9	100.4
陕　西	102.8	102.4	100.0	103.9	102.0
甘　肃	104.4	100.7	100.0	108.8	100.6
青　海	102.3	100.5	115.7	100.0	100.6
宁　夏	99.9	100.4	100.0	99.1	102.3
新　疆	102.4	100.9	101.5	105.6	100.1

8-2 续表 8

地 区	(1)水	(2)电	(3)燃气	(4)取暖费	(5)其他燃料
全国平均	**101.8**	**99.9**	**99.9**	**100.3**	**102.9**
北 京					
天 津					
河 北	112.2	100.0	99.3	99.8	106.7
山 西	100.0	100.0	106.1	100.4	99.2
内 蒙 古	100.0	100.0	100.9	100.6	106.4
辽 宁	100.0	100.0	103.3	100.0	99.8
吉 林	100.0	100.0	99.5	100.0	103.9
黑 龙 江	100.0	100.0	100.7	100.0	104.3
上 海					
江 苏	101.6	99.9	101.5	100.0	100.2
浙 江	100.0	99.9	100.9	100.0	102.4
安 徽	100.0	100.0	99.6	100.0	99.9
福 建	100.0	100.0	100.3	100.0	102.8
江 西	114.4	100.1	89.9	100.0	100.8
山 东	100.3	99.8	99.2	99.9	100.3
河 南	104.9	100.0	100.3	100.2	98.7
湖 北	101.0	100.0	100.2	100.7	103.9
湖 南	100.0	99.9	102.0	100.0	99.6
广 东	100.5	99.5	99.0	100.0	111.6
广 西	100.3	100.0	99.8	100.0	107.8
海 南	100.8	100.1	100.3	100.0	107.9
重 庆					
四 川	102.1	100.7	102.0	100.0	98.8
贵 州	102.3	100.0	102.1	100.0	110.0
云 南	100.5	99.9	99.6	100.0	104.1
西 藏	102.7	99.5	100.0	100.0	102.2
陕 西	103.3	100.0	100.9	99.1	108.7
甘 肃	99.9	100.0	99.7	102.5	100.4
青 海	99.8	100.0	102.3	100.4	101.2
宁 夏	110.2	100.2	102.0	100.0	103.2
新 疆	100.2	97.2	101.2	100.4	103.5

8-2 续表 9

地 区	4.自有住房	四、生活用品及服务	1.家具及室内装饰品	(1)家具	(2)室内装饰品
全国平均	**101.8**	**100.8**	**100.6**	**100.7**	**100.2**
北 京					
天 津					
河 北	102.7	101.3	101.9	101.9	101.3
山 西	101.7	100.5	100.8	100.8	100.5
内蒙古	102.3	100.4	100.4	100.1	103.4
辽 宁	99.6	100.4	100.1	100.1	100.8
吉 林	103.7	101.7	102.2	102.4	100.4
黑龙江	99.3	100.5	99.1	98.9	100.8
上 海					
江 苏	102.0	102.5	100.8	100.4	103.6
浙 江	100.3	101.0	100.6	100.8	99.6
安 徽	100.7	100.9	101.5	101.6	100.7
福 建	100.9	100.4	100.0	100.0	99.8
江 西	102.2	100.2	100.9	100.9	101.2
山 东	103.2	101.2	100.7	100.5	101.8
河 南	101.7	100.6	101.5	101.6	99.5
湖 北	102.8	100.5	100.2	100.2	100.1
湖 南	102.5	100.1	100.2	100.2	100.3
广 东	102.1	100.9	99.7	99.6	100.5
广 西	102.2	101.3	100.5	100.4	100.9
海 南	100.6	100.4	100.3	100.2	102.0
重 庆					
四 川	100.7	99.6	100.0	100.4	97.5
贵 州	102.0	100.2	99.0	99.0	98.9
云 南	101.0	100.8	100.9	101.1	99.8
西 藏	100.7	106.4	106.3	106.7	102.2
陕 西	102.2	100.6	102.0	102.3	100.4
甘 肃	105.3	100.6	100.4	100.4	100.1
青 海	100.9	101.0	100.2	100.1	101.2
宁 夏	101.6	98.8	96.9	96.3	100.2
新 疆	103.7	100.5	100.4	100.7	98.4

8-2 续表 10

地　区	2.家用器具	(1)大型家用器具	(2)小家电	3.家用纺织品	(1)床上用品
全国平均	**100.0**	**100.0**	**100.2**	**100.6**	**100.6**
北　京					
天　津					
河　北	100.0	100.0	99.9	100.6	100.4
山　西	100.3	100.3	99.9	101.1	100.8
内蒙古	100.2	100.2	100.2	99.6	99.1
辽　宁	99.9	100.0	99.3	100.9	100.9
吉　林	101.4	101.6	99.5	100.4	100.9
黑龙江	98.9	98.8	99.7	100.4	100.4
上　海					
江　苏	103.4	103.4	104.3	103.8	103.7
浙　江	100.7	100.2	103.6	100.5	99.8
安　徽	100.3	100.3	100.5	101.2	101.4
福　建	99.7	99.5	100.5	101.4	101.6
江　西	97.9	97.9	97.5	101.0	100.9
山　东	101.4	101.5	101.2	99.1	98.4
河　南	99.3	99.3	99.6	101.3	101.5
湖　北	99.2	99.1	100.2	101.3	101.3
湖　南	99.7	99.7	100.1	99.9	100.1
广　东	100.3	100.2	101.0	99.6	99.3
广　西	100.4	100.5	100.2	100.6	100.7
海　南	101.8	102.1	100.1	96.3	95.3
重　庆					
四　川	97.6	97.5	97.9	99.7	99.8
贵　州	99.4	99.3	99.7	100.7	100.5
云　南	100.7	100.7	100.7	100.5	100.1
西　藏	103.9	104.5	100.7	100.5	100.5
陕　西	98.2	97.6	101.1	100.9	100.7
甘　肃	98.3	98.2	99.0	99.9	99.7
青　海	99.3	99.3	99.7	100.9	100.4
宁　夏	99.2	99.1	100.1	100.9	101.3
新　疆	98.0	97.6	99.2	100.9	100.7

8-2 续表 11

地 区	(2)窗帘门帘	(3)其他家用纺织品	4.家庭日用杂品	(1)洗涤卫生用品	(2)厨具餐具茶具
全国平均	**101.5**	**100.0**	**101.0**	**101.3**	**100.6**
北 京					
天 津					
河 北	101.7	99.9	101.6	100.9	100.9
山 西	102.4	100.9	100.6	99.5	101.5
内 蒙 古	100.7	101.2	100.0	100.2	100.6
辽 宁	101.2	99.9	100.4	100.8	100.1
吉 林	98.4	100.3	102.3	102.3	101.6
黑 龙 江	100.4	100.0	100.6	100.4	100.4
上 海					
江 苏	105.3	102.8	101.5	102.1	100.5
浙 江	105.4	101.2	100.7	100.6	100.6
安 徽	99.9	100.5	100.5	100.4	100.1
福 建	100.9	99.9	100.9	101.0	100.3
江 西	100.8	103.1	101.6	101.7	101.3
山 东	102.2	100.6	101.2	101.5	101.5
河 南	100.3	99.9	100.8	101.0	100.4
湖 北	101.9	99.8	100.9	101.5	100.4
湖 南	100.2	96.7	100.1	101.2	100.1
广 东	101.7	99.6	100.5	101.6	100.0
广 西	101.6	97.9	102.4	102.3	101.7
海 南	100.0	100.0	100.4	99.7	97.9
重 庆					
四 川	100.4	97.7	100.8	101.3	100.1
贵 州	103.5	100.0	101.4	102.0	99.6
云 南	102.9	100.2	100.7	101.3	99.5
西 藏	101.2	100.0	112.8	116.4	100.9
陕 西	101.0	101.7	101.3	100.8	101.6
甘 肃	101.5	98.2	100.7	100.3	102.0
青 海	102.8	100.2	100.2	100.3	100.2
宁 夏	100.2	100.4	100.3	100.6	100.1
新 疆	100.5	101.9	100.6	101.5	99.9

8-2 续表 12

地 区	(3)家用手工工具	(4)其他家庭日用杂品	5.个人护理用品	(1)化妆品	(2)其他护理用品类
全国平均	**101.8**	**100.6**	**100.9**	**101.0**	**100.8**
北 京					
天 津					
河 北	100.1	103.3	101.2	101.5	100.8
山 西	104.5	101.6	99.1	98.4	99.8
内蒙古	97.7	99.1	101.3	100.7	102.1
辽 宁	100.5	100.0	100.7	100.4	101.2
吉 林	100.3	103.0	101.2	100.7	102.1
黑龙江	100.0	101.1	100.3	100.6	100.0
上 海					
江 苏	103.7	100.7	102.0	102.2	101.7
浙 江	102.2	100.8	102.0	102.4	101.5
安 徽	100.1	100.9	101.6	101.4	101.6
福 建	100.5	100.8	100.2	100.2	100.2
江 西	101.1	101.5	100.2	100.1	100.3
山 东	102.2	100.5	101.7	101.6	101.7
河 南	104.1	101.1	100.7	101.0	100.3
湖 北	100.4	100.4	101.3	101.3	101.3
湖 南	100.0	99.2	100.5	101.7	100.3
广 东	99.1	98.5	101.0	101.0	101.0
广 西	105.1	101.9	100.6	100.8	100.5
海 南	101.4	102.8	99.2	98.1	99.7
重 庆					
四 川	100.1	100.3	100.2	100.5	100.0
贵 州	101.7	100.8	99.9	100.1	99.7
云 南	98.8	100.1	100.9	101.0	100.8
西 藏	100.3	114.6	103.7	107.4	101.3
陕 西	102.4	100.5	100.3	100.3	100.3
甘 肃	100.0	100.3	101.3	101.5	101.0
青 海	100.0	100.2	100.4	100.4	100.4
宁 夏	102.7	100.1	97.9	97.1	99.6
新 疆	101.1	100.2	100.7	101.1	100.4

8-2 续表 13

地　区	6.家庭服务	五、交通和通信	1.交通	(1)交通工具	(2)交通工具用燃料
全国平均	**103.9**	**98.6**	**98.2**	**98.8**	**94.1**
北　京					
天　津					
河　北	104.8	98.2	97.8	98.1	93.8
山　西	101.7	98.4	98.3	99.7	94.3
内蒙古	102.8	99.0	98.8	98.5	94.5
辽　宁	101.5	98.7	98.5	99.4	94.9
吉　林	101.2	97.6	96.9	94.5	94.4
黑龙江	107.6	99.3	99.9	101.8	94.9
上　海					
江　苏	105.8	99.8	99.8	101.4	94.1
浙　江	104.6	98.9	98.1	98.5	94.1
安　徽	104.2	98.3	97.7	97.6	93.1
福　建	102.2	97.7	96.6	98.5	90.2
江　西	102.1	97.6	96.7	96.8	94.1
山　东	103.0	98.3	97.4	97.6	94.1
河　南	102.4	100.0	99.1	100.2	94.1
湖　北	104.0	98.5	98.9	99.8	94.1
湖　南	102.5	98.9	98.2	99.5	94.2
广　东	106.1	98.3	97.9	99.3	94.2
广　西	104.8	98.4	98.4	99.5	94.2
海　南	100.1	99.0	98.3	99.9	94.8
重　庆					
四　川	99.2	97.9	97.7	96.2	94.6
贵　州	101.4	98.8	99.0	97.9	94.2
云　南	102.8	97.8	97.9	98.9	94.2
西　藏	105.7	97.7	98.1	100.8	96.5
陕　西	104.4	98.0	98.1	98.2	93.9
甘　肃	107.8	98.2	98.5	99.4	94.2
青　海	110.0	98.1	97.2	96.9	94.4
宁　夏	100.7	97.8	98.3	98.1	95.5
新　疆	106.2	98.3	98.4	99.6	95.1

8-2 续表 14

地　　区	(3)交通工具使用和维修	(4)交通费	2.通信	(1)通信工具	(2)通信服务
全国平均	**101.6**	**100.7**	**99.3**	**97.9**	**99.7**
北　　京					
天　　津					
河　　北	100.6	101.1	98.9	92.6	101.2
山　　西	102.5	99.2	98.6	98.9	98.4
内 蒙 古	102.3	101.7	99.4	97.9	99.9
辽　　宁	101.3	100.2	99.3	95.5	100.8
吉　　林	102.9	100.2	98.9	100.8	97.8
黑 龙 江	101.0	101.0	98.4	93.9	100.0
上　　海					
江　　苏	104.4	101.4	99.8	103.2	98.9
浙　　江	101.1	101.5	100.6	101.9	100.3
安　　徽	101.2	101.2	99.3	96.3	100.0
福　　建	100.4	98.9	99.8	98.8	100.0
江　　西	99.6	100.3	99.3	96.4	99.9
山　　东	102.2	100.8	99.8	98.7	100.1
河　　南	101.4	100.4	101.6	104.7	100.1
湖　　北	101.5	103.0	97.9	96.1	98.2
湖　　南	101.1	100.0	100.3	99.5	100.5
广　　东	102.9	99.7	98.9	95.9	99.5
广　　西	100.9	101.9	98.4	92.3	100.2
海　　南	101.0	99.9	100.1	103.4	99.1
重　　庆					
四　　川	102.3	100.6	98.4	93.2	99.8
贵　　州	101.3	105.1	98.5	93.7	99.9
云　　南	101.0	99.5	97.8	100.1	96.8
西　　藏	102.6	93.0	97.2	95.2	97.7
陕　　西	101.0	100.2	97.8	93.2	99.5
甘　　肃	100.2	100.2	97.7	95.2	98.7
青　　海	100.4	100.7	100.9	101.9	100.5
宁　　夏	98.9	101.2	96.9	93.5	98.8
新　　疆	100.5	98.6	97.9	95.3	98.5

8-2 续表 15

地　区	(3)邮递服务	六、教育文化和娱乐	1.教育	(1)教育用品	(2)教育服务
全国平均	**100.0**	**101.9**	**102.5**	**102.1**	**102.5**
北　京					
天　津					
河　北	100.0	103.4	104.3	105.9	104.2
山　西	100.6	102.7	103.2	101.7	103.3
内蒙古	100.0	101.3	101.5	103.0	100.7
辽　宁	100.5	101.0	101.2	103.4	101.1
吉　林	100.4	102.0	102.2	103.6	102.2
黑龙江	100.0	104.7	105.5	101.0	105.7
上　海					
江　苏	100.0	102.1	102.1	104.2	102.0
浙　江	100.5	103.4	103.9	101.6	104.0
安　徽	99.3	101.9	102.5	103.2	102.5
福　建	101.1	101.8	102.1	102.9	102.1
江　西	100.7	102.3	103.2	100.8	103.3
山　东	100.2	102.1	102.3	103.5	102.3
河　南	100.0	101.5	101.8	100.8	101.8
湖　北	101.3	102.0	102.7	101.7	102.8
湖　南	100.0	101.5	102.0	100.1	102.2
广　东	100.3	101.4	101.9	101.8	101.9
广　西	97.1	102.6	103.3	103.6	103.2
海　南	100.2	101.4	101.0	101.8	101.0
重　庆					
四　川	100.0	100.7	101.8	98.5	102.0
贵　州	98.6	100.4	101.5	102.0	101.4
云　南	101.9	101.5	101.9	100.8	102.0
西　藏	100.0	100.3	100.4	101.8	100.1
陕　西	99.1	101.8	102.7	102.6	102.7
甘　肃	99.9	100.0	100.5	99.9	100.6
青　海	101.4	102.1	102.8	105.5	102.7
宁　夏	98.8	101.2	102.0	101.4	102.0
新　疆	100.2	100.2	100.2	101.2	100.2

8-2 续表 16

地　　区	2.文化娱乐	(1)文娱耐用消费品	(2)其他文娱用品	(3)文化娱乐服务	(4)旅游
全国平均	**100.5**	**99.1**	**102.2**	**100.5**	**101.0**
北　　京					
天　　津					
河　　北	100.6	98.9	101.9	100.4	102.4
山　　西	101.2	100.6	101.2	100.2	104.5
内 蒙 古	100.6	99.6	102.9	100.7	98.6
辽　　宁	100.0	98.8	101.6	100.3	100.9
吉　　林	101.1	99.1	102.0	100.1	107.4
黑 龙 江	100.3	97.6	102.0	104.3	97.8
上　　海					
江　　苏	102.2	101.6	103.1	102.3	102.0
浙　　江	102.0	100.8	103.1	101.1	103.5
安　　徽	100.0	97.7	101.2	102.2	101.0
福　　建	100.8	99.2	101.9	100.2	102.4
江　　西	98.8	95.5	100.6	100.3	99.5
山　　东	101.5	100.0	103.0	100.2	103.3
河　　南	100.9	101.0	104.3	99.6	99.4
湖　　北	100.7	99.2	103.2	100.8	99.6
湖　　南	100.5	100.5	100.5	100.0	101.1
广　　东	100.3	97.3	100.9	100.6	103.5
广　　西	101.1	99.4	103.2	100.3	101.6
海　　南	102.0	100.4	101.0	102.0	107.3
重　　庆					
四　　川	99.0	95.3	103.0	100.8	98.6
贵　　州	98.8	97.8	101.4	100.2	97.4
云　　南	100.5	99.9	102.4	97.8	102.0
西　　藏	100.3	100.6	100.0	100.6	100.0
陕　　西	100.5	97.4	102.6	99.8	103.8
甘　　肃	98.6	97.6	100.3	98.9	97.9
青　　海	100.5	99.4	103.6	101.0	98.8
宁　　夏	98.9	98.0	100.5	101.1	96.6
新　　疆	100.2	99.8	102.0	99.5	100.6

8-2 续表 17

地　区	七、医疗保健	1.药品及医疗器具	(1)中药	(2)西药	(3)滋补保健品
全国平均	**102.1**	**104.0**	**104.7**	**104.7**	**101.9**
北　京					
天　津					
河　北	104.3	110.1	107.0	113.4	102.2
山　西	101.3	103.3	103.5	104.1	100.5
内蒙古	101.5	103.0	101.5	104.8	99.5
辽　宁	102.1	104.8	102.5	106.0	101.0
吉　林	102.1	105.6	107.1	105.8	99.7
黑龙江	101.1	103.3	105.5	103.0	102.8
上　海					
江　苏	101.6	103.0	106.0	103.3	100.2
浙　江	103.2	103.7	104.2	104.0	103.3
安　徽	101.0	103.0	103.3	103.7	101.3
福　建	100.8	103.5	105.0	104.1	100.6
江　西	101.0	102.0	104.5	102.6	97.7
山　东	102.7	106.1	103.8	108.2	103.9
河　南	101.9	103.7	104.8	104.3	101.4
湖　北	103.6	103.9	106.2	103.0	104.3
湖　南	100.6	101.5	102.8	101.0	100.8
广　东	104.1	103.3	103.8	104.1	101.9
广　西	101.9	104.2	105.8	104.3	103.9
海　南	101.9	102.1	103.9	101.9	100.3
重　庆					
四　川	101.7	102.6	104.5	102.1	102.4
贵　州	102.0	101.5	101.7	101.7	100.2
云　南	102.4	104.6	108.8	104.0	104.4
西　藏	101.4	101.8	101.3	102.7	100.0
陕　西	102.3	103.8	107.2	103.1	99.8
甘　肃	101.3	102.0	105.4	101.7	101.3
青　海	103.2	107.7	107.0	108.8	104.6
宁　夏	104.0	105.1	106.2	105.7	101.5
新　疆	100.8	102.4	100.5	103.6	101.7

8-2 续表 18

地　区	(4)医疗卫生器具	(5)保健器具	2.医疗服务	(1)综合医疗类	(2)诊断类
全国平均	**100.7**	**100.2**	**101.1**	**102.2**	**100.2**
北　京					
天　津					
河　北	100.7	100.4	100.9	101.7	100.4
山　西	100.5	100.4	100.2	100.0	100.2
内蒙古	99.6	99.3	100.9	101.8	100.0
辽　宁	108.4	102.3	100.7	101.5	99.5
吉　林	100.6	100.4	100.1	99.9	100.0
黑龙江	98.8	100.5	99.9	99.5	100.0
上　海					
江　苏	100.9	103.0	101.1	102.3	100.5
浙　江	102.5	98.9	102.9	106.5	103.2
安　徽	100.3	100.3	100.2	104.8	96.5
福　建	100.7	100.1	99.9	101.7	98.8
江　西	100.8	99.2	100.7	101.1	99.8
山　东	97.7	101.3	99.8	100.2	99.3
河　南	102.7	101.3	100.8	102.6	99.7
湖　北	100.0	101.1	103.5	103.4	103.1
湖　南	99.2	100.0	100.1	100.0	100.0
广　东	100.0	100.2	104.5	107.2	102.1
广　西	101.4	100.5	100.7	100.5	100.8
海　南	100.8	100.2	101.8	104.8	100.0
重　庆					
四　川	99.6	99.9	101.0	102.9	99.5
贵　州	102.5	100.0	102.3	106.7	100.2
云　南	102.1	99.5	100.6	102.0	100.4
西　藏	100.0	100.0	101.1	106.1	99.4
陕　西	102.2	100.4	100.9	102.9	100.1
甘　肃	96.5	100.0	100.9	101.8	100.6
青　海	99.9	99.6	100.1	101.2	99.6
宁　夏	100.0	100.0	102.9	105.8	100.2
新　疆	100.9	96.6	100.2	101.3	99.5

8-2 续表 19

地　　区	(3)治疗类	(4)康复类	(5)中医医疗服务类	(6)其他医疗服务	八、其他用品和服务
全国平均	**101.1**	**100.7**	**102.4**	**100.7**	**103.1**
北　　京					
天　　津					
河　　北	100.8	101.5	102.1	99.9	104.7
山　　西	100.2	101.3	102.8	100.2	103.2
内 蒙 古	101.3	99.5	99.6	100.0	101.9
辽　　宁	101.0	101.6	100.6	101.2	102.8
吉　　林	100.0	101.5	102.2	99.9	103.6
黑 龙 江	100.0	101.1	100.0	100.6	101.6
上　　海					
江　　苏	101.0	101.1	101.5	101.7	103.6
浙　　江	99.7	100.7	109.1	102.5	103.3
安　　徽	100.3	102.8	102.8	103.1	103.0
福　　建	100.1	99.9	100.5	100.0	103.6
江　　西	100.7	99.7	106.1	100.5	101.2
山　　东	100.4	97.2	99.7	99.8	103.0
河　　南	100.3	101.7	102.0	100.0	104.3
湖　　北	105.0	99.8	103.0	100.7	102.3
湖　　南	100.1	100.2	100.0	100.0	100.9
广　　东	105.4	100.8	106.8	101.5	103.9
广　　西	100.9	100.1	100.8	100.4	102.6
海　　南	102.2	100.8	100.8	100.0	102.4
重　　庆					
四　　川	102.0	101.0	103.4	101.3	103.1
贵　　州	102.7	105.1	103.4	100.0	102.4
云　　南	100.0	100.0	101.0	100.0	101.8
西　　藏	100.4	100.0	100.0	99.3	102.3
陕　　西	100.6	100.8	99.8	100.8	104.8
甘　　肃	101.2	100.0	99.3	100.0	102.7
青　　海	99.2	100.0	103.1	100.0	104.4
宁　　夏	105.1	100.0	100.0	100.0	108.1
新　　疆	99.9	101.2	100.0	101.4	102.2

8-2 续表 20

地　　区	1.其他用品类	(1)首饰手表	(2)其他杂项用品	2.其他服务类	(1)旅馆住宿
全国平均	**103.3**	**105.9**	**100.3**	**102.9**	**101.3**
北　　京					
天　　津					
河　　北	101.6	103.2	100.1	107.0	100.2
山　　西	103.1	106.4	99.7	103.2	105.9
内 蒙 古	102.5	105.0	100.4	101.4	104.3
辽　　宁	103.3	106.0	100.5	102.4	98.8
吉　　林	106.6	110.1	103.1	101.7	101.5
黑 龙 江	102.4	103.6	100.3	101.2	101.0
上　　海					
江　　苏	103.8	106.9	100.5	103.3	99.7
浙　　江	105.1	107.4	101.2	102.1	103.0
安　　徽	103.6	105.5	101.8	102.5	100.8
福　　建	104.3	109.1	99.5	103.0	101.0
江　　西	103.7	105.9	100.9	98.6	96.4
山　　东	102.7	104.9	100.3	103.2	100.4
河　　南	105.3	107.4	101.0	103.0	102.2
湖　　北	102.6	104.9	100.9	102.0	99.2
湖　　南	100.9	104.6	98.9	100.9	99.0
广　　东	103.9	105.7	99.8	103.9	103.2
广　　西	102.5	106.5	100.1	102.6	101.5
海　　南	102.5	105.8	100.4	102.2	96.7
重　　庆					
四　　川	103.0	105.5	99.8	103.1	100.1
贵　　州	101.1	102.4	100.5	103.6	100.7
云　　南	101.8	104.0	100.3	101.8	101.8
西　　藏	103.5	104.2	102.4	101.2	105.4
陕　　西	104.0	106.2	100.2	105.7	102.5
甘　　肃	102.5	106.1	100.1	102.9	100.2
青　　海	107.1	111.2	100.6	101.3	102.8
宁　　夏	108.2	112.0	99.3	108.1	99.9
新　　疆	102.1	103.3	100.3	102.3	102.1

8-2 续表 21

地　区	(2)美容美发洗浴	(3)养老服务	(4)金融保险	(5)其他服务类
全国平均	**103.3**	**102.6**	**103.1**	**102.3**
北　京				
天　津				
河　北	101.6	100.1	110.0	100.3
山　西	104.1	102.3	103.0	100.0
内蒙古	100.6	100.0	101.4	102.9
辽　宁	104.4	104.8	101.5	100.7
吉　林	100.3	101.5	102.3	103.1
黑龙江	102.5	102.3	100.5	100.0
上　海				
江　苏	105.1	101.3	100.7	105.0
浙　江	103.7	102.7	100.0	99.9
安　徽	104.4	103.1	100.4	103.7
福　建	103.0	102.9	103.6	100.0
江　西	96.8	101.4	100.3	99.7
山　东	103.7	104.8	103.1	100.4
河　南	103.2	104.0	102.6	102.9
湖　北	104.6	102.7	99.9	103.3
湖　南	102.7	100.0	100.0	100.0
广　东	108.2	102.3	102.2	102.5
广　西	101.8	102.6	103.1	103.2
海　南	104.0	104.3	102.5	100.0
重　庆				
四　川	102.5	103.5	104.5	102.1
贵　州	100.6	100.6	105.1	108.3
云　南	102.0	100.7	100.3	108.3
西　藏	100.0	100.0	100.0	100.0
陕　西	104.4	110.0	106.9	104.5
甘　肃	101.4	100.0	104.4	104.7
青　海	102.0	101.2	100.8	100.0
宁　夏	106.6	98.6	113.2	100.0
新　疆	104.5	104.1	101.1	100.7

8-3 2019年各地区农业生产资料价格分类指数

(以上年价格为100)

地　区	农业生产资料价格指数	一、农用手工工具	二、饲料	三、仔畜幼禽及产品畜	四、半机械化农具
全国平均	**104.6**	**102.6**	**101.3**	**145.8**	**100.3**
北　京					
天　津					
河　北	103.1	100.6	100.0	137.4	101.0
山　西	104.7	101.7	105.0	156.9	99.5
内蒙古	102.0	101.0	98.4	120.0	104.9
辽　宁	103.6	100.0	101.2	141.9	100.5
吉　林	108.3	100.5	104.0	205.9	100.7
黑龙江	105.6	101.6	103.1	163.8	100.2
上　海					
江　苏	104.2	105.4	102.1	134.2	102.8
浙　江	102.9	105.5	98.1	139.0	102.7
安　徽	102.3	102.4	100.8	142.7	99.8
福　建	102.2	105.8	100.5	135.4	97.7
江　西	105.5	100.7	98.7	177.5	101.9
山　东	107.6	101.6	105.6	171.0	104.0
河　南	103.8	101.6	99.2	161.2	102.6
湖　北	103.0	95.0	99.7	141.3	96.0
湖　南	102.5	100.0	99.9	136.0	100.2
广　东	104.1	104.8	99.3	147.0	99.1
广　西	104.6	102.8	99.5	156.2	101.0
海　南	104.3	103.9	101.0	157.5	99.5
重　庆					
四　川	109.0	105.8	100.6	150.8	98.1
贵　州	103.2	102.9	102.7	108.4	100.1
云　南	103.9	103.7	102.0	117.5	99.7
西　藏	100.2	100.9	100.3	100.5	100.0
陕　西	103.3	101.4	101.6	135.4	101.2
甘　肃	101.1	103.9	100.8	111.5	99.0
青　海	103.5	107.3	100.8	120.3	100.8
宁　夏	104.0	100.9	95.6	122.8	101.6
新　疆	102.6	100.6	99.9	131.3	99.9

8-3 续表 1

地　区	五、机械化农具	六、化学肥料	七、农药及农药器械	1.化学农药	2.农药器械
全国平均	**100.9**	**101.9**	**102.9**	**103.2**	**100.9**
北　京					
天　津					
河　北	100.2	101.8	103.8	104.0	101.1
山　西	97.7	99.7	101.3	101.3	101.3
内 蒙 古	100.5	102.8	102.4	102.8	100.3
辽　宁	101.1	103.3	100.0	100.0	99.8
吉　林	101.0	104.5	100.4	100.6	99.3
黑 龙 江	101.8	103.8	102.7	102.8	102.2
上　海					
江　苏	101.5	102.3	103.7	103.8	102.7
浙　江	101.3	101.1	102.4	102.5	101.1
安　徽	98.9	100.5	101.3	101.4	99.6
福　建	100.8	98.2	102.6	102.8	100.2
江　西	101.3	102.7	102.2	102.2	102.3
山　东	100.2	102.2	108.0	108.6	101.4
河　南	101.5	101.1	104.0	104.0	103.3
湖　北	102.5	102.4	100.7	100.8	100.0
湖　南	102.2	99.4	101.9	102.0	99.5
广　东	99.8	100.3	102.7	103.1	99.9
广　西	102.6	102.3	102.6	103.0	100.4
海　南	100.6	101.5	104.0	104.2	99.8
重　庆					
四　川	99.2	103.0	104.2	104.4	102.9
贵　州	99.8	103.9	100.5	100.6	100.0
云　南	101.6	101.7	102.4	102.7	100.3
西　藏	100.0	100.0	100.0	100.0	100.0
陕　西	102.2	101.0	102.9	103.1	102.4
甘　肃	99.8	98.3	101.2	101.2	101.1
青　海	100.7	100.5	104.9	104.9	102.3
宁　夏	100.1	105.8	101.8	102.0	100.0
新　疆	100.0	101.0	98.9	99.2	97.9

8-3 续表 2

地　区	八、农机用油	九、其他农用生产资料	十、农业生产服务
全国平均	**94.6**	**100.9**	**102.3**
北　京			
天　津			
河　北	94.7	100.3	102.8
山　西	94.2	101.2	101.8
内蒙古	94.5	98.1	101.2
辽　宁	94.5	101.0	101.8
吉　林	94.7	99.1	100.8
黑龙江	94.7	101.6	102.7
上　海			
江　苏	94.8	102.2	103.1
浙　江	94.2	100.3	103.0
安　徽	94.1	100.6	101.3
福　建	91.9	100.1	101.9
江　西	94.8	100.0	104.7
山　东	94.5	100.7	104.9
河　南	94.1	101.4	101.5
湖　北	94.7	100.6	100.8
湖　南	95.6	101.9	103.4
广　东	94.9	100.3	103.6
广　西	94.7	101.0	101.9
海　南	94.4	100.5	100.0
重　庆			
四　川	94.0	101.1	103.3
贵　州	98.3	99.9	103.3
云　南	96.9	102.8	101.0
西　藏	97.9	101.1	100.0
陕　西	95.3	102.3	100.5
甘　肃	94.8	100.9	102.6
青　海	94.4	101.7	103.3
宁　夏	94.7	101.6	101.1
新　疆	95.5	99.8	101.2

8-4　农产品生产者价格指数

(以上年价格为100)

指　标	2013年	2014年	2015年	2016年	2017年	2018年	2019年
农产品生产者价格总指数	**103.2**	**99.8**	**101.7**	**103.4**	**96.5**	**99.1**	**114.5**
农业产品	**104.3**	**101.8**	**99.2**	**97.0**	**99.5**	**101.2**	**100.8**
谷物	103.1	102.7	98.7	92.2	100.5	102.3	100.3
#小麦	106.7	105.1	99.2	94.1	104.4	100.1	100.1
稻谷	102.2	102.2	101.6	98.8	100.7	99.7	96.5
玉米	100.2	101.7	96.5	86.8	97.1	105.1	102.0
豆类	105.7	102.4	98.9	97.9	97.4	98.2	100.1
油料	102.4	99.9	100.8	101.1	100.5	99.1	105.2
棉花	103.9	87.1	87.5	118.4	100.8	97.9	97.8
糖料	98.9	99.7	98.8	106.5	106.3	98.8	97.7
蔬菜	106.9	98.5	104.6	107.0	95.6	103.6	101.2
水果	106.2	106.4	99.7	92.5	104.8	101.1	103.6
林业产品	**99.1**	**99.4**	**97.9**	**96.1**	**104.9**	**98.9**	**100.1**
饲养动物及其产品	**102.4**	**97.1**	**104.2**	**110.4**	**90.8**	**95.6**	**133.5**
生猪	99.3	92.2	108.9	119.4	86.0	85.6	150.5
活牛	113.1	104.4	99.1	98.7	98.8	104.9	112.5
活羊	109.1	100.8	89.4	93.6	107.1	114.7	114.3
活家禽	103.2	104.4	101.3	99.6	96.7	107.7	107.8
禽蛋	105.8	105.7	96.9	94.3	92.8	117.6	102.1
生奶	111.0	107.9	92.2	96.2	100.0	101.3	105.6
渔业产品	**104.3**	**103.1**	**102.5**	**103.4**	**104.9**	**102.6**	**99.4**
海水养殖产品	100.7	101.9	101.0	104.1	107.9	101.4	97.2
海水捕捞产品	107.7	103.1	106.0	106.2	103.1	104.7	100.6
淡水养殖产品	104.7	103.8	102.1	102.0	102.4	102.2	99.8

8-5 2019年各地区农产品生产者价格指数

(以上年价格为100)

地区	总指数	一、农业产品	二、林业产品	三、饲养动物及其产品	四、渔业产品
全国平均	**114.5**	**100.8**	**100.1**	**133.5**	**99.4**
北京	109.9	98.6		123.3	99.6
天津	108.8	99.7		124.7	102.3
河北	107.1	101.0	90.6	118.8	100.7
山西	115.2	107.8	150.0	128.1	106.3
内蒙古	105.6	101.9	101.5	110.4	101.9
辽宁	107.6	100.6	97.2	116.8	100.5
吉林	108.7	101.1	99.5	131.8	97.0
黑龙江	106.2	99.5	102.5	141.1	105.3
上海	105.6	102.8	100.2	126.7	96.7
江苏	109.3	100.3	104.8	125.8	102.7
浙江	109.9	102.8	100.3	140.3	102.2
安徽	109.3	99.5	102.7	136.2	100.2
福建	106.9	103.8	103.2	128.8	98.4
江西	113.2	100.7	101.0	141.0	99.1
山东	112.2	106.1	100.3	132.2	101.3
河南	119.9	103.2	102.3	148.4	95.8
湖北	110.1	102.0	101.8	132.1	99.3
湖南	118.0	102.0	101.2	139.8	101.1
广东	107.3	103.5	98.0	121.0	102.1
广西	115.5	103.5	99.9	139.6	101.2
海南	109.2	106.6	91.6	136.1	100.1
重庆	112.1	102.1	97.2	133.7	101.4
四川	115.6	102.7	101.7	128.0	102.4
贵州	116.2	103.3	100.9	126.7	107.5
云南	109.6	101.0	93.1	127.6	100.3
西藏					
陕西	107.7	104.2	98.0	115.5	96.1
甘肃	109.9	104.8		121.1	101.2
青海	109.6	106.4		115.0	88.0
宁夏	106.4	98.5		115.8	91.8
新疆	99.6	94.5	96.2	114.4	102.5

8-6 2019年各地区主要农产品分品种生产者价格指数

(以上年价格为100)

地 区	一、农业产品	谷物	小麦	稻谷	玉米	豆类
全国平均	**100.8**	**100.3**	**100.1**	**96.5**	**102.0**	**100.1**
北 京	98.6	99.0	98.4		99.2	
天 津	99.7	97.6	95.7		98.4	
河 北	101.0	99.1	97.0		100.6	105.3
山 西	107.8	108.1	98.5		109.6	93.2
内蒙古	101.9	100.4	98.6	100.4	100.6	94.8
辽 宁	100.6	101.4		94.4	104.8	98.4
吉 林	101.1	101.6		94.3	103.9	99.8
黑龙江	99.5	98.8		92.0	103.6	100.3
上 海	102.8	102.3	94.1	103.4		98.6
江 苏	100.3	96.2	100.1	93.2	100.7	100.8
浙 江	102.8	94.5		93.8	110.6	
安 徽	99.5	98.9	102.8	95.1	103.0	104.1
福 建	103.8	98.9		98.8		
江 西	100.7	96.6		96.6		102.3
山 东	106.1	99.0	95.0	91.0	102.7	99.1
河 南	103.2	99.9	98.7	100.3	101.7	102.8
湖 北	102.0	101.8	104.8	101.2	101.5	102.7
湖 南	102.0	98.9		99.0	97.8	104.3
广 东	103.5	98.3		98.3		99.4
广 西	103.5	94.2		91.3	102.8	96.3
海 南	106.6	99.2		97.2	114.7	100.9
重 庆	102.1	99.5		99.6	99.4	102.5
四 川	102.7	99.8	102.4	98.3	102.4	100.7
贵 州	103.3	104.0	104.1	104.8	103.0	104.8
云 南	101.0	103.8	105.5	103.9	102.8	99.9
西 藏						
陕 西	104.2	99.4	95.9	92.6	101.5	103.0
甘 肃	104.8	100.7	99.8		100.5	106.3
青 海	106.4	101.1	99.4		101.9	114.6
宁 夏	98.5	97.1	96.9	93.7	99.2	
新 疆	94.5	102.1	100.0		104.3	

8-6 续表 1

地区							
		薯类	油料			棉花	糖料
	大豆			花生	油菜籽		
全国平均	**100.1**	**104.7**	**105.2**	**106.3**	**102.1**	**97.8**	**97.7**
北京							
天津						98.9	
河北	105.3	107.5	106.8	106.8		99.1	
山西	93.2	111.0					
内蒙古	90.5	122.6	104.4		104.5		98.1
辽宁	98.4	110.3	110.0	110.0			
吉林	101.5	97.0	99.3	101.8			
黑龙江	100.3	100.4	115.7				
上海	98.6						
江苏	100.8	104.6	104.7	105.3	104.6	91.3	
浙江		106.6	111.9	104.8	104.3		
安徽	104.1	99.4	102.1	106.6	100.8	97.0	
福建		96.9	103.3	103.3			
江西	102.5	105.2	103.5	102.5	105.4	102.4	
山东	99.1	87.0	108.8	108.8		100.1	
河南	102.8	106.7	113.1	114.6			
湖北	102.7	106.9	104.5	117.4	98.9	94.1	
湖南	104.3	112.1	105.5		94.5	103.2	
广东	99.4	103.1	103.8	103.8			93.6
广西	96.3	112.3	109.8	109.8			98.7
海南		94.1	106.4	106.4			96.4
重庆	102.5	110.0	98.8		98.8		
四川	100.4	101.2	102.5	101.8	102.9		102.2
贵州	104.8	100.3	105.9	110.9	105.3		94.2
云南	106.2	123.6	99.8	104.2	99.4		98.8
西藏							
陕西	103.5	116.6	104.8	100.0	99.7	97.4	
甘肃	98.3	141.2	112.2		97.7	85.7	100.0
青海		117.1	101.3		101.3		
宁夏		128.2	111.4				
新疆		95.4	91.1			83.0	100.0

8-6 续表 2

地区	麻类	烟叶	蔬菜	水果	茶叶
全国平均	**109.8**	**101.8**	**101.2**	**103.6**	**102.7**
北　京			103.0	93.0	
天　津			99.0	106.9	
河　北			102.8	102.5	
山　西			102.7	113.9	
内蒙古			103.6	101.2	
辽　宁		110.6	97.4	96.5	
吉　林		106.1	97.0	98.9	
黑龙江			103.7	103.4	
上　海			102.4	105.9	
江　苏			104.5	107.7	100.3
浙　江			106.4	105.3	103.0
安　徽	118.5	100.1	100.5	97.8	100.3
福　建		104.8	104.8	112.4	96.8
江　西	133.9	105.0	108.8	113.2	102.9
山　东		100.7	115.9	118.0	98.8
河　南		97.7	109.6	126.5	115.2
湖　北		102.5	103.4	111.2	106.2
湖　南		104.7	117.5	117.8	112.8
广　东		102.8	102.3	124.0	102.2
广　西	100.0	99.6	106.1	118.7	105.4
海　南			107.6	115.4	
重　庆		104.6	100.3	104.9	98.4
四　川	107.1	102.0	106.8	113.7	107.2
贵　州		103.2	102.3	103.0	105.7
云　南		100.9	99.2	116.0	101.4
西　藏					
陕　西		104.4	113.2	103.5	106.0
甘　肃			108.4	93.3	
青　海			105.1		
宁　夏			86.6	81.9	
新　疆	101.6		99.8	107.0	

8-6 续表 3

地 区	二、林业产品	三、饲养动物及其产品	生猪	活家禽	禽蛋	生奶
全国平均	**100.1**	**133.5**	**150.5**	**107.8**	**102.1**	**105.6**
北 京		123.3	149.8	101.4	102.3	103.8
天 津		124.7	146.1	110.9	105.7	101.5
河 北	90.6	118.8	148.9	114.7	95.0	103.6
山 西	150.0	128.1	161.5	105.1	106.0	114.6
内 蒙 古	101.5	110.4	129.9	95.7	104.9	102.5
辽 宁	97.2	116.8	129.2	112.6	104.3	102.6
吉 林	99.5	131.8	155.3	106.5	100.2	103.5
黑 龙 江	102.5	141.1	159.6	108.6	102.8	106.2
上 海	100.2	126.7	150.2	104.1	105.4	103.9
江 苏	104.8	125.8	151.9	107.6	105.0	105.5
浙 江	100.3	140.3	154.4	104.6	100.0	104.7
安 徽	102.7	136.2	158.5	110.6	103.4	
福 建	103.2	128.8	155.0	110.4	95.3	
江 西	101.0	141.0	150.1	104.2	103.6	
山 东	100.3	132.2	162.7	105.5	105.2	104.1
河 南	102.3	148.4	162.4	106.9	106.1	107.6
湖 北	101.8	132.1	141.9	106.8	102.4	107.6
湖 南	101.2	139.8	149.6	110.1	99.4	
广 东	98.0	121.0	137.2	109.3	95.7	
广 西	99.9	139.6	152.8	112.4	105.1	
海 南	91.6	136.1	157.2	111.3	110.2	
重 庆	97.2	133.7	155.5	106.1	102.0	
四 川	101.7	128.0	143.3	106.5	107.7	100.0
贵 州	100.9	126.7	129.3	105.6	104.6	
云 南	93.1	127.6	131.7	108.8	104.9	101.3
西 藏						
陕 西	98.0	115.5	123.5	112.4	99.7	108.7
甘 肃		121.1	139.3	109.5	113.2	106.1
青 海		115.0	128.1	111.0	101.1	103.0
宁 夏		115.8	151.9	110.8	108.5	109.7
新 疆	96.2	114.4	140.7	108.7	116.5	107.8

8-6 续表 4

地　　区	四、渔业产品	海水养殖产品	海水捕捞产品	淡水养殖产品
全国平均	**99.4**	**97.2**	**100.6**	**99.8**
北　　京	99.6			99.6
天　　津	102.3	105.9		101.5
河　　北	100.7			100.7
山　　西	106.3			106.3
内 蒙 古	101.9			103.2
辽　　宁	100.5	104.1		93.7
吉　　林	97.0			97.0
黑 龙 江	105.3			105.3
上　　海	96.7		91.5	100.7
江　　苏	102.7	127.6	102.6	99.5
浙　　江	102.2	102.7	103.3	100.0
安　　徽	100.2			100.2
福　　建	98.4	97.6	101.2	98.3
江　　西	99.1			99.1
山　　东	101.3	102.2	102.8	96.9
河　　南	95.8			95.8
湖　　北	99.3			99.3
湖　　南	101.1			101.1
广　　东	102.1	103.5	105.2	100.4
广　　西	101.2	101.2	102.2	100.7
海　　南	100.1	95.3	105.5	99.0
重　　庆	101.4			101.4
四　　川	102.4			102.4
贵　　州	107.5			107.5
云　　南	100.3			100.3
西　　藏				
陕　　西	96.1			96.1
甘　　肃	101.2			101.2
青　　海	88.0			88.0
宁　　夏	91.8			91.8
新　　疆	102.5			102.5

9

农产品进出口

9-1 海关出口主要农产品数量

单位：万头、万吨

年 份	活猪(种猪除外)	稻谷和大米	棉花	蔬菜	鲜、干水果及坚果	水海产品
1980	316	109	1.0	34	24	11
1981	318	59		47	20	12
1982	324	47		51	21	10
1983	321	58	6.0	54	20	11
1984	308	116	19.0	52	17	12
1985	296	101	35.0	51	21	12
1986	310	95	56.0	64	22	17
1987	302	102	75.0	64	24	22
1988	303	70	47.0	77	30	29
1989	297	32	27.0	82	25	29
1990	300	33	17.0	98	23	36
1991	285	69	20.0	104	16	38
1992	290	95	14.0	138	15	44
1993	272	143	15.0	137	32	48
1994	270	152	11.0	154	39	57
1995	253	5	2.0	158	40	61
1996	240	26	0.4	167	56	64
1997	227	94	0.1	167	68	72
1998	219	375	4.5	201	66	79
1999	196	271	23.6	225	73	109
2000	203	295	29.2	245	82	120
2001	196	186	5.2	298	81	154
2002	188	199	15.0	360	113	163
2003	188	262	11.2	432	146	158
2004	197	91	0.9	470	175	177
2005	176	69	0.5	520	200	176
2006	172	124	1.3	568	198	194
2007	161	134	2.1	622	240	183
2008	164	97	1.6	624	285	175
2009	169	79	0.8	636	330	209
2010	172	62	0.6	655	300	243
2011	156	52	2.6	772	289	288
2012	164	28	1.8	741	304	368
2013	168	48	0.7	778	298	384
2014	173	42	1.3	803	272	403
2015	169	28.7	2.9	833	287	391
2016	155	39.5	0.8	827	347	409
2017	157	120	1.7	925	344	421
2018	158	209	4.7	948	341	425
2019	95	275	5.2	979	361	419

注：1. 按照海关统计标准，第九部分指标名称“活猪”更名为“活猪(种猪除外)”，“大米”更名为“稻谷和大米”，“棉花(原棉)”更名为“棉花”，“水果”更名为“鲜、干水果及坚果”，“水产品”更名为“水海产品”。
2. 9-1至9-6数据来源于海关统计。

9-2 海关进口主要农产品数量

单位：万吨

年 份	小麦	玉米	大豆	棉花	食用植物油
1980	1057	163.8	57	89	9
1981	1300	67.6	57	80	4
1982	1380	156.9	36	47	6
1983	1111	211.0	…	23	4
1984	987	5.5	…	4	1
1985	541	9.1	0	…	4
1986	611	58.8	29	…	20
1987	1320	154.2	27	1	51
1988	1455	10.9	15	3	21
1989	1488	6.8	0	52	106
1990	1253	36.9	0	42	112
1991	1237	0.1	0	37	61
1992	1058	…	12	28	42
1993	642	…	10	1	24
1994	730	0.1	5	50	163
1995	1159	518.1	29	74	213
1996	825	44.1	111	65	263
1997	186	…	280	75	275
1998	149	25.1	320	20	206
1999	45	7.0	432	5	208
2000	88	…	1042	5	179
2001	69	…	1394	6	165
2002	63	1.0	1131	18	319
2003	45	…	2074	87	541
2004	726	…	2023	191	676
2005	354	…	2659	257	621
2006	61	7	2824	364	669
2007	10	4	3082	246	838
2008	4.3	5	3744	211	816
2009	90.4	8	4255	153	816
2010	123	157	5480	284	687
2011	125.8	175.3	5264	336	657
2012	370	520.8	5838	513	845
2013	554	326.6	6338	415	810
2014	300	260	7140	244	650
2015	301	473	8169	147	676
2016	341	317	8391	90	553
2017	442	283	9553	116	577
2018	310	352	8803	157	629
2019	349	479	8851	185	953

9-3 海关出口农副产品及加工品数量

指　标	单位	1995年	2000年	2016年	2017年	2018年	2019年	2019年比2018年增长(%)
活猪(种猪除外)	万头	253	203	155	157	158	95	-40.1
活家禽	万只	5263	4890	440	230	240	276	14.8
牛肉	万吨	2	2	0.4	0.1	…	…	-49.6
猪肉	万吨	15	5	4.9	5.1	4.2	2.7	-36.9
冻鸡	万吨	24.9	35.7	11.5	12.9	10.9	9.4	-13.5
鲜蛋	百万个	358	757	1303	1369	1177	1190	1.2
水海产品	万吨	61	120	409	421	425	419	-1.6
谷物及谷物粉	万吨	64	1378	58	156	249	318	27.9
其中：稻谷和大米	万吨	5	295	39.5	119.7	208.9	274.8	31.5
玉米	万吨	11	1047	0.4	8.6	1.2	2.6	114.4
棉花	万吨	2.2	29.2	0.8	1.7	4.7	5.2	10.1
蔬菜	万吨	158	245	827	925	948	979	3.3
鲜、干水果及坚果	万吨	49	82	347	344	341	361	5.8
其中：橘、橙	万吨	13.2	19.1	72.2	56.2	70.9	69.4	-2.1
苹果	万吨	10.9	29.8	132.2	133.5	111.8	97.1	-13.2
食糖	万吨	48	41.4	14.9	15.8	19.6	18.6	-5.2
天然蜂蜜	万吨	8.7	10.3	12.8	12.9	12.3	12.1	-2.1
茶叶	万吨	16.7	22.8	32.9	35.5	36.5	36.7	0.5
辣椒干	万吨	3.6	5.4	8.0	6.2	7.7	7.3	-5.5
猪肉罐头	万吨	6.4	3.8	3.9	4.3	5.0	2.9	-42.0
蘑菇罐头	万吨	19.0	20.4	23.6	22.6	24.2	25.4	5.3
烤烟	万吨	5.7	9.4	12.0	14.7	12.7	12.2	-4.3
生丝	万吨	1.3	1.3	0.7	0.6	0.5	0.4	-6.0
山羊绒	吨	1829	3123	2995	3072	3212	2940	-8.4
肠衣	吨	44971	52316	96537	105955	102864	95671	-7
填充用羽毛羽绒	吨	23345	36882	43677	53376	49355	46057	-6.7
中药材及中式成药	万吨	13.7	17.6	15.2	15.6	12.8	13.3	3.2
食用油籽	万吨	121	76	57	71	84	84	-0.2
其中：大豆	万吨	38	21	13	11	13	11	-14.5
花生和花生仁	万吨	39	40	12	15	20	19	-3.6
食用植物油(包括棕榈油)	万吨	51	11.2	11.4	20.0	29.4	26.7	-9.6

注：按照海关统计标准，第九部分指标名称“鲜、冻牛肉”更名为“牛肉”，“鲜、冻猪肉”更名为“猪肉”，“鲜苹果”更名为“苹果”，“药材”更名为“中药材及中式成药”，“食用植物油”更名为“食用植物油(包含棕榈油)”。

9-4 海关出口农副产品及加工品金额

单位：万美元

指　　标	2018年	2019年
活猪(种猪除外)	42729	39641
活家禽	97	134
牛肉	320	165
猪肉	19531	14349
冻鸡	23820	22881
鲜蛋	11175	11350
水海产品	2200203	2032682
谷物及谷物粉	106590	124016
其中：稻谷和大米	88750	105903
玉米	599	987
棉花	9365	8958
蔬菜	1261522	1256676
鲜、干水果及坚果	500893	595622
#橘、橙	97253	92913
苹果	129891	124634
食糖	10059	8737
天然蜂蜜	24926	23502
茶叶	177786	201959
辣椒干	15492	15469
猪肉罐头	15029	9208
烤烟	44828	42993
生丝	29083	22899
山羊绒	23794	21064
肠衣	135650	105833
填充用羽毛羽绒	82608	87879
中药材及中式成药	110174	117696
食用油籽	102778	107514
其中：大豆	10002	9227
花生和花生仁	27858	26384
食用植物油(包含棕榈油)	30701	27332

9-5 海关进口农副产品及加工品数量

指标	单位	1990年	1995年	2000年	2016年	2017年	2018年	2019年	2019年比2018年增长(%)
冻鱼	万吨			89	193	214	231	253	9.3
鲜、干水果及坚果	万吨				397	451	565	709	25.5
其中：香蕉(包括芭蕉)	万吨			59	89	104	154	194	25.6
谷物及谷物粉	万吨			315	2199	2559	2047	1785	-12.8
其中：玉米	万吨				317	283	352	479	36
小麦	万吨	1253	1159	88	341	442	310	349	12.5
#小麦粉	万吨				4	13	22	28	27.1
大麦	万吨	65	127	197	500	886	682	593	-13
稻谷和大米	万吨			24	356	403	308	255	-17.3
大豆	万吨	…	29	1042	8391	9553	8803	8851	0.5
食用植物油	万吨	112	213	179	553	577	629	953	51.5
#豆油	万吨				56	65	55	83	50.3
棕榈油	万吨				316	346	357	561	57.1
菜子油和芥子油	万吨				70	76	130	162	24.6
食糖	万吨	113	295	64	306	229	280	339	21.3
饲料用鱼粉	万吨				104	157	146	142	-2.9
豆饼、豆粕	吨				18077	61203	22810	9543	-58.2
纸烟	万条				7612	7431	8314	9574	15
天然橡胶(包括胶乳)	万吨				250	279	260	245	-5.5
合成橡胶(包括胶乳)	万吨				331	436	441	412	-6.6
原木	万立方米				4872	5540	5969	5980	0.2
锯材	万立方米				3151	3739	3674	3714	1.4
纸浆	万吨				2106	2372	2479	2720	9.7
羊毛	万吨	3	28	30	32	35	37	28	-25.6
棉花	万吨	42	74	5	90	116	157	185	17.4
肥料	万吨	1626	1991	1189	832	918	950	1111	16.9
矿物肥料及化肥	万吨				832	917	950	1110	16.9
尿素	吨				65794		163913	181570	10.7
氮磷钾复合肥料	万吨				113	111	146	139	-4.8
磷酸氢二胺	万吨				3		6	0	-100
氯化钾	万吨				682	753	746	908	21.7
硫酸钾	万吨				5		7	7	0
杀虫剂、除草剂及类似品	吨				84790	83544	79200	89689	13.2

注：按照海关统计标准，第九部分指标名称“香蕉”更名为“香蕉(包括芭蕉)”，“羊毛(包括羊毛条)”更名为“羊毛”，“化肥”更名为“矿物肥料及化肥”。

9-6 海关进口农副产品及加工品金额

单位:万美元

指　标	2018年	2019年
冻鱼	455020	493497
鲜、干水果及坚果	841809	1128684
其中:香蕉(包括芭蕉)	89684	109435
谷物及谷物粉	591184	520292
其中: 玉米	78884	106318
小麦	85805	100307
#小麦粉	7716	10204
大麦	169039	156139
稻谷和大米	163930	129719
大豆	3806003	3533687
食用植物油	472770	633356
#豆油	43779	59305
棕榈油	229398	307848
菜子油和芥子油	108348	132647
食糖	102880	112112
饲料用鱼粉	222100	196993
豆饼、豆粕	1419	730
纸烟	61589	63663
天然橡胶(包括胶乳)	360672	337280
合成橡胶(包括胶乳)	762077	668565
原木	1098445	943380
锯材	1013068	859181
纸浆	1971594	1711877
羊毛	322273	239561
棉花	317159	357048
肥料	272375	352720
矿物肥料及化肥	271908	352155
尿素	4543	4654
氮磷钾复合肥料	66901	66221
磷酸氢二胺	2455	1
氯化钾	184792	265341
硫酸钾	2499	2494
杀虫剂、除草剂及类似品	68956	76155

农产品成本与收益

10-1 全国种植业产品成本与收益

指　　标	单位	三种粮食平均		稻　谷	
		2018年	2019年	2018年	2019年
每亩					
主产品产量	千克	449.3	482.3	491.9	489.5
产值合计	元	1008.2	1078.4	1289.5	1262.2
主产品产值	元	985.4	1055.7	1273.2	1245.6
副产品产值	元	22.8	22.7	16.4	16.6
总成本	元	1093.8	1108.9	1223.6	1241.8
生产成本	元	868.9	875.6	988.5	1000.7
物质与服务费用	元	449.6	462.2	514.7	526.5
人工成本	元	419.4	413.4	473.8	474.2
家庭用工折价	元	383.7	374.9	402.4	393.9
雇工费用	元	35.7	38.5	71.5	80.3
土地成本	元	224.9	233.3	235.1	241.1
流转地租金	元	41.3	36.7	63.5	44.8
自营地折租	元	183.6	196.5	171.7	196.3
净利润	元	-85.6	-30.5	65.9	20.4
现金成本	元	526.5	537.5	649.6	651.6
现金收益	元	481.7	540.9	639.9	610.6
成本利润率	%	-7.8	-2.8	5.4	1.7
每50公斤主产品					
平均出售价格	元	109.7	109.4	129.4	127.2
总成本	元	119.0	112.5	122.8	125.2
生产成本	元	94.5	88.9	99.2	100.9
净利润	元	-9.3	-3.1	6.6	2.1
现金成本	元	57.3	54.6	65.2	65.7
现金收益	元	52.4	54.9	64.2	61.6
附:					
每亩用工数量	日	4.8	4.6	5.3	5.1
每亩主产品出售数量	千克	344.1	378.2	378.4	374.7
每亩主产品出售产值	元	745.8	821.0	960.3	933.1
商品率	%	91.1	92.5	84.7	85.9
每亩成本外支出	元	0.4	0.4	0.4	0.5

10-1 续表 1

指　　标	单位	小　麦		玉　米	
		2018年	2019年	2018年	2019年
每亩					
主产品产量	千克	369.0	453.5	487.0	503.9
产值合计	元	853.5	1044.0	881.5	928.9
主产品产值	元	827.9	1018.0	855.2	903.3
副产品产值	元	25.7	26.0	26.3	25.6
总成本	元	1012.9	1028.9	1044.8	1055.7
生产成本	元	801.0	810.9	817.3	815.0
物质与服务费用	元	450.3	470.1	383.8	390.2
人工成本	元	350.8	340.9	433.5	424.8
家庭用工折价	元	337.0	327.8	411.8	402.6
雇工费用	元	13.8	13.1	21.7	22.2
土地成本	元	211.9	218.0	227.5	240.7
流转地租金	元	30.7	35.6	29.7	29.7
自营地折租	元	181.2	182.4	197.9	210.9
净利润	元	-159.4	15.1	-163.3	-126.8
现金成本	元	494.7	518.7	435.1	442.1
现金收益	元	358.8	525.3	446.4	486.8
成本利润率	%	-15.7	1.5	-15.6	-12.0
每50公斤主产品					
平均出售价格	元	112.2	112.3	87.8	89.6
总成本	元	133.1	110.6	104.1	101.9
生产成本	元	105.3	87.2	81.4	78.6
净利润	元	-21.0	1.6	-16.3	-12.2
现金成本	元	65.0	55.8	43.3	42.7
现金收益	元	47.2	56.5	44.5	47.0
附:					
每亩用工数量	日	4.1	3.9	5.1	4.9
每亩主产品出售数量	千克	309.4	400.7	344.4	359.1
每亩主产品出售产值	元	682.9	890.0	594.2	639.9
商品率	%	90.0	93.2	98.6	98.6
每亩成本外支出	元	0.5	0.6	0.3	0.3

10-1 续表 2

指 标	单位	大 豆		两种油料平均	
		2018年	2019年	2018年	2019年
每亩					
主产品产量	千克	126.5	128.4	197.3	193.5
产值合计	元	474.3	492.2	1084.7	1262.2
主产品产值	元	463.1	481.7	1070.9	1248.4
副产品产值	元	11.2	10.5	13.8	13.8
总成本	元	666.3	686.3	1164.7	1169.7
生产成本	元	408.3	411.6	976.8	985.6
物质与服务费用	元	204.0	189.3	357.2	379.7
人工成本	元	204.3	222.3	619.6	605.9
家庭用工折价	元	173.4	191.4	608.7	589.1
雇工费用	元	30.8	30.9	10.9	16.8
土地成本	元	258.1	274.7	187.9	184.1
流转地租金	元	82.0	63.1	20.4	20.5
自营地折租	元	176.1	211.6	167.5	163.5
净利润	元	-192.0	-194.1	-80.0	92.5
现金成本	元	316.8	283.4	388.6	417.0
现金收益	元	157.5	208.9	696.1	845.2
成本利润率	%	-28.8	-28.3	-6.9	7.9
每50公斤主产品					
平均出售价格	元	183.1	187.6	271.4	322.6
总成本	元	257.2	261.6	291.4	298.9
生产成本	元	157.6	156.9	244.4	251.9
净利润	元	-74.1	-74.0	-20.0	23.7
现金成本	元	122.3	108.0	97.2	106.6
现金收益	元	60.8	79.6	174.2	216.0
附:					
每亩用工数量	日	2.3	2.5	7.3	7.0
每亩主产品出售数量	千克	113.1	102.0	151.0	153.4
每亩主产品出售产值	元	410.0	385.7	816.2	971.9
商品率	%	98.5	99.1	89.6	91.0
每亩成本外支出	元	0.1	0.1	0.2	0.2

10-1 续表 3

指 标	单位	花 生		油菜籽	
		2018年	2019年	2018年	2019年
每亩					
主产品产量	千克	256.7	246.5	138.0	140.5
产值合计	元	1445.2	1795.7	724.2	728.7
主产品产值	元	1426.5	1776.5	715.3	720.3
副产品产值	元	18.6	19.2	8.9	8.4
总成本	元	1412.9	1424.7	917.0	914.7
生产成本	元	1161.8	1177.1	792.4	794.1
物质与服务费用	元	470.2	510.0	244.1	249.3
人工成本	元	691.6	667.1	548.2	544.8
家庭用工折价	元	685.1	652.2	532.9	526.1
雇工费用	元	6.5	15.0	15.3	18.7
土地成本	元	251.1	247.6	124.6	120.6
流转地租金	元	27.9	28.8	12.9	12.3
自营地折租	元	223.2	218.8	111.7	108.3
净利润	元	32.2	371.1	-192.8	-186.0
现金成本	元	504.7	553.7	272.3	280.2
现金收益	元	940.5	1242.0	451.8	448.5
成本利润率	%	2.3	26.1	-21.0	-20.3
每50公斤主产品					
平均出售价格	元	277.9	360.3	259.2	256.3
总成本	元	271.7	285.9	328.2	321.8
生产成本	元	223.4	236.2	283.6	279.4
净利润	元	6.2	74.5	-69.0	-65.4
现金成本	元	97.0	111.1	97.5	98.6
现金收益	元	180.9	249.2	161.7	157.8
附:					
每亩用工数量	日	8.2	7.7	6.4	6.3
每亩主产品出售数量	千克	186.6	186.5	115.4	120.3
每亩主产品出售产值	元	1036.5	1328.0	595.8	615.7
商品率	%	90.7	90.4	88.5	91.5
每亩成本外支出	元			0.4	0.3

10-1 续表 4

指　　标	单位	棉　花		烤　烟	
		2018年	2019年	2018年	2019年
每亩					
主产品产量	千克	105.8	108.7	137.1	137.0
产值合计	元	1814.3	1600.8	3800.9	3901.0
主产品产值	元	1541.3	1315.6	3795.6	3894.3
副产品产值	元	273.0	285.2	5.3	6.8
总成本	元	2275.2	2260.4	3717.3	3784.4
生产成本	元	1950.5	1906.9	3391.6	3446.3
物质与服务费用	元	755.6	835.1	1145.6	1192.2
人工成本	元	1194.9	1071.7	2246.1	2254.1
家庭用工折价	元	962.9	795.2	1728.6	1707.0
雇工费用	元	232.0	276.5	517.4	547.2
土地成本	元	324.7	353.5	325.7	338.1
流转地租金	元	49.5	38.4	51.5	53.6
自营地折租	元	275.3	315.1	274.2	284.5
净利润	元	-460.9	-659.5	83.6	116.6
现金成本	元	1037.0	1150.1	1714.5	1793.0
现金收益	元	777.3	450.7	2086.4	2108.0
成本利润率	%	-20.3	-29.2	2.3	3.1
每50公斤主产品					
平均出售价格	元	728.2	605.4	1384.0	1420.8
总成本	元	913.2	854.9	1353.6	1378.4
生产成本	元	782.8	721.2	1235.0	1255.2
净利润	元	-185.0	-249.4	30.5	42.5
现金成本	元	416.2	435.0	624.3	653.0
现金收益	元	312.0	170.5	759.8	767.8
附:					
每亩用工数量	日	13.5	11.6	26.0	25.4
每亩主产品出售数量	千克	103.5	107.6	137.1	137.0
每亩主产品出售产值	元	1507.0	1300.6	3795.5	3894.0
商品率	%	100.0	99.9	100.0	100.0
每亩成本外支出	元	0.1	0.0		

10-1 续表 5

指　　标	单位	甘　蔗		甜　菜	
		2018年	2019年	2018年	2019年
每亩					
主产品产量	千克	5752.6	5256.7	4132.8	3894.4
产值合计	元	2774.9	2559.6	1982.6	1851.0
主产品产值	元	2750.6	2538.5	1968.0	1838.1
副产品产值	元	24.3	21.1	14.6	12.8
总成本	元	2443.5	2379.1	1786.6	1673.9
生产成本	元	2127.5	2055.3	1541.5	1374.7
物质与服务费用	元	873.4	846.3	732.3	742.7
人工成本	元	1254.2	1209.0	809.2	632.0
家庭用工折价	元	658.9	645.9	632.0	533.5
雇工费用	元	595.3	563.0	177.2	98.5
土地成本	元	316.0	323.8	245.2	299.3
流转地租金	元	35.1	42.8	29.9	47.1
自营地折租	元	280.9	281.0	215.3	252.1
净利润	元	331.3	180.5	196.0	177.0
现金成本	元	1503.8	1452.2	939.3	888.3
现金收益	元	1271.1	1107.4	1043.3	962.6
成本利润率	%	13.6	7.6	11.0	10.6
每50公斤主产品					
平均出售价格	元	23.9	24.2	23.8	23.6
总成本	元	21.1	22.5	21.5	21.3
生产成本	元	18.3	19.4	18.5	17.5
净利润	元	2.9	1.7	2.4	2.3
现金成本	元	13.0	13.7	11.3	11.3
现金收益	元	11.0	10.5	12.5	12.3
附：					
每亩用工数量	日	13.3	12.6	9.0	7.0
每亩主产品出售数量	千克	5612.8	5216.2	4132.8	3894.4
每亩主产品出售产值	元	2693.1	2520.4	1968.0	1838.1
商品率	%	100.0	100.0	100.0	100.0
每亩成本外支出	元	0.4	0.4	0.3	

10-1 续表 6

指　标	单位	桑蚕茧		苹　果	
		2018年	2019年	2018年	2019年
每亩					
主产品产量	千克	105.3	102.9	1645.9	2065.6
产值合计	元	4748.9	4256.3	7518.8	7207.6
主产品产值	元	4660.9	4150.9	7515.5	7204.1
副产品产值	元	88.0	105.5	3.4	3.5
总成本	元	4494.0	4501.5	4904.8	5794.5
生产成本	元	4245.3	4233.6	4578.6	5479.8
物质与服务费用	元	770.9	732.3	1513.4	1902.0
人工成本	元	3474.4	3501.3	3065.2	3577.8
家庭用工折价	元	3293.7	2358.3	2038.5	2046.1
雇工费用	元	180.7	1143.0	1026.8	1531.8
土地成本	元	248.8	267.9	326.2	314.7
流转地租金	元	60.7	44.5	75.7	76.0
自营地折租	元	188.1	223.4	250.6	238.7
净利润	元	254.9	-245.1	2614.0	1413.1
现金成本	元	1012.2	1919.8	2615.8	3509.7
现金收益	元	3736.7	2336.5	4903.1	3697.9
成本利润率	%	5.7	-5.5	53.3	24.4
每50公斤主产品					
平均出售价格	元	2213.4	2017.7	228.3	174.4
总成本	元	2094.6	2133.9	148.9	140.2
生产成本	元	1978.6	2006.9	139.0	132.6
净利润	元	118.8	-116.2	79.4	34.2
现金成本	元	471.8	910.1	79.4	84.9
现金收益	元	1741.6	1107.6	148.9	89.5
附:					
每亩用工数量	日	40.8	37.2	33.9	37.4
每亩主产品出售数量	千克	105.3	102.9	1489.4	1684.2
每亩主产品出售产值	元	4660.5	4150.8	6786.4	5252.6
商品率	%	100.0	100.0	99.5	99.5
每亩成本外支出	元	1.9	1.6	3.7	2.5

10-2 全国饲养业产品成本与收益

项　　目	单位	生猪平均		规模养猪平均		农户散养生猪	
		2018年	2019年	2018年	2019年	2018年	2019年
每头(百只、亩)							
主产品产量	千克	122.6	122.7	122.6	124.5	122.5	120.9
产值合计	元	1616.3	2621.7	1595.2	2625.5	1637.5	2617.8
主产品产值	元	1602.4	2607.4	1583.3	2613.3	1621.6	2601.5
副产品产值	元	13.9	14.3	11.8	12.2	15.9	16.3
总成本	元	1728.9	1889.0	1584.9	1797.1	1873.0	1980.1
生产成本	元	1727.3	1887.6	1582.0	1794.4	1872.8	1979.9
物质与服务费用	元	1388.7	1543.6	1403.0	1609.2	1374.3	1478.0
人工成本	元	338.7	343.9	179.0	185.1	498.6	501.9
家庭用工折价	元	312.4	315.3	126.5	127.8	498.6	501.9
雇工费用	元	26.3	28.7	52.5	57.3		
土地成本	元	1.5	1.5	2.9	2.7	0.1	0.2
净利润	元	-112.6	732.6	10.2	828.4	-235.5	637.8
成本利润率	%	-6.5	38.8	0.6	46.1	-12.6	32.2
每50公斤主产品							
平均出售价格	元	653.6	1062.7	645.6	1049.9	661.7	1075.9
总成本	元	699.2	765.7	641.5	718.6	756.9	813.8
生产成本	元	698.5	765.1	640.3	717.6	756.8	813.7
净利润	元	-45.5	297.0	4.1	331.3	-95.2	262.1
附:							
每核算单位用工数量	日	4.0	3.9	2.0	2.1	5.9	5.8
平均饲养天数	日	158.4	156.4	150.6	152.0	166.2	160.8

10-2 续表 1

项　　目	单位	规模养殖蛋鸡平均		规模养殖肉鸡平均	
		2018年	2019年	2018年	2019年
每头（百只、亩）					
主产品产量	千克	1774.1	1793.7	247.2	251.9
产值合计	元	16084.5	18153.7	3219.3	3747.8
主产品产值	元	14129.7	15812.2	3192.7	3720.0
副产品产值	元	1954.9	2341.5	26.6	27.8
总成本	元	14792.8	15173.2	2769.4	3045.6
生产成本	元	14775.1	15155.8	2764.3	3040.1
物质与服务费用	元	13454.2	13868.4	2447.7	2701.2
人工成本	元	1320.9	1287.4	316.6	338.8
家庭用工折价	元	972.0	917.4	264.0	269.5
雇工费用	元	348.9	370.1	52.6	69.3
土地成本	元	17.7	17.4	5.1	5.6
净利润	元	1291.7	2980.5	449.9	702.1
成本利润率	%	8.7	19.6	16.2	23.1
每50公斤主产品					
平均出售价格	元	398.2	440.8	645.8	738.4
总成本	元	366.2	368.4	555.5	600.1
生产成本	元	365.8	368.0	554.5	599.0
净利润	元	32.0	72.4	90.3	138.3
附：					
每核算单位用工数量	日	14.6	13.8	3.6	3.7
平均饲养天数	日	358.7	358.4	73.8	75.6

10-2 续表 2

项　　目	单位	奶牛平均		规模奶牛平均		农户散养奶牛	
		2018年	2019年	2018年	2019年	2018年	2019年
每头(百只、亩)							
主产品产量	千克	5974.0	5993.4	6547.1	6562.6	5400.9	5424.1
产值合计	元	25350.4	26684.7	27877.8	29412.8	22823.1	23956.5
主产品产值	元	22929.5	23998.5	25273.3	26527.4	20585.6	21469.6
副产品产值	元	2421.0	2686.2	2604.5	2885.5	2237.5	2486.9
总成本	元	19202.9	19518.5	21246.0	21975.0	17159.4	17061.9
生产成本	元	19145.3	19458.3	21172.1	21900.6	17118.1	17015.9
物质与服务费用	元	15533.1	15645.0	18014.1	18495.1	13051.9	12794.8
人工成本	元	3612.2	3813.4	3157.9	3405.5	4066.2	4221.1
家庭用工折价	元	2601.9	2595.7	1200.3	1059.9	4003.2	4131.4
雇工费用	元	1010.3	1217.7	1957.6	2345.6	63.0	89.7
土地成本	元	57.6	60.2	74.0	74.4	41.3	45.9
净利润	元	6147.6	7166.2	6631.7	7437.8	5663.7	6894.7
成本利润率	%	32.0	36.7	31.2	33.8	33.0	40.4
每50公斤主产品							
平均出售价格	元	191.9	200.2	193.0	202.1	190.6	197.9
总成本	元	145.4	146.4	147.1	151.0	143.3	141.0
生产成本	元	144.9	146.0	146.6	150.5	142.9	140.6
净利润	元	46.5	53.8	45.9	51.1	47.3	57.0
附:							
每核算单位用工数量	日	39.7	40.4	31.7	32.3	47.7	48.6
平均饲养天数	日	365.0	365.0	365.0	365.0	365.0	365.0

11

收入与消费

11-1 农村居民可支配收入及构成

指 标	2014年	2015年	2016年	2017年	2018年	2019年
可支配收入(元/人)	**10488.9**	**11421.7**	**12363.4**	**13432.4**	**14617.0**	**16020.7**
一、工资性收入	**4152.2**	**4600.3**	**5021.8**	**5498.4**	**5996.1**	**6583.5**
二、经营净收入	**4237.4**	**4503.6**	**4741.3**	**5027.8**	**5358.4**	**5762.2**
(一)第一产业经营净收入	2998.6	3153.8	3269.6	3391.0	3489.5	3730.2
1.农业	2306.8	2412.2	2439.7	2523.6	2608.0	2740.1
2.林业	177.3	170.6	165.9	176.5	187.0	196.7
3.牧业	443.0	488.7	573.7	585.8	574.5	656.9
4.渔业	71.4	82.3	90.3	105.2	120.0	136.5
(二)第二产业经营净收入	259.1	276.1	287.9	318.9	378.4	413.4
(三)第三产业经营净收入	979.6	1073.7	1183.8	1318.0	1490.5	1618.6
三、财产净收入	**222.1**	**251.5**	**272.1**	**303.0**	**342.1**	**377.3**
四、转移净收入	**1877.2**	**2066.3**	**2328.2**	**2603.2**	**2920.5**	**3297.8**
可支配收入构成 (%)	**100.0**	**100.0**	**100.0**	**100.0**	**100.0**	**100.0**
一、工资性收入	**39.6**	**40.3**	**40.6**	**40.9**	**41.0**	**41.1**
二、经营净收入	**40.4**	**39.4**	**38.3**	**37.4**	**36.7**	**36.0**
(一)第一产业经营净收入	28.6	27.6	26.4	25.2	23.9	23.3
1.农业	22.0	21.1	19.7	18.8	17.8	17.1
2.林业	1.7	1.5	1.3	1.3	1.3	1.2
3.牧业	4.2	4.3	4.6	4.4	3.9	4.1
4.渔业	0.7	0.7	0.7	0.8	0.8	0.9
(二)第二产业经营净收入	2.5	2.4	2.3	2.4	2.6	2.6
(三)第三产业经营净收入	9.3	9.4	9.6	9.8	10.2	10.1
三、财产净收入	**2.1**	**2.2**	**2.2**	**2.3**	**2.3**	**2.4**
四、转移净收入	**17.9**	**18.1**	**18.8**	**19.4**	**20.0**	**20.6**

11-2 农村居民消费支出及构成

指 标	2014年	2015年	2016年	2017年	2018年	2019年
消费支出(元/人)	**8382.6**	**9222.6**	**10129.8**	**10954.5**	**12124.3**	**13327.7**
(一)食品烟酒	2814.0	3048.0	3266.1	3415.4	3645.6	3998.2
(二)衣着	510.4	550.5	575.4	611.6	647.7	713.3
(三)居住	1762.7	1926.2	2147.1	2353.5	2660.6	2871.3
(四)生活用品及服务	506.5	545.6	595.7	634.0	720.5	763.9
(五)交通通信	1012.6	1163.1	1359.9	1509.1	1690.0	1836.8
(六)教育文化娱乐	859.5	969.3	1070.3	1171.3	1301.6	1481.8
(七)医疗保健	753.9	846.0	929.2	1058.7	1240.1	1420.8
(八)其他用品及服务	163.0	174.0	186.0	200.9	218.3	241.5
消费支出构成(%)	**100.0**	**100.0**	**100.0**	**100.0**	**100.0**	**100.0**
(一)食品烟酒	33.6	33.0	32.2	31.2	30.1	30.0
(二)衣着	6.1	6.0	5.7	5.6	5.3	5.4
(三)居住	21.0	20.9	21.2	21.5	21.9	21.5
(四)生活用品及服务	6.0	5.9	5.9	5.8	5.9	5.7
(五)交通通信	12.1	12.6	13.4	13.8	13.9	13.8
(六)教育文化娱乐	10.3	10.5	10.6	10.7	10.7	11.1
(七)医疗保健	9.0	9.2	9.2	9.7	10.2	10.7
(八)其他用品及服务	1.9	1.9	1.8	1.8	1.8	1.8

11-3 农村居民现金消费支出及构成

指标	2014年	2015年	2016年	2017年	2018年	2019年
现金消费支出(元/人)	**6716.7**	**7392.1**	**8127.3**	**8856.5**	**9862.0**	**10854.5**
(一)食品烟酒	2301.3	2540.0	2763.4	2921.2	3226.3	3538.2
(二)衣着	509.7	549.9	575.0	610.9	647.2	712.9
(三)居住	758.5	779.0	832.8	956.0	1084.0	1163.8
(四)生活用品及服务	500.1	538.3	589.7	624.9	709.0	748.9
(五)交通通信	1012.5	1162.6	1357.8	1508.1	1685.0	1835.5
(六)教育文化娱乐	859.2	969.0	1069.9	1170.7	1300.5	1481.3
(七)医疗保健	614.9	681.4	755.8	868.2	997.4	1137.9
(八)其他用品及服务	160.5	172.0	183.0	196.3	212.7	236.0
现金消费支出构成(%)	**100.0**	**100.0**	**100.0**	**100.0**	**100.0**	**100.0**
(一)食品烟酒	34.3	34.4	34.0	33.0	32.7	32.6
(二)衣着	7.6	7.4	7.1	6.9	6.6	6.6
(三)居住	11.3	10.5	10.2	10.8	11.0	10.7
(四)生活用品及服务	7.4	7.3	7.3	7.1	7.2	6.9
(五)交通通信	15.1	15.7	16.7	17.0	17.1	16.9
(六)教育文化娱乐	12.8	13.1	13.2	13.2	13.2	13.6
(七)医疗保健	9.2	9.2	9.3	9.8	10.1	10.5
(八)其他用品及服务	2.4	2.3	2.3	2.2	2.2	2.2

11-4 农村居民主要食品消费量

单位：公斤/人

指　　标	2014年	2015年	2016年	2017年	2018年	2019年
一、粮食(原粮)	**167.6**	**159.5**	**157.2**	**154.6**	**148.5**	**154.8**
(一)谷物	159.1	150.2	147.1	144.8	137.9	142.6
(二)薯类	2.4	2.7	2.9	2.8	3.0	3.2
(三)豆类	6.2	6.6	7.3	7.1	7.7	9.1
二、食用油	**9.8**	**10.1**	**10.2**	**10.1**	**9.9**	**9.8**
#食用植物油	9.0	9.2	9.3	9.2	9.0	9.0
三、蔬菜及食用菌	**88.9**	**90.3**	**91.5**	**90.2**	**87.5**	**89.5**
#鲜菜	87.5	88.7	89.7	88.5	85.6	87.2
四、肉类	**22.5**	**23.1**	**22.7**	**23.6**	**27.5**	**24.7**
#猪肉	19.2	19.5	18.7	19.5	23.0	20.2
牛肉	0.8	0.8	0.9	0.9	1.1	1.2
羊肉	0.7	0.9	1.1	1.0	1.0	1.0
五、禽类	**6.7**	**7.1**	**7.9**	**7.9**	**8.0**	**10.0**
六、水产品	**6.8**	**7.2**	**7.5**	**7.4**	**7.8**	**9.6**
七、蛋类	**7.2**	**8.3**	**8.5**	**8.9**	**8.4**	**9.6**
八、奶类	**6.4**	**6.3**	**6.6**	**6.9**	**6.9**	**7.3**
九、干鲜瓜果类	**30.3**	**32.3**	**36.8**	**38.4**	**39.9**	**43.3**
#鲜瓜果	28.0	29.7	33.8	35.1	36.3	39.3
坚果类	1.9	2.1	2.4	2.6	2.8	3.1
十、食糖	**1.3**	**1.3**	**1.4**	**1.4**	**1.3**	**1.4**

11-5 农村居民年末主要耐用消费品拥有量

单位：平均每百户

指　　标	单　位	2014年	2015年	2016年	2017年	2018年	2019年
家用汽车	辆	11.0	13.3	17.4	19.3	22.3	24.7
摩托车	辆	67.6	67.5	65.1	64.1	57.4	55.1
电动助力车	辆	45.4	50.1	57.7	61.1	64.9	70.1
洗衣机	台	74.8	78.8	84.0	86.3	88.5	91.6
电冰箱(柜)	台	77.6	82.6	89.5	91.7	95.9	98.6
微波炉	台	14.7	15.0	16.1	17.3	17.7	18.9
彩色电视机	台	115.6	116.9	118.8	120.0	116.6	117.6
空调	台	34.2	38.8	47.6	52.6	65.2	71.3
热水器	台	48.2	52.5	59.7	62.5	68.7	71.7
排油烟机	台	13.9	15.3	18.4	20.4	26.0	29.0
移动电话	部	215.0	226.1	240.7	246.1	257.0	261.2
计算机	台	23.5	25.7	27.9	29.2	26.9	27.5
照相机	台	4.5	4.1	3.4	3.9	2.5	2.3

11-6 农村居民第一产业生产经营收支情况

单位： 元/人

指 标	2014年	2015年	2016年	2017年	2018年	2019年
一、生产经营收入	**5731.6**	**6077.1**	**6385.1**	**6516.8**	**6841.1**	**7245.7**
(一)农业	3896.6	4057.9	4128.0	4251.1	4476.9	4742.0
(二)林业	218.2	204.0	204.9	210.5	227.1	236.8
(三)牧业	1473.6	1627.7	1835.2	1821.8	1879.9	1986.6
(四)渔业	143.1	187.5	217.0	233.4	257.2	280.3
二、生产经营现金收入	**4586.2**	**4925.0**	**5329.0**	**5510.9**	**5875.6**	**6270.8**
(一)农业	2992.2	3137.0	3291.9	3453.0	3716.0	4005.6
(二)林业	141.0	139.6	152.8	160.5	168.2	172.2
(三)牧业	1313.6	1464.8	1672.0	1669.1	1738.7	1818.1
(四)渔业	139.4	183.6	212.3	228.3	252.7	275.0
三、生产经营费用支出	**2506.4**	**2716.9**	**2909.9**	**2915.7**	**3114.6**	**3254.7**
(一)农业	1439.8	1506.6	1547.9	1583.1	1716.4	1837.1
(二)林业	38.7	32.3	38.1	33.3	38.2	38.2
(三)牧业	961.8	1078.0	1200.5	1173.7	1228.2	1245.7
(四)渔业	66.0	100.0	123.3	125.7	131.9	133.7
四、生产经营现金费用支出	**2351.7**	**2547.7**	**2742.9**	**2758.4**	**2964.7**	**3107.6**
(一)农业	1408.8	1472.6	1512.9	1549.5	1683.2	1813.6
(二)林业	38.5	32.2	37.9	33.1	38.2	38.2
(三)牧业	838.9	943.3	1071.7	1052.6	1112.1	1124.4
(四)渔业	65.5	99.7	120.4	123.2	131.2	131.4

11-7 2019年分地区农村居民可支配收入

单位：元/人

地　区	可支配收入	一、工资性收入	二、经营净收入	三、财产净收入	四、转移净收入
全　国	**16020.7**	**6583.5**	**5762.2**	**377.3**	**3297.8**
北　京	28928.4	21376.0	2262.2	2127.4	3162.8
天　津	24804.1	14750.5	4984.6	1033.8	4035.3
河　北	15373.1	8120.0	5099.1	323.0	1831.0
山　西	12902.4	6098.1	3396.0	210.3	3197.9
内蒙古	15282.8	3173.8	8067.1	522.9	3519.1
辽　宁	16108.3	6223.6	7012.7	284.5	2587.5
吉　林	14936.0	3933.2	8264.3	307.2	2431.4
黑龙江	14982.1	3329.7	7196.1	758.7	3697.6
上　海	33195.2	20019.8	2355.8	1295.4	9524.2
江　苏	22675.4	11076.7	6291.5	825.0	4482.2
浙　江	29875.8	18479.6	7296.5	851.8	3248.0
安　徽	15416.0	5462.5	5952.6	283.0	3717.9
福　建	19568.4	8949.3	7178.6	344.6	3095.8
江　西	15796.3	6699.2	5701.2	257.4	3138.5
山　东	17775.5	7165.2	7799.3	456.4	2354.5
河　南	15163.7	5866.6	5076.8	231.3	3989.0
湖　北	16390.9	5352.9	6807.7	210.7	4019.6
湖　南	15394.8	6224.0	5268.3	208.8	3693.6
广　东	18818.4	9698.7	4446.9	541.0	4131.7
广　西	13675.7	4258.5	5619.1	340.3	3457.8
海　南	15113.1	6316.6	5865.4	282.8	2648.4
重　庆	15133.3	5316.7	5209.5	367.4	4239.6
四　川	14670.1	4662.1	5641.1	456.5	3910.5
贵　州	10756.3	4774.1	3427.5	121.0	2433.7
云　南	11902.4	3600.6	6214.2	188.5	1899.0
西　藏	12951.0	3907.0	6364.5	436.5	2243.1
陕　西	12325.7	5024.6	3791.5	214.4	3295.1
甘　肃	9628.9	2769.2	4322.0	129.5	2408.3
青　海	11499.4	3617.3	4296.7	409.9	3175.5
宁　夏	12858.4	4962.7	4976.1	388.1	2531.6
新　疆	13121.7	3409.2	6762.4	259.8	2690.3

11-8　2019年分地区农村居民可支配收入构成

单位：%

地　　区	可支配收入	一、工资性收入	二、经营净收入	三、财产净收入	四、转移净收入
全　　国	**100.0**	**41.1**	**36.0**	**2.4**	**20.6**
北　　京	100.0	73.9	7.8	7.4	10.9
天　　津	100.0	59.5	20.1	4.2	16.3
河　　北	100.0	52.8	33.2	2.1	11.9
山　　西	100.0	47.3	26.3	1.6	24.8
内 蒙 古	100.0	20.8	52.8	3.4	23.0
辽　　宁	100.0	38.6	43.5	1.8	16.1
吉　　林	100.0	26.3	55.3	2.1	16.3
黑 龙 江	100.0	22.2	48.0	5.1	24.7
上　　海	100.0	60.3	7.1	3.9	28.7
江　　苏	100.0	48.8	27.7	3.6	19.8
浙　　江	100.0	61.9	24.4	2.9	10.9
安　　徽	100.0	35.4	38.6	1.8	24.1
福　　建	100.0	45.7	36.7	1.8	15.8
江　　西	100.0	42.4	36.1	1.6	19.9
山　　东	100.0	40.3	43.9	2.6	13.2
河　　南	100.0	38.7	33.5	1.5	26.3
湖　　北	100.0	32.7	41.5	1.3	24.5
湖　　南	100.0	40.4	34.2	1.4	24.0
广　　东	100.0	51.5	23.6	2.9	22.0
广　　西	100.0	31.1	41.1	2.5	25.3
海　　南	100.0	41.8	38.8	1.9	17.5
重　　庆	100.0	35.1	34.4	2.4	28.0
四　　川	100.0	31.8	38.5	3.1	26.7
贵　　州	100.0	44.4	31.9	1.1	22.6
云　　南	100.0	30.3	52.2	1.6	16.0
西　　藏	100.0	30.2	49.1	3.4	17.3
陕　　西	100.0	40.8	30.8	1.7	26.7
甘　　肃	100.0	28.8	44.9	1.3	25.0
青　　海	100.0	31.5	37.4	3.6	27.6
宁　　夏	100.0	38.6	38.7	3.0	19.7
新　　疆	100.0	26.0	51.5	2.0	20.5

11-9 2019年分地区农村居民消费支出

单位：元/人

地　区	消费支出	一、食品烟酒支出	二、衣着支出	三、居住支出
全　国	**13327.7**	**3998.2**	**713.3**	**2871.3**
北　京	21881.0	5541.6	1200.2	6298.2
天　津	17843.3	5499.3	1074.4	3366.6
河　北	12372.0	3298.0	793.0	2689.0
山　西	9728.4	2751.4	697.4	2171.5
内蒙古	13816.0	3768.5	731.1	2598.4
辽　宁	12030.2	3194.1	710.0	2385.5
吉　林	11456.6	3224.5	694.5	1833.7
黑龙江	12494.9	3349.7	834.2	1921.6
上　海	22448.9	8174.6	1292.2	4566.8
江　苏	17715.9	4647.4	880.9	4261.3
浙　江	21351.7	6528.6	1133.9	5338.5
安　徽	14545.8	4755.8	842.9	3311.5
福　建	16281.4	5784.0	774.5	3798.9
江　西	12496.7	3801.2	577.7	3410.0
山　东	12308.9	3423.1	671.4	2421.3
河　南	11546.0	3030.2	819.2	2478.8
湖　北	15328.0	4163.7	825.7	3277.9
湖　南	13968.8	4024.9	674.9	3152.9
广　东	16949.4	6289.3	552.0	3707.4
广　西	12045.0	3723.6	372.8	2668.9
海　南	12417.5	5179.7	361.8	2389.8
重　庆	13112.1	4574.6	691.6	2501.2
四　川	14055.6	4878.6	760.4	2747.5
贵　州	10221.7	2767.2	552.8	2229.3
云　南	10260.2	3264.8	396.2	2053.1
西　藏	8417.9	3004.1	1090.3	1257.9
陕　西	10934.7	2832.1	592.1	2528.6
甘　肃	9694.0	2827.0	551.9	1866.9
青　海	11343.1	3372.6	783.4	1965.1
宁　夏	11464.6	3144.6	745.0	1985.2
新　疆	10318.4	2988.8	813.6	2158.7

11-9 续表　　　　单位：元/人

地　区	四、生活用品及服务支出	五、交通通信支　出	六、教育文化娱乐支出	七、医疗保健支　出	八、其他用品及服务支出
全　国	**763.9**	**1836.8**	**1481.8**	**1420.8**	**241.5**
北　京	1230.2	3384.5	1587.1	2246.9	392.3
天　津	1509.7	2532.1	1321.8	2104.3	435.2
河　北	795.7	1826.6	1367.0	1334.0	268.7
山　西	500.6	1057.0	1207.7	1169.1	173.8
内蒙古	545.7	2354.4	1795.7	1748.8	273.4
辽　宁	592.7	1770.3	1423.5	1657.1	297.1
吉　林	438.1	1700.7	1551.7	1736.9	276.4
黑龙江	501.4	1908.6	1778.7	1925.2	275.4
上　海	1320.4	3008.8	1401.9	2104.0	580.2
江　苏	1079.8	3112.9	1668.4	1675.2	390.1
浙　江	1016.4	2965.4	2225.6	1776.6	366.7
安　徽	846.3	1709.4	1470.7	1323.5	285.9
福　建	809.1	1903.4	1615.0	1210.4	386.1
江　西	743.4	1425.3	1394.7	964.4	180.0
山　东	837.8	1999.0	1428.7	1343.4	184.2
河　南	738.9	1369.0	1459.3	1461.8	188.8
湖　北	839.6	2228.8	1807.6	1921.8	262.8
湖　南	787.7	1642.9	1851.0	1614.5	220.1
广　东	817.9	2139.8	1602.7	1520.7	319.8
广　西	680.0	1715.6	1498.1	1231.2	154.8
海　南	555.5	1305.5	1519.1	918.4	187.7
重　庆	851.7	1585.6	1422.8	1262.3	222.3
四　川	917.3	1808.0	1065.1	1620.8	258.0
贵　州	576.9	1712.2	1335.8	878.3	169.2
云　南	574.1	1663.0	1254.1	936.3	118.6
西　藏	514.6	1427.6	479.8	355.9	287.7
陕　西	655.0	1360.3	1387.0	1382.6	197.0
甘　肃	577.6	1195.5	1330.5	1183.0	161.5
青　海	541.0	1886.3	1033.2	1485.8	275.8
宁　夏	696.3	1784.4	1378.8	1448.3	281.9
新　疆	685.5	1320.6	1143.8	1060.5	147.0

11-10　2019年分地区农村居民消费支出构成

单位：%

地　　区	消费支出	一、食品烟酒支出	二、衣着支出	三、居住支出
全　　国	**100.0**	**30.0**	**5.4**	**21.5**
北　　京	100.0	25.3	5.5	28.8
天　　津	100.0	30.8	6.0	18.9
河　　北	100.0	26.7	6.4	21.7
山　　西	100.0	28.3	7.2	22.3
内 蒙 古	100.0	27.3	5.3	18.8
辽　　宁	100.0	26.6	5.9	19.8
吉　　林	100.0	28.1	6.1	16.0
黑 龙 江	100.0	26.8	6.7	15.4
上　　海	100.0	36.4	5.8	20.3
江　　苏	100.0	26.2	5.0	24.1
浙　　江	100.0	30.6	5.3	25.0
安　　徽	100.0	32.7	5.8	22.8
福　　建	100.0	35.5	4.8	23.3
江　　西	100.0	30.4	4.6	27.3
山　　东	100.0	27.8	5.5	19.7
河　　南	100.0	26.2	7.1	21.5
湖　　北	100.0	27.2	5.4	21.4
湖　　南	100.0	28.8	4.8	22.6
广　　东	100.0	37.1	3.3	21.9
广　　西	100.0	30.9	3.1	22.2
海　　南	100.0	41.7	2.9	19.2
重　　庆	100.0	34.9	5.3	19.1
四　　川	100.0	34.7	5.4	19.5
贵　　州	100.0	27.1	5.4	21.8
云　　南	100.0	31.8	3.9	20.0
西　　藏	100.0	35.7	13.0	14.9
陕　　西	100.0	25.9	5.4	23.1
甘　　肃	100.0	29.2	5.7	19.3
青　　海	100.0	29.7	6.9	17.3
宁　　夏	100.0	27.4	6.5	17.3
新　　疆	100.0	29.0	7.9	20.9

11-10 续表 单位：%

地　　区	四、生活用品及服务支出	五、交通通信支　　出	六、教育文化娱乐支出	七、医疗保健支　　出	八、其他用品及服务支出
全　　国	**5.7**	**13.8**	**11.1**	**10.7**	**1.8**
北　　京	5.6	15.5	7.3	10.3	1.8
天　　津	8.5	14.2	7.4	11.8	2.4
河　　北	6.4	14.8	11.0	10.8	2.2
山　　西	5.1	10.9	12.4	12.0	1.8
内 蒙 古	4.0	17.0	13.0	12.7	2.0
辽　　宁	4.9	14.7	11.8	13.8	2.5
吉　　林	3.8	14.8	13.5	15.2	2.4
黑 龙 江	4.0	15.3	14.2	15.4	2.2
上　　海	5.9	13.4	6.2	9.4	2.6
江　　苏	6.1	17.6	9.4	9.5	2.2
浙　　江	4.8	13.9	10.4	8.3	1.7
安　　徽	5.8	11.8	10.1	9.1	2.0
福　　建	5.0	11.7	9.9	7.4	2.4
江　　西	5.9	11.4	11.2	7.7	1.4
山　　东	6.8	16.2	11.6	10.9	1.5
河　　南	6.4	11.9	12.6	12.7	1.6
湖　　北	5.5	14.5	11.8	12.5	1.7
湖　　南	5.6	11.8	13.3	11.6	1.6
广　　东	4.8	12.6	9.5	9.0	1.9
广　　西	5.6	14.2	12.4	10.2	1.3
海　　南	4.5	10.5	12.2	7.4	1.5
重　　庆	6.5	12.1	10.9	9.6	1.7
四　　川	6.5	12.9	7.6	11.5	1.8
贵　　州	5.6	16.8	13.1	8.6	1.7
云　　南	5.6	16.2	12.2	9.1	1.2
西　　藏	6.1	17.0	5.7	4.2	3.4
陕　　西	6.0	12.4	12.7	12.6	1.8
甘　　肃	6.0	12.3	13.7	12.2	1.7
青　　海	4.8	16.6	9.1	13.1	2.4
宁　　夏	6.1	15.6	12.0	12.6	2.5
新　　疆	6.6	12.8	11.1	10.3	1.4

11-11 2019年分地区农村居民现金消费支出

单位：元/人

地 区	现金消费支出	一、食品烟酒支出	二、衣着支出	三、居住支出
全 国	**10854.5**	**3538.2**	**712.9**	**1163.8**
北 京	17263.9	5460.6	1200.1	2365.8
天 津	14876.1	5284.1	1073.5	1615.1
河 北	10755.3	3140.5	792.7	1429.1
山 西	8204.8	2499.6	696.9	1114.7
内蒙古	11958.7	3123.9	731.1	1603.9
辽 宁	10269.6	2904.8	709.4	1131.3
吉 林	9825.0	2861.3	694.4	773.9
黑龙江	11040.3	3102.2	834.2	961.5
上 海	17841.2	7789.9	1291.3	2180.4
江 苏	14672.1	4298.6	880.8	1919.1
浙 江	16780.3	6041.5	1133.3	1642.0
安 徽	11716.0	4454.9	842.4	1025.9
福 建	13132.8	5199.9	773.7	1476.1
江 西	9611.0	3421.0	577.4	1127.2
山 东	10575.3	3305.7	670.9	1138.6
河 南	9628.4	2920.5	819.2	933.4
湖 北	12431.5	3580.6	824.4	1398.8
湖 南	10999.6	3347.4	674.1	1199.8
广 东	13512.8	5765.5	551.6	1224.0
广 西	9297.1	2964.4	372.5	1080.8
海 南	10171.7	4717.5	361.8	847.1
重 庆	10270.2	3543.8	691.3	882.0
四 川	11033.0	3862.0	760.0	1091.4
贵 州	8153.1	2283.3	552.3	894.6
云 南	7518.2	2279.4	396.0	536.6
西 藏	6741.2	2580.8	1090.1	327.3
陕 西	9006.6	2572.7	592.0	1130.3
甘 肃	8083.1	2429.0	551.7	890.2
青 海	9687.6	2894.5	783.3	1150.9
宁 夏	9944.2	2832.0	744.9	1142.6
新 疆	8721.2	2470.9	811.8	1325.1

11-11 续表 单位：元/人

地 区	四、生活用品及服务支出	五、交通通信支出	六、教育文化娱乐支出	七、医疗保健支出	八、其他用品及服务支出
全 国	**748.9**	**1835.5**	**1481.3**	**1137.9**	**236.0**
北 京	1223.8	3383.8	1587.1	1657.4	385.3
天 津	955.8	2518.5	1321.6	1720.3	387.3
河 北	792.9	1824.3	1367.0	1141.1	267.7
山 西	485.9	1056.6	1207.7	974.7	168.7
内蒙古	544.9	2354.4	1795.7	1531.6	273.3
辽 宁	588.1	1763.8	1423.5	1452.4	296.2
吉 林	435.3	1700.7	1551.6	1531.6	276.1
黑龙江	501.3	1908.4	1778.7	1679.5	274.4
上 海	1316.6	3008.8	1400.8	283.4	570.1
江 苏	1071.4	3108.5	1668.3	1341.3	384.1
浙 江	1006.7	2964.6	2225.5	1406.5	360.2
安 徽	837.8	1705.8	1469.8	1095.0	284.5
福 建	806.1	1903.1	1614.4	973.5	386.0
江 西	736.4	1424.7	1394.5	750.5	179.3
山 东	798.7	1997.6	1426.5	1055.4	181.9
河 南	733.3	1369.0	1459.3	1206.0	187.8
湖 北	838.9	2228.4	1807.5	1497.5	255.3
湖 南	779.6	1641.5	1850.8	1288.9	217.5
广 东	808.3	2139.0	1601.6	1106.6	316.3
广 西	605.3	1713.1	1497.4	920.4	143.1
海 南	553.9	1305.5	1519.0	680.9	185.9
重 庆	841.6	1585.3	1422.7	1084.4	219.1
四 川	899.0	1807.3	1064.6	1301.0	247.8
贵 州	570.3	1710.8	1335.6	643.4	162.8
云 南	567.8	1663.0	1254.0	703.8	117.6
西 藏	513.1	1427.6	478.6	212.3	111.5
陕 西	639.4	1358.7	1385.4	1138.0	190.1
甘 肃	574.0	1195.3	1328.8	956.1	158.0
青 海	540.0	1886.2	1033.2	1129.4	270.2
宁 夏	693.1	1784.1	1378.8	1102.3	266.4
新 疆	677.6	1317.8	1138.6	871.3	108.2

11-12 2019年分地区农村居民现金消费支出构成

单位：%

地区	现金消费支出	一、食品烟酒支出	二、衣着支出	三、居住支出
全国	**100.0**	**32.6**	**6.6**	**10.7**
北京	100.0	31.6	7.0	13.7
天津	100.0	35.5	7.2	10.9
河北	100.0	29.2	7.4	13.3
山西	100.0	30.5	8.5	13.6
内蒙古	100.0	26.1	6.1	13.4
辽宁	100.0	28.3	6.9	11.0
吉林	100.0	29.1	7.1	7.9
黑龙江	100.0	28.1	7.6	8.7
上海	100.0	43.7	7.2	12.2
江苏	100.0	29.3	6.0	13.1
浙江	100.0	36.0	6.8	9.8
安徽	100.0	38.0	7.2	8.8
福建	100.0	39.6	5.9	11.2
江西	100.0	35.6	6.0	11.7
山东	100.0	31.3	6.3	10.8
河南	100.0	30.3	8.5	9.7
湖北	100.0	28.8	6.6	11.3
湖南	100.0	30.4	6.1	10.9
广东	100.0	42.7	4.1	9.1
广西	100.0	31.9	4.0	11.6
海南	100.0	46.4	3.6	8.3
重庆	100.0	34.5	6.7	8.6
四川	100.0	35.0	6.9	9.9
贵州	100.0	28.0	6.8	11.0
云南	100.0	30.3	5.3	7.1
西藏	100.0	38.3	16.2	4.9
陕西	100.0	28.6	6.6	12.6
甘肃	100.0	30.0	6.8	11.0
青海	100.0	29.9	8.1	11.9
宁夏	100.0	28.5	7.5	11.5
新疆	100.0	28.3	9.3	15.2

11-12 续表 单位: %

地 区	四、生活用品及服务支出	五、交通通信支出	六、教育文化娱乐支出	七、医疗保健支出	八、其他用品及服务支出
全 国	**6.9**	**16.9**	**13.6**	**10.5**	**2.2**
北 京	7.1	19.6	9.2	9.6	2.2
天 津	6.4	16.9	8.9	11.6	2.6
河 北	7.4	17.0	12.7	10.6	2.5
山 西	5.9	12.9	14.7	11.9	2.1
内蒙古	4.6	19.7	15.0	12.8	2.3
辽 宁	5.7	17.2	13.9	14.1	2.9
吉 林	4.4	17.3	15.8	15.6	2.8
黑龙江	4.5	17.3	16.1	15.2	2.5
上 海	7.4	16.9	7.9	1.6	3.2
江 苏	7.3	21.2	11.4	9.1	2.6
浙 江	6.0	17.7	13.3	8.4	2.1
安 徽	7.2	14.6	12.5	9.3	2.4
福 建	6.1	14.5	12.3	7.4	2.9
江 西	7.7	14.8	14.5	7.8	1.9
山 东	7.6	18.9	13.5	10.0	1.7
河 南	7.6	14.2	15.2	12.5	2.0
湖 北	6.7	17.9	14.5	12.0	2.1
湖 南	7.1	14.9	16.8	11.7	2.0
广 东	6.0	15.8	11.9	8.2	2.3
广 西	6.5	18.4	16.1	9.9	1.5
海 南	5.4	12.8	14.9	6.7	1.8
重 庆	8.2	15.4	13.9	10.6	2.1
四 川	8.1	16.4	9.6	11.8	2.2
贵 州	7.0	21.0	16.4	7.9	2.0
云 南	7.6	22.1	16.7	9.4	1.6
西 藏	7.6	21.2	7.1	3.1	1.7
陕 西	7.1	15.1	15.4	12.6	2.1
甘 肃	7.1	14.8	16.4	11.8	2.0
青 海	5.6	19.5	10.7	11.7	2.8
宁 夏	7.0	17.9	13.9	11.1	2.7
新 疆	7.8	15.1	13.1	10.0	1.2

11-13　农村居民按收入五等份分组的人均可支配收入

单位：　元/人

组　别	2013年	2014年	2015年	2016年	2017年	2018年	2019年
20%低收入组家庭人均可支配收入	2877.9	2768.1	3085.6	3006.5	3301.9	3666.2	4262.6
20%中间偏下收入组家庭人均可支配收入	5965.6	6604.4	7220.9	7827.7	8348.6	8508.5	9754.1
20%中间收入组家庭人均可支配收入	8438.3	9503.9	10310.6	11159.1	11978.0	12530.2	13984.2
20%中间偏上收入组家庭人均可支配收入	11816.0	13449.2	14537.3	15727.4	16943.6	18051.5	19732.4
20%高收入组家庭人均可支配收入	21323.7	23947.4	26013.9	28448.0	31299.3	34042.6	36049.4

11-14　农村居民按东、中、西部及东北地区分组的人均可支配收入

单位：　元/人

组　别	2013年	2014年	2015年	2016年	2017年	2018年	2019年
东部地区	11856.8	13144.6	14297.4	15498.3	16822.1	18285.7	19988.6
中部地区	8983.2	10011.1	10919.0	11794.3	12805.8	13954.1	15290.5
西部地区	7436.6	8295.0	9093.4	9918.4	10828.6	11831.4	13035.3
东北地区	9761.5	10802.1	11490.1	12274.6	13115.8	14080.4	15356.7

11-15 农村贫困状况

年 份	贫困人口(万人)	贫困发生率(%)
1978	77039	97.5
1980	76542	96.2
1985	66101	78.3
1990	65849	73.5
1995	55463	60.5
2000	46224	49.8
2005	28662	30.2
2010	16567	17.2
2011	12238	12.7
2012	9899	10.2
2013	8249	8.5
2014	7017	7.2
2015	5575	5.7
2016	4335	4.5
2017	3046	3.1
2018	1660	1.7
2019	551	0.6

注：现行农村贫困标准为每人每年生活水平2300元，2010年不变价。

11-16 1978-2019年农村居民人均可支配收入增长情况

年 份	人均可支配收入 (元)	比上年名义增长 (%)	比上年实际增长 (%)	指 数 (1978年=100)
1978	133.6	—	—	100.0
1979	160.2	19.9	19.2	119.2
1980	191.3	19.5	16.6	139.0
1981	223.4	16.8	15.4	160.4
1982	270.1	20.9	19.9	192.3
1983	309.8	14.7	14.2	219.6
1984	355.3	14.7	13.6	249.5
1985	397.6	11.9	7.8	268.9
1986	423.8	6.6	3.2	277.6
1987	462.6	9.2	5.2	292.0
1988	544.9	17.8	6.4	310.7
1989	601.5	10.4	-1.6	305.7
1990	686.3	14.1	1.8	311.2
1991	708.6	3.2	2.0	317.4
1992	784.0	10.6	5.9	336.2
1993	921.6	17.6	3.2	346.9
1994	1221.0	32.5	5.0	364.3
1995	1577.7	29.2	5.3	383.6
1996	1926.1	22.1	9.0	418.1
1997	2090.1	8.5	4.6	437.3
1998	2171.2	3.9	4.7	458.1
1999	2229.1	2.7	4.2	477.5
2000	2282.1	2.4	2.5	489.6
2001	2406.9	5.5	4.7	512.3
2002	2528.9	5.1	5.3	539.2
2003	2690.3	6.4	4.8	564.9
2004	3026.6	12.5	7.3	606.1
2005	3370.2	11.4	6.7	646.6
2006	3731.0	10.7	7.9	697.6
2007	4327.0	16.0	10.0	767.7
2008	4998.8	15.5	8.5	833.1
2009	5435.1	8.7	9.0	908.3
2010	6272.4	15.4	11.4	1012.1
2011	7393.9	17.9	11.4	1127.4
2012	8389.3	13.5	10.7	1248.1
2013	9429.6	12.4	9.3	1364.5
2014	10488.9	11.2	9.2	1490.5
2015	11421.7	8.9	7.5	1602.3
2016	12363.4	8.2	6.2	1702.1
2017	13432.4	8.6	7.3	1825.5
2018	14617.0	8.8	6.6	1945.3
2019	16020.7	9.6	6.2	2066.0

注：1.表中2013-2019年人均可支配收入来源于住户收支与生活状况调查，1978-2012年数据根据历史数据按照新口径推算获得。
2.可支配收入绝对数按当年价格计算，指数按可比价计算。

12

农村文化、教育、卫生及社会服务

12-1 乡村教育情况

指标	单位	1995年	2000年	2013年	2014年	2015年	2016年	2017年	2018年	2019年
一、高中										
学校数	所	3112	2629	708	667	668	652	675	710	740
班数	万个	2.3	2.9	1.5	1.5	1.5	1.5	1.5	1.7	1.7
毕业生数	万人	33.1	39.2	26.0	25.2	24.7	23.3	23.1	24.1	24.9
招生数	万人	44.7	64.4	28.1	27.0	27.0	27.0	27.8	28.5	30.8
在校生数	万人	113.2	157.8	81.5	78.6	77.0	75.7	77.9	82.1	82.9
专任教师	万人	9.4	10.4	5.5	5.5	5.5	5.5	5.7	6.1	6.4
二、初中										
学校数	所	45626	39313	18485	17707	16991	16171	15288	14792	14477
班数	万个	50.9	60.1	17.8	16.6	15.7	15.1	14.7	14.9	15.0
毕业生数	万人	684.6	903.8	313.9	251.1	235.3	224.7	207.9	198.0	201.8
招生数	万人	1017.3	1265.9	274.5	249.7	232.3	227.1	224.0	224.2	216.4
在校生数	万人	2659.8	3428.5	814.5	748.5	702.5	667.0	643.4	648.4	650.4
专任教师	万人	149.9	168.2	73.1	68.5	64.5	60.8	57.5	56.3	55.8
三、小学										
学校数	万所	55.9	44.0	14.0	12.9	11.8	10.6	9.6	9.1	8.9
班数	万个	309.4	274.6	113.9	109.7	106.9	104.8	101.4	98.4	95.3
毕业生数	万人	1328.7	1567.6	560.3	474.3	440.9	432.3	430.8	428.6	410.1
招生数	万人	1791.1	1253.7	591.8	534.7	539.1	517.2	486.9	470.8	439.9
在校生数	万人	9306.2	8503.7	3217.0	3049.9	2965.9	2891.7	2775.4	2666.4	2557.5
专任教师	万人	382.7	367.8	219.9	211.6	203.6	197.5	177.2	171.7	182.6

注：1.高中包括完全中学在内。
2.2011年，教育事业统计报表进行了全面改革，实施了国家统计局首次颁布的《统计用城乡划分代码》。新的城乡划分标准，将原来的城市、县镇、农村的三个分类调整为三大类七小类，即城区(含主城区、城乡结合部)、镇区(含镇中心区、镇乡结合区、特殊区域)、乡村(含乡中心区、村庄)。因城乡划分口径发生了变化，故城乡数据不与往年做比较。
3.本表数据来自教育部。

12-2 农村乡(镇)卫生院情况

指标	单位	1995年	2000年	2013年	2014年	2015年	2016年	2017年	2018年	2019年
乡(镇)卫生院	个	51797	49229	37015	36902	36817	36795	36551	36461	36112
卫生人员	人	1051752	1169826	1233858	1247299	1277697	1320841	1360272	1391324	1445043
床位	张	733064	734807	1136492	1167245	1196122	1223891	1292076	1333909	1369914

注：本表数据来自卫健委。

12-3　2019年各地区农村乡(镇)卫生院、床位数和卫生人员数

地　　区	乡(镇)卫生院(个)	卫生人员数(人)	床　位(张)
全国总计	**36112**	**1445043**	**1369914**
北　　京			
天　　津	138	5642	3860
河　　北	1998	57367	71611
山　　西	1313	26096	31223
内 蒙 古	1271	22033	22130
辽　　宁	1022	24523	31565
吉　　林	761	23797	16944
黑 龙 江	966	22902	23908
上　　海			
江　　苏	1028	99906	74600
浙　　江	1081	56218	21095
安　　徽	1380	55377	60258
福　　建	882	38992	31521
江　　西	1590	49417	56975
山　　东	1539	108656	97779
河　　南	2041	108861	118966
湖　　北	1129	78500	80549
湖　　南	2169	98452	105470
广　　东	1180	95243	61494
广　　西	1261	78662	69930
海　　南	285	11924	5710
重　　庆	846	35496	44207
四　　川	4416	115790	135705
贵　　州	1329	50941	44041
云　　南	1361	57160	54351
西　　藏	678	5062	3647
陕　　西	1532	50486	36116
甘　　肃	1377	31022	27836
青　　海	408	5703	4716
宁　　夏	205	5555	3628
新　　疆	926	25260	30079

注：本表数据来自卫健委。

12-4 2019年各地区农村村卫生室和人员情况

地 区	村卫生室（个）	设卫生室的村数占行政村数比重（%）	乡村医生和卫生员（人）	平均每千农村人口村卫生室人员（人）
全国总计	**616094**	**100.0**	**842302**	**1.56**
北 京	2449	62.9	2776	
天 津	2374	67.0	4107	13.51
河 北	59526	100.0	65749	2.23
山 西	28106	100.0	33967	2.11
内蒙古	13321	100.0	16397	1.72
辽 宁	17963	100.0	19756	1.54
吉 林	9615	100.0	13617	1.28
黑龙江	10448	100.0	18072	1.43
上 海	1179	75.1	599	
江 苏	15169	100.0	24803	1.66
浙 江	11590	56.8	6937	0.94
安 徽	15549	100.0	35006	1.33
福 建	17596	100.0	21202	1.32
江 西	28088	100.0	37284	1.57
山 东	53663	77.2	90798	2.21
河 南	56079	100.0	96002	1.68
湖 北	23242	100.0	34434	1.58
湖 南	39504	100.0	36374	1.37
广 东	25788	100.0	21810	0.93
广 西	19877	100.0	31295	0.96
海 南	2647	100.0	3233	1.12
重 庆	10580	100.0	16012	1.60
四 川	55772	100.0	60546	1.58
贵 州	20265	100.0	32027	1.02
云 南	13450	100.0	37483	1.23
西 藏	5300	100.0	12412	6.20
陕 西	23747	100.0	27226	1.62
甘 肃	16461	100.0	18197	1.77
青 海	4510	100.0	6860	2.44
宁 夏	2173	96.2	3132	1.70
新 疆	10063	100.0	14189	1.31

注：本表数据来自卫健委。

12-5 2019年各地区农村养老机构和文化机构情况

地 区	农村特困人员救助供养机构数（个）	农村特困人员救助供养机构年末收养人数（人）	乡镇文化站（个）
全 国	**15932**	**876897**	**33530**
北 京	5	74	182
天 津	17	954	131
河 北	285	21873	1986
山 西	282	13887	1196
内蒙古	245	11653	873
辽 宁	211	13149	950
吉 林	454	14747	623
黑龙江	142	14399	902
上 海			107
江 苏	1106	88260	856
浙 江	513	28169	951
安 徽	1075	64989	1284
福 建	268	4462	958
江 西	1184	92728	1598
山 东	671	42915	1208
河 南	1453	70228	1905
湖 北	1050	70575	1030
湖 南	1779	74799	2042
广 东	1156	21291	1174
广 西	82	1750	1127
海 南	2	62	198
重 庆	366	17362	814
四 川	1636	120432	4063
贵 州	676	24129	1394
云 南	610	15166	1301
西 藏	5	890	684
陕 西	345	32374	1192
甘 肃	120	4554	1231
青 海	27	895	361
宁 夏	54	3154	200
新 疆	113	6977	1009

注：1.本表数据来自民政部。
2.因统计口径调整，2018年起农村养老机构统计范围指登记注册的农村特困人员救助供养机构。

12-6 2019年各地区农村社会救济情况

单位：万人、亿元

地　区	农村居民最低生活保障人数	农村最低生活保障支出	农村特困人员集中供养人数	农村特困人员分散供养人数
全　国	**3455.4**	**1127.2**	**75.0**	**364.1**
北　京	3.8	4.6	0.2	0.4
天　津	6.5	6.3	0.1	0.9
河　北	157.4	44.5	2.9	23.1
山　西	96.1	37.7	1.5	11.8
内蒙古	128.9	43.7	1.0	7.4
辽　宁	60.3	20.8	2.1	10.6
吉　林	51.6	16.9	1.3	6.4
黑龙江	80.2	18.9	1.5	8.0
上　海	3.1	3.1	0.1	0.1
江　苏	68.9	39.3	4.8	15.6
浙　江	46.1	33.3	1.9	0.7
安　徽	178.4	77.8	5.7	29.9
福　建	41.5	18.9	0.9	5.4
江　西	142.3	54.9	4.8	8.0
山　东	117.8	41.8	5.6	18.5
河　南	272.6	60.0	7.3	41.9
湖　北	139.3	52.3	4.7	19.6
湖　南	134.2	35.9	5.1	31.4
广　东	124.7	51.2	1.5	20.0
广　西	246.9	55.9	1.2	22.4
海　南	14.7	5.5	0.2	2.0
重　庆	57.9	26.3	1.2	8.7
四　川	353.7	81.8	9.1	34.6
贵　州	207.3	66.0	2.2	6.0
云　南	251.1	70.6	1.4	10.0
西　藏	13.2	5.1	0.7	0.6
陕　西	85.7	38.6	3.6	8.7
甘　肃	138.1	36.7	0.8	8.6
青　海	28.2	13.4	0.3	1.3
宁　夏	38.3	13.2	0.3	0.6
新　疆	166.6	52.3	1.2	0.8

注：本表数据来自民政部。

13

国有农场

13-1 农垦系统国有农场基本情况

指 标	单位	2003年	2017年	2018年	2019年	2019年比2018年增加	
						绝对数	%
一、农 场 数	**个**	**1967**	**1758**	**1759**	**1843**	**84.0**	**4.8**
二、职工人数	**万人**	**353.7**	**271.5**	**192.1**	**214.7**	**22.6**	**11.8**
三、耕 地 面 积	**千公顷**	**4690.1**	**6455.6**	**6419.7**	**6480.8**	**61.0**	**1.0**
四、农业机械总动力	**亿瓦**	**129.9**	**302.6**	**306.2**	**311.9**	**5.7**	**1.9**
大中型农用拖拉机	万台	7.0	22.2	22.9	22.8	-0.1	-0.6
小型及手扶拖拉机	万台	24.5	30.1	37.3	29.1	-8.3	-22.1
农用排灌动力机械	万台	17.7	28.7	33.3	39.2	5.9	17.7
联合收割机	万台	1.8	6.4	6.4	6.5	0.1	1.4
农用化肥施用量(折纯量)	万吨	143.9	278.0	273.8	252.3	-21.5	-7.8
农场用电量	亿千瓦小时	64.2	238.8	320.8	134.6	-186.2	-58.1
五、农业总产值							
按当年价格计算	亿元	846.3	3837.2	3823.1	3862.1	39.0	1.0
六、主要农产品产量							
粮食总产量	万吨	1342.6	3515.5	3652.8	3441.1	-211.7	-5.8
棉花总产量	万吨	103.4	208.6	284.8	244.7	-40.1	-14.1
油料总产量	万吨	71.9	76.6	79.7	75.7	-4.1	-5.1
肉类总产量	万吨	108.4	258.2	220.4	200.6	-19.8	-9.0

13-2 各地区农垦系统国有农场基本情况

地　区	农场数(个)		职工人数(万人)		耕地面积(千公顷)	
	2018年	2019年	2018年	2019年	2018年	2019年
全　国	**1759**	**1843**	**192.1**	**214.7**	**6419.7**	**6480.8**
北　京	8	13	5.7	4.5	1.4	1.4
天　津	12	9	1.1	1.0	2.7	3.0
河　北	33	33	5.5	6.0	95.8	99.3
山　西	25	25	0.3	0.3	6.5	6.4
内蒙古	104	104	6.6	5.4	694.6	741.0
辽　宁	104	103	14.8	14.6	158.2	160.7
吉　林	92	88	2.8	2.7	103.7	108.4
黑龙江	113	113	27.4	25.9	2956.4	2965.5
上　海	21	21	8.8	8.1	38.2	38.1
江　苏	18	18	5.0	4.7	64.6	64.3
浙　江	96	96	0.2	0.2	4.3	4.2
安　徽	20	20	1.9	1.8	30.2	29.6
福　建	110	110	2.0	2.1	8.3	8.1
江　西	156	156	30.9	28.0	84.4	78.5
山　东	12	12	0.3	0.2	12.8	13.0
河　南	91	91	2.6	2.1	28.1	24.8
湖　北	65	65	36.1	35.8	142.6	142.0
湖　南	65	65	9.7	8.0	76.2	77.9
广　东	47	50	4.2	3.7	38.1	38.2
广　西	18	47	2.2	2.3	33.6	33.8
海　南	27	27	5.8	5.1	35.8	34.7
重　庆	17	18	0.7	0.7	0.3	0.3
四　川	30	92	0.1	0.3	0.9	3.3
贵　州	37	37	0.3	0.2	1.1	1.0
云　南	43	43	5.2	4.8	12.0	12.1
陕　西	12	12	0.4	0.4	10.8	11.1
甘　肃	21	24	1.3	1.2	68.9	69.3
青　海	22	19	0.6	0.6	38.1	40.2
宁　夏	14	14	1.1	1.1	41.2	41.3
新　疆	326	318	8.8	42.7	1630.0	1629.1

13-2　续表 1

地　区	农业机械总动力(万千瓦)		大中型拖拉机(台)		农用运输汽车(辆)	
	2018年	2019年	2018年	2019年	2018年	2019年
全　国	**3062.3**	**3119.2**	**228803**	**227716**	**76030**	**76629**
北　京	6.3	4.4	82	105	233	74
天　津	1.8	2.3	95	90	81	104
河　北	108.5	106.6	4274	3589	4806	3519
山　西	2.7	2.8	47	44	186	184
内蒙古	223.7	229.0	15248	13692	5582	5933
辽　宁	102.2	102.0	4984	5479	12819	12283
吉　林	58.7	59.6	5014	4836	1658	1572
黑龙江	1137.5	1136.5	90450	89704	5653	4813
上　海	28.3	28.5	1317	1321	33	28
江　苏	48.4	56.7	3536	5155	652	668
浙　江	1.2	1.1	46	35	33	19
安　徽	43.8	47.3	2906	2882	641	829
福　建	5.0	4.3	48	37	472	416
江　西	52.4	44.6	1950	1776	1800	1925
山　东	3.9	3.3	466	466	97	74
河　南	31.5	24.3	1187	1164	1001	941
湖　北	180.1	176.8	9039	8899	9217	9126
湖　南	149.8	146.6	5645	5248	1690	1717
广　东	45.0	46.6	773	761	1565	2019
广　西	35.5	33.2	1820	1561	1217	3317
海　南	33.2	33.2	828	394	2787	2371
重　庆	0.7	0.7	7	7	5	5
四　川	0.2	5.9		15		3
贵　州	1.5	0.7	20	6	29	4
云　南	20.7	26.0	683	668	1063	2083
陕　西	4.0	3.7	237	223	138	136
甘　肃	35.2	35.3	7392	5758	809	732
青　海	5.6	3.9	297	289	690	669
宁　夏	32.4	33.0	2648	2693	1799	21065
新　疆	662.6	720.1	67764	70819	19274	

13-2 续表 2

地 区	化肥施用量(万吨)		现价农业总产值(万元)	
	2018年	2019年	2018年	2019年
全 国	**273.8**	**252.3**	**38230485**	**38620474**
北 京	0.2	0.1	659080	933118
天 津		0.1	132016	152565
河 北	3.2	2.7	1115189	1250871
山 西	0.4	0.4	36040	33535
内蒙古	16.2	15.8	1302047	1291767
辽 宁	8.2	7.9	1709781	1765874
吉 林	3.9	3.8	321763	335979
黑龙江	57.2	58.9	8464962	6318577
上 海	1.9	1.5	894585	880056
江 苏	8.4	7.7	419013	417079
浙 江	0.2	0.2	59184	64381
安 徽	2.7	2.7	210352	241584
福 建	1.7	2.1	229638	241177
江 西	3.0	2.9	600185	677208
山 东	3.0	0.5	65908	67652
河 南	2.3	1.8	250174	164505
湖 北	14.9	13.7	2385369	2436647
湖 南	5.7	5.9	1023245	1579381
广 东	5.7	5.7	1156909	1151784
广 西	6.0	4.8	748235	690184
海 南	19.0	5.6	1508217	1557242
重 庆			149681	151657
四 川		0.1	16253	35665
贵 州	0.1	0.1	59782	56087
云 南	2.6	2.3	667645	651565
陕 西	0.7	0.7	56315	58978
甘 肃	3.6	3.8	238045	276471
青 海	1.1	0.6	71135	74299
宁 夏	3.4	3.4	316640	333744
新 疆	98.3	96.4	13363098	14730843

13-3 农垦系统国有农场种植业生产情况

指　　标	单位	2000年	2007年	2017年	2018年	2019年	2019年比2018年增加	
							绝对数	%
农作物总播种面积	**千公顷**	**4755.8**	**5633.4**	**6872.7**	**6851.2**	**6789.1**	**-62.1**	**-0.9**
一、粮食播种面积	**千公顷**	**3163.9**	**3725.5**	**4894.1**	**4827.0**	**4794.8**	**-32.2**	**-0.7**
每公顷产量	千克	4631.0	5804.0	7181.0	7567.0	7176.7	-390.3	-5.2
总 产 量	万吨	1465.2	2162.3	3515.2	3652.8	3441.1	-211.7	-5.8
1.谷 物	万吨	1252.1	1969.5	3198.4	3359.4	3154.2	-205.2	-6.1
其中：稻 谷	万吨	818.6	1180.9	1942.8	1882.6	1831.3	-51.3	-2.7
小 麦	万吨	255.0	234.8	292.2	276.1	242.4	-33.7	-12.2
玉 米	万吨	147.4	479.8	933.4	1200.7	1043.8	-156.9	-13.1
2.豆 类	万吨	200.6	154.7	236.8	174.0	216.3	42.3	24.3
其中：大 豆	万吨	184.8	133.2	228.5	167.9	210.1	42.2	25.1
3.薯 类	万吨	12.6	38.1	80.3	70.1	66.7	-3.4	-4.9
二、棉花播种面积	**千公顷**	**527.3**	**803.8**	**796.4**	**1021.8**	**1006.6**	**-15.2**	**-1.5**
每公顷产量	千克	1577	1960	2619	2787	2431	-356	-12.8
总 产 量	吨	831595	1575568	2085824	2847821	2447487	-400341	-14.1
三、油料播种面积	**千公顷**	**461.2**	**338.9**	**337.2**	**306.2**	**309.7**	**3.5**	**1.1**
每公顷产量	千克	1545	1784	2271	2604	2444	-160	-6.2
总 产 量	吨	712461	604419	765695	797273	756835	-40443	-5.1
四、糖料播种面积	**千公顷**	**103.6**	**121.2**	**90.4**	**93.6**	**97.3**	**3.7**	**3.9**
每公顷产量	千克	56927	71327	85748	80773	76757	-4016	-5.0
总 产 量	吨	5894802	8643443	7747842	7557944	7465001	-92944	-1.2
五、麻类播种面积	**千公顷**	**9.4**	**39.5**	**5.1**	**5.7**	**7.0**	**1.3**	**22.7**
每公顷产量	千克	3175	3485	5886	14309	14531	222	1.5
总 产 量	吨	29689	137611	30014	81563	101623	20060	24.6

13-4 2019年各地区农垦系统国有农场农作物主要产品产量

地　区	粮 食 (万吨)	棉 花 (吨)	油 料 (吨)	糖 料 (吨)	麻 类 (吨)
全　国	**3441.1**	**2447487**	**756835**	**7465001**	**101623**
北　京	0.1				
天　津	1.5				
河　北	60.1	3771	4703	19923	
山　西	3.7	30	43		
内蒙古	231.2		185627	715016	
辽　宁	129.7		16989	9936	
吉　林	70.9		9422		
黑龙江	2027.0		1708	4957	11295
上　海	23.1		5235		
江　苏	133.7		48		
浙　江	0.7	20	59		
安　徽	35.0	94	1779	68	
福　建	4.2		2848	2510	
江　西	75.0	2787	29673	8955	
山　东	6.8	80	200		
河　南	26.9	303	15920		
湖　北	92.0	8208	73283	4053	30
湖　南	69.0	56899	51719	3212	294
广　东	5.3		6060	2168162	79483
广　西	1.2		1977	2205707	
海　南	11.1		25	176208	
重　庆	0.2				
四　川	0.2		95		
贵　州	0.1		38	75	
云　南	5.2		85	395202	
陕　西	9.9		461		
甘　肃	26.1	5196	9117	31000	
青　海	8.5		5972	680	
宁　夏	37.3		1620		
新　疆	345.3	2370100	332131	1719337	10521

13-5 农垦系统国有农场茶、桑、果、林业生产情况

指　　标	单位	2000年	2010年	2017年	2018年	2019年	2019年比2018年增加	
							绝对数	%
一、年末实有茶园面积	**千公顷**	**34.1**	**31.3**	**28.5**	**27.3**	**31.9**	**4.6**	**16.8**
茶叶总产量	万吨	3.9	4.6	5.2	5.6	5.3	-0.3	-5.2
二、年末实有桑园面积	**千公顷**	**3.9**	**1.5**	**1.0**	**0.9**	**1.3**	**0.4**	**42.7**
三、年末实有果园面积	**千公顷**	**193.6**	**371.9**	**418.0**	**411.3**	**404.2**	**-7.1**	**-1.7**
水果总产量	万吨	118.6	323.4	737.5	745.3	784.2	38.9	5.2
其中：苹 果	万吨	24.1	40.6	103.4	101.2	112.5	11.3	11.1
梨	万吨	27.1	53.6	84.4	62.4	72.5	10.1	16.2
柑 桔	万吨	11.8	22.8	37.2	43.9	45.7	1.8	4.0
四、年末实有橡胶园面积	**千公顷**	**382.3**	**469.4**	**453.6**	**439.1**	**425.4**	**-13.7**	**-3.1**
当年橡胶平均开割面积	千公顷		320.6	297.2	327.9	306.4	-21.5	-6.5
每公顷产干胶	千克	1172.0	1023.1	908.5	893.6	930.0	36.4	4.1
全年干胶总产量	万吨	34.7	32.8	27.0	29.3	28.5	-0.8	-2.7
五、当年造林面积	**千公顷**	**75.8**	**88.2**	**73.2**	**65.4**	**108.1**	**42.7**	**65.3**
用 材 林	千公顷	21.4	19.0	20.4	11.6	8.6	-3.0	-26.0
经 济 林	千公顷	6.1	11.6	29.8	15.0	26.7	11.7	78.4
防 护 林	千公顷	47.3	56.3	22.8	38.1	69.6	31.5	82.7
薪 炭 林	千公顷	0.3	0.3	0.1	0.3	2.7	2.4	804.3
特种用材林	千公顷	0.7	1.0	0.1	0.4	0.5	0.1	22.5

13-6 2019年各地区农垦系统国有农场茶、果、干胶、林业生产情况

地　区	茶叶(吨)	水果(吨)	苹果(吨)	梨(吨)	干胶(吨)	造林面积(公顷)
全　国	**53074**	**7842441**	**1124704**	**724811**	**284965**	**108121**
北　京		710	556	52		20
天　津		2323	513	1421		3
河　北		39596	5154	11944		4411
山　西		3481	499	96		20
内蒙古		7529	1228	2506		4500
辽　宁		145567	96238	17111		3553
吉　林		23670	1701	18558		411
黑龙江		15387	3436	1873		1478
上　海	70	268		52		15
江　苏	5	2946		2580		372
浙　江	3575	12863		195		253
安　徽	14891	35335		25146		211
福　建	6987	143119		566		1498
江　西	4377	91932	2	6951		6390
山　东		890	90			
河　南	7	39552	6800	11802		838
湖　北	513	135411	165	11245		3913
湖　南	5757	78995		2050		3198
广　东	820	938931			16226	898
广　西	736	333277		138	2	447
海　南	428	606951			142508	170
重　庆						
四　川	3760	5383	8	671		130
贵　州	1539	9891	2	208		578
云　南	9611	258364			126229	46
陕　西		10877	38	602		345
甘　肃		75435	16082	36328		385
青　海		125				2603
宁　夏		56759	16836	2415		215
新　疆		4766876	975358	570303		71220

13-7 农垦系统国有农场畜牧业、渔业生产情况

指　　标	单位	2000年	2010年	2017年	2018年	2019年	2019年比2018年增加	
							绝对数	%
一、大牲畜年末头数	**万头**	**214.6**	**319.2**	**300.5**	**280.2**	**299.0**	**18.8**	**6.7**
#役畜	万头	55.0	18.9	8.3	5.5	7.9	2.4	43.3
牛	万头	173.1	292.0	265.1	238.6	243.9	5.3	2.2
#良种及改良奶牛	万头	51.0	143.1	143.7	128.8	98.5	-30.3	-23.5
马	万匹	25.8	17.4	25.6				
驴	万头	9.8	5.7	5.7				
骡	万头	1.8	1.1	0.2				
骆驼	万头	4.1	3.0	3.9				
二、猪年末头数	**万头**	**478.1**	**1134.2**	**1263.7**	**1173.1**	**728.4**	**-444.7**	**-37.9**
三、羊年末只数	**万只**	**1104.7**	**1298.8**	**1369.8**	**1236.5**	**1118.5**	**-118.0**	**-9.5**
山　羊	万只	216.3	318.9	229.4	204.8	201.8	-3.0	-1.5
绵　羊	万只	888.4	979.9	1140.4	1031.6	916.7	-115.0	-11.1
四、家禽年末只数	**万只**	**4918.2**	**11811.2**	**15722.4**	**11115.1**	**10524.0**	**-591.1**	**-5.3**
五、兔年末只数	**万只**	**74.3**	**72.7**	**77.8**	**75.1**	**128.9**	**53.8**	**71.6**
六、畜产品产量								
肉猪出栏头数	万头	643.5	1943.8	1841.8	1570.3	1277.1	-293.1	-18.7
猪牛羊肉产量	万吨	68.3	190.4	189.4	163.0	139.0	-23.9	-14.7
其中：猪肉产量	万吨	51.1	148.9	150.9	126.2	102.1	-24.1	-19.1
牛奶产量	万吨	116.5	366.1	385.1	389.8	418.2	28.4	7.3
禽蛋产量	万吨	20.4	39.7	54.4	45.4	48.1	2.6	5.8
鹿茸产量	吨	41.5	77.5	66.5				
羊毛产量	吨	20866.0	27201.0	34357.0	31823.0	31797.0	-26.0	-0.1
七、水产品产量	**万吨**	**49.1**	**115.2**	**160.9**	**162.8**	**161.4**	**-1.3**	**-0.8**

13-8 2019年各地区农垦系统国有农场畜牧业、渔业生产情况

地 区	大牲畜年末头数（万头）	牛年末头数（万头）	#奶牛	猪年末头数（万头）	羊年末只数（万只）	家禽年末只数（万只）
全 国	**299.0**	**243.9**	**98.5**	**728.4**	**1118.5**	**10524.0**
北 京	8.4	8.4	8.3	35.8		631.7
天 津	3.8	3.6	3.6	0.3	1.7	104.3
河 北	17.9	17.5	15.0	27.2	6.9	279.2
山 西	1.2	1.2	0.9	0.2	2.9	12.7
内 蒙 古	38.5	33.1	15.1	26.6	235.4	102.6
辽 宁	6.1	5.6	0.6	32.8	14.5	1745.5
吉 林	2.9	2.7	0.5	5.0	19.1	78.3
黑 龙 江	19.7	17.9	10.6	58.3	18.9	467.2
上 海	7.3	7.3	7.3	32.3		113.3
江 苏	0.7	0.7	0.6	5.2	1.0	377.5
浙 江				6.5	0.1	1.7
安 徽	0.3	0.3	0.1	1.3	1.2	259.0
福 建	0.5	0.5	0.2	21.2	1.5	162.2
江 西	3.5	3.5	0.4	29.7	1.8	282.2
山 东	1.2	1.2		3.9	0.1	89.0
河 南	0.7	0.7	0.5	11.6	0.5	31.7
湖 北	3.3	3.3	0.7	70.0	59.8	858.0
湖 南	5.1	4.5	0.1	32.1	3.6	466.9
广 东	3.1	2.9	1.9	46.6	0.9	480.5
广 西	0.8	0.8	0.3	51.4	0.1	358.1
海 南	4.1	4.1	0.0	21.6	8.7	1628.7
重 庆	3.1	3.1	3.1	8.1		116.6
四 川	12.7	12.2	0.9	0.6	1.7	0.3
贵 州	0.9	0.9	0.9	0.1	0.1	0.3
云 南	0.7	0.7	0.1	5.8	0.5	192.5
陕 西	0.8	0.8	0.7	0.6	2.0	10.4
甘 肃	1.6	1.6	1.1	0.8	14.3	18.9
青 海	5.3	2.0	0.6	0.4	23.1	
宁 夏	7.3	7.3	5.9	2.4	7.9	63.8
新 疆	137.5	95.5	18.6	189.7	690.1	1590.8

13-8 续表

地区	肉猪出栏头数(万头)	肉类总产量(吨)	奶产量(吨)	水产品产量(吨)
全国	**1277.1**	**2005669**	**4182370**	**1614442**
北京	23.9	109688	474325	6649
天津	1.3	3822	204454	7413
河北	51.5	68256	594958	163468
山西	0.2	3060	30840	6
内蒙古	30.4	90957	241916	3799
辽宁	43.5	108684	28793	351505
吉林	2.9	9271	8745	477
黑龙江	98.0	246039	369425	20865
上海	86.0	66103	472464	54416
江苏	13.9	36741	30178	57856
浙江	9.6	6730		2481
安徽	3.9	11648	1960	12015
福建	19.9	22134	3049	18353
江西	51.9	54898	13429	66584
山东	5.7	12186	59500	1276
河南	16.1	14352	13784	7012
湖北	116.0	128702	30633	490890
湖南	113.0	124391	2600	136476
广东	78.2	97323	87226	42184
广西	87.4	72028	6058	15452
海南	48.0	70769	65	74479
重庆	27.8	33025	151400	
四川	0.4	4324	7334	2148
贵州	0.0	159	38455	161
云南	7.6	10563	2005	12132
陕西	0.6	881	31250	5
甘肃	1.1	3834	52841	42
青海	0.3	3531	233	
宁夏	4.4	11635	277103	8149
新疆	333.4	579935	947348	58151

西部大开发 12 省（区、市）农村经济情况

14-1 西部大开发12省(区、市)农业机械拥有量

指　　标	单位	1990年	1995年	2000年	2010年	2018年	2019年
农用机械总动力合计	万千瓦	5906.2	7534.3	10706.6	21318.5	27302.8	28022.3
大中型拖拉机	万台	20.3	16.3	30.2	134.0	118.3	126.7
小型拖拉机	万台	152.3	192.8	234.5	296.5	398.7	391.4
大中型拖拉机配套农具	万部	20.0	22.6	30.2	181.0	82.8	91.7
小型拖拉机配套农具	万部	108.9	165.2	253.0	409.7		
农用排灌柴油机	万台	38.6	48.3	84.5	165.5		
农用排灌电动机	万台	44.6	54.7	89.8	199.0		
农用水泵	万台	78.0	97.9	164.9	375.3	543.2	547.3
节水灌溉机械	万套	2.4	2.8	7.1	18.4	48.6	51.9
联合收获机	万台	0.8	1.2	2.5	9.3	21.7	22.2
机动脱粒机	万台	34.7	56.9	115.7	351.3	574.3	585.4
农用运输车	万辆	5.3	13.9	39.1	216.3		

注：此表数据来自农业农村部。2018年，农业农村部根据工业和信息化部标准对拖拉机的分类重新定义，把大中型拖拉机和小型拖拉机的分类标准由发动机功率14.7千瓦改为22.1千瓦，同时大中型拖拉机配套农具统计口径改为统计“与58.8千瓦及以上拖拉机配套农具”。数据与往年不可比。

14-2 西部大开发12省(区、市)农村电力和农田水利建设情况

指　　标	单位	1990年	1995年	2000年	2010年	2018年	2019年
一、乡村办水电站	**个**	**17623**	**15320**	**10381**	**13137**	**14572**	**13791**
装机容量	万千瓦	138.4	161.7	179.4	2755.4	4318.3	4386.6
发电量	亿千瓦		48.4	63.5	957.7	1465.5	1467.3
二、农村用电量	**亿千瓦小时**	**145.7**	**237.6**	**331.5**	**652.2**	**1010.7**	**1079.7**
三、农田水利建设情况							
耕地灌溉面积	千公顷	12685.9	13639.3	15174.6	17747.3	20061.2	20242.0

14-3 西部大开发12省(区、市)农用化肥、农膜、柴油和农药使用量

指　　标	单位	1990年	1995年	2000年	2010年	2018年	2019年
一、化肥施用量							
（按折纯法计算）	**万吨**	**570.8**	**825.4**	**1008.6**	**1526.4**	**1732.6**	**1662.1**
氮肥	万吨	371.1	472.4	541.0	700.8	716.3	680.1
磷肥	万吨	105.5	161.2	182.6	247.4	279.7	265.8
钾肥	万吨	28.8	54.3	79.6	154.3	186.5	182.9
复合肥	万吨	65.4	137.8	205.4	407.0	550.1	533.4
二、农用塑料薄膜使用量	**吨**		**219243**	**396198**	**717558**	**980258**	**958406**
#地膜使用量	吨		167323	304539	511543	733725	735135
地膜覆盖面积	千公顷		2573.7	4983.7	7341.4	9931.6	9995.2
三、农用柴油使用量	**万吨**		**253.2**	**288.2**	**445.3**	**496.7**	**495.0**
四、农药使用量	**万吨**		**15.4**	**20.5**	**31.2**	**31.6**	**29.6**

14-4 西部大开发12省(区、市)自然灾害情况

指　　标	单位	1990年	1995年	2000年	2010年	2018年	2019年
一、受灾面积	**千公顷**	**11692.0**	**14531.0**	**15773.0**	**15532.0**	**6003.5**	**5309.5**
旱灾	千公顷	7209.3	8552.0	11225.0	9084.8	1745.7	2426.8
水灾	千公顷	2174.0	3182.0	2509.0	3882.6	1763.7	1151.4
风雹灾	千公顷	1560.7	1487.0	1104.0	1101.6	1219.7	1247.1
霜冻灾	千公顷	748.0	964.0	935.0	1375.5	1138.2	457.7
二、成灾面积	**千公顷**	**5484.0**	**7680.0**	**9358.0**	**8463.5**	**3796.8**	**2049.8**
旱灾	千公顷	3350.7	4573.0	7032.0	6269.9	1143.3	899.3
水灾	千公顷	1080.0	1793.0	1492.0	1229.4	1178.1	420.5
风雹灾	千公顷	652.0	755.0	536.0	413.2	822.6	563.0
霜冻灾	千公顷	401.3	496.0	298.0	532.4	576.8	159.1
三、成灾面积占受灾							
面积的比重	%	46.9	52.9	59.3	54.5	63.2	38.6

14-5 西部大开发12省(区、市)农作物播种面积及构成

单位：千公顷

指　　标	1990年	1995年	2000年	2010年	2018年	2019年
农作物总播种面积	**43507.7**	**45890.4**	**49345.9**	**50850.3**	**56053.8**	**56445.1**
一、粮食作物	**33668.4**	**33920.3**	**34528.8**	**33500.1**	**33862.7**	**33654.2**
1.谷物		26225.7	25756.1	24829.3	25350.8	25073.5
稻谷	7823.4	7467.2	7452.3	6681.6	6221.3	6139.6
小麦	9302.8	9019.6	7999.1	5831.7	4786.6	4649.3
玉米	6458.6	6678.5	7542.1	10682.2	12572.1	12439.4
谷子	603.5	400.1	320.8	282.5	280.3	308.4
高粱	318.1	292.6	257.3	244.6	327.1	345.8
2.豆类		3407.0	3617.6	3389.5	3393.9	3519.6
#大豆	1333.2	1593.2	1960.1	2054.0	2280.2	2396.0
杂豆		1813.8	1657.6	1335.5	1113.7	1123.6
3.薯类	3743.8	4287.6	5155.0	5281.3	5117.9	5061.1
#马铃薯	1847.9	2181.3	2920.0	3758.0	3713.8	3668.9
二、油料作物	**3300.2**	**3687.7**	**4410.4**	**4660.1**	**4950.2**	**4907.1**
#花　生	415.0	496.3	652.0	629.4	706.0	717.8
油菜籽	1819.9	2132.2	2520.9	2953.4	3078.1	3029.0
芝　麻	39.8	38.6	61.7	21.0	16.9	17.8
胡麻籽	500.4	443.6	323.0	190.8	163.7	155.6
葵花籽	312.5	404.1	609.2	681.8	790.3	806.9
三、棉花	**682.8**	**981.1**	**1154.3**	**1642.1**	**2525.7**	**2569.8**
四、麻类	**102.2**	**85.0**	**55.2**	**42.7**	**28.4**	**31.0**
#黄红麻	56.9	34.4	12.7	4.0	2.2	2.4
五、糖料	**693.9**	**932.0**	**945.4**	**1434.9**	**1352.0**	**1350.0**
甘蔗	492.6	673.5	818.8	1350.9	1168.6	1158.5
甜菜	201.2	258.7	126.6	84.1	183.3	191.6
六、烟叶	**761.7**	**942.6**	**814.4**	**817.4**	**698.0**	**688.5**
#烤烟	631.2	856.6	719.6	763.6	658.6	652.7
七、药材	**59.4**	**119.2**	**256.2**	**678.2**	**1415.1**	**1555.3**
八、蔬菜	**1635.9**	**2372.3**	**3610.1**	**5281.4**	**7581.3**	**7817.1**
九、瓜果类	**130.7**	**165.6**	**319.8**	**563.3**	**615.1**	**642.7**
十、其他农作物	**2472.5**	**2684.4**	**3252.5**	**2230.2**	**3025.4**	**3229.3**

14-5 续表 (以农作物总播种面积为100) 单位：%

指 标	1990年	1995年	2000年	2010年	2018年	2019年
农作物总播种面积	**100.0**	**100.0**	**100.0**	**100.0**	**100.0**	**100.0**
一、粮食作物	**77.4**	**73.9**	**70.0**	**65.9**	**60.4**	**59.6**
1.谷物		57.1	52.2	48.8	45.2	44.4
稻谷	18.0	16.3	15.1	13.1	11.1	10.9
小麦	21.4	19.7	16.2	11.5	8.5	8.2
玉米	14.8	14.6	15.3	21.0	22.4	22.0
谷子	1.4	0.9	0.7	0.6	0.5	0.5
高粱	0.7	0.6	0.5	0.5	0.6	0.6
2.豆类		7.4	7.3	6.7	6.1	6.2
#大豆	3.1	3.5	4.0	4.0	4.1	4.2
杂豆		4.0	3.4	2.6	2.0	2.0
3.薯类	8.6	9.3	10.4	10.4	9.1	9.0
#马铃薯	4.2	4.8	5.9	7.4	6.6	6.5
二、油料作物	**7.6**	**8.0**	**8.9**	**9.2**	**8.8**	**8.7**
#花 生	1.0	1.1	1.3	1.2	1.3	1.3
油菜籽	4.2	4.6	5.1	5.8	5.5	5.4
芝 麻	0.1	0.1	0.1	0.0	0.0	0.0
胡麻籽	1.2	1.0	0.7	0.4	0.3	0.3
葵花籽	0.7	0.9	1.2	1.3	1.4	1.4
三、棉花	**1.6**	**2.1**	**2.3**	**3.2**	**4.5**	**4.6**
四、麻类	**0.2**	**0.2**	**0.1**	**0.1**	**0.1**	**0.1**
#黄红麻	0.1	0.1	0.0	0.0	0.0	0.0
五、糖料	**1.6**	**2.0**	**1.9**	**2.8**	**2.4**	**2.4**
甘蔗	1.1	1.5	1.7	2.7	2.1	2.1
甜菜	0.5	0.6	0.3	0.2	0.3	0.3
六、烟叶	**1.8**	**2.1**	**1.7**	**1.6**	**1.2**	**1.2**
#烤烟	1.5	1.9	1.5	1.5	1.2	1.2
七、药材	**0.1**	**0.3**	**0.5**	**1.3**	**2.5**	**2.8**
八、蔬菜	**3.8**	**5.2**	**7.3**	**10.4**	**13.5**	**13.8**
九、瓜果类	**0.3**	**0.4**	**0.6**	**1.1**	**1.1**	**1.1**
十、其他农作物	**5.7**	**5.8**	**6.6**	**4.4**	**5.4**	**5.7**

14-6 西部大开发12省(区、市)主要农作物产量

单位：万吨

指　标	1990年	1995年	2000年	2010年	2018年	2019年
一、粮食作物	**11168.3**	**11729.9**	**12896.3**	**14607.7**	**16901.0**	**16982.9**
1.谷物		10135.2	10920.3	12345.5	14418.5	14425.2
稻谷	4506.9	4498.0	4735.7	4246.5	4274.9	4232.4
小麦	2512.2	2463.0	2307.1	2030.2	1923.1	1874.4
玉米	2372.9	2589.8	3351.1	5644.8	7727.2	7756.8
谷子	87.3	38.1	34.3	42.5	81.0	92.5
高粱	99.3	82.7	70.0	93.5	126.1	166.9
2.豆类		437.4	460.0	572.6	622.6	681.4
#大豆	166.6	187.2	250.4	380.1	407.2	461.5
杂豆		250.2	209.6	192.5	215.5	219.9
3.薯类	854.4	1157.3	1516.0	1689.7	1859.9	1876.3
#马铃薯	370.2	560.9	811.6	1132.6	1322.1	1338.3
二、油料作物	**433.3**	**508.6**	**671.3**	**876.6**	**1108.8**	**1130.3**
#花　生	64.1	84.8	134.6	142.7	185.7	192.0
油菜籽	239.6	296.4	366.5	504.7	646.4	641.8
芝　麻	2.1	2.4	5.5	2.1	3.1	3.3
胡麻籽	41.3	28.1	27.7	23.2	26.6	25.3
葵花籽	67.0	83.9	116.5	181.2	216.7	239.2
三、棉花	**67.1**	**117.1**	**160.5**	**291.0**	**516.2**	**504.7**
四、麻类	**17.0**	**12.9**	**10.5**	**8.4**	**5.7**	**6.2**
#黄红麻	10.9	5.7	2.3	0.9	0.7	0.7
五、糖料	**3013.1**	**4528.1**	**5047.5**	**9170.7**	**10006.8**	**10270.3**
甘蔗	2423.7	3818.4	4600.9	8726.1	9040.7	9168.5
甜菜	589.4	709.7	446.6	444.6	966.1	1101.8
六、烟叶	**117.6**	**143.3**	**142.8**	**177.6**	**139.1**	**137.0**
#烤烟	99.9	131.5	126.6	166.8	130.1	128.5
七、茶叶	**13.8**	**16.5**	**19.1**	**52.1**	**109.4**	**116.9**
八、水果	**462.9**	**1070.3**	**1613.4**	**5736.7**	**9218.8**	**10260.3**

14-7 西部大开发12省(区、市)主要农作物单位面积产量

单位：公斤/公顷

指　标	1990年	1995年	2000年	2010年	2018年	2019年
一、粮食作物	**3317.1**	**3458.1**	**3734.9**	**4360.5**	**4991.1**	**5046.3**
1.谷物		3864.6	4239.9	4972.1	5687.6	5753.2
稻谷	5760.8	6023.7	6354.7	6355.5	6871.4	6893.6
小麦	2700.5	2730.7	2884.2	3481.3	4017.7	4031.5
玉米	3674.0	3877.8	4443.2	5284.3	6146.3	6235.7
谷子	1446.6	952.3	1068.4	1503.8	2889.3	3000.6
高粱	3121.7	2826.4	2719.4	3822.3	3856.6	4827.1
2.豆类		1283.8	1271.7	1689.2	1834.6	1936.0
#大豆	1249.6	1175.0	1277.6	1850.4	1785.6	1926.1
杂豆		1379.4	1264.6	1441.3	1934.8	1957.4
3.薯类	2282.1	2699.2	2940.8	3199.4	3634.1	3707.2
#马铃薯	2003.4	2571.4	2779.4	3013.8	3560.1	3647.7
二、油料作物	**1313.0**	**1379.2**	**1522.0**	**1881.2**	**2239.9**	**2303.4**
#花　生	1543.3	1709.2	2063.7	2267.1	2630.0	2675.0
油菜籽	1316.4	1390.0	1454.0	1708.9	2100.0	2118.7
芝　麻	537.9	615.4	886.3	1012.1	1856.1	1857.6
胡麻籽	825.0	634.1	857.4	1214.0	1623.5	1629.2
葵花籽	2142.7	2076.9	1912.8	2658.1	2741.9	2964.7
三、棉花	**982.7**	**1193.5**	**1390.2**	**1772.1**	**2043.8**	**1963.9**
四、麻类	**1667.4**	**1521.2**	**1902.1**	**1971.3**	**2014.9**	**2011.3**
#黄红麻	1914.0	1654.3	1839.9	2276.8	2963.5	2877.3
五、糖料	**43425.7**	**48583.2**	**53392.3**	**63910.3**	**74014.4**	**76073.9**
甘蔗	49202.2	56695.1	56192.8	64596.0	77363.9	79143.7
甜菜	29292.6	27432.7	35276.0	52891.9	52712.6	57511.0
六、烟叶	**1544.6**	**1520.2**	**1753.4**	**2172.5**	**1993.4**	**1989.9**
#烤烟	1582.9	1535.1	1759.5	2184.5	1976.2	1969.0

14-8 西部大开发12省(区、市)林业生产情况

指　　标	单　位	2018年	2019年	2019年为2018年百分比(%)
一、营林情况				
1.人工造林面积	千公顷	1946	1864	95.8
2.飞播造林面积	千公顷	94	78	82.5
3.当年新封山(沙)育林面积	千公顷	858	875	102.0
4.退化林修复面积	千公顷	535	671	125.4
5.人工更新面积	千公顷	208	162	77.7
6.森林抚育面积	千公顷	3526	3626	102.8
7.育苗面积	千公顷	374	317	84.7
二、主要林产品产量				
板　栗	吨	517687	499341	96.5
竹笋干	吨	175141	376690	215.1
油茶籽	吨	426286	410934	96.4
核　桃	吨	3065770	3695523	120.5
紫胶(原胶)	吨	2022	5893	291.4
三、木竹采伐				
木材(商品材)	万立方米	4425	5046	114.0
竹材	万根	119110	105405	88.5

14-9 西部大开发12省(区、市)畜牧业生产情况

指 标	单位	1999年	2000年	2004年	2010年	2018年	2019年
一、牲畜出栏量							
1.大牲畜出栏							
牛	万头	1071.1	1171.0	1579.8	1794.5	2164.3	2250.3
马	万头	67.6	74.4	81.8	85.3	79.0	86.7
驴	万头	65.6	68.1	86.0	87.7	60.6	70.6
骡	万头	14.4	16.5	19.7	16.8	8.6	7.7
骆驼	万头	6.7	6.7	6.6	6.3	10.0	12.9
2.猪	万头	15371.9	16111.1	17833.8	20495.2	21094.6	17107.1
3.羊	万只	7228.5	7890.7	11717.8	14564.7	17533.8	17917.6
4.家禽	万只	120780.6	136585.6	126901.8	209290.7	240901.6	282709.8
5.兔	万只	6845.0	8226.0	14717.6	20156.8	20483.7	21259.3
二、肉类总产量	**万吨**	**1639.2**	**1737.5**	**1991.6**	**2393.8**	**2658.7**	**2460.9**
#猪牛羊肉产量	万吨	1434.7	1504.0	1748.9	2002.9	2208.4	1941.1
1.猪肉产量	万吨	1194.0	1239.4	1370.1	1532.7	1632.0	1340.9
2.牛肉产量	万吨	123.0	135.7	184.2	228.9	288.5	303.4
3.羊肉产量	万吨	117.7	128.8	194.5	241.3	287.9	296.8
4.禽肉产量	万吨	183.3	207.0	197.1	337.6	393.9	458.8
5.兔肉产量	万吨	9.2	11.1	20.5	27.3	27.1	28.5
6.其他肉产量	万吨	12.0	15.5	25.1	8.4	13.1	12.9
三、其他畜产品产量							
奶类产量	万吨	320.1	356.7	988.8	1405.1	1366.3	1415.5
#牛奶产量	万吨	281.0	315.7	938.4	1309.9	1288.8	1338.9
山羊粗毛产量	吨	11718	12955	16999	21033.1	14471.1	13228.3
绵羊毛产量	吨	182044	183782	237855	266369.5	270017.2	263948.4
#细羊毛	吨	74101	74432	85510	94352.7	98583.8	92852.9
半细羊毛	吨	35706	38780	52876	49051.2	61399.5	59388.3
山羊绒产量	吨	6984	7138	9825	13211.0	11318.1	11133.0
蜂蜜产量	万吨	5.0	5.1	6.8	9.5	14.4	14.3
禽蛋产量	万吨	244.4	264.9	359.7	383.7	450.7	483.6

14-10 西部大开发12省(区、市)牲畜年末存栏量

指　标	单位	1997年	2000年	2010年	2015年	2018年	2019年
一、大牲畜头数	**万头**	**6814.4**	**7070.6**	**6445.0**	**6125.9**	**6007.3**	**6190.6**
1.牛	万头	5489.9	5770.4	5571.2	5480.0	5444.8	5584.1
黄牛*	万头	3716.9	3865.6				
水牛*	万头	1161.2	1223.6				
肉牛*	万头			3692.9	3842.4	4114.5	4364.8
奶牛*	万头			599.9	548.2	547.2	545.8
2.马	万头	595.1	583.7	426.8	342.6	314.0	335.2
3.驴	万头	450.7	445.5	296.0	198.1	155.9	173.3
4.骡	万头	237.5	238.5	127.9	75.2	58.9	57.6
5.骆驼	万头	35.0	32.6	23.0	30.0	33.8	40.5
二、猪	**万头**	**14788.5**	**16322.7**	**15906.2**	**15161.9**	**14736.8**	**11057.3**
三、羊	**万只**	**14797.0**	**15699.6**	**18366.0**	**20329.2**	**19511.7**	**19585.5**
山羊	万只	5692.9	6081.2	7082.1	7717.4	7370.7	7319.1
绵羊	万只	9104.1	9618.4	11284.0	12611.9	12140.9	12266.4
四、家禽	**万只**	**50701.6**	**63932.1**	**119528.1**	**137884.4**	**131693.2**	**146194.1**

注：从2008年起牛的品种修正为肉牛、奶牛和役用牛。

14-11 西部大开发12省(区、市)渔业生产情况

指　　标	单位	1990年	1995年	2000年	2010年	2018年	2019年
一、水产品总产量	**吨**	**716131**	**1730062**	**3587609**	**4795320**	**6944598**	**7070022**
1.按海水、内陆分							
海水产品产量	吨	202672	645706	1594505	1544481	1944161	1994915
内陆水产品产量	吨	513459	1084356	1993104	3250839	5000437	5075107
2.按生产性质分							
捕捞产量	吨	283759	632198	1100582	933821	823690	799639
养殖产量	吨	432372	1097864	2487027	3861499	6120908	6270383
3.按品种分							
鱼类	吨	673010	1459932	2509894	3586753	5272714	5298046
甲壳类	吨	30234	81959	197308	317027	489718	549290
贝类	吨	12286	178552	820903	751884	1051279	1086498
藻类	吨	7	110	15	1791	2227	2348
其他类	吨	594	9509	59489	137865	128660	133840
二、水产养殖面积	**千公顷**	**602.2**	**723.9**	**823.3**	**931.6**	**932.2**	**956.3**
1.海水养殖面积	千公顷	5.4	41.0	61.4	51.3	47.8	49.8
浅海养殖	千公顷		16.4	16.5			
滩涂养殖	千公顷		20.6	41.5			
其他养殖	千公顷		4.0	3.4			
2.内陆养殖面积	千公顷	596.8	682.9	761.9	880.4	884.4	906.4
池塘养殖	千公顷		226.2	262.2			
湖泊养殖	千公顷		88.4	102.7			
河沟养殖	千公顷		21.9	35.9			
水库养殖	千公顷		340.2	354.1			
其他养殖	千公顷		6.2	7.0			
三、稻田养殖面积	**千公顷**		**561.7**	**577.8**		**636.5**	**686.9**

注：1. 因农业部门报表制度修改，故水产养殖面积自2009年无法分出细项。
　　2. 2016年水产品数据根据农业普查结果进行了修订。

14-12 西部大开发12省(区、市)按人口平均的主要农产品产量

单位：千克/人

指　标	1990年	1995年	2000年	2010年	2018年	2019年
一、粮食作物	**348.0**	**342.1**	**363.0**	**401.5**	**446.8**	**446.1**
(一)谷物		295.6	307.3	339.3	381.2	378.9
#稻谷	140.4	131.2	133.3	116.7	113.0	111.2
小麦	78.3	71.8	64.9	55.9	50.8	49.2
玉米	73.9	75.5	94.3	155.2	204.3	203.8
谷子	2.7	1.1	1.0	1.2	2.1	2.4
高粱	3.1	2.4	2.0	2.6	3.3	4.4
(二)豆类		12.8	12.9	15.7	16.5	17.9
#大豆	5.2	5.5	7.0	10.4	10.8	12.1
杂豆		7.3	5.9	5.3	5.7	5.8
(三)薯类	26.6	33.8	42.7	46.4	49.2	49.3
#马铃薯	11.5	16.4	22.8	31.1	35.0	35.2
二、油料作物	**13.5**	**14.8**	**18.9**	**24.1**	**29.3**	**29.7**
#花生	2.0	2.5	3.8	3.9	4.9	5.0
油菜籽	7.5	8.6	10.3	13.9	17.1	16.9
芝麻	0.1	0.1	0.2	0.1	0.1	0.1
胡麻籽	1.3	0.8	0.8	0.6	0.7	0.7
葵花籽	2.1	2.4	3.3	5.0	5.7	6.3
三、棉花	**2.1**	**3.4**	**4.5**	**8.0**	**13.6**	**13.3**
四、麻类	**0.5**	**0.4**	**0.3**	**0.2**	**0.2**	**0.2**
#黄红麻	0.3	0.2	0.1	0.0	0.0	0.0
五、糖料	**93.9**	**132.1**	**142.1**	**252.1**	**264.6**	**269.8**
(一)甘蔗	75.5	111.4	157.6	239.8	239.0	240.8
(二)甜菜	18.4	20.7	12.6	12.2	25.5	28.9
六、水果	**14.4**	**31.2**	**45.4**	**157.7**	**243.7**	**269.5**
七、烟叶	**3.7**	**4.2**	**4.0**	**4.9**	**3.7**	**3.6**
#烤烟	3.1	3.8	3.6	4.6	3.4	3.4

14-13 西部大开发12省(区、市)按人口平均的畜产品、水产品产量

单位：千克/人

指　标	1990年	1995年	2000年	2010年	2018年	2019年
一、猪牛羊肉产量	**37.3**	**39.2**	**41.5**	**55.0**	**58.4**	**50.4**
猪肉	31.4	32.8	34.6	42.1	43.1	34.8
牛肉	3.1	3.3	3.6	6.3	7.6	7.9
羊肉	2.8	3.1	3.4	6.6	7.6	7.7
二、奶类产量	**7.5**	**8.5**	**9.3**	**38.6**	**36.1**	**36.8**
#牛奶产量	6.5	7.4	8.1	36.0	34.1	34.8
三、禽蛋产量	**6.3**	**6.4**	**7.1**	**10.5**	**11.9**	**12.6**
四、水产品产量	**8.0**	**9.0**	**10.4**	**13.2**	**18.4**	**18.4**
鱼类	5.7	6.3	7.3	9.9	13.9	13.8
虾蟹类	0.4	0.5	0.6	0.9	1.3	1.4

14-14 西部大开发12省(区、市)农林牧渔业总产值及构成

(按当年价格计算)

指　标	1995年	2000年	2001年	2018年	2019年
一、绝对数(亿元)					
农林牧渔业总产值合计	4690.6	5753.0	5970.6	34585.3	38254.1
#农业	2890.8	3478.8	3525.3	20754.0	22692.5
林业	177.4	242.8	238.8	1813.5	1903.4
牧业	1516.5	1848.9	2012.7	9504.7	10963.0
渔业	105.9	182.5	193.8	1118.5	1181.3
二、构成(%)					
(以农林牧渔业合计为100)	100.0	100.0	100.0	100.0	100.0
#农业	61.6	60.5	59.0	60.0	59.3
林业	3.8	4.2	4.0	5.2	5.0
牧业	32.3	32.1	33.7	27.5	28.7
渔业	2.3	3.2	3.2	3.2	3.1

注：根据新国民经济行业分类标准，农林牧渔业总产值包括农、林、牧、渔专业及辅助性活动产值(后同)。

各地区主要农村经济指标排序

15-1 2019年粮食总产量与人均占有量

地区	粮食总产量(万吨)		人均占有量(千克/人)	
	指标值	位次	指标值	位次
全国	**66384.3**		**474.9**	
北京	28.8	31	13.4	31
天津	223.3	26	143.0	26
河北	3739.2	6	493.7	10
山西	1361.8	16	365.7	18
内蒙古	3652.5	8	1439.8	2
辽宁	2430.0	12	557.9	7
吉林	3877.9	5	1437.7	3
黑龙江	7503.0	1	1994.3	1
上海	95.9	30	39.5	30
江苏	3706.2	7	459.8	13
浙江	592.1	23	102.2	29
安徽	4054.0	4	639.0	5
福建	493.9	24	124.8	27
江西	2157.5	13	463.3	11
山东	5357.0	3	532.6	9
河南	6695.4	2	695.8	4
湖北	2725.0	11	460.1	12
湖南	2974.8	10	430.6	15
广东	1240.8	18	108.5	28
广西	1332.0	17	269.5	23
海南	145.0	27	154.3	25
重庆	1075.2	21	345.4	19
四川	3498.5	9	418.6	16
贵州	1051.2	22	291.1	22
云南	1870.0	14	386.1	17
西藏	103.9	29	299.3	21
陕西	1231.1	19	318.1	20
甘肃	1162.6	20	440.0	14
青海	105.5	28	174.3	24
宁夏	373.2	25	539.7	8
新疆	1527.1	15	609.6	6

15-1 续表 1

地　区	谷物总产量(万吨)		人均占有量(千克/人)	
	指标值	位　次	指标值	位　次
全　国	**61369.7**		**439.1**	
北　京	27.7	31	12.9	31
天　津	221.2	26	141.7	24
河　北	3566.9	7	470.9	10
山　西	1266.8	16	340.2	16
内蒙古	3261.8	8	1285.8	3
辽　宁	2375.7	12	545.4	7
吉　林	3769.5	5	1397.4	2
黑龙江	6653.0	1	1768.4	1
上　海	95.3	29	39.3	30
江　苏	3612.0	6	448.1	11
浙　江	528.6	23	91.2	29
安　徽	3935.0	4	620.2	5
福　建	403.8	24	102.0	27
江　西	2072.2	13	445.0	12
山　东	5203.6	3	517.3	8
河　南	6528.9	2	678.5	4
湖　北	2579.6	11	435.6	13
湖　南	2846.8	9	412.1	14
广　东	1131.6	18	99.0	28
广　西	1259.1	17	254.7	21
海　南	126.5	27	134.7	25
重　庆	750.6	21	241.1	22
四　川	2825.4	10	338.0	17
贵　州	718.9	22	199.1	23
云　南	1579.4	14	326.1	18
西　藏	101.9	28	293.6	19
陕　西	1108.1	19	286.3	20
甘　肃	923.0	20	349.3	15
青　海	69.2	30	114.3	26
宁　夏	331.5	25	479.4	9
新　疆	1496.3	15	597.3	6

15-1 续表 2

地　　区	稻谷总产量(万吨)		人均占有量(千克/人)	
	指标值	位　次	指标值	位　次
全　　国	**20961.4**		**150.0**	
北　　京	0.1	30	0.0	30
天　　津	42.9	26	27.5	22
河　　北	48.7	25	6.4	26
山　　西	1.8	28	0.5	29
内 蒙 古	136.2	18	53.7	19
辽　　宁	434.8	15	99.8	14
吉　　林	657.2	10	243.6	6
黑 龙 江	2663.5	1	708.0	1
上　　海	88.0	21	36.3	21
江　　苏	1959.6	4	243.1	7
浙　　江	462.1	14	79.8	17
安　　徽	1630.0	6	256.9	5
福　　建	388.8	17	98.3	15
江　　西	2048.3	3	439.8	2
山　　东	100.7	20	10.0	25
河　　南	512.5	12	53.3	20
湖　　北	1877.1	5	317.0	4
湖　　南	2611.5	2	378.0	3
广　　东	1075.1	8	94.0	16
广　　西	992.0	9	200.7	8
海　　南	126.5	19	134.6	11
重　　庆	487.0	13	156.4	10
四　　川	1469.8	7	175.9	9
贵　　州	423.8	16	117.4	12
云　　南	534.0	11	110.2	13
西　　藏	0.4	29	1.2	27
陕　　西	80.4	22	20.8	23
甘　　肃	2.1	27	0.8	28
青　　海				
宁　　夏	55.1	23	79.7	18
新　　疆	51.6	24	20.6	24

15-1 续表 3

地 区	小麦总产量(万吨)		人均占有量(千克/人)	
	指标值	位 次	指标值	位 次
全 国	**13359.6**		**95.6**	
北 京	4.4	24	2.0	23
天 津	60.5	14	38.7	15
河 北	1462.6	4	193.1	5
山 西	226.2	11	60.8	12
内蒙古	182.7	12	72.0	9
辽 宁	1.4	26	0.3	27
吉 林	1.1	27	0.4	26
黑龙江	20.4	19	5.4	20
上 海	5.8	23	2.4	21
江 苏	1317.5	5	163.5	6
浙 江	32.4	18	5.6	19
安 徽	1656.9	3	261.1	2
福 建	0.0	30	0.0	30
江 西	3.0	25	0.7	25
山 东	2552.9	2	253.8	3
河 南	3741.8	1	388.9	1
湖 北	390.7	7	66.0	11
湖 南	7.5	21	1.1	24
广 东	0.2	29	0.0	29
广 西	0.5	28	0.1	28
海 南				
重 庆	6.9	22	2.2	22
四 川	246.2	10	29.5	16
贵 州	33.0	17	9.1	18
云 南	71.9	13	14.8	17
西 藏	19.2	20	55.3	13
陕 西	382.0	8	98.7	8
甘 肃	281.1	9	106.4	7
青 海	40.3	15	66.5	10
宁 夏	34.6	16	50.1	14
新 疆	576.0	6	230.0	4

15-1 续表 4

地 区	玉米总产量(万吨)		人均占有量(千克/人)	
	指标值	位 次	指标值	位 次
全 国	**26077.9**		**186.6**	
北 京	22.8	25	10.6	24
天 津	115.2	22	73.8	17
河 北	1986.6	6	262.3	7
山 西	939.4	9	252.3	8
内蒙古	2722.3	3	1073.1	2
辽 宁	1884.4	7	432.7	4
吉 林	3045.3	2	1129.0	1
黑龙江	3939.8	1	1047.2	3
上 海	1.1	30	0.4	30
江 苏	311.1	15	38.6	21
浙 江	32.3	24	5.6	26
安 徽	642.8	12	101.3	15
福 建	13.4	28	3.4	29
江 西	19.8	26	4.3	28
山 东	2536.5	4	252.2	9
河 南	2247.4	5	233.6	10
湖 北	307.2	16	51.9	20
湖 南	220.3	21	31.9	22
广 东	55.6	23	4.9	27
广 西	261.2	17	52.8	19
海 南				
重 庆	249.5	18	80.2	16
四 川	1062.1	8	127.1	14
贵 州	232.3	19	64.3	18
云 南	920.0	10	189.9	12
西 藏	2.6	29	7.4	25
陕 西	609.6	13	157.5	13
甘 肃	594.1	14	224.9	11
青 海	14.2	27	23.4	23
宁 夏	230.5	20	333.3	6
新 疆	858.4	11	342.7	5

15-1 续表 5

地 区	大豆总产量(万吨)		人均占有量(千克/人)	
	指标值	位 次	指标值	位 次
全 国	**1809.2**		**12.9**	
北 京	0.3	28	0.1	28
天 津	1.0	25	0.7	26
河 北	23.0	15	3.0	20
山 西	21.5	16	5.8	12
内蒙古	226.0	2	89.1	2
辽 宁	21.3	17	4.9	16
吉 林	70.1	6	26.0	3
黑龙江	780.8	1	207.5	1
上 海	0.2	29	0.1	29
江 苏	51.3	8	6.4	9
浙 江	23.4	14	4.0	19
安 徽	95.7	4	15.1	4
福 建	9.1	22	2.3	23
江 西	26.4	12	5.7	13
山 东	52.4	7	5.2	14
河 南	98.2	3	10.2	6
湖 北	34.6	10	5.8	11
湖 南	28.8	11	4.2	18
广 东	9.0	23	0.8	25
广 西	14.9	20	3.0	21
海 南	0.6	26	0.7	27
重 庆	20.0	18	6.4	8
四 川	94.7	5	11.3	5
贵 州	18.5	19	5.1	15
云 南	46.0	9	9.5	7
西 藏	0.0	30	0.0	30
陕 西	23.4	13	6.0	10
甘 肃	6.8	24	2.6	22
青 海				
宁 夏	0.6	27	0.9	24
新 疆	10.7	21	4.3	17

15-2　2019年棉花总产量与人均占有量

地　区	棉花总产量(吨)		人均占有量(千克/人)	
	指标值	位　次	指标值	位　次
全　国	**5889031**		**4.2**	
北　京	7	22	0.0	22
天　津	18134	10	1.2	8
河　北	227401	2	3.0	2
山　西	2958	14	0.1	14
内蒙古	106	18	0.0	18
辽　宁	22	21	0.0	21
吉　林				
黑龙江				
上　海	80	19	0.0	19
江　苏	15660	11	0.2	12
浙　江	8136	12	0.1	13
安　徽	55536	7	0.9	9
福　建	44	20	0.0	20
江　西	65724	6	1.4	5
山　东	196026	3	1.9	4
河　南	27119	9	0.3	10
湖　北	143612	4	2.4	3
湖　南	81837	5	1.2	7
广　东				
广　西	1147	16	0.0	16
海　南				
重　庆				
四　川	2779	15	0.0	15
贵　州	409	17	0.0	17
云　南	4	23	0.0	23
西　藏				
陕　西	7633	13	0.2	11
甘　肃	32658	8	1.2	6
青　海				
宁　夏				
新　疆	5002000	1	199.7	1

15-3　2019年油料总产量与人均占有量

地　区	油料总产量(吨)		人均占有量(千克/人)	
	指标值	位　次	指标值	位　次
全　国	**34929803**		**25.0**	
北　京	3060	31	0.1	31
天　津	4054	30	0.3	30
河　北	1195445	9	15.8	17
山　西	137007	24	3.7	27
内蒙古	2286781	6	90.1	1
辽　宁	976735	12	22.4	14
吉　林	817849	14	30.3	7
黑龙江	115377	25	3.1	28
上　海	8057	29	0.3	29
江　苏	943235	13	11.7	21
浙　江	319336	21	5.5	26
安　徽	1613773	7	25.4	12
福　建	220346	23	5.6	25
江　西	1207812	8	25.9	11
山　东	2889538	4	28.7	8
河　南	6454508	1	67.1	2
湖　北	3139496	3	53.0	3
湖　南	2391994	5	34.6	6
广　东	1102233	10	9.6	23
广　西	716290	15	14.5	19
海　南	86934	26	9.3	24
重　庆	651898	17	20.9	15
四　川	3673530	2	44.0	5
贵　州	1030081	11	28.5	9
云　南	625105	19	12.9	20
西　藏	57113	28	16.4	16
陕　西	600986	20	15.5	18
甘　肃	631751	18	23.9	13
青　海	288793	22	47.7	4
宁　夏	76582	27	11.1	22
新　疆	664104	16	26.5	10

15-3 续表 1

地　区	花生总产量(吨)		人均占有量(千克/人)	
	指标值	位　次	指标值	位　次
全　国	**17519596**		**12.5**	
北　京	2461	26	0.1	26
天　津	3623	25	0.2	25
河　北	964557	4	12.7	7
山　西	13518	23	0.4	24
内蒙古	108167	18	4.3	16
辽　宁	964442	5	22.1	4
吉　林	769405	7	28.5	2
黑龙江	66881	21	1.8	20
上　海	1593	28	0.1	28
江　苏	427053	12	5.3	14
浙　江	50255	22	0.9	22
安　徽	705639	8	11.1	8
福　建	210403	14	5.3	13
江　西	482183	11	10.4	9
山　东	2847623	2	28.3	3
河　南	5767210	1	59.9	1
湖　北	857101	6	14.5	5
湖　南	292846	13	4.2	17
广　东	1086852	3	9.5	10
广　西	672048	10	13.6	6
海　南	85720	19	9.1	11
重　庆	136761	15	4.4	15
四　川	683715	9	8.2	12
贵　州	116167	17	3.2	18
云　南	67649	20	1.4	21
西　藏	215	29	0.1	29
陕　西	122962	16	3.2	19
甘　肃	2132	27	0.1	27
青　海				
宁　夏	88	30	0.0	30
新　疆	10328	24	0.4	23

15-3 续表 2

地区	油菜籽总产量(吨)		人均占有量(千克/人)	
	指标值	位次	指标值	位次
全国	**13484717**		**9.6**	
北京	34	30	0.0	30
天津	58	29	0.0	29
河北	35144	18	0.5	21
山西	22201	21	0.6	19
内蒙古	389823	11	15.4	8
辽宁	1446	27	0.0	27
吉林	273	28	0.0	28
黑龙江	2474	26	0.1	26
上海	6315	25	0.3	22
江苏	504542	8	6.3	14
浙江	256591	15	4.4	17
安徽	872824	4	13.8	10
福建	9158	22	0.2	23
江西	688661	6	14.8	9
山东	22534	20	0.2	24
河南	442494	10	4.6	16
湖北	2113473	2	35.7	2
湖南	2080081	3	30.1	4
广东	8856	23	0.1	25
广西	27987	19	0.6	20
海南				
重庆	498933	9	16.0	7
四川	2964476	1	35.5	3
贵州	772491	5	21.4	5
云南	541015	7	11.2	12
西藏	56899	17	16.4	6
陕西	372608	12	9.6	13
甘肃	356129	13	13.5	11
青海	286567	14	47.3	1
宁夏	7574	24	1.1	18
新疆	143056	16	5.7	15

15-3 续表 3

地 区	葵花籽总产量(吨)		人均占有量(千克/人)	
	指标值	位 次	指标值	位 次
全 国	**2663530**		**1.9**	
北 京	545	21	0.0	20
天 津	297	22	0.0	22
河 北	143342	3	1.9	5
山 西	50487	5	1.4	6
内蒙古	1727581	1	68.1	1
辽 宁	10310	11	0.2	10
吉 林	34682	7	1.3	8
黑龙江	5422	14	0.1	12
上 海				
江 苏	297	23	0.0	24
浙 江				
安 徽	1973	18	0.0	19
福 建	167	24	0.0	23
江 西	23	25	0.0	25
山 东	4252	15	0.0	17
河 南	12093	10	0.1	13
湖 北	6005	13	0.1	15
湖 南	1383	20	0.0	21
广 东				
广 西	1932	19	0.0	18
海 南				
重 庆	3480	17	0.1	14
四 川	3609	16	0.0	16
贵 州	18427	9	0.5	9
云 南	7222	12	0.1	11
西 藏				
陕 西	49861	6	1.3	7
甘 肃	112900	4	4.3	3
青 海				
宁 夏	28333	8	4.1	4
新 疆	438907	2	17.5	2

15-4 2019年 糖料总产量与人均占有量

地　区	糖料总产量(吨)		人均占有量(千克/人)	
	指标值	位　次	指标值	位　次
全　国	**121690614**		**87.1**	
北　京				
天　津				
河　北	642752	7	8.5	11
山　西	623	26	0.0	27
内蒙古	6296488	4	248.2	3
辽　宁	145845	17	3.3	17
吉　林	29153	22	1.1	21
黑龙江	416422	11	11.1	9
上　海	3943	23	0.2	24
江　苏	74450	21	0.9	22
浙　江	446843	10	7.7	12
安　徽	108996	19	1.7	19
福　建	262545	16	6.6	13
江　西	624425	9	13.4	8
山　东				
河　南	119265	18	1.2	20
湖　北	279032	14	4.7	15
湖　南	341714	13	4.9	14
广　东	14346488	3	125.5	5
广　西	74906526	1	1515.4	1
海　南	1145465	6	121.9	6
重　庆	80541	20	2.6	18
四　川	372391	12	4.5	16
贵　州	628211	8	17.4	7
云　南	15696854	2	324.1	2
西　藏				
陕　西	1292	25	0.0	26
甘　肃	265127	15	10.0	10
青　海	414	27	0.1	25
宁　夏	1462	24	0.2	23
新　疆	4453347	5	177.8	4

15-4 续表 1

地　区	甘蔗总产量(吨)		人均占有量(千克/人)	
	指标值	位　次	指标值	位　次
全　国	**109388066**		**78.3**	
北　京				
天　津				
河　北				
山　西				
内蒙古				
辽　宁				
吉　林				
黑龙江				
上　海	3943	16	0.2	16
江　苏	54248	15	0.7	15
浙　江	446843	7	7.7	7
安　徽	79368	14	1.3	13
福　建	262545	11	6.6	8
江　西	624425	6	13.4	6
山　东				
河　南	119265	12	1.2	14
湖　北	279032	10	4.7	10
湖　南	341714	9	4.9	9
广　东	14346488	3	125.5	3
广　西	74906526	1	1515.4	1
海　南	1145465	4	121.9	4
重　庆	80541	13	2.6	12
四　川	371839	8	4.4	11
贵　州	627970	5	17.4	5
云　南	15696854	2	324.1	2
西　藏				
陕　西	1000	17	0.0	17
甘　肃				
青　海				
宁　夏				
新　疆				

15-4 续表 2

地区	甜菜总产量(吨)		人均占有量(千克/人)	
	指标值	位次	指标值	位次
全国	**12272921**		**8.8**	
北京				
天津				
河北	642752	3	8.5	5
山西	623	10	0.0	11
内蒙古	6296488	1	248.2	1
辽宁	145845	6	3.3	6
吉林	29153	7	1.1	7
黑龙江	416422	4	11.1	3
上海				
江苏	20202	8	0.3	8
浙江				
安徽				
福建				
江西				
山东				
河南				
湖北				
湖南				
广东				
广西				
海南				
重庆				
四川	552	11	0.0	14
贵州	241	14	0.0	13
云南				
西藏				
陕西	292	13	0.0	12
甘肃	265127	5	10.0	4
青海	414	12	0.1	10
宁夏	1462	9	0.2	9
新疆	4453347	2	177.8	2

15-5　2019年肉类总产量与人均占有量

地　区	肉类总产量(万吨)		人均占有量(千克/人)	
	指标值	位　次	指标值	位　次
全　国	**7758.8**		**55.5**	
北　京	5.1	31	2.4	31
天　津	30.4	28	19.5	28
河　北	433.4	5	57.2	19
山　西	91.0	24	24.4	27
内蒙古	264.6	14	104.3	1
辽　宁	367.9	10	84.5	3
吉　林	243.2	16	90.2	2
黑龙江	237.1	17	63.0	15
上　海	10.8	30	4.5	30
江　苏	274.5	13	34.1	25
浙　江	94.3	23	16.3	29
安　徽	402.8	8	63.5	13
福　建	255.2	15	64.5	11
江　西	299.8	12	64.4	12
山　东	704.0	1	70.0	8
河　南	560.4	2	58.2	18
湖　北	349.2	11	59.0	17
湖　南	459.4	4	66.5	10
广　东	412.1	6	36.0	24
广　西	380.0	9	76.9	6
海　南	67.1	25	71.4	7
重　庆	163.8	20	52.6	21
四　川	559.5	3	63.2	14
贵　州	205.9	18	57.0	20
云　南	405.9	7	83.8	4
西　藏	28.4	29	81.7	5
陕　西	109.5	21	29.0	26
甘　肃	101.7	22	38.5	23
青　海	37.4	26	61.8	16
宁　夏	33.5	27	48.5	22
新　疆	170.7	19	68.2	9

15-6 2019年水产品总产量与人均占有量

地　区	水产品总产量(吨)		人均占有量(千克/人)	
	指标值	位　次	指标值	位　次
全　国	**64803616**		**46.4**	
北　京	30190	28	1.4	28
天　津	262231	20	16.8	17
河　北	990116	15	13.1	19
山　西	46307	27	1.2	29
内蒙古	125956	26	5.0	25
辽　宁	4550106	7	104.5	3
吉　林	236626	22	8.8	22
黑龙江	648300	16	17.2	16
上　海	280277	19	11.6	20
江　苏	4841159	5	60.1	9
浙　江	5767227	4	99.5	4
安　徽	2314603	11	36.5	12
福　建	8145763	3	205.9	1
江　西	2588135	9	55.6	10
山　东	8232724	2	81.8	5
河　南	990858	14	10.3	21
湖　北	4695432	6	79.3	6
湖　南	2544116	10	36.8	11
广　东	8664017	1	75.8	7
广　西	3421459	8	69.2	8
海　南	1721571	12	183.3	2
重　庆	541717	18	17.4	15
四　川	1576856	13	17.8	14
贵　州	243623	21	6.7	23
云　南	636500	17	13.1	18
西　藏	406	31	0.1	31
陕　西	166208	24	4.4	26
甘　肃	14353	30	0.5	30
青　海	18526	29	3.1	27
宁　夏	157660	25	22.8	13
新　疆	166758	23	6.7	24
中农发集团	183836			

15-7 2019年蔬菜总产量与人均占有量

地区	蔬菜总产量(万吨)		人均占有量(千克/人)	
	指标值	位次	指标值	位次
全国	**72102.6**		**515.9**	
北京	111.5	30	51.7	31
天津	242.8	28	155.6	29
河北	5093.1	4	672.4	8
山西	827.8	22	222.3	26
内蒙古	1090.8	21	430.0	18
辽宁	1885.4	16	432.9	17
吉林	445.4	26	165.1	28
黑龙江	655.4	23	174.2	27
上海	268.1	27	110.5	30
江苏	5643.7	3	700.2	6
浙江	1903.1	14	328.5	22
安徽	2213.6	12	348.9	20
福建	1570.7	18	396.9	19
江西	1581.8	17	339.7	21
山东	8181.1	1	813.3	2
河南	7368.7	2	765.8	3
湖北	4086.7	6	690.1	7
湖南	3969.4	7	574.6	12
广东	3528.0	9	308.6	23
广西	3636.4	8	735.7	5
海南	572.0	24	608.8	10
重庆	2008.8	13	645.3	9
四川	4639.1	5	555.1	13
贵州	2734.8	10	757.3	4
云南	2304.1	11	475.7	16
西藏	77.5	31	223.19	25
陕西	1897.4	15	490.2	15
甘肃	1388.8	20	525.6	14
青海	151.9	29	250.8	24
宁夏	565.9	25	818.5	1
新疆	1458.8	19	582.4	11

15-8 2019年水果总产量与人均占有量

地　区	水果总产量(万吨)		人均占有量(千克/人)	
	指标值	位　次	指标值	位　次
全　国	**27400.8**		**196.0**	
北　京	59.9	27	27.8	28
天　津	57.4	28	36.8	27
河　北	1391.5	7	183.7	12
山　西	862.7	12	231.7	9
内蒙古	280.4	23	110.5	24
辽　宁	820.7	14	188.4	10
吉　林	153.9	26	57.1	25
黑龙江	165.0	25	43.8	26
上　海	48.1	29	19.8	29
江　苏	983.6	11	122.0	22
浙　江	744.1	15	128.4	20
安　徽	706.3	18	111.3	23
福　建	727.2	16	183.8	11
江　西	693.3	19	148.9	18
山　东	2840.2	1	282.4	6
河　南	2589.7	2	269.1	7
湖　北	1010.2	10	170.6	14
湖　南	1062.0	9	153.7	16
广　东	1768.6	5	154.7	15
广　西	2472.1	3	500.1	3
海　南	456.1	21	485.5	4
重　庆	476.4	20	153.0	17
四　川	1136.7	8	136.0	19
贵　州	442.0	22	122.4	21
云　南	860.3	13	177.6	13
西　藏	2.4	31	6.9	30
陕　西	2012.8	4	520.1	2
甘　肃	710.1	17	268.7	8
青　海	3.7	30	6.1	31
宁　夏	258.6	24	374.1	5
新　疆	1604.8	6	640.6	1

注：水果包括种植业的瓜果类。

15-8 续表 1

地　区	园林水果总产量(万吨)		人均占有量(千克/人)	
	指标值	位　次	指标值	位　次
全　国	**19037.7**		**136.2**	
北　京	45.6	25	21.2	25
天　津	35.8	26	22.9	24
河　北	1004.4	6	132.6	14
山　西	808.2	9	217.0	5
内蒙古	50.2	24	19.8	26
辽　宁	605.1	14	138.9	11
吉　林	26.3	29	9.7	28
黑龙江	33.2	27	8.8	29
上　海	28.1	28	11.6	27
江　苏	322.2	22	40.0	23
浙　江	460.4	16	79.5	21
安　徽	350.4	20	55.2	22
福　建	681.6	11	172.3	7
江　西	474.3	15	101.8	17
山　东	1739.7	2	173.0	6
河　南	950.7	8	98.8	19
湖　北	661.0	13	111.6	16
湖　南	669.0	12	96.8	20
广　东	1644.4	4	143.8	10
广　西	2140.2	1	433.0	3
海　南	332.9	21	354.3	4
重　庆	415.9	18	133.6	13
四　川	1000.8	7	119.7	15
贵　州	366.9	19	101.6	18
云　南	802.7	10	165.7	9
西　藏	2.0	30	5.7	30
陕　西	1733.4	3	447.9	1
甘　肃	438.5	17	166.0	8
青　海	1.7	31	2.7	31
宁　夏	93.6	23	135.5	12
新　疆	1118.7	5	446.6	2

15-8 续表 2

地区	苹果总产量(万吨)		人均占有量(千克/人)	
	指标值	位次	指标值	位次
全国	**4242.5**		**30.4**	
北京	4.7	18	2.2	19
天津	3.4	19	2.2	18
河北	221.6	7	29.3	9
山西	421.9	3	113.3	3
内蒙古	21.1	14	8.3	12
辽宁	248.8	6	57.1	7
吉林	5.3	17	2.0	20
黑龙江	13.8	16	3.7	16
上海				
江苏	54.0	11	6.7	13
浙江				
安徽	37.4	13	5.9	14
福建	0.0	24	0.0	24
江西				
山东	950.2	2	94.5	4
河南	408.8	4	42.5	8
湖北	0.8	21	0.1	23
湖南				
广东				
广西				
海南				
重庆	0.6	22	0.2	22
四川	76.5	9	9.2	11
贵州	20.3	15	5.6	15
云南	55.0	10	11.3	10
西藏	1.0	20	2.9	17
陕西	1135.6	1	293.4	1
甘肃	340.5	5	128.8	2
青海	0.4	23	0.7	21
宁夏	50.2	12	72.6	5
新疆	170.7	8	68.1	6

15-8 续表 3

地区	梨总产量(万吨)		人均占有量(千克/人)	
	指标值	位次	指标值	位次
全国	**1731.4**		**12.4**	
北京	7.5	24	3.5	21
天津	7.3	25	4.7	19
河北	363.2	1	48.0	2
山西	86.1	9	23.1	5
内蒙古	8.4	22	3.3	22
辽宁	130.5	3	30.0	3
吉林	8.4	23	3.1	23
黑龙江	6.4	26	1.7	26
上海	3.7	27	1.5	27
江苏	77.8	10	9.7	13
浙江	38.1	15	6.6	17
安徽	125.4	4	19.8	6
福建	19.1	19	4.8	18
江西	16.5	20	3.5	20
山东	104.2	7	10.4	11
河南	137.4	2	14.3	7
湖北	40.4	13	6.8	16
湖南	19.5	18	2.8	24
广东	11.9	21	1.0	28
广西	43.8	12	8.9	15
海南				
重庆	30.7	16	9.9	12
四川	94.3	8	11.3	9
贵州	39.7	14	11.0	10
云南	57.3	11	11.8	8
西藏	0.1	30	0.4	30
陕西	104.6	6	27.0	4
甘肃	25.3	17	9.6	14
青海	0.4	29	0.7	29
宁夏	1.5	28	2.1	25
新疆	121.7	5	48.6	1

15-8 续表 4

地　区	瓜果类总产量(万吨)		人均占有量(千克/人)	
	指标值	位　次	指标值	位　次
全　国	**8363.1**		**59.8**	
北　京	14.3	29	6.6	29
天　津	21.7	27	13.9	24
河　北	387.1	6	51.1	14
山　西	54.5	25	14.6	23
内蒙古	230.2	13	90.7	7
辽　宁	215.6	15	49.5	15
吉　林	127.7	19	47.3	17
黑龙江	131.8	18	35.0	19
上　海	20.0	28	8.2	28
江　苏	661.4	3	82.1	8
浙　江	283.7	10	49.0	16
安　徽	355.9	7	56.1	13
福　建	45.6	26	11.5	26
江　西	219.0	14	47.0	18
山　东	1100.5	2	109.4	5
河　南	1638.9	1	170.3	3
湖　北	349.2	8	59.0	11
湖　南	393.0	5	56.9	12
广　东	124.2	20	10.9	27
广　西	332.0	9	67.2	10
海　南	123.2	21	131.2	4
重　庆	60.5	23	19.4	21
四　川	135.9	17	16.3	22
贵　州	75.1	22	20.8	20
云　南	57.6	24	11.9	25
西　藏	0.4	31	1.2	31
陕　西	279.4	11	72.2	9
甘　肃	271.6	12	102.8	6
青　海	2.0	30	3.4	30
宁　夏	165.0	16	238.6	1
新　疆	486.0	4	194.0	2

15-8 续表 5

地　区	西瓜总产量(万吨)		人均占有量(千克/人)	
	指标值	位　次	指标值	位　次
全　国	**6324.1**		**45.2**	
北　京	12.5	29	5.8	29
天　津	18.7	27	12.0	24
河　北	251.8	9	33.2	17
山　西	45.1	24	12.1	23
内蒙古	144.5	15	57.0	8
辽　宁	130.8	16	30.0	18
吉　林	93.2	18	34.6	16
黑龙江	80.1	20	21.3	19
上　海	15.2	28	6.3	28
江　苏	495.6	3	61.5	6
浙　江	203.6	10	35.1	15
安　徽	298.6	5	47.1	12
福　建	38.1	26	9.6	25
江　西	191.1	12	41.0	14
山　东	770.6	2	76.6	4
河　南	1417.2	1	147.3	2
湖　北	287.5	7	48.5	11
湖　南	337.3	4	48.8	10
广　东	93.2	19	8.1	27
广　西	294.4	6	59.6	7
海　南	50.9	23	54.2	9
重　庆	56.1	21	18.0	20
四　川	113.0	17	13.5	22
贵　州	51.7	22	14.3	21
云　南	41.5	25	8.6	26
西　藏	0.3	31	0.8	31
陕　西	177.1	13	45.8	13
甘　肃	194.9	11	73.8	5
青　海	1.1	30	1.9	30
宁　夏	154.2	14	223.0	1
新　疆	264.3	8	105.5	3

15-9　2019年奶类总产量与人均占有量

地　区	奶类总产量(万吨)		人均占有量(千克/人)	
	指标值	位　次	指标值	位　次
全　国	**3297.6**		**23.6**	
北　京	26.4	21	12.3	17
天　津	47.4	15	30.3	10
河　北	433.8	3	57.3	7
山　西	92.3	10	24.8	11
内蒙古	582.9	1	229.8	2
辽　宁	134.7	9	30.9	9
吉　林	40.0	17	14.8	15
黑龙江	467.0	2	124.1	4
上　海	29.7	20	12.3	18
江　苏	62.4	13	7.7	19
浙　江	15.5	22	2.7	23
安　徽	33.8	19	5.3	21
福　建	15.0	23	3.8	22
江　西	7.3	27	1.6	26
山　东	234.5	4	23.3	12
河　南	208.5	6	21.7	13
湖　北	13.4	25	2.3	24
湖　南	6.3	28	0.9	30
广　东	13.9	24	1.2	29
广　西	8.7	26	1.8	25
海　南	0.2	31	0.2	31
重　庆	4.2	30	1.3	28
四　川	66.8	11	7.5	20
贵　州	5.3	29	1.5	27
云　南	66.7	12	13.8	16
西　藏	48.2	14	138.7	3
陕　西	159.7	8	42.2	8
甘　肃	44.7	16	16.9	14
青　海	35.5	18	58.6	6
宁　夏	183.4	7	265.3	1
新　疆	209.4	5	83.6	5

15-10 各地区农村居民人均可支配收入位次

单位：元/人

地区	2018年		2019年	
	实际数	位次	实际数	位次
全国	**14617.0**		**16020.7**	
北京	26490.3	3	28928.4	3
天津	23065.2	4	24804.1	4
河北	14030.9	13	15373.1	14
山西	11750.0	24	12902.4	25
内蒙古	13802.6	18	15282.8	15
辽宁	14656.3	10	16108.3	10
吉林	13748.2	20	14936.0	20
黑龙江	13803.7	17	14982.1	19
上海	30374.7	1	33195.2	1
江苏	20845.1	5	22675.4	5
浙江	27302.4	2	29875.8	2
安徽	13996.0	14	15416.0	12
福建	17821.2	6	19568.4	6
江西	14459.9	11	15796.3	11
山东	16297.0	8	17775.5	8
河南	13830.7	16	15163.7	16
湖北	14977.8	9	16390.9	9
湖南	14092.5	12	15394.8	13
广东	17167.7	7	18818.4	7
广西	12434.8	22	13675.7	22
海南	13988.9	15	15113.1	18
重庆	13781.2	19	15133.3	17
四川	13331.4	21	14670.1	21
贵州	9716.1	30	10756.3	30
云南	10767.9	28	11902.4	28
西藏	11449.8	26	12951.0	24
陕西	11212.8	27	12325.7	27
甘肃	8804.1	31	9628.9	31
青海	10393.3	29	11499.4	29
宁夏	11707.6	25	12858.4	26
新疆	11974.5	23	13121.7	23

注：本表数据来源于国家统计局开展的全国住户收支与生活状况调查。

16

国外主要农业指标

16-1 总人口与农村人口

国家或地区	总人口(万人)			农村人口(万人)			农村人口占总人口的比重(%)		
	2015年	2018年	2019年	2015年	2018年	2019年	2015年	2018年	2019年
世　界	**737980**	**763109**	**771347**	**340151**	**341300**	**341514**	**46.1**	**44.7**	**44.3**
印　度	131015	135264	136642	87998	89327	89691	67.2	66.0	65.6
美　国	32088	32710	32906	5864	5798	5773	18.3	17.7	17.5
印度尼西亚	25838	26767	27063	12053	11919	11864	46.6	44.5	43.8
巴　西	20447	20947	21105	2931	2832	2799	14.3	13.5	13.3
巴基斯坦	19943	21223	21657	12115	12718	12909	60.8	59.9	59.6
尼日利亚	18114	19587	20096	9451	9726	9816	52.2	49.7	48.8
孟加拉国	15626	16138	16305	10590	10542	10520	67.8	65.3	64.5
俄罗斯联邦	14499	14573	14587	3734	3681	3657	25.8	25.3	25.1
墨西哥	12186	12619	12758	2608	2595	2588	21.4	20.6	20.3
日　本	12799	12720	12686	1103	1066	1053	8.6	8.4	8.3
埃塞俄比亚	10084	10922	11208	8047	8521	8676	79.8	78.0	77.4
菲律宾	10211	10665	10812	5464	5655	5713	53.5	53.0	52.8
埃　及	9244	9842	10039	5365	5694	5794	58.0	57.9	57.7
越　南	9268	9555	9646	6194	6183	6174	66.8	64.7	64.0
德　国	8179	8312	8352	1863	1867	1865	22.8	22.5	22.3
刚果共和国	7624	8407	8679	4363	4666	4766	57.2	55.5	54.9
伊　朗	7849	8180	8291	2114	2059	2038	26.9	25.2	24.6
土耳其	7853	8234	8343	2065	2036	2022	26.3	24.7	24.2
泰　国	6871	6943	6963	3591	3463	3417	52.3	49.9	49.1
英　国	6586	6714	6753	1136	1105	1095	17.3	16.5	16.2
法　国	6445	6499	6513	1311	1276	1263	20.3	19.6	19.4
意大利	6058	6063	6055	1811	1753	1733	29.9	28.9	28.6
坦桑尼亚	5148	5631	5801	3684	3913	3990	71.6	69.5	68.8
南　非	5539	5779	5856	1945	1931	1924	35.1	33.4	32.9
缅　甸	5268	5371	5405	3676	3739	3757	69.8	69.6	69.5
韩　国	5082	5117	5123	929	949	953	18.3	18.5	18.6
肯尼亚	4788	5139	5257	3512	3718	3785	73.3	72.3	72.0
哥伦比亚	4752	4966	5034	976	951	942	20.5	19.1	18.7
西班牙	4667	4669	4674	946	913	903	20.3	19.6	19.3
阿根廷	4308	4436	4478	369	363	361	8.6	8.2	8.1
乌克兰	4492	4425	4399	1382	1349	1337	30.8	30.5	30.4
乌干达	3823	4273	4427	3129	3375	3458	81.9	79.0	78.1
阿尔及利亚	3973	4223	4305	1162	1150	1144	29.3	27.2	26.6
苏　丹	3890	4180	4281	2555	2713	2766	65.7	64.9	64.6
伊拉克	3557	3843	3931	1086	1162	1185	30.5	30.2	30.1
波　兰	3803	3792	3789	1520	1522	1520	40.0	40.1	40.1
加拿大	3603	3707	3741	674	687	690	18.7	18.5	18.5
摩洛哥	3466	3603	3647	1364	1359	1356	39.3	37.7	37.2
阿富汗	3441	3717	3804	2537	2710	2763	73.7	72.9	72.6
沙特阿拉伯	3172	3370	3427	531	542	544	16.7	16.1	15.9

资料来源：联合国FAO数据库。

16-2 农业生产指数

(2004年－2006年=100)

国家或地区	2010	2012	2015	2016
世　界	**113**	**118**	**126**	**127**
孟加拉国	128	133	141	144
印　度	124	135	142	145
印度尼西亚	123	135	142	143
伊　朗	102	104	110	110
以色列	104	109	106	109
日　本	97	97	96	92
哈萨克斯坦	106	110	131	139
朝　鲜	98	102	105	102
韩　国	101	99	104	103
马来西亚	111	120	122	123
蒙　古	114	133	153	161
缅　甸	135	127	136	137
巴基斯坦	111	118	128	128
菲律宾	112	120	116	113
斯里兰卡	123	123	127	128
泰　国	114	131	122	118
越　南	120	133	140	138
埃　及	109	119	121	124
尼日利亚	105	109	120	119
南　非	117	120	122	117
加拿大	103	104	110	113
墨西哥	108	113	120	126
美　国	106	103	112	117
阿根廷	112	108	131	131
巴　西	122	127	139	136
委内瑞拉	111	117	120	109
白俄罗斯	117	121	121	120
捷　克	91	89	96	100
法　国	99	99	104	96
德　国	103	105	108	107
意大利	97	91	92	92
荷　兰	112	111	116	118
波　兰	101	107	107	113
罗马尼亚	90	78	91	95
俄罗斯联邦	99	113	131	139
西班牙	103	93	105	104
土耳其	110	122	128	129
乌克兰	107	121	135	153
英　国	102	98	108	103
澳大利亚	95	109	108	104
新西兰	104	109	118	117

资料来源：联合国FAO数据库。

16-3　谷物总产量、收获面积与单产

国家或地区	总产量(万吨)			收获面积(千公顷)			单产(千克/公顷)		
	2010年	2017年	2018年	2010年	2017年	2018年	2010年	2017年	2018年
世　界	**246742**	**302030**	**296287**	**693829**	**734320**	**728091**	**3556**	**4113**	**4069**
孟加拉国	5186	5850	6082	12094	12430	12695	4288	4706	4791
印　度	26784	31364	31832	100076	99170	98008	2676	3163	3248
印度尼西亚	8480	11007	11329	17385	21245	21675	4878	5181	5227
伊　朗	1960	2034	2065	9016	9051	8981	2174	2247	2299
以色列	24	22	21	79	62	69	3038	3569	3035
日　本	1137	1091	1070	1942	1803	1807	5854	6049	5919
哈萨克斯坦	1212	2013	2020	15068	14855	14857	804	1355	1359
朝　鲜	451	484	421	1319	1197	1182	3424	4045	3564
韩　国	602	549	543	971	822	824	6202	6677	6585
马来西亚	251	297	280	686	700	677	3660	4251	4128
蒙　古	36	24	45	259	391	367	1370	609	1236
缅　甸	3404	2812	2801	8963	7780	7772	3798	3614	3605
巴基斯坦	3481	4430	4274	13332	13929	13680	2611	3180	3124
菲律宾	2215	2719	2684	6853	7365	7312	3232	3692	3671
斯里兰卡	447	258	421	1125	848	1119	3974	3046	3762
泰　国	4089	3802	3756	13308	11837	11745	3073	3212	3198
越　南	4461	4788	4892	8617	8810	8605	5177	5434	5685
埃　及	1946	2292	2205	2993	3097	3085	6504	7401	7148
尼日利亚	2465	2562	2622	16132	18183	17374	1528	1409	1509
南　非	1470	1886	1497	3542	3342	3035	4150	5644	4933
加拿大	4612	5638	5810	13142	13831	14978	3510	4076	3879
墨西哥	3493	3749	3607	9976	9866	9426	3501	3800	3826
美　国	40113	46685	46795	57484	53165	53839	6978	8781	8692
阿根廷	4027	7640	7059	8305	14135	15111	4849	5405	4671
巴　西	7516	11798	10306	18601	22647	21446	4041	5210	4806
委内瑞拉	366	148	185	1025	470	545	3576	3138	3395
白俄罗斯	674	753	581	2401	2242	2134	2808	3359	2725
捷　克	688	746	698	1466	1357	1341	4696	5498	5200
法　国	6584	6873	6274	9314	9407	9113	7069	7307	6885
德　国	4404	4556	3796	6587	6267	6102	6685	7270	6220
意大利	1850	1625	1635	3476	3141	3105	5322	5175	5265
荷　兰	180	139	134	210	158	161	8569	8794	8318
波　兰	2723	3192	2678	7597	7602	7806	3584	4200	3431
罗马尼亚	1671	2714	3155	5019	5191	5254	3330	5228	6006
俄罗斯联邦	5962	13130	10984	32354	44247	41983	1843	2967	2616
西班牙	1988	1665	2436	6040	6012	5989	3292	2770	4068
土耳其	3276	3613	3440	12015	11090	10871	2727	3257	3164
乌克兰	3869	6069	6911	14188	14061	14242	2727	4316	4852
英　国	2095	2300	2108	3013	3182	3106	6953	7229	6789
澳大利亚	3346	5005	3386	20141	18715	16635	1662	2674	2035
新西兰	100	94	98	136	111	121	7387	8464	8064

资料来源：联合国FAO数据库。

16-4 小麦总产量、收获面积与单产

国家或地区	总产量(万吨)			收获面积(千公顷)			单产(千克/公顷)		
	2010年	2017年	2018年	2010年	2017年	2018年	2010年	2017年	2018年
世　界	**64080**	**77348**	**73405**	**215603**	**218425**	**214292**	**2972**	**3541**	**3425**
孟加拉国	90	131	110	376	415	351	2396	3158	3130
印　度	8080	9851	9970	28457	30790	29580	2839	3199	3371
伊　朗	1214	1400	1450	6622	6700	6700	1834	2090	2164
以色列	11	7	7	64	45	53	1751	1612	1333
日　本	57	91	76	207	212	212	2761	4271	3610
哈萨克斯坦	964	1480	1394	13138	11912	11354	734	1243	1228
朝　鲜	16	5	4	73	35	24	2192	1414	1466
韩　国	4	4	4	13	9	10	3117	4032	3656
蒙　古	35	23	44	250	366	343	1381	633	1273
缅　甸	18	12	13	102	65	74	1782	1883	1812
巴基斯坦	2331	2667	2508	9132	8972	8797	2553	2973	2850
埃　及	718	842	880	1288	1228	1315	5574	6860	6690
尼日利亚	11	7	7	74	72	83	1484	915	789
南　非	143	154	187	558	492	503	2562	3122	3711
加拿大	2330	2998	3177	8296	8983	9881	2809	3338	3215
墨西哥	368	350	294	679	661	541	5418	5297	5437
美　国	6006	4738	5129	19271	15198	16028	3117	3117	3200
阿根廷	902	1840	1852	3325	5566	5822	2711	3305	3181
巴　西	617	434	542	2182	1906	2065	2829	2279	2624
白俄罗斯	174	262	181	603	717	660	2885	3654	2750
捷　克	416	472	442	834	832	820	4992	5670	5390
法　国	3821	3868	3580	5427	5332	5232	7040	7254	6843
德　国	2378	2448	2026	3298	3203	3036	7212	7644	6674
意大利	685	697	693	1830	1807	1822	3742	3856	3806
荷　兰	137	105	99	154	116	112	8909	9094	8821
波　兰	941	1167	982	2124	2392	2417	4429	4877	4063
罗马尼亚	581	1003	1014	2153	2052	2112	2700	4891	4802
俄罗斯联邦	4151	8600	7214	21640	27517	26472	1918	3125	2725
西班牙	594	488	799	1948	2096	2064	3050	2326	3872
土耳其	1967	2150	2000	8063	7662	7289	2440	2806	2744
乌克兰	1685	2621	2465	6284	6377	6620	2682	4110	3724
英　国	1488	1484	1356	1939	1792	1748	7675	8280	7755
澳大利亚	2183	3182	2094	13881	12191	10919	1573	2610	1918
新西兰	44	41	37	55	41	41	8124	9864	8960

资料来源：联合国FAO数据库。

16-5　稻谷总产量、收获面积与单产

国家或地区	总产量(万吨)			收获面积(千公顷)			单产(千克/公顷)		
	2010年	2017年	2018年	2010年	2017年	2018年	2010年	2017年	2018年
世　　界	**70114**	**76983**	**78200**	**161700**	**166083**	**167133**	**4336**	**4635**	**4679**
孟加拉国	5006	5415	5642	11529	11615	11910	4342	4662	4737
印　　度	14396	16850	17258	42862	43790	44500	3359	3848	3878
印度尼西亚	6647	8115	8304	13253	15712	15995	5015	5165	5191
伊　　朗	249	201	199	564	570	580	4419	3526	3431
日　　本	1060	978	973	1628	1466	1470	6514	6671	6617
哈萨克斯坦	37	49	48	94	105	101	3970	4684	4759
朝　　鲜	243	238	209	570	475	471	4256	5016	4433
韩　　国	581	528	520	892	755	738	6514	7002	7043
马来西亚	246	290	272	678	689	667	3636	4210	4077
缅　　甸	3207	2562	2542	8011	6745	6706	4003	3799	3791
巴基斯坦	723	1117	1080	2365	2901	2810	3059	3853	3844
菲 律 宾	1577	1928	1907	4354	4812	4800	3622	4006	3972
斯里兰卡	430	238	393	1060	792	1041	4056	3010	3775
泰　　国	3570	3269	3219	11932	10502	10407	2992	3113	3093
越　　南	4001	4276	4405	7489	7709	7571	5342	5548	5818
埃　　及	433	496	490	460	550	555	9422	9025	8826
尼日利亚	447	661	681	2433	3309	3346	1839	1997	2035
南　　非	0	0	0	1	1	1	2588	2771	2792
墨 西 哥	22	27	28	42	42	45	5190	6390	6285
美　　国	1103	808	1017	1463	961	1180	7538	8415	8621
阿 根 廷	124	133	137	216	204	198	5765	6508	6903
巴　　西	1124	1246	1175	2722	2006	1861	4127	6213	6312
委内瑞拉	90	41	49	180	110	119	4985	3682	4156
法　　国	12	9	7	24	17	13	5043	5397	5478
意 大 利	152	160	151	248	234	230	6122	6825	6588
罗马尼亚	6	4	4	12	9	8	4966	4746	5255
俄罗斯联邦	106	99	104	201	186	180	5280	5314	5762
西 班 牙	93	84	81	122	108	105	7594	7762	7696
土 耳 其	86	90	94	99	110	120	8690	8219	7824
乌 克 兰	15	6	7	29	13	13	5051	5035	5493
澳大利亚	20	81	64	19	82	61	10390	9821	10386

资料来源：联合国FAO数据库。

16-6 玉米总产量、收获面积与单产

国家或地区	总产量(万吨)			收获面积(千公顷)			单产(千克/公顷)		
	2010年	2017年	2018年	2010年	2017年	2018年	2010年	2017年	2018年
世　界	**85168**	**116440**	**114762**	**164020**	**197466**	**193734**	**5193**	**5897**	**5924**
孟加拉国	89	303	329	152	390	400	5838	7760	8210
印　度	2173	2875	2782	8553	9220	9200	2540	3118	3024
印度尼西亚	1833	2892	3025	4132	5533	5680	4436	5227	5326
伊　朗	166	121	134	240	172	192	6898	7033	6959
以色列	9	9	8	3	3	3	29235	25760	24752
日　本	0	0	0	0	0	0	2554	2661	2661
哈萨克斯坦	46	78	86	96	137	150	4833	5741	5745
朝　鲜	168	220	188	503	510	508	3346	4311	3693
韩　国	7	7	7	16	15	15	4787	4815	4948
马来西亚	5	7	8	9	10	10	5535	6926	7459
缅　甸	135	191	198	389	501	516	3483	3814	3841
巴基斯坦	371	590	631	974	1251	1318	3805	4718	4786
菲律宾	638	791	777	2499	2553	2511	2552	3101	3095
斯里兰卡	16	20	27	58	53	71	2806	3725	3809
泰　国	486	496	500	1163	1106	1111	4180	4482	4504
越　南	461	511	487	1126	1099	1033	4090	4648	4720
埃　及	704	854	730	969	1097	936	7270	7790	7801
尼日利亚	768	1042	1016	4149	6540	4853	1850	1593	2092
南　非	1282	1682	1251	2742	2629	2319	4674	6399	5395
加拿大	1204	1410	1388	1203	1406	1431	10012	10024	9705
墨西哥	2330	2776	2717	7148	7328	7123	3260	3789	3815
美　国	31562	39760	39245	32960	33481	33079	9576	11875	11864
阿根廷	2266	4948	4346	2904	6531	7139	7804	7576	6088
巴　西	5536	9791	8229	12679	17427	16121	4367	5618	5104
委内瑞拉	237	105	132	633	350	407	3746	3000	3236
白俄罗斯	55	69	114	112	130	175	4931	5324	6517
捷　克	69	59	49	103	86	82	6706	6839	5976
法　国	1398	1453	1267	1583	1436	1422	8830	10124	8908
德　国	421	455	334	467	432	411	9026	10527	8136
意大利	850	605	618	927	646	591	9167	9367	10452
荷　兰	20	12	8	17	9	9	11767	13460	9007
波　兰	199	402	386	333	562	645	5982	7155	5987
罗马尼亚	904	1433	1866	2094	2403	2443	4318	5961	7641
俄罗斯联邦	308	1321	1142	1025	2702	2376	3009	4887	4807
西班牙	332	378	384	315	334	322	10555	11317	11919
土耳其	431	590	570	594	638	592	7261	9252	9636
乌克兰	1195	2467	3580	2648	4481	4564	4515	5506	7844
澳大利亚	33	44	39	59	68	53	5559	6436	7336
新西兰	19	18	19	18	17	17	10760	10057	11068

资料来源：联合国FAO数据库。

16-7 大豆总产量、收获面积与单产

国家或地区	总产量(万吨)			收获面积(千公顷)			单产(千克/公顷)		
	2010年	2017年	2018年	2010年	2017年	2018年	2010年	2017年	2018年
世　界	**26509**	**35303**	**34871**	**102768**	**123894**	**124922**	**2579**	**2849**	**2791**
孟加拉国	7	10	10	41	63	59	1709	1542	1660
印　度	1274	1093	1379	9554	10470	11400	1333	1044	1209
印度尼西亚	91	54	95	661	356	724	1373	1514	1317
伊　朗	16	20	21	70	83	85	2239	2410	2471
日　本	22	25	21	138	150	147	1616	1684	1441
哈萨克斯坦	11	25	26	62	125	124	1849	2011	2066
朝　鲜	35	22	14	300	150	107	1167	1491	1262
韩　国	11	9	9	71	46	51	1475	1880	1766
缅　甸	25	21	17	169	140	143	1505	1499	1194
斯里兰卡	1	1	0	5	8	2	1671	1727	1655
泰　国	16	5	6	90	31	32	1770	1742	1750
越　南	30	10	8	198	68	53	1510	1498	1524
埃　及	4	4	5	15	13	15	2845	2825	3200
尼日利亚	37	73	76	282	750	781	1295	973	971
南　非	57	132	154	311	574	787	1817	2293	1956
加拿大	444	772	727	1506	2935	2540	2951	2629	2861
墨西哥	17	43	32	153	263	191	1092	1649	1700
美　国	9066	12006	12366	31003	36237	35657	2924	3313	3468
阿根廷	5268	5497	3779	18131	17335	16318	2905	3171	2316
巴　西	6876	11473	11789	23327	33960	34772	2947	3378	3390
委内瑞拉	5	1	1	41	8	6	1259	1000	1000
捷　克	2	4	3	9	15	15	1703	2412	1659
法　国	14	42	40	51	142	154	2750	2927	2604
德　国	0	7	6	1	19	24	2000	3474	2458
意大利	55	102	114	160	322	327	3464	3163	3488
罗马尼亚	15	39	47	63	165	169	2364	2390	2760
俄罗斯联邦	122	362	403	1036	2573	2741	1180	1407	1469
西班牙	0	0	0	1	2	1	2366	2718	2869
土耳其	9	14	14	23	32	33	3687	4421	4262
乌克兰	168	390	446	1037	1982	1729	1621	1967	2580
澳大利亚	6	3	6	31	17	37	1904	1824	1703

资料来源：联合国FAO数据库。

16-8 薯类作物总产量、收获面积与单产

国家或地区	总产量(万吨)			收获面积(千公顷)			单产(千克/公顷)		
	2010年	2017年	2018年	2010年	2017年	2018年	2010年	2017年	2018年
世　界	**74115**	**83873**	**83213**	**53249**	**61778**	**62051**	**13918**	**13576**	**13410**
孟加拉国	824	1048	999	466	525	503	17672	19941	19857
印　度	4573	5424	5458	2186	2506	2501	20919	21642	21820
印度尼西亚	2739	2255	1963	1492	1025	927	18356	22006	21175
伊　朗	428	512	532	146	162	164	29220	31689	32365
以色列	57	56	55	17	17	17	33538	32354	32005
日　本	356	357	342	148	136	131	24077	26291	26050
哈萨克斯坦	255	355	381	178	183	192	14319	19416	19794
朝　鲜	214	221	313	164	188	260	13018	11796	12001
韩　国	92	79	87	44	43	47	20757	18560	18312
马来西亚	6	9	8	5	6	5	11954	16270	16668
蒙　古	17	12	17	14	15	13	12158	8041	13066
缅　甸	123	96	95	91	74	72	13516	12948	13304
巴基斯坦	361	439	513	169	214	229	21355	20492	22422
菲律宾	292	360	350	364	351	344	8005	10264	10184
斯里兰卡	38	42	46	33	30	32	11494	13861	14394
泰　国	2246	3136	3221	1218	1376	1424	18437	22794	22625
越　南	1027	1192	1160	678	675	656	15133	17675	17690
埃　及	414	531	540	158	189	193	26243	28096	28066
尼日利亚	8731	11584	11570	8435	15169	15643	10351	7636	7397
南　非	216	253	255	82	94	99	26161	26819	25843
加拿大	544	597	579	139	138	134	39081	43201	43182
墨西哥	180	206	214	66	72	73	27187	28511	29342
美　国	1943	2207	2185	456	487	473	42637	45294	46226
阿根廷	252	302	287	108	120	115	23374	25260	25071
巴　西	2926	2319	2233	1995	1464	1402	14668	15835	15920
委内瑞拉	111	75	92	87	57	65	12701	13157	14063
白俄罗斯	783	641	587	367	276	272	21352	23242	21581
捷　克	67	69	58	27	23	23	24564	29421	25495
法　国	666	858	791	163	200	206	40831	42906	38404
德　国	1014	1172	892	254	251	252	39876	46786	35372
意大利	157	136	132	63	49	47	24925	27685	28096
荷　兰	684	739	603	157	161	165	43598	45972	36613
波　兰	845	917	748	401	329	297	21084	27850	25138
罗马尼亚	328	312	302	247	171	173	13296	18187	17443
俄罗斯联邦	2114	2171	2239	2109	1336	1313	10023	16254	17050
西班牙	236	231	208	81	73	70	29190	31441	29572
土耳其	455	480	455	141	143	136	32323	33596	33474
乌克兰	1871	2221	2250	1412	1323	1320	13248	16784	17050
英　国	606	622	503	138	146	140	43884	42589	35914
澳大利亚	133	118	126	38	30	32	34898	38783	39752
新西兰	54	49	52	12	11	11	45657	45803	46447

资料来源：联合国FAO数据库。

16-9　油菜籽总产量、收获面积与单产

国家或地区	总产量(万吨)			收获面积(千公顷)			单产(千克/公顷)		
	2010年	2017年	2018年	2010年	2017年	2018年	2010年	2017年	2018年
世　界	**5985**	**7637**	**7500**	**32096**	**35592**	**37580**	**1865**	**2146**	**1996**
加拿大	1279	2133	2034	6858	9273	9120	1865	2300	2231
印　度	661	792	843	5580	6000	6700	1184	1320	1258
法　国	482	532	495	1465	1401	1616	3286	3794	3061
德　国	570	427	367	1461	1305	1224	3899	3271	2998
澳大利亚	191	431	389	1695	2681	3171	1125	1609	1228
波　兰	223	270	220	945	914	836	2357	2950	2637
英　国	223	217	201	642	562	583	3476	3856	3451
美　国	111	139	164	580	814	789	1918	1712	2085
罗马尼亚	94	167	161	527	598	633	1789	2800	2544
乌克兰	147	219	275	863	786	1039	1704	2793	2647
俄罗斯联邦	67	151	199	607	956	1499	1103	1580	1327
匈牙利	53	93	100	259	303	331	2046	3076	3017
保加利亚	54	48	47	212	161	183	2571	2982	2579
丹　麦	58	74	49	167	178	143	3482	4180	3430
斯洛伐克	32	45	48	164	150	154	1966	2989	3113
立陶宛	42	54	43	252	181	205	1654	3004	2111
孟加拉国	22	36	35	242	336	308	917	1079	1143
拉托维亚	23	33	23	106	112	120	2133	2907	1907
瑞　典	28	36	22	108	114	97	2569	3175	2238
白俄罗斯	37	60	46	307	332	349	1220	1813	1305
智　利	4	18	22	11	46	57	4000	3961	3888
巴基斯坦	16	20	26	190	204	223	852	961	1166
非　洲	8	17	19	67	131	129	1263	1319	1505
哈萨克斯坦	11	28	39	305	251	365	358	1111	1079
西班牙	4	15	18	20	96	78	1811	1604	2235
奥地利	17	12	12	54	41	41	3170	2885	2980
伊　朗	15	14	14	77	79	77	1891	1817	1822

资料来源：联合国FAO数据库。

16-10 花生总产量、收获面积与单产

国家或地区	总产量(万吨)			收获面积(千公顷)			单产(千克/公顷)		
	2010年	2017年	2018年	2010年	2017年	2018年	2010年	2017年	2018年
世界	**4348**	**4744**	**4595**	**26142**	**28211**	**28515**	**1663**	**1682**	**1611**
印度	827	925	670	5860	4910	4940	1410	1885	1355
尼日利亚	380	242	289	2789	2820	2912	1362	858	992
美国	189	323	248	508	719	554	3712	4492	4473
苏丹		165	288		2215	3065		744	941
缅甸	137	158	160	877	1034	1029	1562	1531	1554
乍得	110	87	89	1040	768	787	1061	1133	1136
阿根廷	61	103	92	219	334	444	2792	3087	2075
喀麦隆	54	48	59	377	430	456	1420	1116	1303
塞内加尔	129	92	85	1196	940	963	1076	973	879
巴西	26	55	56	94	154	152	2772	3545	3710
坦桑尼亚	47	134	94	482	1536	956	965	872	984
印度尼西亚	130	50	46	621	374	354	2097	1323	1292
尼日尔	41	46	59	796	922	920	511	501	646
越南	49	46	46	231	195	186	2105	2354	2457
刚果共和国	39	30	31	477	495	452	813	606	681
加纳	53	43	52	353	338	394	1502	1283	1322
几内亚	33	70	77	227	732	786	1460	950	980
马里	31	30	31	337	387	328	933	778	952
布基纳法索	34	33	33	410	555	394	830	603	837
马拉维	30	39	34	295	390	405	1008	992	851
安哥拉	12	16	15	285	340	339	404	459	456
乌干达	28	22	24	394	432	464	700	502	522
埃及	20	24	24	67	66	65	3039	3711	3648
尼加拉瓜	18	20	19	33	46	46	5536	4390	4215
南苏丹		7	7		114	117		581	589
土耳其	10	17	17	27	42	44	3546	3941	3925
赞比亚	16	17	18	255	263	259	643	642	701
贝宁	15	14	23	175	168	226	880	852	998
中非共和国	14	15	15	98	121	115	1432	1238	1326
埃塞俄比亚	7	14	14	50	83	82	1444	1710	1753
莫桑比克	16	9	11	366	400	418	431	225	257
科特迪瓦	9	…	…	78	…	…	1160	1403	1439
冈比亚	14	11	11	136	117	119	1016	935	932
墨西哥	8	10	9	53	59	52	1550	1698	1751
巴基斯坦	7	9	10	83	99	99	818	869	986
塞拉利昂	8	2	2	110	40	41	740	502	505
老挝	5	5	5	24	19	20	2161	2600	2445
孟加拉国	5	7	7	34	37	38	1592	1790	1756
中国台湾	7	6	6	21	22	21	3109	2931	2807
马达加斯加	3	6	6	52	82	82	577	710	710
津巴布韦	14	9	4	320	200	157	428	471	268
几内亚比绍	4	5	5	35	40	41	1033	1149	1149
多哥	5	4	4	70	59	59	668	737	739
海地	3	3	3	32	34	32	868	870	870
摩洛哥	5	4	3	23	14	13	2164	2541	2502
肯尼亚	1	2	3	19	8	12	565	2387	2387
泰国	5	3	3	31	30	30	1584	1067	1067
柬埔寨	2	2	2	20	18	18	1096	1111	1111
斯里兰卡	1	2	3	9	13	16	1514	1778	1752
菲律宾	3	3	3	27	24	24	1092	1236	1231

资料来源：联合国FAO数据库。

16-11 籽棉总产量、收获面积与单产

国家或地区	总产量(万吨)			收获面积(千公顷)			单产(千克/公顷)		
	2010年	2017年	2018年	2010年	2017年	2018年	2010年	2017年	2018年
世　界	**6922**	**7382**	**7103**	**31801**	**34518**	**32420**	**2177**	**2139**	**2191**
印　度	1776	1743	1466	11142	12430	12350	1594	1402	1187
美　国	947	1200	1143	4330	4492	4262	2188	2671	2682
巴基斯坦	561	586	483	2689	2700	2373	2088	2168	2035
巴　西	295	384	496	830	928	1150	3554	4141	4310
乌兹别克斯坦	344	285	229	1343	1201	1108	2564	2376	2069
土耳其	215	245	257	480	501	519	4475	4886	4955
澳大利亚	94	215	250	208	519	485	4508	4148	5154
希　腊	71	81	84	250	260	265	2842	3109	3154
布基纳法索	53	84	48	463	845	473	1144	999	1019
阿根廷	75	62	81	441	253	319	1709	2432	2548
马　里	24	73	75	250	554	578	973	1314	1298
墨西哥	44	101	116	113	212	241	3900	4762	4833
阿拉伯叙利亚共和国	47	10	9	172	151	145	2740	663	627
缅　甸	50	37	31	267	184	164	1889	2009	1908
土库曼斯坦	129	69	62	550	540	535	2338	1279	1156
科特迪瓦	17	33	32	187	360	370	934	911	854
贝　宁	14	60	76	137	530	600	999	1128	1263
尼日利亚	60	30	27	399	328	316	1512	903	855
哈萨克斯坦	24	33	34	134	135	133	1790	2439	2592
塔吉克斯坦	31	39	30	162	174	186	1912	2222	1616
喀麦隆	19	25	25	145	235	229	1310	1052	1087
坦桑尼亚	27	19	24	421	330	351	634	578	678
西班牙	12	16	16	63	63	65	1821	2540	2396
埃　及	38	30	31	155	91	140	2435	3297	2221
伊　朗	17	15	15	91	67	67	1839	2274	2282
乍　得	5	12	12	150	120	120	347	1000	1000
玻利维亚	11	12	12	121	126	126	884	929	929
赞比亚	11	9	9	85	105	107	1258	848	825
津巴布韦	15	4	4	199	66	69	754	615	563
苏　丹		10	16		68	82		1529	1951
阿塞拜疆	4	21	23	30	136	133	1266	1527	1763
哥伦比亚	9	7	7	45	19	19	2011	3895	3908
乌干达	8	12	9	80	68	64	1044	1758	1370
多　哥	4	13	13	60	166	180	713	754	707
孟加拉国	4	6	6	14	18	16	3097	3639	3655
阿富汗	3	4	4	33	32	39	1000	1155	1000
吉尔吉斯斯坦	7	7	7	26	21	23	2795	3179	3242
埃塞俄比亚	6	13	14	75	90	106	773	1444	1321
秘　鲁	6	2	4	28	8	15	2280	2860	2942
几内亚	4	4	4	38	46	47	974	945	933
莫桑比克	6	5	5	130	104	93	477	498	517
朝　鲜	4	4	4	19	20	20	1851	1940	1944
以色列	2	3	2	4	7	6	4646	4526	3609
马拉维	3	3	2	47	41	44	618	719	543
伊拉克	5	3	3	21	23	17	2201	1244	1901
刚果共和国	3	3	3	62	67	67	411	425	425
南　非	2	4	10	5	18	37	4069	2351	2750
中非共和国	1	2	2	20	49	50	535	444	432
塞内加尔	3	2	2	28	19	20	944	1158	1115

资料来源：联合国FAO数据库。

16-12 甜菜总产量、收获面积与单产

国家或地区	总产量(万吨)			收获面积(千公顷)			单产(千克/公顷)		
	2010年	2017年	2018年	2010年	2017年	2018年	2010年	2017年	2018年
世　界	**22841**	**31037**	**27489**	**4695**	**4955**	**4809**	**48650**	**62639**	**57155**
俄罗斯联邦	2226	5191	4207	924	1175	1105	24093	44192	38057
法　国	3187	4630	3958	384	486	485	83059	95249	81566
美　国	2906	3204	3007	468	451	443	62114	71081	67830
德　国	2343	3406	2619	364	407	414	64352	83747	63280
土耳其	1794	2115	1890	329	339	307	54593	62419	61550
乌克兰	1375	1488	1397	492	314	275	27945	47454	50847
波　兰	997	1573	1430	206	232	239	48358	67898	59865
埃　及	784	1086	1122	135	220	219	58276	49388	51225
英　国	653	892	762	118	111	114	55088	80342	66725
伊　朗	387	486	490	100	106	88	38818	46025	55896
荷　兰	528	796	651	71	85	85	74836	93252	76371
白俄罗斯	377	499	481	96	100	101	39500	49961	47630
摩洛哥	244	374	371	43	58	54	56387	64737	68764
捷　克	306	440	372	56	66	65	54355	66558	57509
比利时	446	594	519	59	62	63	75288	95114	82813
奥地利	313	299	215	45	43	31	69839	70137	68815
西班牙	353	329	287	43	37	35	81474	89792	81336
日　本	309	390	361	63	58	57	49361	67027	63019
塞尔维亚	332	251	233	66	54	48	50038	46670	48318
意大利	355	245	194	63	38	34	56620	64615	56425
瑞　典	197	196	170	38	31	31	52077	63359	55304
丹　麦	241	245	211	39	34	34	61454	71355	61400
智　利	142	177	237	16	16	22	87326	108069	109565
斯洛伐克	98	123	131	18	22	22	54522	55003	59877
瑞　士	130	154	163	18	19	20	72977	80731	80005
克罗地亚	125	130	78	24	20	14	52415	66322	55203
罗马尼亚	84	117	98	22	28	25	38743	41799	38760
立陶宛	71	96	89	15	17	16	46190	55812	57201
阿拉伯叙利亚共和国	143	7	7	28	2	2	51907	40813	40813
吉尔吉斯斯坦	14	71	77	8	17	16	16574	41163	47539
匈牙利	82	108	94	14	16	16	59091	67475	59298
摩尔多瓦	84	88	71	26	24	19	31957	37209	37292
加拿大	51	51	51	11	8	7	44956	66787	69662
芬　兰	54	43	36	15	12	10	37130	36466	36265
希　腊	89	39	35	16	6	6	56998	63197	62260
哈萨克斯坦	15	46	50	9	17	17	17269	27442	30530
阿塞拜疆	25	41	28	8	14	9	29773	29805	32378
土库曼斯坦	23	24	24	15	19	19	15600	12791	12854
巴基斯坦	5	16	30	1	4	5	37827	44330	55788
亚美尼亚	3	5	5	2	4	4	15294	15295	15273
伊拉克	2	3	3	2	4	4	9565	7343	7292
阿尔巴尼亚	4	3	3	2	1	1	20000	23476	39152
哥伦比亚	2	3	3	1	1	1	19578	26600	27170
委内瑞拉	2	2	2	1	1	1	18789	21257	20976

资料来源：联合国FAO数据库。

16-13 甘蔗总产量、收获面积与单产

国家或地区	总产量(万吨)			收获面积(千公顷)			单产(千克/公顷)		
	2010年	2017年	2018年	2010年	2017年	2018年	2010年	2017年	2018年
世　界	**168284**	**185133**	**190702**	**23689**	**26129**	**26270**	**71037**	**70854**	**72594**
巴　西	71746	75865	74683	9077	10189	10042	79045	74456	74369
印　度	29230	30607	37690	4175	4389	4730	70019	69735	79683
泰　国	6881	10187	10436	1010	1352	1372	68155	75336	76055
巴基斯坦	4937	8333	6717	943	1342	1102	52368	62106	60959
墨西哥	5042	5695	5684	704	772	786	71627	73776	72326
哥伦比亚	3254	3483	3628	349	401	409	93360	86831	88758
澳大利亚	3123	3656	3351	389	453	443	80198	80626	75643
危地马拉	2231	2595	3557	235	252	300	95107	102981	118464
美　国	2482	3015	3134	355	366	364	69895	82413	86065
印度尼西亚	2660	2191	2174	437	420	417	60925	52148	52185
菲律宾	1793	2929	2473	355	437	438	50522	66946	56527
阿根廷	1889	1908	1904	275	395	426	68612	48293	44674
古　巴	1160	1990	1965	431	484	494	26889	41108	39782
越　南	1616	1836	1795	269	281	269	60058	65291	66603
埃　及	1571	1538	1524	135	137	137	116762	112218	111330
南　非	1602	1739	1930	271	254	286	59081	68481	67545
缅　甸	925	1037	1066	150	163	168	61606	63523	63620
秘　鲁	985	940	1034	77	78	85	128015	121246	121834
厄瓜多尔	835	903	750	107	111	99	78064	81644	75891
伊　朗	565	774	811	66	96	101	85651	80688	80193
萨尔瓦多	513	708	705	63	79	80	81336	90170	88307
肯尼亚	571	475	526	69	68	73	83063	70178	72020
玻利维亚	640	873	962	136	157	168	46943	55590	57179
尼加拉瓜	489	710	722	54	74	77	89916	96023	93568
巴拉圭	513	661	616	100	118	110	51309	56000	56000
斯威士兰	511	555	560	53	57	58	96527	96783	96702
苏　丹		583	590		75	80		77994	74135
洪都拉斯	649	538	553	76	65	66	85463	82864	83160
多米尼加共和国	458	546	528	80	115	113	57491	47592	46732
尼泊尔	259	323	356	61	71	79	42500	45262	45264
赞比亚	350	433	446	33	42	44	106061	102675	102535
孟加拉国	449	386	364	118	92	90	38220	41959	40361
哥斯达黎加	373	414	442	56	64	60	67015	64469	73687
毛里求斯	437	371	315	59	50	48	74364	74305	66163
乌干达	355	387	398	52	57	59	68269	67848	67672
津巴布韦	269	345	331	41	43	41	66203	80036	81034
委内瑞拉	684	360	417	106	58	68	64375	62069	61528
马达加斯加	291	310	314	91	96	98	31921	32122	32081
坦桑尼亚	280	301	305	49	61	61	57634	49575	49665
马拉维	250	297	302	23	28	28	108696	107635	107715
莫桑比克	272	290	307	38	43	41	70695	67328	74095
巴拿马	223	269	293	33	39	39	68411	69755	75651
圭亚那	276	186	121	42	38	21	66324	49001	58660
刚果共和国	208	230	236	45	50	50	46195	46499	46812
老　挝	82	176	183	15	29	31	53317	60653	60040
科特迪瓦	180	182	195	25	22	24	72094	80892	82069
日　本	147	130	122	23	24	23	63319	54726	52346
斐　济	175	147	138	45	36	34	38911	41241	40686

资料来源：联合国FAO数据库。

16-14 烟叶总产量、收获面积与单产

国家或地区	总产量(吨)			收获面积(公顷)			单产(千克/公顷)		
	2010年	2017年	2018年	2010年	2017年	2018年	2010年	2017年	2018年
世　界	**6944875**	**6512263**	**6094875**	**3949280**	**3483533**	**3368929**	**1759**	**1869**	**1809**
印　度	690000	738946	749907	444280	416603	417754	1553	1774	1795
巴　西	787817	865620	762266	449629	391188	356477	1752	2213	2138
美　国	325764	322120	241870	136582	130100	117940	2385	2476	2051
印度尼西亚	135700	152319	181095	216300	185708	203014	627	820	892
津巴布韦	109737	260171	132200	94175	122157	100809	1165	2130	1311
赞比亚	94325	115370	115950	59988	66273	65660	1572	1741	1766
巴基斯坦	119323	100015	106727	55800	47247	46331	2138	2117	2304
坦桑尼亚	60900	104069	107009	78930	149429	162755	772	696	657
阿根廷	132870	117154	104093	67674	57321	54728	1963	2044	1902
莫桑比克	66983	92707	93659	60553	80538	79091	1106	1151	1184
孟加拉国	55288	91000	89013	38270	45729	42458	1445	1990	2096
马拉维	172922	82964	95356	165577	71639	86087	1044	1158	1108
朝　鲜	72000	89199	91319	50000	59263	60497	1440	1505	1509
土耳其	53018	93666	80200	81334	99529	92937	652	941	863
老　挝	45000	35615	54005	8355	4580	5670	5386	7776	9525
泰　国	59540	66912	67230	31198	20362	19585	1908	3286	3433
菲律宾	40530	51024	50381	29706	30829	28212	1364	1655	1786
意大利	89112	56398	59299	27829	16201	17177	3202	3481	3452
乌干达	27138	34346	35063	20359	24403	25067	1333	1407	1399
波　兰	34782	32493	33190	15721	12885	16389	2212	2522	2025
危地马拉	26907	29773	29178	12790	13840	13916	2104	2151	2097
西班牙	33410	29679	25983	10527	8756	8509	3174	3390	3054
希　腊	29948	32712	22730	16040	17398	16100	1867	1880	1412
越　南	56530	32065	31440	31484	14204	13463	1796	2257	2335
韩　国	33910	26908	26175	13714	11036	10727	2473	2438	2440
缅　甸	59600	28642	30160	16997	14902	15622	3507	1922	1931
前南斯拉夫马其顿共和国	30280	22885	25547	20300	15959	16582	1492	1434	1541
也　门	23178	18872	19657	10341	9169	9233	2241	2058	2129
哥伦比亚	10760	12920	14649	10209	7468	8265	1054	1730	1772
伊　朗	14145	19395	19885	9586	9600	9603	1476	2020	2071
加拿大	34904	24564	23105	12723	8894	8353	2743	2762	2766
古　巴	20500	30800	30000	20256	19423	18750	1012	1586	1600
日　本	29300	19000	16998	15000	7600	7065	1953	2500	2406
墨西哥	6983	17243	15181	4004	7538	6552	1744	2287	2317
保加利亚	41056	13040	8640	24518	7721	5812	1675	1689	1487
南　非	12300	14800	15600	3950	4600	5000	3114	3217	3120
柬埔寨	14625	13784	13856	10062	7572	7526	1453	1820	1841
多米尼加共和国	8066	8797	10721	12579	6386	6242	641	1378	1718
阿拉伯叙利亚共和国	20150	12504	13649	12958	9059	10016	1555	1380	1363
阿尔及利亚	7604	10292	10686	4219	4852	5097	1802	2121	2097
肯尼亚	14156	9786	9711	18780	17191	18317	754	569	530
厄瓜多尔	7911	4124	6304	4461	3357	3927	1773	1228	1605
克罗地亚	8491	9413	7561	4119	4563	3834	2061	2063	1972
法　国	18428	7896	7046	7081	2877	2706	2602	2745	2604
黎巴嫩	9800	8786	8694	8344	7541	7471	1174	1165	1164
科特迪瓦	9527	8189	7953	18487	16177	15762	515	506	505
匈牙利	8972	7563	5997	6178	3983	3845	1452	1899	1560
塞尔维亚	10440	7173	7169	5828	5069	5762	1791	1415	1244
智　利	7950	4315	5700	2509	1444	1827	3169	2988	3120
喀麦隆	5516	6549	6672	3796	4094	4124	1453	1600	1618

资料来源：联合国FAO数据库。

16-15 茶叶总产量、收获面积与单产

国家或地区	总产量(吨)			收获面积(公顷)			单产(千克/公顷)		
	2010年	2017年	2018年	2010年	2017年	2018年	2010年	2017年	2018年
世　界	**4621942**	**6048081**	**6337968**	**3156617**	**4047270**	**4193176**	**1464**	**1494**	**1511**
印　度	991182	1325050	1344827	579000	621610	628193	1712	2132	2141
肯尼亚	399006	439857	492990	171916	232700	236200	2321	1890	2087
斯里兰卡	331400	307720	303840	221969	202540	202540	1493	1519	1500
土耳其	235000	234000	270000	75864	82108	83611	3098	2850	3229
越　南	198466	260000	270000	113200	123188	116633	1753	2111	2315
印度尼西亚	150342	139362	141342	124573	113692	113215	1207	1226	1248
缅　甸	94500	104743	109043	79318	88806	89127	1191	1179	1223
阿根廷	92417	81476	81981	37221	39600	39600	2483	2057	2070
日　本	85000	82000	83052	46800	42400	42858	1816	1934	1938
伊　朗	121041	100580	109357	29464	15848	18493	4108	6347	5913
孟加拉国	60000	81850	78150	52236	53856	67045	1149	1520	1166
乌干达	49182	63667	62339	25284	29214	28332	1945	2179	2200
布隆迪	37875	49280	53603	8213	9992	9703	4612	4932	5524
泰　国	67241	48041	50614	19459	10181	10827	3456	4719	4675
马拉维	51589	48649	49041	20900	18138	18094	2468	2682	2710
坦桑尼亚	33160	36712	36854	11410	17308	17674	2906	2121	2085
莫桑比克	28995	32000	32921	17369	18681	19202	1669	1713	1714
卢旺达	22249	27887	31068	13549	18354	20466	1642	1519	1518
津巴布韦	23450	25991	26293	6869	7502	7572	3414	3465	3472
尼泊尔	16607	24653	24803	17127	28522	28595	970	864	867
中国台湾	17467	13443	14738	14530	11400	11660	1202	1179	1264
马来西亚	19738	10385	10869	2459	1845	1903	8027	5629	5712
埃塞俄比亚	7586	10345	10388	7499	9446	9400	1012	1095	1105
老　挝	582	7660	8055	2415	3990	4195	241	1920	1920
巴布亚新几内亚	6201	5631	5589	4172	3943	3943	1486	1428	1417
喀麦隆	5514	5710	5779	2085	2146	2168	2645	2661	2666
秘　鲁	3214	2177	1085	2216	1578	1776	1450	1380	611
刚果共和国	2479	3600	3696	7549	12000	12410	328	300	298
格鲁吉亚	3500	2300	1700	3356	2281	1702	1043	1008	999
韩　国	2289	2637	2712	2120	2403	2469	1080	1097	1098
南　非	1647	1628	1469	790	799	720	2085	2038	2040
毛里求斯	1467	1379	1470	698	622	656	2102	2217	2241
厄瓜多尔	1512	1083	1156	716	503	535	2112	2153	2161
玻利维亚	1339	1177	1192	262	272	274	5111	4327	4350
阿塞拜疆	545	775	869	579	642	663	941	1207	1311
赞比亚	843	941	953	598	658	664	1410	1430	1435
萨尔瓦多	450	465	466	225	234	235	2000	1987	1983
危地马拉	628	519	543	1244	1126	1209	505	461	449
俄罗斯联邦	370	554	504	1400	590	594	264	939	848
巴　西	4278	459	483	2399	185	211	1783	2481	2289
马达加斯加	382	384	387	596	772	779	641	497	497
哥伦比亚	134	149	153	55	60	60	2436	2483	2550
黑　山	100	100	100	125	124	123	800	806	813

资料来源：联合国FAO数据库。

16-16　2018年牲畜存栏数

单位：万头、万只

国家或地区	牛	马	山羊	绵羊	猪
世　界	**169635**	**5778**	**104592**	**120947**	**97833**
孟加拉国	2557		6007	227	
印　度	29862	63	13275	6167	849
印度尼西亚	1733	42	1872	1740	854
伊　朗	536	13	1499	3967	
以色列	55	…	11	48	17
日　本	384	1	2	2	919
哈萨克斯坦	716	265	228	1642	80
朝　鲜	57	5	370	16	261
韩　国	352	3	37	…	1133
马来西亚	87	…	44	14	165
蒙　古	438	394	2712	3055	3
缅　甸	2121	10	459	133	1293
巴基斯坦	8493	37	7413	3050	
菲律宾	544	25	372	3	1260
斯里兰卡	142	…	31	1	10
泰　国	591	1	47	4	791
越　南	823	5	268		2815
埃　及	802	8	406	555	1
尼日利亚	2142	9	7938	4297	750
南　非	1279	33	540	2250	145
加拿大	1157	40	3	83	1417
墨西哥	3482	639	875	868	1784
美　国	9430	1048	264	527	7455
阿根廷	5393	261	457	1434	565
巴　西	21491	575	1070	1895	4144
委内瑞拉	1696	52	133	61	369
白俄罗斯	434	4	6	9	284
捷　克	142	4	3	22	156
法　国	1855	37	130	704	1332
德　国	1196	41	15	157	2645
意大利	632	37	99	718	849
荷　兰	385	14	56	96	1242
波　兰	620	19	4	28	1183
罗马尼亚	201	45	150	998	441
俄罗斯联邦	1830	124	204	2235	2308
西班牙	651	28	276	1585	3080
土耳其	1611	11	1063	3368	…
乌克兰	353	26	58	73	611
英　国	989	42	10	3378	506
澳大利亚	2640	24	363	7007	253
新西兰	1011	4	8	2730	29

资料来源：联合国FAO数据库。

16-17 2018年肉类产量

单位：万吨

国家或地区	肉类总产量	#猪肉	#牛肉	#羊肉	#禽肉
世　界	**34239.6**	**12088.1**	**7160.1**	**1576.5**	**12729.8**
美　国	4683.3	1194.3	1221.9	8.1	2229.8
巴　西	2934.1	378.8	990.0	13.0	1549.8
俄罗斯联邦	1062.9	374.4	160.8	22.4	454.3
德　国	818.9	537.0	112.3	3.4	157.1
印　度	745.4	29.6	261.0	73.4	361.6
墨西哥	705.1	150.3	198.1	10.3	337.7
西班牙	702.8	453.0	66.9	13.1	162.2
法　国	562.2	216.6	143.6	11.4	178.6
阿根廷	593.0	62.1	306.6	5.7	211.5
越　南	522.8	381.6	42.7	0.9	94.7
波　兰	446.3	213.6	59.5	0.1	171.1
澳大利亚	465.9	41.7	221.9	76.3	123.5
加拿大	489.3	214.2	123.1	1.6	147.4
日　本	401.6	128.4	47.5	…	225.0
英　国	408.7	92.7	92.2	28.9	193.9
意大利	366.8	147.1	80.9	3.6	127.3
巴基斯坦	387.0		193.4	51.6	139.6
南　非	324.1	26.5	100.3	16.2	176.2
菲律宾	364.2	187.3	31.1	6.1	138.0
土耳其	366.8		100.4	43.2	222.9
印度尼西亚	359.7	32.7	56.3	11.6	258.8
伊　朗	308.6		46.3	41.4	219.9
缅　甸	352.9	106.3	47.0	9.9	189.6
荷　兰	293.6	146.1	38.6	1.4	107.4
泰　国	293.3	99.9	15.2	0.2	178.0
哥伦比亚	282.9	33.6	88.6	0.8	159.3
韩　国	249.8	132.5	28.2	0.2	88.5
乌克兰	238.3	70.3	35.9	1.4	128.7
埃　及	215.2	…	72.1	11.7	120.0
马来西亚	211.4	18.6	5.1	0.3	187.3
秘　鲁	201.6	16.2	19.0	3.9	158.2
丹　麦	187.4	158.3	12.9	0.2	15.6
比利时	182.5	107.3	27.7	0.3	47.0
智　利	150.5	52.1	19.9	1.5	76.2
新西兰	145.3	4.7	67.7	47.3	23.2
尼日利亚	145.1	28.4	39.0	39.1	19.3
中国台湾	153.1	82.9	0.7	0.2	69.3
摩洛哥	134.6	0.1	28.3	21.1	77.5
委内瑞拉	129.5	17.9	44.2	0.7	66.5

资料来源：联合国FAO

16-18 鸡蛋产量

单位：万吨

国家或地区	2000年	2005年	2010年	2015年	2017年	2018年
世　界	**5113.4**	**5668.1**	**6423.4**	**7209.7**	**7528.2**	**7677.0**
美　国	501.7	535.0	543.7	575.7	631.0	646.6
印　度	203.5	256.8	337.8	431.7	484.8	523.7
墨西哥	178.8	202.5	238.1	265.3	277.1	287.2
日　本	253.5	248.1	251.5	252.1	260.1	262.8
俄罗斯联邦	189.5	205.0	226.1	235.7	248.4	248.6
巴　西	150.9	167.5	194.8	226.1	252.9	266.6
印度尼西亚	64.2	85.7	112.1	137.3	152.7	164.4
伊　朗	58.0	75.9	76.7	77.7	67.4	72.4
土耳其	84.4	75.3	74.0	104.5	120.5	96.3
法　国	98.8	93.0	94.7	97.0	87.8	84.8
乌克兰	49.7	74.8	97.4	96.0	88.7	92.2
马来西亚	39.1	44.2	58.7	77.9	85.8	85.7
德　国	90.1	79.5	66.2	80.1	82.6	84.6
西班牙	65.8	70.8	81.2	80.5	85.1	83.9
哥伦比亚	38.6	49.2	58.5	72.9	79.9	78.0
巴基斯坦	34.4	40.1	55.6	72.1	80.3	84.8
意大利	68.6	72.2	73.7	70.7	72.8	73.6
英　国	56.9	60.9	65.8	69.9	75.2	77.7
荷　兰	66.8	60.7	67.0	73.9	72.0	70.5
韩　国	47.9	51.5	59.0	72.1	71.5	77.3
阿根廷	32.7	38.9	55.4	76.5	81.3	82.9
泰　国	51.5	46.9	61.3	68.1	69.0	70.2
波　兰	42.4	53.6	61.8	58.2	59.5	65.7
缅　甸	11.2	18.7	34.2	51.0	56.1	57.6
埃　及	17.7	23.5	29.1	45.9	43.6	45.4
尼日利亚	40.0	50.0	60.9	48.9	51.0	48.1
南　非	32.9	37.5	41.3	52.3	44.5	45.4
越　南	18.5	19.7	32.1	44.4	53.2	58.2
菲律宾	24.3	32.0	38.7	44.5	49.2	53.4
加拿大	37.2	39.9	45.2	49.8	55.3	57.1
秘　鲁	16.2	18.2	28.5	38.6	41.5	45.2
孟加拉国	12.5	18.5	18.8	36.2	49.1	50.0
阿尔及利亚	10.1	17.5	26.0	38.5	39.0	31.4
中国台湾	36.4	31.6	33.6	34.8	37.5	36.6
罗马尼亚	26.3	35.5	29.8	31.9	29.4	28.0
沙特阿拉伯	12.8	17.0	21.9	27.5	28.3	28.6
危地马拉	8.1	19.2	22.0	26.5	27.3	27.5
摩洛哥	23.5	23.2	24.4	32.5	39.1	39.6
乌兹别克斯坦	6.8	10.9	17.0	30.9	35.3	41.6
澳大利亚	14.3	13.9	17.4	22.9	24.8	25.9
智　利	11.0	12.6	19.1	22.6	22.8	24.7
哈萨克斯坦	9.4	13.9	20.7	26.4	28.5	27.9
白俄罗斯	18.2	17.2	19.6	21.1	19.9	20.0
比利时	19.4	18.0	16.9	14.8	13.8	16.7
委内瑞拉	17.5	17.4	24.2	20.0	16.4	17.3
以色列	8.8	9.2	10.2	12.2	14.9	15.3
瑞　典	10.2	10.2	11.1	12.7	13.8	12.3
匈牙利	17.6	16.5	15.2	14.2	13.6	13.9

资料来源：联合国FAO数据库。

16-19 禽蛋产量

单位：万吨

国家或地区	2000年	2005年	2010年	2015年	2017年	2018年
世　界	**5517.2**	**6122.6**	**6951.8**	**7807.5**	**8136.3**	**8293.4**
美　国	501.7	535.0	543.7	575.7	631.0	646.6
印　度	203.5	256.8	337.8	431.7	484.8	523.7
墨西哥	178.8	202.5	238.1	265.3	277.1	287.2
日　本	253.5	248.1	251.5	252.1	260.1	262.8
巴　西	156.9	174.6	208.7	249.1	271.1	284.4
俄罗斯联邦	190.3	206.5	227.4	238.8	251.9	251.9
印度尼西亚	78.3	105.2	136.7	170.5	189.6	206.5
伊　朗	58.0	75.9	76.7	77.7	67.4	72.4
土耳其	84.4	75.3	74.0	104.5	120.5	96.3
法　国	98.8	93.0	94.7	97.0	87.8	84.8
泰　国	80.7	77.9	100.8	109.1	108.0	110.2
乌克兰	50.5	75.6	101.8	97.5	90.1	93.7
马来西亚	40.1	45.3	60.1	79.5	87.3	87.2
德　国	90.1	79.5	66.2	80.1	82.6	84.6
西班牙	66.1	71.0	81.4	80.6	85.2	84.0
巴基斯坦	35.1	40.8	56.4	73.4	81.5	86.0
哥伦比亚	38.6	49.2	58.5	72.9	79.9	78.0
韩　国	50.0	54.3	62.0	75.4	74.7	77.6
意大利	68.6	72.2	73.7	70.7	72.8	73.6
英　国	58.4	62.5	67.1	71.3	76.6	79.1
荷　兰	66.8	60.7	67.0	73.9	72.0	70.5
阿根廷	32.7	38.9	55.4	76.5	81.3	82.9
缅　甸	12.2	20.7	38.1	56.4	61.9	63.1
波　兰	42.4	53.6	61.8	58.2	59.5	65.7
孟加拉国	17.8	26.4	26.8	51.0	69.3	70.9
埃　及	17.7	23.5	29.1	45.9	43.6	45.4
尼日利亚	40.0	50.0	60.9	48.9	51.0	48.1
菲律宾	29.7	37.4	42.4	48.7	53.8	58.1
南　非	32.9	37.5	41.3	52.3	44.5	45.4
越　南	18.5	19.7	32.1	44.4	53.2	58.2
加拿大	37.2	39.9	45.2	49.8	55.3	57.1
秘　鲁	16.2	18.2	28.5	38.6	41.5	45.2
阿尔及利亚	10.1	17.5	26.0	38.5	39.0	31.4
中国台湾	39.1	34.4	36.4	37.3	40.1	39.3
罗马尼亚	28.6	36.6	31.0	32.8	30.0	28.6
沙特阿拉伯	12.8	17.0	21.9	27.5	28.3	28.6
危地马拉	8.1	19.2	22.0	26.5	27.3	27.5
摩洛哥	23.5	23.2	24.4	32.5	39.1	39.6
乌兹别克斯坦	6.9	11.0	17.2	31.0	35.5	41.8
澳大利亚	14.3	13.9	17.4	22.9	24.8	25.9
智　利	11.0	12.6	19.1	22.6	22.8	24.7
哈萨克斯坦	9.5	14.1	20.9	26.5	28.6	28.0
白俄罗斯	18.4	17.4	19.8	21.4	20.2	20.2
比利时	19.4	18.0	16.9	14.8	13.8	16.7
委内瑞拉	17.5	17.4	24.2	20.0	16.4	17.3
匈牙利	18.0	16.9	15.6	14.6	14.0	14.3
以色列	8.8	9.2	10.2	12.2	14.9	15.3
瑞　典	10.2	10.2	11.1	12.7	13.8	12.3
葡萄牙	11.8	11.9	13.2	14.5	14.2	14.3

资料来源：联合国FAO数据库。

16-20 奶类产量

单位：万吨

国家或地区	2000年	2005年	2010年	2015年	2017年	2018年
世　界	**57951**	**64976**	**72355**	**80169**	**83132**	**84304**
印　度	7987	9584	12207	15569	17627	18796
美　国	7595	8028	8752	9464	9779	9872
巴基斯坦	2557	2944	3549	4159	4434	4579
巴　西	2064	2565	3096	3486	3358	3411
德　国	2835	2848	2965	3271	3263	3309
俄罗斯联邦	3228	3115	3184	3079	3013	3061
法　国	2389	2394	2421	2593	2651	2652
新西兰	1224	1464	1701	2194	2137	2139
土耳其	979	1111	1354	1865	2070	2212
英　国	1449	1447	1407	1532	1527	1531
荷　兰	1116	1085	1181	1355	1454	1089
波　兰	1189	1195	1230	1325	1370	1418
墨西哥	949	1008	1089	1161	1199	1223
意大利	1330	1186	1113	1179	1203	1274
乌克兰	1266	1371	1125	1062	1052	1030
阿根廷	1012	991	1063	1206	1010	1053
乌兹别克斯坦	354	455	617	903	1001	1042
澳大利亚	1085	1013	902	949	933	929
加拿大	816	781	824	814	810	737
日　本	850	829	772	738	728	729
白俄罗斯	449	568	662	705	732	735
爱尔兰	516	506	533	659	748	781
伊　朗	589	718	744	640	772	765
西班牙	694	725	746	787	809	812
哥伦比亚	615	632	629	677	710	610
丹　麦	472	458	491	536	556	569
哈萨克斯坦	374	477	538	518	550	568
肯尼亚	274	423	485	457	475	492
埃　及	378	521	576	523	542	447
罗马尼亚	462	555	462	468	444	444
苏　丹				445	455	459
阿尔及利亚	193	249	316	348	360	306
瑞　士	385	389	411	407	392	394
比利时	369	303	308	401	406	410
奥地利	326	314	329	357	375	386
南　非	231	304	312	354	364	375
埃塞俄比亚	106	237	447	361	343	277
南苏丹				322	324	326
捷　克	280	282	269	304	309	318
瑞　典	335	321	290	293	282	276
沙特阿拉伯	95	130	183	240	245	249
摩洛哥	126	148	198	254	253	179
缅　甸	74	98	159	236	241	132
芬　兰	245	243	234	244	241	240
阿拉伯叙利亚共和国	167	236	224	215	222	223
索玛利亚	211	229	245	219	214	215
葡萄牙	220	220	203	215	206	208
乌拉圭	142	162	182	218	205	217
阿塞拜疆	103	125	154	192	202	208
厄瓜多尔	181	173	216	186	186	154
智　利	200	231	254	204	200	171

注：资料来源：联合国FAO数据库。

16-21 鱼类产量

单位：吨

国家或地区	鱼类总计		海域		内陆水域	
	2017年	2018年	2017年	2018年	2017年	2018年
印　度	11738817	12414190	4717878	4453382	7020939	7960808
秘　鲁	4285651	7312008	4195966	7231144	89686	80863
印度尼西亚	22908716	22042342	18696989	17977929	4211727	4064413
智　利	3554168	3656689	3550985	3655341	3183	1347
俄罗斯联邦	5071073	5329686	4635684	4889847	435389	439839
越　南	7165487	7510413	4444185	4556222	2721302	2954191
美　国	5941467	5821488	5211982	4938295	729485	883193
缅　甸	3204303	3164816	1327305	1168814	1876998	1996002
挪　威	3854213	4018991	3853692	4018553	521	438
日　本	4302066	4242421	4239713	4185344	62353	57077
菲律宾	4129358	4365628	3650194	3871296	479163	494332
孟加拉国	4134436	4276641	849729	869270	3284707	3407371
泰　国	2410613	2618043	1788535	1989516	622078	628527
韩　国	3697861	3624756	3664229	3589996	33632	34760
墨西哥	1883690	1950434	1641188	1652694	242501	297739
马来西亚	1906299	1858998	1793612	1745819	112687	113179
冰　岛	1218865	1297630	1214100	1297211	4765	419
巴　西	1325600	1320022	574930	566642	750670	753380
摩洛哥	1403401	1387815	1387225	1371653	16176	16162
埃　及	1822801	1934743	352428	370675	1470373	1564068
西班牙	1264823	1276640	1241465	1259709	23357	16931
丹　麦	942070	825737	920225	803728	21845	22009
尼日利亚	1212475	1169478	496326	486057	716149	683421
阿根廷	852836	841414	813029	815212	39807	26203
巴基斯坦	694395	663893	397840	363709	296555	300184
加拿大	1124629	1090104	1084837	1036806	39792	53298
英　国	948613	897860	937199	885802	11414	12058
土耳其	627797	625776	491642	490470	136155	135306
厄瓜多尔	1093055	1138562	1063523	1109049	29532	29513
南　非	600301	619353	533664	575531	66637	43822
柬埔寨	878145	946324	150720	169040	727425	777284
乌干达	501973	543091			501973	543091
塞内加尔	535879	485858	502125	453633	33754	32225
新西兰	548314	512383	545840	509614	2474	2769
法　国	724318	797492	687429	761737	36889	35755
法罗群岛	790391	739836	790391	739836		
纳米比亚	512703	511040	509698	508197	3005	2844
荷　兰	552379	464010	545808	456174	6571	7836
斯里兰卡	536735	541458	431532	432013	105203	109445
加　纳	438506	453397	291101	286777	147405	166620
安哥拉	532914	444007	507974	413234	24940	30773
德　国	284216	313409	246400	277160	37816	36249
爱尔兰	321763	288137	321052	287499	711	638
波　兰	265196	266065	208310	204503	56886	61562
乌克兰	113635	94776	67414	46427	46221	48349
巴布亚新几内亚	342293	264612	315524	241124	26769	23488
意大利	354389	350274	309689	309746	44700	40528
巴拿马	163374	187883	156144	183904	7230	3980
瑞　典	243519	233334	226692	219850	16827	13484

资料来源：联合国FAO数据库。

16-22 2017年每公顷耕地化肥施用量

单位：千克/公顷

国家或地区	化肥施用总量	氮肥	磷肥	钾肥
世 界	**122.7**	**69.8**	**28.9**	**24.1**
孟加拉国	274.4	144.5	74.8	55.1
印 度	156.9	100.1	40.5	16.4
印度尼西亚	113.6	57.5	15.3	40.7
伊 朗	42.4	34.3	6.0	2.1
以色列	191.1	103.9	12.6	74.5
日 本	231.8	85.6	76.5	69.7
哈萨克斯坦	4.3	3.1	1.1	0.1
韩 国	304.9	133.8	83.8	87.3
马来西亚	183.0	33.8	34.7	114.5
缅 甸	34.1	20.4	7.5	6.3
巴基斯坦	148.7	107.7	39.3	1.7
菲律宾	87.9	70.1	14.2	3.6
斯里兰卡	67.4	47.7	8.5	11.2
泰 国	111.3	69.5	15.1	26.7
越 南	276.4	134.4	75.7	66.3
埃 及	460.8	366.9	80.7	13.2
尼日利亚	15.9	11.0	2.4	2.6
南 非	58.9	32.5	16.8	9.7
加拿大	102.2	64.4	26.7	11.1
墨西哥	90.4	54.8	25.7	9.9
美 国	127.5	72.6	25.3	29.6
阿根廷	41.3	24.3	15.9	1.1
巴 西	261.7	81.6	81.3	98.7
委内瑞拉	148.0	76.4	30.4	41.2
白俄罗斯	139.7	69.7	13.3	56.7
捷 克	179.1	143.9	21.8	13.4
法 国	161.7	114.8	23.2	23.8
德 国	175.2	125.0	17.4	32.7
意大利	95.2	65.3	17.4	12.6
荷 兰	276.3	242.8	8.5	25.0
波 兰	184.0	104.4	30.0	49.5
罗马尼亚	57.4	38.4	14.1	4.9
俄罗斯联邦	20.1	12.3	4.8	3.0
西班牙	112.2	63.5	25.7	22.9
土耳其	113.1	75.5	32.3	5.3
乌克兰	60.2	40.6	10.8	8.9
英 国	241.9	168.5	30.7	42.7
澳大利亚	68.1	35.1	29.9	3.1

资料来源：联合国FAO数据库。

16-23 2017年土地利用情况

单位：千公顷

国家或地区	国土面积	陆地面积	农业用地	耕地与多年生作物			永久性草场
					耕地面积	多年生作物	
世 界	**13486028**	**13002855**	**4827760**	**1561337**	**1390699**	**167877**	**3266423**
孟加拉国	14798	13017	9187	8587	7697	890	600
印 度	328726	297319	179721	169463	156463	13000	10258
印度尼西亚	191682	187752	62300	51300	26300	25000	11000
伊 朗①	174515	162876	45954	16477	14687	1790	29477
以 色 列②	2207	2164	623	483	387	96	140
日 本③	37797	36456	4444	4444	4161	283	
哈萨克斯坦	272490	269970	216992	29527	29395	132	187465
朝 鲜	12054	12041	2630	2580	2350	230	50
韩 国	10036	9751	1677	1621	1397	224	56
马来西亚	33035	32855	8590	8305	845	7460	285
蒙 古	156412	155726	111002	572	567	5	110429
缅 甸	67659	65279	12871	12572	11062	1510	299
巴基斯坦	79610	77088	37003	32003	31210	793	5000
菲 律 宾	30000	29817	12440	10940	5590	5350	1500
斯里兰卡	6561	6271	2740	2300	1300	1000	440
泰 国	51312	51089	22110	21310	16810	4500	800
越 南	33123	31007	12169	11527	6988	4539	642
埃 及	100145	99545	3734	3734	2787	947	
尼日利亚	92377	91077	70800	40500	34000	6500	30300
南 非	121909	121309	96341	12413	12000	413	83928
加 拿 大	987975	896559	57694	38352	38178	174	19342
墨 西 哥	196438	194395	106964	26574	23905	2669	80390
美 国	983151	914742	405552	160437	157837	2600	245115
阿 根 廷	278040	273669	148700	40200	39200	1000	108500
巴 西	851577	835814	235919	63366	55384	7982	172553
委内瑞拉	91205	88205	21500	3300	2600	700	18200
白俄罗斯	20760	20299	8494	5841	5727	114	2653
捷 克	7887	7721	3521	2543	2498	45	978
法 国	54909	54756	28697	19464	18464	999	9234
德 国	35758	34937	16687	11971	11772	199	4715
意 大 利	30134	29414	12827	9218	6736	2482	3608
荷 兰	4154	3367	1790	1075	1037	38	715
波 兰④	31268	30619	14462	11291	10907	384	3171
罗马尼亚	23840	23008	13378	8958	8543	415	4420
俄罗斯⑤	1709825	1637687	216249	123249	121649	1600	93000
西 班 牙	50594	49955	26296	16985	12254	4731	9310
土 耳 其	78535	76963	38001	23384	20036	3348	14617
乌克兰⑥	60355	57930	41489	33669	32774	895	7821
英 国	24361	24193	17466	6131	6083	48	11336
澳大利亚	774122	769202	371837	31074	30752	322	340763
新 西 兰	26771	26331	10651	645	570	75	10006

注：①永久性草场是指条件好及条件一般的牧场，不包括条件差的牧场。②国土面积和陆地面积均包括戈兰高地。③永久性草场包括在耕地中。④农业用地仅包括被农业相关物品占用土地。⑤国土面积不包括白海和亚速海面下土地。⑥国土面积不包括亚速海面下土地。

资料来源：联合国FAO数据库。

16-24 中国农业主要指标居世界的位次

指　　标	1978年	1980年	1990年	2000年	2005年	2010年	2018年
农村人口			1	1	1	1	2
耕地面积	4	4	4	3	3	4	
谷物产量	2	1	1	1	1	1	1
小麦产量	2	3	2	1	1	1	1
稻谷产量	1	1	1	1	1	1	1
玉米产量	2	2	2	2	2	2	2
大豆产量	3	3	3	4	4	4	4
油菜籽产量	2	2	1	1	1	1	2
花生产量	2	2	2	1	1	1	1
籽棉产量	2	2	1	1	1	1	1
甘蔗产量	7	5	4	3	3	3	3
茶叶产量	2	2	2	2	1	1	1
肉类产量①	3	3	1	1	1	1	1
牛奶产量	34	35	20	17	5	3	4
羊毛产量	5	4	4	2	2	1	1

注：①1990年以前为猪、牛、羊肉产量的比重。
资料来源：联合国FAO数据库。

16-25 中国农业主要指标占世界的比重

单位：%

指　　标	1978年	1980年	1990年	2000年	2005年	2010年	2018年
农村人口	30.1	29.7	28.5	25.3	23.0	20.8	17.1
耕地面积	7.2	7.2	8.8	8.8	8.5	8.0	
谷物产量	17.3	18.1	20.7	19.8	18.9	20.5	20.7
小麦产量	12.1	12.5	16.6	17.0	15.6	17.7	17.9
稻谷产量	36.4	36.0	37.0	31.7	28.7	29.4	27.4
玉米产量	14.2	15.8	20.1	17.9	19.6	21.0	22.4
大豆产量	10.1	9.8	10.2	9.6	7.6	6.6	4.1
油菜籽产量	17.7	22.2	28.5	28.8	26.1	22.2	17.7
花生产量	13.4	21.8	27.9	41.8	37.4	41.7	37.8
籽棉产量	16.8	19.7	25.0	25.0	24.6	26.2	24.9
甘蔗产量	3.8	4.4	6.0	5.5	6.7	6.6	5.7
茶叶产量	16.3	17.3	22.3	23.8	26.3	32.5	41.4
肉类产量①	8.7	10.8	16.9	26.6	27.4	27.6	25.7
牛奶产量	0.3	0.3	0.9	1.8	5.1	5.7	4.2

注：①1990年以前为猪、牛、羊肉产量的比重。
资料来源：联合国FAO数据库。

如何使用《中国农村统计年鉴》

如何使用《中国农村统计年鉴》

为了使广大读者更好地使用《中国农村统计年鉴》，我们编写了《如何使用农村统计年鉴》一章，主要对农村统计改革和发展进行了概述，对各章资料的来源进行说明，对主要统计指标的统计含义和口径作了诠注。

一、农村统计制度方法概述

改革开放以来，我国农村统计适应农村经济改革的要求，取得了长足的发展和进步。随着农业普查的实施，抽样技术的完善，以及遥感等空间技术、现代信息技术的业务化应用，农村统计调查已经建立了面向农业农村社会经济发展，面向国际先进水平，以普查为基础，以抽样调查为主体，辅之以全面统计、部门统计、重点调查、统计核算等多种方法综合运用的不断完善的方法制度体系。

（一）农业普查

农业普查是农村统计调查的基础，更是利国利民的大事。通过普查，查清我国农业、农村、农民基本情况，反映农村发展新面貌和农民生活新变化，为科学制定“三农”政策、保障国家粮食安全、促进我国实现农业农村现代化、新型城镇化、乡村振兴、全面建成小康社会提供准确的统计信息支持。通过普查，建立完备的普查对象信息库，为常规统计调查提供基础，确保农村统计调查持续提供全面、及时、准确的统计数据服务。

我国在1996年开展了第一次全国农业普查，随后按照国家《农业普查条例》的规定，每10年为一轮，在逢6的年份，分别于2006年、2016年实施了第二次、第三次全国农业普查。

第三次全国农业普查的标准时间：普查时点为2016年12月31日24时；普查时期资料为2016年1月1日至12月31日。普查对象是我国境内的农业经营户、农业经营单位、居住在农村且有确权（承包）土地的住户、村民委员会和乡镇人民政府。普查行业范围是农林牧渔业及农林牧渔服务业。普查的内容涵盖农业生产、农村建设、农民生活，以及主要农作物种植空间分布等多方面的情况。普查采取普查人员直接到户、到单位访问，逐一登记、全数调查的方法填报农户和单位类普查表；乡（镇）普查办公室、村普查小组组织填报乡（镇）和村级行政单位普查表。首次应用遥感技术测量主要农作物播种面积，调查人员到设计好的地块样本上，基于卫星遥感影像、地块图斑矢量数据，采用手持智能终端（PDA）或无人机采集农作物种植信息；全面应用手持智能终端（PDA）采集数据和填报农户和单位类普查表；有条件的地方，采用联网直报填报乡（镇）和村级行政单位普查表。本次普查共调查了4万个乡级行政单位，60万个村级单位，2.3亿农户。全国共组织动员了普查员、普查指导员和各级普查机构的工作人员近400万人。通过普查获得了大量数据，掌握了我国有关农业、农村、农民的基本情况，填补了反映我国基本国情国力数据的空白。它不仅为党和政府的决策提供了科学依据，而且为农村统计改革与发展打下了很好的基础。第三次全国农业普查的成功，标志着我国农村统计事业进入了新的发展阶段。

（二）抽样调查

抽样调查是常规农村统计调查的主要方法，在农业生产经营方面，包括主要农作物调查、主要畜禽监测调查、农产品生产者价格调查；在农村住户方面，包括住户收支与生活状况调查。

1．主要农作物调查。包括稻谷、小麦、玉米等主要粮食作物，以及棉花等主要经济作物。1962年经国务院批准，国家统计局成立了农产量调查队，借鉴印度抽样调查经验，开展了粮食作物单位面积产量抽样调查。即对经过省、县、乡（公社）、村（生产队）多阶段抽样得到的地块样本上的实测作物进行收割、脱粒、晾晒、测量等流程获取调查数据，推算总体的实测作物的单位面积产量。这种抽样调查方法称为“实割实测”，也是现行调查制度在实测作物单位面积产量调查中沿用的方法。从 1983 年国家恢复农产量抽样调查至今，随着农业普查的开展，国际先进经验的借鉴，以及抽样技术、计算机网络技术、空间信息技术的应用，主要农作物调查在抽样设计、调查对象、调查手段等方面取得了显著发展和完善。目前，实测作物的面积抽样调查与推算已经基本完成了遥感等空间信息技术的引入，实现了抽样调查的技术升级。正在积极探索空间信息技术在长势监测和实测产量中的应用，力争实现新的技术突破。主要农作物抽样调查的推算结果包括全国及各省（自治区、直辖市）的实测作物面积和产量，以及粮食大县的粮食作物面积和产量。

2．主要畜禽监测调查。包括猪、牛、羊、禽的存栏、出栏、肉产量、出售价格及期内增减情况。另外，猪牛羊存栏中包含了母畜的存栏情况；生猪存栏中包含了分月龄的仔猪情况。该项调查于 2008 年在全国开展，调查对象是畜禽养殖单位（场）或养殖户；调查方法是划分养殖规模层，在规模层以内的调查对象全数调查，规模层以外的调查对象采用多阶段、多主题的抽样设计，进行抽样调查。调查的推算结果包括全国及各省（自治区、直辖市）的猪、牛、羊、禽生产情况，以及养猪大县的生猪生产情况。

3．农产品生产者价格调查。农产品生产者价格是指农产品生产者第一手（直接）出售其产品时实际获得的单位产品价格。调查样本包括全国 2 万多个农业生产经营单位或农户，其中：普通农户占三分之一,规模户和生产单位占三分之二。调查农产品包括农、林、牧、渔业 4 大类，180 多种代表品。调查的推算结果是全国农产品价格综合指数及农、林、牧、渔业分类指数。

4．住户收支与生活状况调查。2012 年之前，该调查是在我国的城镇和农村分别组织实施，城镇统计居民可支配收入,农村统计农民纯收入。从 2012 年四季度起，国家统计局实施了城乡住户调查一体化改革，统一了城乡居民收入指标名称、分类和统计标准，建立了城乡统一的全国住户收支与生活状况调查。调查对象是我国境内的住户，既包括以家庭形式居住的住户，也包括以集体形式居住的住户。无论户口性质和户口登记地，所有居民均以户为单位，在常住地参加调查。

住户调查的内容包括城乡居民的收入和消费情况，同时反映居民就业、社会保障参与、住房状况、家庭经营和生产投资以及收入分配情况等。样本抽选方法是以省为总体，采用分层、多阶段、与人口规模大小成比例的概率抽样方法，随机抽选调查住宅，确定调查户样本。全国共抽选出 1800 个县(市、区)的 1.6 万个调查小区，对抽中小区中的 160 多万户进行全面摸底调查，在此基础上随机等距抽选出约 16 万住户参加记账调查。调查的主要推算结果是住户人均可支配收入。

在使用住户调查资料时,需注意数据的变化情况。2013 年及以后新口径的城镇和农村居民人均可支配收入等数据的覆盖人群主要变化：一是计算城镇居民人均可支配收入时分母包括了在城镇地区常住的农民工，计算农村居民人均可支配收入时分母不包括在城镇地区常住的农民工；二是由本户供养的在外大学生视为常住人口。新口径的城镇居民和农村居民人均可支配收入及消费等的指标口径变化主要是：计算城镇居民和农村居民人均可支配收入和消费支出时，包括了自有住房折算租金。

（三）其他常规统计调查方法

1．全面统计。对于反映县（市）、乡（镇）、村级社会经济发展情况的统计项目，以及对于不具备实施抽样调查条件的统计项目，如谷子、高粱等其他粮食作物；油料、糖料、蔬菜、水果等经济作物；马、驴、骡、骆驼、兔等家畜及饲养动物等，采用全面统计方法进行统计。全面统计的源头数据按照村、乡（镇）、县（市）、省（区、市）、国家的顺序层层汇总并逐级上报，它的基础是乡镇统计网络。

2．部门统计。对于国家统计局未承担直接统计调查任务，属于国家主管部门管理范围的统计项目，由部门负责统计调查。如林业、渔业、农业自然资源、农业机械、农田水利建设、农业灾害情况统计等。部门在实施这些统计项目时，大部分是采用与部门内部管理层级一致的全面统计的方法，也有采用普查、抽样调查的方法。

3．重点调查。对于需要及时反映总体特征，但全面实施抽样调查成本较高的统计项目，则在已有抽样网点的基础上，抽出部分样本进行重点调查。如农产品中间消耗调查、主要农产品集贸市场价格调查等。

4．统计核算。对于综合性的统计项目，农林牧渔业总产值、农林牧渔业增加值等，由县以上综合统计部门根据相关基础资料，按照全国统一方案进行统计核算。一些数量少、分布分散的统计项目，如蜂、鹿、狐、貂等特种动物养殖产量，在农业普查的基础上，依据农村住户调查资料进行统计估算。

二、资料来源

《中国农村统计年鉴》绝大部分资料是由国家统计局农村司根据《农林牧渔业统计报表制度》、《农业产值和价格综合统计报表制度》、《县域社会经济基本情况统计报表制度》、《住户收支与生活状况调查方案》的有关资料整理提供。

部分章节资料，如农业生产条件、农业生态与环境、农产品成本与收益、农产品进出口等，来自于部门统计报表制度。

国外农业统计资料是国家统计局农村司根据联合国粮农组织提供的资料加工整理而成。

三、主要统计指标解释

国内生产总值(GDP)：指一个国家（或地区）所有常住单位在一定时期内生产活动的最终成果。国内生产总值有三种表现形态，即价值形态、收入形态和产品形态。从价值形态看，它是所有常住单位在一定时期内生产的全部货物和服务价值超过同期中间投入的全部非固定资产货物和服务价值的差额，即所有常住单位的增加值之和；从收入形态看，它是所有常住单位在一定时期内创造并分配给常住单位和非常住单位的初次收入分配之和；从产品形态看，它是所有常住单位在一定时期内最终使用的货物和服务价值与货物和服务净出口价值之和。在实际核算中，国内生产总值有三种计算方法，即生产法（总产出减中间投入）、收入法（由劳动者报酬、生产税净额、固定资产折旧、营业盈余组成）和支出法（由最终消费、资本形成总额、货物和服务净出口组成）。三种方法分别从不同的方面反映国内生产总值及其构成。

劳动者报酬：指劳动者因从事生产活动所获得的全部报酬。包括劳动者获得的工资、奖金和津贴，既包括货币形式的，也包括实物形式的；还包括劳动者所享受的公费医疗和医药卫生费、上下班交通补贴和单位支付的社会保险费等。对于个体经济来说，其所有者所获得的劳动报酬和经营利润不易区分，这两部分统一作为劳动者报酬处理。

生产税净额：指生产税减生产补贴后的余额。生产税指政府对生产单位生产、销售和从事经营活动以及因从事生产活动使用某些生产要素（如固定资产、土地、劳动力）所征收的各种税、附加费和规费。生产补贴与生产税相反，指政府对生产单位的单方面收入转移，因此视为负生产税，包括政策亏损补贴、粮食系统价格补贴、外贸企业出口退税收入等。

固定资产折旧：指为弥补固定资产损耗按照核定的固定资产折旧率提取的固定资产折旧，或按国民经济核算统一规定的折旧率虚拟计算的固定资产折旧。各类企业和企业化管理的事业单位的固定资产折旧是指实际计提并计入成本费中的折旧费；不计提折旧的政府机关、非企业化管理的事业单位和居民住房的固定资产折旧是按照统一规定的折旧率和固定资产原值计算其虚拟折旧。原则上，固定资产折旧应按固定资产的重置价值计算，但是目前我国尚不具备对全社会固定资产进行重新估价的基础，所以暂时只能采用上述办法。

营业盈余：指常住单位创造的增加值扣除劳动者报酬、生产税净额和固定资产折旧后的余额。它相当于企业的营业利润加上生产补贴，但要扣除从利润中开支的工资和福利等。

支出法国内生产总值：指一个国（或地区）所有常住单位在一定时期内用于最终消费、资本形成总额，以及货物和服务的净出口总额，它反映本期生产的国内生产总值的使用及构成。

最终消费：指常住单位在一定时期内对于货物和服务的全部最终消费支出，也就是常住单位为满足物质、文化和精神生活的需要，从本国经济领土和国外购买的货物和服务的支出；不包括非常住单位在本国经济领土内的消费支出。最终消费分为居民消费和政府消费。

资本形成总额：指常住单位在一定时期内获得的减去处置的固定资产加存货的变动，包括固定资本形成总额和存货增加。

货物和服务净出口：指货物和服务出口减货物和服务进口的差额。出口包括常住单位向非常住单位出售或无偿转让的各种货物和服务的价值；进口包括常住单位从非常住单位购买或无偿得到的各种货物和服务的价值。由于服务活动的提供与使用同时发生，因此服务的进出口业务并不发生出入境现象，一般把常住单位从国外得到的服务作为进口，非常住单位从本国得到的服务作为出口。货物的出口和进口都按离岸价格计算。

固定资产投资额：指以货币表现的建造和购置固定资产活动的工作量，分为基本建设投资、更新改造投资、房地产开发投资和其他固定资产投资四个部分。

财政收入：指国家财政参与社会产品分配所取得的收入，是实现国家职能的财力保证。财政收入所包括的内容几经变化，目前主要包括各项税收、专项收入、其他收入（如基本建设贷款归还收入、基本建设收入、捐赠收入等）和国有企业计划亏损补贴。

财政收入按财政体制划分为中央本级收入和地方本级收入。1994 年分税制财政体制以后，属于中央财政的收入包括关税、海关代征消费税和增值税，消费税，中央企业所得税，地方银行和外资银行及非银行金融企业所得税，铁道、银行总行、保险总公司等集中缴纳的营业税、所得税、利润和城市维护建设税，增值税的 75%部分，证券交易税(印花税)50%部分和海洋石油资源税。属于地方财政的收入包括营业税，地方企业所得税，个人所得税，城镇土地使用税，固定资产投资方向调节税，城镇维护建设税，房产税，车船使用税，印花税，耕地占用税，契税，增值税25%部分，证券交易税(印花税)50%部分和除海洋石油资源税以外的其他资源税。

财政支出：国家财政将筹集起来的资金进行分配使用，以满足经济建设和各项事业的需要，主要包括基本建设支出、企业挖潜改造资金、地质勘探费用、科技三项费用、支援农村生产支出、农林水利气象等部门的事业费用、工业交通商业等部门的事业费、文教科学卫生事业费、抚恤和社会福利救济费、国防支出、行政管理费和价格补贴支出。

财政支出按照政府在经济和社会活动中的不同职权，划分为中央财政支出和地方财政支出。中央财政支出包括国防支出，武装警察部队支出，中央级行政管理费和各项事业费，重点建设支出以及中央政府调整国民经济结构、协调地区发展、实施宏观调控的支出。地方财政支出主要包括地方行政管理和各项事业费，地方统筹的基本建设、技术改造支出，支援农村生产支出，城市维护和建设经费，价格补贴支出等。

社会消费品零售总额：指国民经济各行业直接售给城乡居民和社会集团的消费品总额。社会消费品零售总额包括售给城乡居民作为生活用的商品和修建房屋用的建筑材料；售给社会集团的各种办公用品和公用消费品；售给机关、团体、学校、部队、企业、事业单位的职工食堂和旅店(招待所)附设专门供本店旅客食用，不对外营业的食堂的各种食品、燃料；企业、单位和国营农场直接售给本单位职工和职工食堂的自己生产的产品；售给部队干部、战士生活用的粮食、副食品、衣着品、日用品、燃料；售给来华的外国人、华侨、港澳台同胞的消费品；居民自费购买的中、西药品，中药材及医疗用品；报社、出版社直接售给居民和社会集团的报纸、图书、杂志，集邮公司出售的新、旧纪念邮票、特种邮票、首日封、集邮册、集邮工具等；旧货寄售商店自购、自销部分的商品；煤气公司、液化石油气站售给居民和社会集团的煤气灶具和罐装液化石油气；农民售给非农业居民和社会集团的商品。

海关进出口总额：指实际进出我国国境的货物总金额。包括对外贸易实际进出口货物，来料加工装配进出口货物，国家间、联合国及国际组织无偿援助物资和赠送品，华侨、港澳台同胞和外籍华人捐赠品，租赁期满归承租人所有的租赁货物，进料加工进出口货物，边境地方贸易及边境地区小额贸易进出口货物(边民互市贸易除外)，中外合资、中外合作、外商独资经营企业进出口货物和公用物品，到、离岸价格在规定限额以上的进出口货样和广告品(无商业价值、无使用价值和免费提供出口的除外)，从保税仓库提取在中国境内销售的进口货物，以及其他进出口货物。我国规定出口货物按离岸价格统计，进口货物按到岸价格统计。

三次产业：指根据社会生产活动历史发展的顺序对产业结构的划分，产品直接取自自然界的部门称为第一产业，对初级产品进行再加工的部门称为第二产业，为生产和消费提供各种服务的部门称为第三产业。我国的三次产业划分是：第一产业为农业（包括种植业、林业、牧业和渔业），第二产业为工业（包括采掘业，制造业，电力、煤气及水的生产和供应业）和建筑业，第三产业为除第一、第二产业以外的其他各业。

当年价格：也称现行价格，指报告期内的实际市场价格。按现行价格计算的各种综合指标可以反映当年国民经济发展水平及比例关系，但因其变化受实物数量增减和价格升降因素的影响，在不同时期之间缺乏可比性。

可比价格：指计算各种总量指标所采用的扣除了价格变动因素的价格，可进行不同时期总量指标的对比。按可比价格计算总量指标有两种方法：一种是直接用产品产量乘某一年的不变价格计算；另一种是用价格指数进行缩减。

不变价格：指以同类产品某年的平均价格作为固定价格，用于计算各年的产品价值。按不变价格计算的产品价值消除了价格变动因素，不同时期对比可以反映生产的发展速度。新中国成立后，随着工农业产品价格水平的变化，国家统计局先后五次制定了全国统一的工业产品不变价格和农业产品不变价格。从1952年到1957年使用1952年工（农）业产品不变价格，从1957年到1970年使用1957年不变价格，从1971年到1980年使用1970年不变价格，从1981年到1990年使用1980年不变价格，从1991年开始使用1990年不变价格。从2003年起使用可比价计算产值，取消不变价产值。

农林牧渔业总产值：指以货币表现的农、林、牧、渔业全部产品和对农林牧渔业生产活动进行的各种支持性服务活动的价值总量，它反映一定时期内农业生产总规模和总成果。1957年以前的农业总产值中包括了厩肥和农民自给性手工业（如农民自制衣服、鞋、袜，自己从事粮食初步加工等）。1958年及以后的农业总产值，林业中增加了村及村以下竹木采伐产值；牧业中取消了厩肥产值；副业中取消了农民自给性手工业产值，增加了村及村以下办的工业产值；渔业中增加了海洋捕捞水产品产值。1980年及以后，在副业中增加了农民家庭兼营工业商品部分产值。从1984年起村及村以下工业产值划归工业。从1993年起取消副业，将野生动物的捕猎划入牧业、野生植物采集和农民家庭兼营商品性工业划归农业。从2003年起，执行新的国民经济行业分类标准，农林牧渔业总产值中包括了农林牧渔服务业产值，2019年改称农林牧渔专业及辅助性活动产值。林业中增加了森林采运业产值。农业中取消了家庭兼营商品性工业产值，将野生林产品的采集划归林业。

国家统计局农村司根据全国农业普查结果，对相应年份的农林牧渔业总产值进行了修订。

人口数：指一定时点、一定地区范围内有生命的个人总和。年度统计的年末人口数指每年12月31日24时的人口数。年度统计的全国人口总数内未包括台湾省和港澳同胞以及海外华侨人数。

从业人员：指从事一定社会劳动并取得劳动报酬或经营收入的人员，包括全部职工、再就业的离退休人员、私营业主、个体户主、私营和个体从业人员、乡镇企业从业人员、农村从业人员和其他从业人员(包括民办教师、宗教职业者、现役军人等)。

乡村户数：指长期（一年以上）居住在乡镇（不包括城关镇）行政管理区域内的住户，还包括居住在城关镇所辖行政村范围内的农村住户。户口不在本地而在本地居住一年及以上的住户也包括在本地农村住户内；有本地户口，但举家外出一年以上的住户，无论是否保留承包耕地都不包括在本地农村住户范围内。不包括乡村地区内的国有经济的机关、团体、学校、企业、事业单位的集体户。

乡村人口：指乡村地区常住居民户数中的常住人口数，即经常在家或在家居住6个月以上，而且经济和生活与本户连成一体的人口。外出从业人员在外居住时间虽然在6个月以上，但收入主要带回家中，经济与本户连为一体，仍视为家庭常住人口；在家居住，生活和本户连成一体的国家职工、退休人员也为家庭常住人口。但是现役军人、中专及以上（走读生除外）的在校学生、以及常年在外（不包括探亲、看病等）且已有稳定的职业与居住场所的外出从业人员，不应当作家庭常住人口。

乡村劳动力资源数：指乡村人口中劳动年龄以上（16周岁）能够参加生产经营活动的人员。

乡村从业人员：指乡村人口中16岁以上实际参加生产经营活动并取得实物或货币收入的人员，既包括劳动年龄内经常参加劳动的人员，也包括超过劳动年龄但经常参加劳动的人员。但不包括户口在家的在外学生、现役军人和丧失劳动能力的人，也不包括待业人员和家务劳动者。从业人员年龄为16岁以上。从业人员按从事主业时间最长（时间相同按收入）分为农业从业人员、工业从业人员、建筑业从业人员、交运仓储及邮政从业人员、信息传输、计算机服务和软件业从业人员、批发与零售业从业人员、住宿和餐饮业从业人员、其他行业从业人员。

农业机械总动力：指用于农、林、牧、渔业生产的各种动力机械的动力之和，包括耕作机械、农用排灌机械、收获机械、植保机械、林业机械、渔业机械、农产品加工机械、农用运输机械、其他农用机械。按能源又分为柴油、汽油、电力和其他动力。总动力按法定计量单位千瓦计算。（注：1 马力=735.5 瓦特=0.735 千瓦）

农用大中型拖拉机：指发动机额定功率为 22.1 千瓦及以上的专门用于农作物田间作业和以农作物田间作业为主进行综合利用的拖拉机，包括轮式和履带式两种。不包括用于森工、基建、营林等方面的拖拉机。

小型拖拉机：指专门或主要用于农作物田间作业的不足 22.1 千瓦的拖拉机。包括四轮拖拉机和手扶拖拉机。

耕地灌溉面积：指具有一定的水源，地块比较平整，灌溉工程或设备已经配套，在一般年景下当年能够进行正常灌溉的耕地面积。在一般情况下，耕地灌溉面积应等于灌溉工程或设备已经配备，能够进行正常灌溉的水田和水浇地面积之和。

（1）灌溉工程或设备已经配套，可以灌溉，但由于雨水及时或所种作物不需要灌溉等原因，当年没有进行灌溉的，应统计为耕地灌溉面积。

（2）灌溉工程或设备不配套（如只有深水井，没有安装机器）、渠系不健全（如只有水库，没有修渠）、地块不平整，当年不能发挥灌溉效益的灌溉面积，不应统计为耕地灌溉面积。

（3）北方地区没有灌溉工程或设备的引洪淤灌的耕地面积，不应统计为耕地灌溉面积。

（4）南方地区没有灌溉工程或设备，完全靠雨蓄水的“冬水田”、“屯水田”、“望天田”、“雷响田”等水田面积，不应统计为耕地灌溉面积。

（5）没有灌溉工程或设备，遇到旱年临时抗旱点种的耕地面积，不应统计为耕地灌溉面积。

（6）原有的灌溉工程或设备，由于受到破坏等原因不能起灌溉作用，这部分耕地面积不应统计为耕地灌溉面积。

旱涝保收面积应小于或等于耕地灌溉面积。

化肥施用量：指本年度内实际用于农业生产的化学肥料数量，包括氮肥、磷肥、钾肥和复合肥。施用量要求按折纯量计算数量，即各类化学肥料的实际施用数量按其含氮、含五氧化二磷、含氧化钾的比例折成百分之百计算。

农村用电量：指本年度内，扣除在农村中的国有工业、交通、基建等单位的用电量以后的农村生产和生活的全年用电总量。包括国家电网供电和农村自办电站供电量。

除涝面积：指由于兴修治涝工程或安装排涝机械等水利设施（或进行改种），使易涝耕地免除淹涝，除涝标准达到三年一遇以上者。易涝面积虽经过治理，但标准尚未达到三年一遇标准的，不统计为除涝面积。除涝面积为：三年至五年治理面积、五年至十年治理面积和十年以上治理面积的合计数。年末除涝面积=上年除涝面积（上年基数）+本年新增除涝面积-本年减少面积。

水土流失治理面积（水土保持面积）：是指在山丘地区水土流失面积上，按照综合治理的原则，采取各种治理措施，如：水平梯田、淤地坝、谷坊、造林种草、封山育林育草（指有造林、种草补植任务的）等，以及按小流域综合治理措施所治理的水土流失面积总和。年末水土流失治理面积=上年累计达到治理面积+本年新增治理面积-本年减少治理面积。

已建成水库：是指主、副坝、溢洪道、输水洞和专门建筑物，如电站、过船过水建筑物等，已全部建成或基本建成，无重大遗留问题达到设计蓄水能力，经过验收鉴定合格，正式交付使用的水库。

水库总库容：即校核水位以下的库容。包括死库容、兴利库容、防洪库容（减掉和兴利库容重复部分）之总和，称总库容，它是水库兴建的总规模。

大、中、小型水库的划分标准

大型水库：总库容在一亿立方米及以上；

中型水库：总库容在一千（含一千）万立方米至一亿立方米；

小型水库：库容在十万立方米至一千万立方米。

堤防总长度：指建成或基本建成的河堤、江堤、海堤、湖堤、围堤，包括防洪墙等各类防洪，防潮堤防之总和，包括建国前建成或需要加固加高培厚的老堤防。但不包括单纯除涝河道的堤防和弃土形成的堤防，也不包括子埝和生产堤。所谓基本建成，是指按设计标准已经完成，已能发挥设计效益，但还留有少量尾工的工程。

农场个数：指报告期末实有农场个数。包括农垦系统内全民所有制、集体所有制和合资经营的农、林、牧、渔场个数，不包括家庭农场个数。农场应具备三个条件：进行农林牧渔业生产；设有场部组织结构；实行独立核算。

农作物播种面积：指本年度内收获的农作物在全部土地（耕地或非耕地）上的播种或移植面积。凡是本年内收获的农作物，无论是本年还是上年播种，都算为本年播种面积，但不包括本年播种，下年收获的作物面积。

因灾害等原因，应该收获却未能收获，也要按原播种面积计算，新补或改种，并在本年收获的，要按复种作物计算面积。

移植的作物面积，如稻谷、甘薯、烟叶等，按移植后的面积计算，不计算移植前在育苗田、棚等的秧苗面积。

多年生作物，即播种后可连续生长多年的宿根性草本植物，如有些麻类、中药等作物的播种面积，按本年新增面积加往年的连续累计面积计算。

间种、混种的作物面积按比例折算各个作物的面积，如果完全混合、同步生长、收获的作物，按混合面积平均分配。复种、套种的作物，按次数计算面积，每种一次计算一次。

再生稻、再生高粱、再生烟等，因其没有经过播种或移植，不计入播种面积。

莲藕等水生蔬菜类生长在湖泊、水塘等水域的面积占比重较大，不仅难以统计，而且因非耕地面积过大对统计口径产生影响，因此在湖泊、水塘等水域的莲藕等水生蔬菜无论是野生还是人工种植均不计算面积，只计算其在耕地上种植的面积。

进行播种面积统计调查的农作物包括以下类别：

（1）谷物。指禾本科和蓼科作物，具体包括稻谷、小麦、玉米、谷子、高粱和其他谷物；其他谷物包括大麦、燕麦、荞麦等，其中西藏、青海、甘肃等地种植的青稞是大麦中的裸麦，按大麦统计。谷类作物产量一律按脱粒后的原粮计算。

（2）豆类作物。是以食用种籽及其制成品为主的一类豆科植物，包括大豆、绿豆、红小豆、杂豆等。产量按去荚后的干豆计算。

（3）薯类作物。包括甘薯和马铃薯。不包括芋头、木薯等。芋头一般应作为“蔬菜”计算，木薯作为其他作物计算。

（4）油料作物。是以榨取油脂为主要用途的一类作物。种子含油率约达20-60%。包括花生、油菜籽、芝麻、胡麻籽、向日葵籽等。不包括木本油料和野生油料。花生以带壳干花生计算。

（5）棉花。不包括木棉，按去籽后的皮棉计算，3公斤籽棉折1公斤皮棉。棉花产量从1999年起在主产区实行抽样调查（河北、江苏、安徽、山东、河南、湖北、湖南、新疆），非主产区仍按全面统计。

（6）糖料。包括甘蔗和甜菜。甘蔗以蔗杆计算，甜菜以块根计算。

（7）中草药材。指人工种植的、以获取药材原料为目的、主要用于中药配伍以及中成药加工的药材作物面积。包括药用真菌的面积。

（8）蔬菜及食用菌。蔬菜包括叶菜类、白菜类、甘蓝类、根茎类、瓜菜类、菜用豆类、茄果类、葱蒜类、水生菜类和其他蔬菜；食用菌包括香菇、黑木耳和蘑菇等，不包括野生菌类。

（9）瓜果类。指日历年度内通过种植或移植而收获的非园林水果，包括西瓜、甜瓜、白兰瓜、哈密瓜、草莓等。无论其种植在露地还是温室、大棚等农业设施中，按实收的鲜果计算产量。

（10）花卉。指以植物的花为最终产品，或以观赏、美化、绿化、香化为主要用途的栽培植物，是特种农产品的一部分。花卉种植面积，包括在大田种植的花卉面积，包括设施及盆栽花卉。

（11）其他作物。包括饲料作物、苇子、莲子、席草等。其中，饲料作物是指主要用于畜禽饲养的作物，如苜蓿、青饲料等。

粮食总产量：指本年度内生产的全部粮食数量。按收获季节包括夏收粮食、早稻和秋收粮食，按作物品种包括谷物、薯类和豆类。其产量计算方法，谷物按脱粒后的原粮计算，豆类按去豆荚后的干豆计算，薯类（包括甘薯和马铃薯，不包括芋头和木薯）1964年以前按每4千克鲜薯折1千克粮食计算，从1964年开始按5千克鲜薯折1千克粮食计算。

粮食比国际上通行的谷物口径大，相当于谷物+薯类+豆类。

茶叶产量：指本年度内生产的全部茶叶产量。包括从成片茶园和零星种植的茶树以及荒芜未垦复的茶树上所采摘的全部产量。不论自食的或出售的，都应统计在内。茶叶的产量按经过初步加工的干毛茶的重量计算。根据制造方法的不同和品质上的差异，将茶叶分为绿茶、青茶、红茶、黑茶、黄茶、白茶、其他茶等。

水果产量：指本年度内生产的乔木类和藤本类

水果、多年草本水果及果用瓜。包括园林水果和非园林水果（瓜果类），不包括采集的野生水果。按鲜果产量计算。经脱水、晾干等处理的干果，如干枣、葡萄干、柿饼、桔饼等一律折合成鲜果计算。

林产品产量：指从人工栽培的竹木上，不经砍伐竹木的根而取得的各种林产品数量。包括生漆、棕片、五倍子、松脂、笋干、油桐籽、油茶籽、乌柏籽、核桃、板栗等各种林木果实以及修剪竹木所获得的枝叶（如荆条、柳条、蒲葵叶）等。不包括桑叶、茶叶、水果，也不包括野生的林产品。如果某些林产品人工栽培和野生的混在一起，不易划分，则应根据它的主要来源决定其应计入林产品产量统计中还是其他农业内采集野生植物果实产量统计中，但不要两方面都算，以免重复。

林产品产量的计算方法为：

（1）油茶籽、油桐籽、乌柏籽、核桃、文冠果。按去掉果皮、外壳的干籽计算产量。

（2）五倍子。以干籽计算产量。

（3）生漆、松脂。按从树上割下来的生漆、松脂计算产量。

（4）棕片和竹笋。按干片和笋干计算产量。

（5）板粟。按除去毛荚的果实计算产量。

（6）油橄榄。按果实计算产量。

（7）紫胶（虫胶）。按原胶计算产量。

当年出栏的畜禽数：指当年（报告期内）已屠宰或出售上市的全部畜禽数。不包括仔猪、牛犊、羊羔、禽苗出售后进行二次育肥的数量。

期初（末）畜禽存栏头（只数）：指本期（报告期）期初（末），饲养的大牲畜、猪、羊、家禽等畜禽的数量。

肉类总产量：指调查期内各种牲畜及家禽、兔等动物肉产量总计。猪、牛、羊、马、驴、骡、骆驼肉产量按去掉头蹄下水后带骨肉的胴体重量计算，兔禽肉产量按屠宰后去皮毛和内脏后的重量计算。

牛奶产量：指本调查期内奶牛所生产的牛奶总产量，包括出售给国家、农贸市场交易和农牧民自食部分，不包括牛犊直接吮食部分。

细羊毛：指细毛及其改良羊所产的羊毛量。

半细羊毛：指半细毛羊及其改良羊所产的羊毛产量。

禽蛋产量：指本调查期内饲养的蛋用家禽生产的禽蛋总重量。包括出售的和农民自产自用的部分。品种主要为鸡鸭鹅。

蚕茧产量：指本年度内生产的全部蚕茧产量，无论自用的或出售的，都应计算在内。在计算产量时，要把土茧、改良茧和种茧包括在内，桑蚕茧、柞蚕茧均按鲜茧计算，木薯蚕茧和蓖麻蚕茧等的产量均按茧壳的重量计算。

水产品产量：指当年捕捞的水产品（包括人工养殖并捕捞的水产品和捕捞天然生长的水产品）产量。

海水产品产量：指从海洋和海水养殖水域中捕捞的海水产品产量。包括海水中的鱼类、虾蟹类、贝类、藻类。

内陆水域水产品产量：指淡（咸）水湖泊、水库、河沟和池塘以及其他内陆水域内捕捞的水产品产量。包括鱼类、虾蟹类、贝类，不包括淡水水生植物。

养殖产量：指从海水养殖面积和内陆水域养殖面积中捕捞的产量。

捕捞产量：指捕捞天然生长的水产品产量。

可支配收入：指居民可用于最终消费支出和储蓄的总和，即居民可用于自由支配的收入。既包括现金收入，也包括实物收入。按照收入的来源，可支配收入包含四项，分别为：工资性收入、经营净收入、转移净收入和财产净收入。

工资性收入：指就业人员通过各种途径得到的全部劳动报酬和各种福利，包括受雇于单位或个人、从事各种自由职业、兼职和零星劳动得到的全部劳动报酬和福利。

经营净收入：指住户或住户成员从事生产经营活动所获得的净收入，是全部经营收入中扣除经营费用、生产性固定资产折旧和生产税之后得到的净收入。计算公式具体为：

经营净收入=经营收入－经营费用－生产性固定资产折旧－生产税

财产净收入：指住户或住户成员将其所拥有的金融资产、住房等非金融资产和自然资源交由其他机构单位、住户或个人支配而获得的回报并扣除相关的费用之后得到的净收入。财产净收入包括利息净收入、红利收入、储蓄性保险净收益、转让承包土地经营权租金净收入、出租房屋净收入、出租其他资产净收入和自有住房折算净租金等。财产净收入不包括转让资产所有权的溢价所得。

转移净收入：计算公式为：

转移净收入=转移性收入－转移性支出

转移性收入：指国家、单位、社会团体对住户的各种经常性转移支付和住户之间的经常性收入转移。包括养老金或退休金、社会救济和补助、政策性生产补贴、政策性生活补贴、经常性捐赠和赔偿、报销医疗费、住户之间的赡养收入，本住户非常住成员寄回带回的收入等。转移性收入不包括住户之间的实物馈赠。

转移性支出 指居民家庭对国家、单位、住户或个人的经常性或义务性转移支付。包括缴纳的税款、各项社会保障支出、赡养支出、经常性捐赠和赔偿支出以及其他经常转移支出等。

农户固定资产：指农户在家庭或个人从事的生产经营活动中，所拥有的使用期限在两年以上，单位价值在1000元以上的房屋建筑物、机器设备、器具工具、役畜、产品畜等资产。

固定资产投资完成额：固定资产投资是指以货币形式表现的在本期内建造和购置固定资产的费用。实际投资完成额是根据建筑安装工程的实际工作量，实际已开始安装的设备、工具、器具的购置费，以及其他费用的实际发生额计算，包括消耗的建筑材料、购置设备、工具器具、大牲畜的费用，以及建造和购置固定资产所发生的人工费用和其他有关费用。

消费支出：是指居民用于满足家庭日常生活消费需要的全部支出，既包括现金消费支出，也包括实物消费支出。消费支出可划分为食品烟酒、衣着、居住、生活用品及服务、交通通信、教育文化娱乐、医疗保健以及其他用品及服务八大类。

食品烟酒：指用于各种食品和烟草、酒类的支出。

衣着：指与居民穿着有关的支出，包括服装、服装材料、鞋类、其他衣类及配件、衣着相关加工服务的支出。

居住：指与居住有关的支出，包括房租、水、电、燃料、物业管理等方面的支出，也包括自有住房折算租金。

生活用品及服务：指家庭及个人的各类生活品及家庭服务。包括家具及室内装饰品、家用器具、家用纺织品、家庭日用杂品、个人用品和家庭服务。

交通通信：指用于交通和通信工具及相关的各种服务费、维修费和车辆保险等支出。

教育文化娱乐：指用于教育、文化和娱乐方面的支出。

医疗保健：指用于医疗和保健的药品、用品和服务的总费用。包括医疗器具及药品，以及医疗服务。

其他用品及服务：指无法直接归入上述各类支出的其他用品与服务支出。

收入五等份分组：是将所有调查户按人均可支配收入水平由低到高排队，按20%、20%、20%、20%、20%的比例依次分成为：低收入组、中等偏下收入组、中等收入组、中等偏上收入组、高收入组五组。

四大经济区域分组：东部地区：包括北京、天津、河北、上海、江苏、浙江、福建、山东、广东、海南10个省（市）。中部地区：包括山西、安徽、江西、河南、湖北、湖南6个省。西部地区：包括内蒙古、广西、重庆、四川、贵州、云南、西藏、陕西、甘肃、青海、宁夏、新疆12个省（区、市）。东北地区：包括辽宁、吉林、黑龙江3个省